教育部高等学校建筑电气与智能化专业教学

指导分委员会规划推荐教材

智能建筑系统集成
（第二版）

杜明芳　主　编

中国建筑工业出版社

图书在版编目(CIP)数据

智能建筑系统集成/杜明芳主编. —2 版. —北京：
中国建筑工业出版社，2021.8
住房城乡建设部土建类学科专业"十三五"规划教材
教育部高等学校建筑电气与智能化专业教学指导分委员会
规划推荐教材
ISBN 978-7-112-26403-2

Ⅰ.①智… Ⅱ.①杜… Ⅲ.①智能建筑—自动化系统
—高等学校—教材 Ⅳ.①TU855

中国版本图书馆 CIP 数据核字(2021)第 148805 号

本书共有 8 章，其中包括：智慧建筑系统集成概论、智慧建筑集成系统分析、智慧建筑系统集成理论基础、智慧建筑工程系统集成方法、系统集成的网络通信技术、系统集成的智能控制技术、系统集成的数据交换与接口技术、典型系统产品及工程案例。

本书是住房城乡建设部土建类学科专业"十三五"规划教材、教育部高等学校建筑电气与智能化专业教学指导分委员会规划推荐教材，也可供相关专业工程技术人员参考。

本书配套课件获取方式见封底，还可加 qq 群 590851619 讨论。

责任编辑：齐庆梅　王　跃
文字编辑：胡欣蕊
责任校对：芦欣甜

住房城乡建设部土建类学科专业"十三五"规划教材
教育部高等学校建筑电气与智能化专业教学指导分委员会规划推荐教材

智能建筑系统集成
(第二版)

杜明芳　主　编

*

中国建筑工业出版社出版、发行(北京海淀三里河路 9 号)
各地新华书店、建筑书店经销
北京科地亚盟排版公司制版
北京建筑工业印刷厂印刷

*

开本：787 毫米×1092 毫米　1/16　印张：18　字数：449 千字
2021 年 9 月第二版　　2021 年 9 月第一次印刷
定价：**49.00** 元（赠教师课件）
ISBN 978-7-112-26403-2
(37786)

教材编审委员会

主　　任：方潜生

副主任：寿大云　任庆昌

委　　员：（按姓氏笔画排序）

于军琪　王　娜　王晓丽　付保川　杜明芳

李界家　杨亚龙　肖　辉　张九根　张振亚

陈志新　范同顺　周　原　周玉国　郑晓芳

项新建　胡国文　段春丽　段培永　郭福雁

黄民德　韩　宁　魏　东

序

自 20 世纪 80 年代智能建筑出现以来，智能建筑技术迅猛发展，其内涵不断创新丰富，外延不断扩展渗透，已引起世界范围内教育界和工业界的高度关注，并成为研究热点。进入 21 世纪，随着我国国民经济的快速发展，现代化、信息化、城镇化的迅速普及，智能建筑产业不但完成了"量"的积累，更是实现了"质"的飞跃，已成为现代建筑业的"龙头"，为绿色、节能、可持续发展做出了重大的贡献。智能建筑技术已延伸到建筑结构、建筑材料、建筑能源以及建筑全生命周期的运营服务等方面，促进了"绿色建筑""智慧城市"日新月异的发展。

坚持"节能降耗、生态环保"的可持续发展之路，是国家推进生态文明建设的重要举措。建筑电气与智能化专业承载着智能建筑人才培养的重任，肩负着现代建筑业的未来，且直接关系到国家"节能环保"目标的实现，其重要性愈加凸显。

教育部高等学校建筑电气与智能化专业教学指导分委员会十分重视教材在人才培养中的基础性作用，多年来下大力气加强教材建设，已取得了可喜的成绩。为进一步促进建筑电气与智能化专业建设和发展，根据住房和城乡建设部《关于申报高等教育、职业教育土建类学科专业"十三五"规划教材的通知》（建人专函〔2016〕3 号）精神，建筑电气与智能化学科专业指导委员会依据专业标准和规范，组织编写建筑电气与智能化专业"十三五"规划教材，以适应和满足建筑电气与智能化专业教学和人才培养需求。

该系列教材的出版目的是培养专业基础扎实、实践能力强、具有创新精神的高素质人才。真诚希望使用本规划教材的广大读者多提宝贵意见，以便不断完善与优化教材内容。

教育部高等学校建筑电气与智能化专业教学指导分委员会
主任委员
方潜生

第二版前言

　　智能建筑管理系统（IBMS，Intelligent Building Management System）是智能建筑内楼宇管理系统（BMS）、办公自动化系统（OAS）、通信与网络系统（CNS）、智能建筑优化运行系统（BOS）等多个控制与数据系统的信息综合集成管理平台。IBMS 系统以 Intranet/Internet 网络为信息集成平台，采用交互式的 Web 技术，建立以 B/S 结构为模式的计算模型，近端或远端的装有浏览器软件的计算机（或其他专用设备），都可以在 IBMS 信息系统安全保护模式下通过 Intranet/Internet 网络浏览、查询、控制上述几个系统的综合信息、设备运行状态、报警与故障信息以及系统的优化运行参数。随着人工智能、大数据、物联网、区块链等新型信息基础设施的快速发展，IBMS 演进为智慧建筑管理系统 SBMS（Smart Building Management System）。SBMS 是指以人工智能为主要信息基础设施的新一代建筑智能化集成系统，更多地依赖数字孪生和信息物理理论建立。

　　工业 4.0、智慧城市赋予智能建筑新的内涵，使之向智慧建筑演进。目前，智慧建筑、智能建筑正处于新的发展阶段。从信息物理系统 CPS 视角来看，传统智能建筑是基于"信息—建筑"二元空间的系统，智慧建筑是基于"人—信息—建筑"三元空间的系统。在"信息（Cyber）"这一维度上，智慧建筑 1.0 即第一代智慧建筑更多地依赖于物联网、云计算、大数据、智能控制技术，智慧建筑 2.0 即第二代智慧建筑则更多地依赖于人工智能技术。在智慧建筑 2.0 的三元空间系统中，"人（Human）"与"信息（Cyber）"之间由于引入了 AI，更多地体现出"人—机"共融特征，这也正好符合当前人工智能 2.0 时代混合增强智能的特点。

　　在智慧建筑管理系统 SBMS 和智慧建筑的概念和理论背景下，本书系统性论述了智慧建筑系统集成的理论和技术，目前对于智能建筑更多地称为"智慧建筑"，但由于诸多客观因素导致书名保持为"智能建筑"不变，但书中表述为"智慧建筑"。全书共包括 8 章。第 1 章为智慧建筑系统集成概论。主要阐述系统集成基本概念、建筑智慧化发展历程、智慧建筑定义、新型智慧建筑集成模式——基于数字孪生的系统集成和基于多智能体的系统集成。第 2 章为智慧建筑集成系统分析。从系统架构、集成功能分析、开放互联协议与关键技术几个方面对智慧建筑集成系统涉及的关键问题进行剖析。第 3 章为智慧建筑系统集成理论基础。论述集成系统信息流、多维集成空间、神经网络等描述方法及知识表示、知识图谱、知识库、建筑工业互联网等相关理论基础。第 4 章为智慧建筑工程系统集成方法。主要讲解工程中应用广泛的主流方法：子系统并行集成法、OPC 系统集成法、数字孪生系统集成法。第 5 章为系统集成的网络通信技术。首先论述数据传输技术基础知识，然后对主流网络通信技术分别进行详细讲解，包括串口通信、RS-485、TCP、IP、工业互联网、物联网、Modbus、LonWorks、CAN、5G 等知识点。第 6 章为系统集成的智能控制技术。主要论述 PID 算法、PID 算法工程应用、模糊智能控制、控制系统工程设计、混合控制等内容。第 7 章为系统集成的数据交换与接口技术。主要论述 OPC 接口技术、

OPC 网关开发、API 网关开发、DDE 数据交换、ODBC 数据交换等内容。第 8 章为典型系统产品及工程案例。介绍世界典型智慧建筑集成系统霍尼韦尔公司和西门子公司的产品案例，精选两个富有代表性的工程案例——中国石油大厦系统集成工程（由霍尼韦尔公司提供）、雄安新区混凝土搅拌站数字孪生系统（由作者团队提供）进行展示。本书主审为西安建筑科技大学建筑设备科学与工程学院党委书记于军琪教授。

在全面论述主流智慧建筑集成技术和方法的基础上，本书提出并重点论述了基于数字孪生的智慧建筑系统集成理论和技术，通过数字孪生的数据线索和系统模型构建新一代智慧建筑系统集成的总体框架。随着智慧城市的深度发展，智慧建筑系统集成凸显出越发重要的意义和作用，可以说，智慧建筑系统集成是智慧城市系统建设发展的基石。智慧建筑系统集成同时也是城市信息模型（CIM）构建的基础，只有将智慧建筑系统集成问题解决好了，城市信息模型才有可能做实。

本教材在 2009 年《智能建筑系统集成》第一版教材基础上修订而成，与第一版相比，本版本保留了智能建筑系统集成的核心技术部分，新增了知识工程、建筑工业互联网、5G、物联网、数字孪生系统集成法、AI 驱动的系统集成等知识点，用新的典型案例替换了原来的案例。修订原则是：尽量保持智能建筑系统集成技术体系的完整性，充分吸纳最近几年快速发展的与本书主题相关的高新技术的精髓，探索新型信息基础设施与智能建筑集成系统的融合方法并给出本书的理解。

随着国家新基建战略的推进，作为新型基础设施典型代表的智慧建筑及其集成系统方兴未艾，必将伴随着新基建的蓬勃发展而快速发展。希望本书能为新基建时代产教融合高等教育的发展添砖加瓦，能够打造智慧建筑领域产教融合的教材样板。同时，也为学术界、产业界带来一定启发与帮助，推进智慧建筑产业长足发展。

第一版前言

　　智能建筑是一项系统性高的应用专业，具有技术综合性强、工程集成度高、建设周期长、多因素相关、多目标优化的特点，因市场需要和应用深化的演变而具备深远的发展潜力。近年来，随着经济的迅速发展，中国正成为世界智能建筑的中心。从技术方面看，智能建筑所涉及的技术领域日益增多，所涵盖的系统范围在不断扩大，多种技术体系在智能建筑的应用中呈现交叉融合的趋势。总的来讲，建筑智能化系统的功能正从多个系统单独控制管理走向整体应用集成化。系统集成在智能建筑系统工程中扮演着越来越重要的角色，成为促成"智能化"的关键点。行业特色决定了智能建筑集成化系统中已经存在多种通信协议、标准规范、技术细则，在社会上也形成了开放建筑、透明建筑、绿色建筑、个性建筑等多种理念。

　　本书的编写兼顾智能建筑系统集成理论方面的问题和实践方面的问题。从系统工程的角度去观察和分析集成化系统，从综合技术的角度去实践和掌握这个系统。以楼宇自控系统为基础，以异构网络通信系统为重点构建全书脉络。既注重基础理论、基本原理，精心选取要点，尽量做到繁而不杂，由浅入深；也注重工程应用，密切结合实际案例说明问题，引导读者快速学以致用。本质上讲，选择这种思路是由智能建筑系统集成这项综合技术本身的特点所决定的，也是作者多年来从事实际工程和教学工作后凝练出来的理念体现。书中的大部分案例均来自于作者近年来实际工程设计与开发的积累。全书的宗旨是希望读者透过错综复杂的现象抓住智慧建筑系统集成的本质，这需要深入体会和理解书中的技术体系，加上对实际系统的灵活认知与把握，做到以不变应万变。

　　本书第1章为智慧建筑系统集成概述。第2章从结构与组成、功能、理论描述、工程方法等方面对集成化系统进行了全面的分析。第3章介绍了智能建筑系统集成所必备的通信与网络基础知识。第4~7章对系统集成中涉及的基础性、关键性技术分章展开重点论述，包括典型现场总线技术、控制技术、数据交换与接口技术、Web技术等。每一章的编写思路基本上都是从基础到应用，即先阐明基本知识、基础理论，再结合实例展示应用方法。第8章是工程设计开发案例。该章首先简介了集成工程所涉及的商务概要，又以近期完成的国家游泳中心水立方、北京市人民检察院新办公大楼等系统集成工程为例展开论述。为使读者更好地掌握各章知识要点，每章后都配有习题。总之，全书从系统的各个层次和角度入手，充分发掘其理论根源，力求为读者阐明一个全面、深刻、立体的智能建筑集成化系统。

　　全书共8章。第1章第7节、第4章第4节、第7章由福建工程学院吴选钟编写，第5章第3节由北京达乐控制系统有限公司李小珉编写，第8章第1节由北京联合大学范同顺编写，其余部分由北京联合大学自动化学院杜明芳编写。全书由住房和城乡建设部信息化专家委员会专家、科技委智能建筑推广中心副主任毛剑瑛主审。高等学校建筑环境与设备工程专业指导委员会智能建筑指导小组委员范同顺教授对本书的编写工作始终给予了极大的鼓励和帮助。北京林业大学寿大云教授、北京联合大学苏玮教授、西安建筑科技大学任庆昌教授、长安大学王娜教授、清华大学燕翔主任、广州大学徐晓宁教授、苏州科技学院付保川教授、金陵科技学院徐鹤生教授都对本书的内容编写给予了宝贵的建议。Honeywell 国际（北京）公司、北京达乐控制系统有限公司为本书提供了部分工程资料。中国建筑工业出版社齐庆梅编辑为本书的出版付出了辛勤的劳动。在此，一并向他们表示衷心的感谢！

学习本书的知识背景是：计算机软件编程基础（特别是 C、C++语言）、单片机原理与接口技术基础、一定的控制理论基础、网络与通信知识基础。书中的例子大部分用 C++或 C 语言编写，电路图部分要求读者具有一定的单片机及其接口技术知识。正是由于对知识基础的要求比较高，才增加了读者真正掌握智能建筑系统集成技术的难度，对读者的融会贯通能力也提出了更高的要求。

本书适合作为建筑电气与智能化及相关专业的本科专业教材，也可供相关专业研究生及从事智能建筑相关工作的人员参考。

由于编者的知识和水平有限，再加上智能建筑系统集成本身具有多学科交叉、新技术交融的特点，且目前尚处于发展阶段，很多方面还不很成熟，书中不妥之处在所难免，恳请广大读者批评指正（我的 E-mail 地址：mf_du0531@sina.com）。真诚期望通过大家共同的努力不断推动智能建筑系统集成产业的综合与长足发展！

目　　录

第1章　智慧建筑系统集成概论

1.1　系统集成基本概念

"系统集成"英文是 System Integration，简称 SI。系统集成作为一种新兴的服务方式，是近年来国际信息服务业中发展势头最猛的一个行业。系统集成的本质是最优化综合统筹设计。在 IT 领域，所谓系统集成，是根据客户的具体业务需求，将硬件平台、网络设备、操作系统、工具软件以及按客户需求开发的应用软件，集成为功能和信息相互关联的 IT 系统。对"系统集成"概念的认识历程，与我国信息化应用的发展进程相辅相成。在智能建筑这个特定领域，伴随着智慧城市的蓬勃发展，"系统集成"正在逐渐成为智能化工程的"标配"和"刚需"，也成为建筑科学领域研究和关注的热点。

美国智能建筑学会（AIBI）对智能建筑的定义是：智能建筑是将建筑、设备、服务和经营四要素各自优化、互相联系、全面综合并达到最佳组合，以获得高效率、高功能、高舒适与高安全的建筑物。日本 JIS 工业标准中的定义认为：智能建筑由若干个保持着严格的秩序和联系的要素组成，它们是为同一目的而协同动作的有机整体。从技术的角度看，智能建筑是信息技术、自动化技术、电子技术等多种技术的综合运用，是各独立学科中某些知识板块的一个特定交集。在其发展过程中，一个重要的特点是信息技术对它的影响越来越显著。智能建筑实际上是用信息技术来改造和武装传统的建筑业。一座建筑物能否被称为智能建筑，其关键的衡量标准就是是否具备"系统集成"能力。

智能建筑领域系统集成的概念，与 IT 领域的系统集成在很大程度上有相通之处，即"共性"，也有面向特定被集成对象的不同之处，即"个性"。"共性"在于：两者都是通过结构化的综合布线系统和计算机网络技术，将各个分离的设备、功能和信息等集成到相互关联的、统一协调的系统之中，使资源达到充分共享，实现集中、高效、便利的管理。"个性"在于：智能建筑领域系统集成所面对的是建筑物这个特定的场所和载体；集成系统的网络层次更丰富、网络形式更多样化；在一个相对集中、相对固定的范围内，集成系统内部所流动和传输的信息类型更多样化。

现行国家标准《智能建筑设计标准》GB 50314—2015 中规定：系统集成（SI）是将智能建筑内不同功能的智能化子系统在物理上、逻辑上和功能上连接在一起，以实现信息综合、资源共享。一般认为，智能建筑的系统集成从概念上讲，有广义系统集成和狭义系统集成两种。广义系统集成强调的是以建筑物为基础，结合水、暖、电以及运营和服务等多方位的全面集成。狭义系统集成则仅限于弱电系统的集成，也就是 BMS（Building Management System）层次的系统集成。BMS 系统集成的本质是实现各个集成子系统之间的信息交换、对各集成子系统实行统一的监督管理及控制。

智能大厦的集成化概念是区别其他传统的建筑弱电系统的一个最重要标志，也是当今智能建筑所追求的最重要的目标和评判智能化的最高标准。智能建筑系统集成是指将各智能化子系统有机地连接起来，使它们相互间可以进行通信和协作，为人们提供更好的服务。智能大厦集成化的技术核心是建立在系统集成、功能集成、网络集成和软件界面集成的多种技术集成基础之上的一门新型高科技技术，其最重要、最基本的功能是实现信息资源的集成管理。

智能建筑管理系统（IBMS，Intelligent Building Management System）是智能建筑内楼宇管理系统（BMS）、办公自动化系统（OAS）、通信与网络系统（CNS）、智能建筑优化运行系统（BOS）等多个控制与数据系统的信息综合集成管理平台。通常，IBMS 系统以 Intranet/Internet 网络为信息集成平台，采用交互式的 Web 技术，建立以 B/S 结构为模式的计算模型，近端或远端的装有浏览器软件的计算机（或其他专用设备），都可以在 IBMS 信息系统安全保护模式下通过 Intranet/Internet 网络浏览、查询、控制上述几个系统的综合信息、设备运行状态、报警与故障信息以及系统的优化运行参数。随着人工智能、大数据、物联网等新型信息基础设施的快速发展，IBMS 演进为智慧建筑管理系统 SBMS（Smart Building Management System）。SBMS 是指以人工智能为主要信息基础设施的新一代建筑智能化集成系统，更多地依赖数字孪生和信息物理理论建立。

智能建筑的系统集成是随着计算机、通信和自动化控制技术的进步和互相渗透而逐步发展起来的，它通过综合考虑建筑物的四个基本要素，即结构、系统、服务和管理及它们之间的内在联系，提供一个投资合理、高效、舒适、便利的环境空间。智能化系统集成是计算机网络集成和数据库集成在建筑领域的应用，其结果是为管理者提供一体化的综合管理平台。集成系统实现的关键在于解决各个子系统之间的互连性和互操作性问题。这是一个多厂商、多协议和面向各种应用的体系结构。也是每一个智能建筑 IBMS 所必须面对的问题。这需要解决各类子系统之间的接口、协议、系统平台、应用软件和其他相关子系统、建筑环境、施工配合、组织管理及人员配置等各类面向集成的问题。

一般地，智能建筑工程中所指的系统集成大体上可分为三个层面：设备集成、技术集成和功能集成。

设备集成也可称为产品集成，它是按照用户的要求，购买各种产品去实现具体的应用。这个层次的集成方法主要用于各个子系统的组建，例如在构建安全保卫系统时，可以从不同的厂商分别购买探测器、报警主机、摄像机、监控主机、监视器等，然后组装在一起。有的设备供应商已经完成了对子系统的集成，可提供这个子系统的全套设备，如完整的楼宇自控系统。

技术集成是对所用的产品进行技术上的统筹，合理地进行产品技术的搭配、融合与运用。厂商为了保住它已经占有的市场并不断地扩大市场份额，必须不断地进行技术更新和设备换代。这种技术的更新与产品的换代，常常只是在某一个局部进行。厂商们对未来所做的不同定义及其宣称的改进，更多的是从保护他们已有的技术出发。一方面，厂商力图在技术方面占据领先地位，另一方面也强调过渡、升级、扩展和投资保护，以便迎合用户的切身利益和实际需求。这是对系统集成认识的一个重要转变。扩展性和开放性是系统集成的中心问题。对这些问题给予重视，表明对系统集成的认识走向深化。

功能集成是根据用户现实和发展的应用需求，从功能的角度考察产品与技术并合理地调配各项功能，充分发挥各自的优势，使整体的智能建筑系统达到功能最优。这一层次的集成不是强调采用了多少先进的技术和设备，而是强调在整体上达到了什么样的功能以及系统的灵活性。这要求从全局出发，在保证达到功能要求的同时追求低造价和高性能价格比。在系统的整体设计上，追求保护用户投资，即当需求发生变化时，可以方便地进行升级改造。上述系统集成三个层面的发展，使系统集成从以技术为中心转变为以需求为导向。在系统集成技术出现初期的很长时间内，人们一直认为只要用技术和设备实现和模仿现有的管理模式及组织结构，就可以取得系统集成的成功。直至最近几年，通过对大量案例的分析和研究才发现，原来人们严重忽视了系统的应用集成以及几个关键要素的集成。一个完整的系统集成应该包括设备、技术、管理甚至人员的集成。

还有一种划分方法，即从集成的深度上讲智能建筑系统集成，可分为三个层次，如图 1-1 所示。第一层次为子系统纵向集成，目的在于各子系统具体功能的实现。第二层次为横向集成，主要体现各子系统的联动和优化组合，在确立各子系统重要性的基础上，实现几个关键子系统的协调优化运行，报警联动控制等再生功能。第三层次为一体化集成，即在横向集成的基础上，建立智能集成管理系统（IBMS），即建立一个实现网络集成、功能集成、软件界面集成的"人一机"智能集成系统，它是建筑智能化行业趋势与先进的IT 信息化技术相融合的产物，它构成智能大厦最高层次的系统集成，目前只有很少大厦做到这一步。

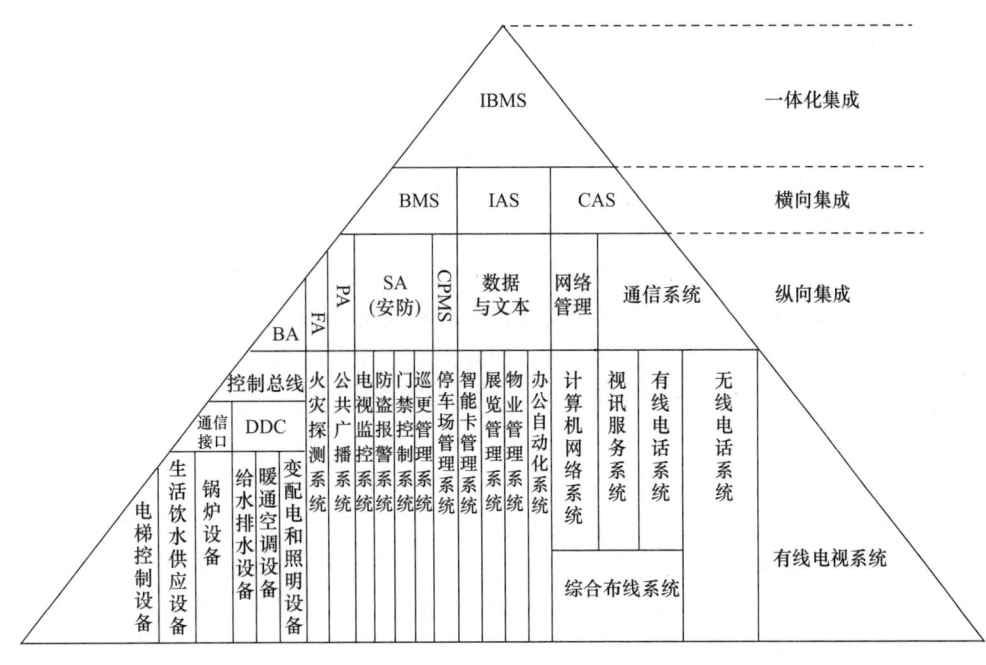

图 1-1　系统集成层次分析图

BMS 系统集成应采用功能集成、网络集成、软件界面集成等多种集成技术。系统集成实现的关键在于解决系统之间的互连性和互操作性问题，它是一个多厂商、多协议和面向各种应用的体系结构。需要解决各类设备、子系统间的接口、协议、系统平台、应用软件等与子系统、建筑环境、施工配合、组织管理和人员配备相关的一切面向集成的问题。

依据当前国内智能建筑发展的实际情况，比较迫切需要完成的任务是把第一、二层很好地集成为完整的 BMS，从而能够为更高层次的 IBMS 提供信息。

1.2 建筑智慧化发展历程

智能建筑系统集成是伴随着建筑智能化的发展而发展起来的。国内外建筑智能化的发展情况大致如下。

（一）国外建筑智能化发展情况

1984 年，世界上第一座智能大厦诞生于美国哈特福德市。在智能大厦的发展过程中，美国一直处于世界领先水平。近年来，在美国新建和改建的办公大楼中，有近 80% 为所谓智能型的。据估计，迄今已超过一万幢，如 IBM、AT&T 公司总部大厦。日本在 1985 年开始建设智能大厦，新建的大厦中有近 70% 为智能型的。欧洲国家智能建筑的发展基本上与日本同步启动，智能大厦主要集中在各国的现代化都市。亚太地区智能大厦则主要集中在韩国首尔等中心城市。新加坡政府投入巨资，规划将新加坡建成"智能城市花园"。

（二）国内建筑智能化发展历程

中国建筑智能化的发展历程大体可以分为三个阶段：信息化阶段、智能化阶段和智慧化阶段。

（1）信息化阶段

随着改革开放的深入，国民经济持续发展，综合国力不断增强，人们对工作和生活环境的要求也不断提高。同时随着以微电子技术为基础的计算机技术、通信技术和控制技术的迅猛发展，为满足信息化提供了技术基础。这一时期智能建筑主要针对一些涉外酒店等高档公共建筑和有特殊需要的工业建筑，所采用的技术和设备主要是从国外引进的。这个时候人们对建筑智能化的理解主要包括：在建筑内设置程控交换机系统和有线电视系统等通信系统，将电话、有线电视等接到建筑中来，为建筑内用户提供通信手段；在建筑内设置广播、计算机网络等系统，为建筑内用户提供必要的现代化办公设备；利用计算机对建筑中机电设备进行控制和管理；设置火灾报警系统和安防系统，为建筑和其中人员提供保护手段等。这时建筑中各个系统是独立的，相互没有联系。也就是说，系统集成的问题没有被提出，整个系统建设的重心在于各独立子系统，子系统以各自完成各自的功能为目的。

（2）智能化阶段

20 世纪 90 年代中期房地产开发热潮中，房地产开发商在还没有完全弄清智能建筑内涵的时候，发现了智能建筑这个标签的商业价值，于是"智能建筑""5A 建筑"，甚至"7A 建筑"的名词出现在他们的促销广告中，智能建筑迅速在中国推广。20 世纪 90 年代后期，沿海一带新建的高层建筑几乎全都自称是智能建筑，并迅速向西部扩展。可以说这个时期房地产开发商是建筑智能化的重要推动力量。从技术方面看，主要是强调对建筑中各个系统进行系统集成和广泛采用综合布线系统。所谓系统集成就是将建筑各个子系统集成在一个统一的操作平台上，实现各系统的信息融合，协调各个系统的运行，以发挥建筑智能化系统的整体功能，实现建筑智能化各子系统的信息共享，可以提升智能化系统的性能。但追求智能建筑一体化集成，不仅难度很大，而且增加了智能化系统的投资。因此，业内主要观点是：应以楼宇自控系统为主按需进行系统集成，并采用开放标准进行系统集成。

（3）智慧化阶段

当前，"建筑智能化"已经突破传统范畴，逐渐延伸至整个城市，甚至整个社会。"智能设备—智慧家庭/办公室—智慧建筑—智慧社区/园区—智慧城市"已经成为一条"无缝"衔接的链条，各环节的衔接需要通过系统集成的手段来完成。系统集成已成为各个孤立元素的"黏合剂"，使之成为一个统一、协调、优化的大系统。本阶段系统集成的含义如图 1-2 所示。

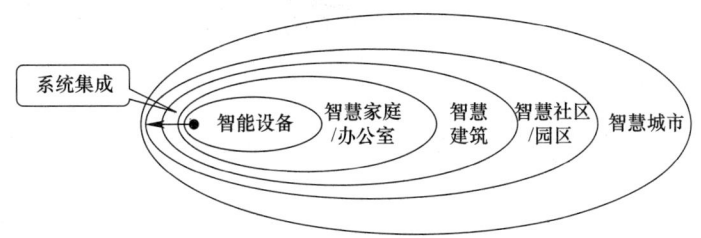

图 1-2　通过系统集成实现设备到城市的智能

　　回顾建筑智能化的发展历程不难推断出，它是一个由独立体系向综合体系过渡的过程，是由高成本向低成本转化的过程，是由复杂化向简约化迈进的过程。在这些转变的过程中，总的趋势是：随着信息技术（IT）的发展，大厦以弱电各子系统独立运行和管理的模式正在向共享信息与资源的集成化模式发展，这已成为国际上现阶段建筑智能化技术的主流方向。当前，智能建筑系统集成在我国正处于发展阶段，各项相关技术正在不断地发展和完善，人们对它的认识角度、程度以及探索步伐也在不断地更新之中。

　　总之，智能建筑的系统集成是伴随着建筑智能化系统的复杂程度不断提高、信息技术的不断进步、人们对工作和生活环境的要求不断提高而出现的，这是一种必然的趋势，必将随着智能建筑的不断发展得到长足发展。

1.3　智慧建筑定义

　　本书从建筑智能性演进角度，结合工业 4.0 和人工智能提出对智慧建筑概念的理解。工业 4.0、智慧城市赋予智能建筑新的内涵，使之向智慧建筑演进。智慧建筑是在智能建筑基础上的进一步发展，其内涵的变迁与演进情况可用图 1-3 说明。

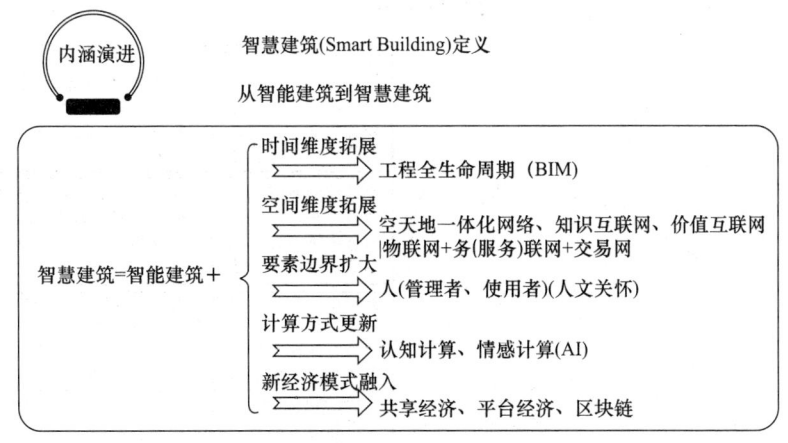

图 1-3　从智能建筑到智慧建筑的内涵演进

　　从信息物理系统（Cyber-Physical Systems，CPS）的视角解释智慧建筑的内涵，如图 1-4 所示。

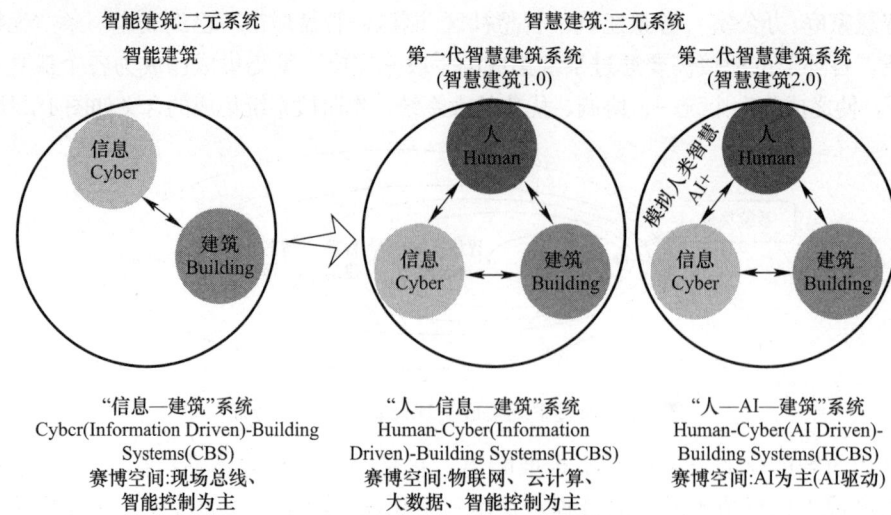

图 1-4 智慧建筑 1.0 和智慧建筑 2.0

从信息物理系统 CPS 的视角来分析，传统智能建筑是基于"信息—建筑"二元空间的系统，智慧建筑是基于"人—信息—建筑"三元空间的系统，如图 1-4 所示。在"信息(Cyber)"这一维度上，智慧建筑 1.0，即第一代智慧建筑更多地依赖于物联网、云计算、大数据、智能控制技术。智慧建筑 2.0，即第二代智慧建筑则更多地依赖于人工智能技术。这也正是区分智慧建筑 1.0 和智慧建筑 2.0 的本质所在。在智慧建筑 2.0 的三元空间系统图中，"人（Human）"与"信息（Cyber）"之间由于引入了 AI，会更多地体现出"人—机"共融特征。

智慧建筑的发展离不开人工智能。"AI＋智慧建筑"是指以人工智能理论、技术、产业为核心驱动力的超智能建筑，该建筑具备八大特征：实时感知、高效传输、自主控制、自主学习、智能决策、自组织协同、自寻优进化、个性化定制。"AI＋智慧建筑"中的"AI"不仅指人工智能，从产业形态上来讲，还包括对 AI 形成支撑的新一代信息技术——大数据、云计算、物联网、移动互联网、工业互联网、现代通信、区块链、量子计算等相关业态，"AI＋智慧建筑"的业态内涵用图 1-5 表示。

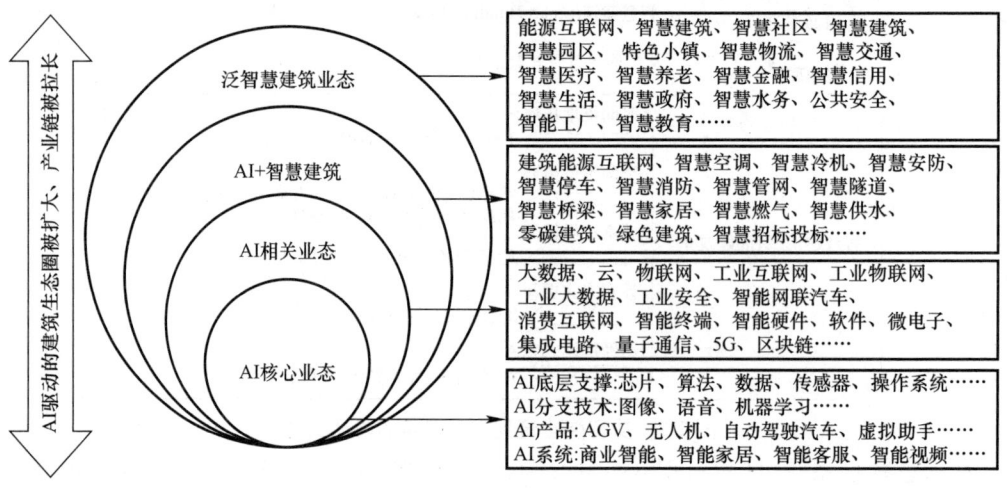

图 1-5 "AI＋智慧建筑"业态

从图 1-5 可清晰地看到，随着数字经济和智慧城市的发展，AI 驱动的建筑生态圈正在被迅速扩大，建筑的产业链也正在被大尺度拉长。

"AI＋智慧建筑"产业链模型如图 1-6 所示。

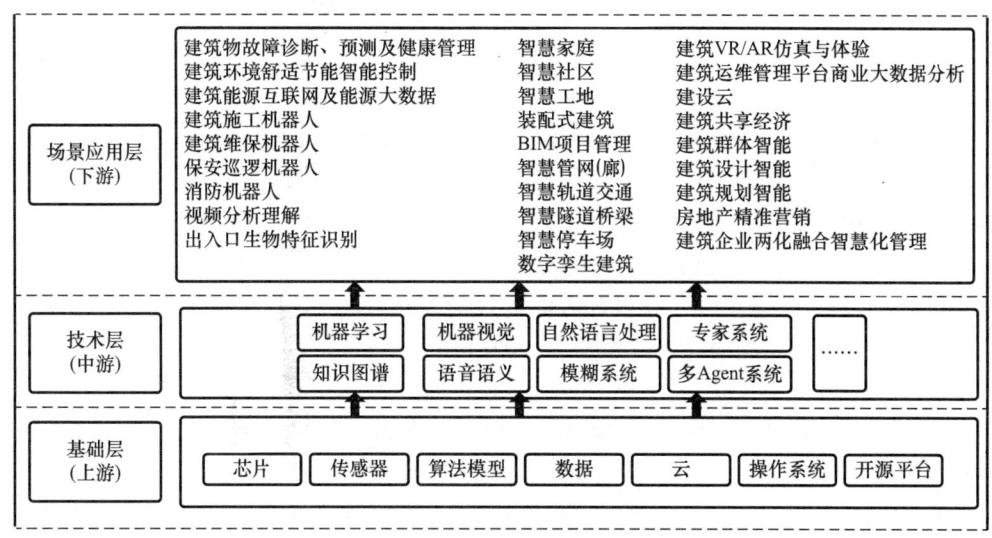

图 1-6　AI＋智慧建筑产业链

"AI＋智慧建筑"产业链模型由基础层（产业链上游）、技术层（产业链中游）、场景应用层（产业链下游）组成，每一层对上一层具有支撑意义。在场景应用层，包含了智慧建筑领域丰富的应用场景，这些"场景＋AI"共同构筑了 AI＋智慧建筑的全景图。由"AI＋智慧建筑"产业链模型可实现针对某个项目的个性化定制规划。例如，可根据某地提出的需求及当地产业和城市的实际发展情况，选取产业链模型中的某层中的某些部分形成当地的 AI＋智慧建筑产业链规划架构。随着技术和行业的发展，也可在场景应用层根据实际情况个性化定制某些智慧建筑 AI 应用场景。

AI 产业化的通用模式如图 1-7 所示，适用于 AI 建筑产业化。

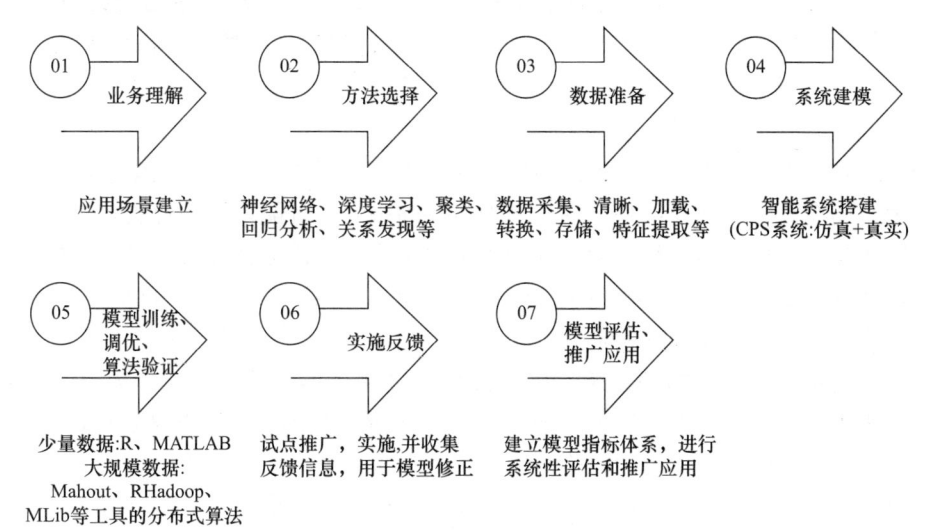

图 1-7　AI 产业化的通用模式

AI 建筑产业的发展从人工智能角度看主要依赖于三个方面：

（1）AI 理论、算法和模型的改进；

（2）计算能力（GPU、CPU、TPU、DSP、FPGA 等高性能计算）的提升；

（3）大数据理论与技术的发展，AI 模型所需样本数据质量的提升。

AI 建筑的核心技术——智慧建筑智能计算（特别是类脑计算）的进一步发展体现在硬件和软件两方面：

（1）软件方面。一是使智能计算模型在结构上更加类脑，二是在认知和学习行为上更加类人。模型和方法的探索和改善是关键，例如：模拟人的小样本和自适应学习，可以使智能系统具有更强的小样本泛化能力和自适应性。

（2）硬件方面。主要是研发新型机器学习计算芯片，如：深度学习加速器。2016 年推出的 TPU（张量处理单元）在推理方面的性能要远超过 GPU（平均比当前的 GPU 或 CPU 快 15～30 倍，性能功耗比高出约 30～80 倍）。

1.4　基于数字孪生的智慧建筑系统集成

信息物理系统（CPS，Cyber-Physical Systems）是一个综合计算、网络和物理环境的多维复杂系统，通过 3C（Computer、Communication、Control）技术的有机融合与深度协作，实现大型工程系统的实时感知、动态控制和信息服务。信息物理系统作为计算进程和物理进程的统一体，是集成计算、通信与控制于一体的下一代智能系统。信息物理系统使用信息虚体以远程、实时、安全、可靠、协同的方式操控物理实体，采用人机交互接口实现人和信息物理空间的交互，将人类智慧赋能到信息物理系统。从本质上说，CPS 是一个具有控制属性的网络，同时也是一个具有网络属性的控制系统。

数字孪生（DT，Digital Twin）的概念源自工业制造领域。数字孪生是充分利用物理模型、传感器更新、运行历史等数据，集成多学科、多物理量、多尺度、多概率的仿真过程，在虚拟空间中完成映射，从而反映相对应的实体装备的全生命周期过程。数字孪生六要素可总结为：物理空间、数字空间、数据、控制、管理、服务。美国国防部最早提出将 Digital Twin 技术用于航空航天飞行器的健康维护与保障。Digital Twin 最为重要的启发意义在于，它实现了现实物理系统向信息空间（赛博空间）数字化模型的反馈。这是一次工业领域中逆向思维的壮举。从基于数据流和业务流的控制系统角度来看，只有带有反馈回路的系统才能真正实现数据全生命周期跟踪，才是真正的全生命周期概念，才能真正在数据全生命周期范围内保证信息世界与物理世界的协同。智能系统的智能首先要感知、建模，然后才是分析推理和智慧决策。各种基于数字化模型的仿真分析、数据挖掘及人工智能应用，都是为了实现与现实物理系统的更好适配。如果没有 Digital Twin 对物理实体的模型化描述，所谓的智能系统就是无源之水。

如果将建筑看作一种物理系统，那么智慧建筑系统集成就可看作是人（人类智慧）、建筑物理实体、建筑信息虚体三者的融合。在以海量大数据、人工智能、5G 物联网、区块链可信计算为主要技术代表的智能时代，智慧建筑系统集成的内涵呈现出"五全"综合特征：全域立体感知、全系统可信互联、全体系精准管控、全数据智能决策、全景实时可视交互。在以上特征不断深化发展的基础上，智慧建筑系统集成正朝着数字孪生建筑方向快速演进。数字孪生建筑是数字建筑与物理建筑的融合体,其技术模式的核心是数据线程和模型体系。数字孪生建筑是智能建筑系统集成的有效方法与根本路径。基于 CPS 和数字孪生的智慧建筑系统集成模式如图 1-8 所示。

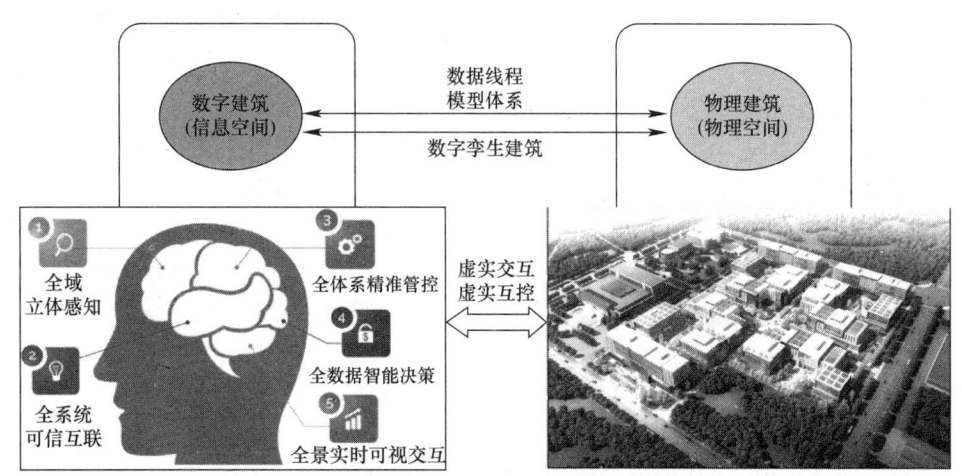

图 1-8   基于 CPS 和 DT 的智慧建筑系统集成模式

美国国家科学基金会用"信息物理系统"一词来描述传统术语无法有效说明的日益复杂的系统。美国国家科学基金会(NSF)认为,CPS 将让整个世界互联起来。CPS 目前已被列为美国研究投资的重中之重。在德国,CPS 同样被认为是工业 4.0 的基础和内核。

基于数字孪生的智能建筑集成系统的一个突出趋势是共享化。在共享智能建筑集成系统领域,设施、工具、信息、数据、服务等都可以通过共享平台和共享模式实现共享和交换,从而使得以上资源加速流转,发挥更大作用,取得更大经济效益。共享模式是破解资源短缺,实现高效发展的重要途径,无论是体量还是运营模式及种类,智慧建筑系统集成领域都存在极大发展空间(图 1-9)。

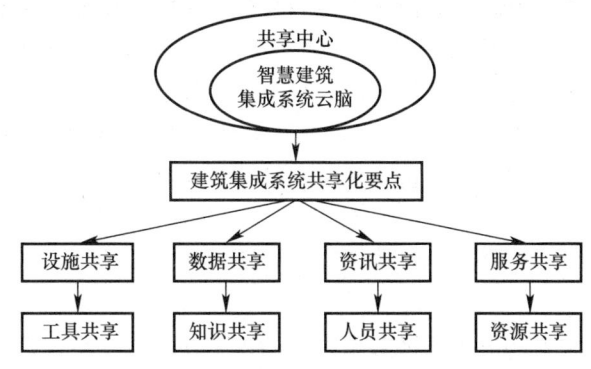

图 1-9   智慧建筑集成系统共享化

1.5   基于多智能体的智慧建筑系统集成

一直以来,人们期望通过系统集成手段使智能建筑达到更高的智能化水平,甚至达到接近于人类智慧的智慧化水平。时至今日,智慧化的实现仍要建立在智能化的基础之上。

人工智能理论分支之一——多智能体（Multi-Agent）理论可以很好地支撑智慧化系统集成的实现。自 20 世纪 80 年代起，Agent 一直是分布式人工智能研究的热点，它是"基于某种场景，并具有灵活、自主的行为能力，以满足设计目标的计算机系统"。由于智能建筑的各智能化子系统在行为方式、通信机制、协同性等方面满足 Agent 的诸多特性，故采用多 Agent 的思想分析建筑智能化系统是一种合理的选择。安防系统是建筑智能化系统中联动关系复杂、对协同效果要求较高的典型子系统，下面以此为例说明多 Agent 思想在智慧建筑系统集成中的反映和应用。智能建筑安防系统包含三个基本子系统：门禁系统、防盗报警系统、视频监控（CCTV）系统。三个子系统的联动主要体现在非正常状态即报警状态下。BMS（Building Management System）服务器 Agent 起到统一协调指挥各子系统工作的作用，通过联动，系统的智能化水平得到大幅度提升。报警状态下系统的联动过程与原理如图 1-10 所示：

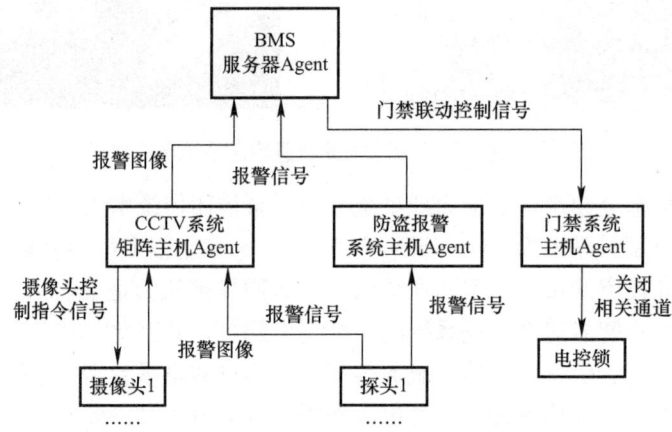

图 1-10 基于多智能体的报警状态下安防系统联动

系统的联动与综合是提高智能化水平的一种有效手段，在智能建筑领域，就是通常所提到的"系统集成"。显然，使诸多设备、诸多子系统协调运行是保证建筑实现"智能化"的关键，也是"智能化"所要达到的目标。目前，要满足用户的这种已达到人工智能水准的体验要求并非一件容易的事情，从技术的角度看，只有综合有效地运用电气、自动控制、网络与通信、计算机软硬件等各项相关技术才能满足需求。

1.6 系统集成的目的与作用

智慧建筑系统集成最初的也是最基本的目的在于解决独立系统造成的"信息孤岛"现象。智能建筑系统涵盖的内容相当广泛。据不完全统计，当前，智能建筑涉及的不同子系统已达二十多个，包括楼宇自控、安防系统、消防报警系统、门禁系统、公共广播等，而这些系统在智能化初期基本都是单独建设，采取相对独立的技术路线、系统设备和控制软件。这样使软硬件之间、系统与系统之间，以及系统运行与实际管理之间相互分割，造成资源浪费，形成了一个个"信息孤岛"，难以适应客户综合监控与集中管理的要求。于是，具有统一软件平台的智能建筑集成化管理系统应运而生。系统集成的目标就是要把不同功能、不同技术、不同厂商、不同要求、不同操作平台，不同接口的不同设备和系统，用统一的系统平台连接起来，协同运转，最终实现一体化管理，从而提高整个建筑的智能化与信息化水平。建筑智能化系统设计的核心是"集成"，它包括三个层次的含义：功能集成、技术集成、信息集成。系统集成不仅是集中控制的需求，其本质是信息的集成，是资源共享与管理的需要。1998 年北京智能建筑技术研讨会明确提出了智能建筑系统的主要目标是"信息集成"。国外权威机构也在预测智能建筑集成技术的发展，如美国能源部提出关于智能集成方法，其核心思想是系统协同工作，这种思想对智能建筑的系统集成提出了新的要求。

智慧建筑系统集成的作用可总结成如下几点：

（1）对各机电子系统进行统一的监测、控制和管理。

集成系统将分散的、相互独立的智能化子系统，用相同的环境、相同的软件界面进行集中监视。

（2）实现跨子系统的联动，提升建筑物自身的功能，提高对建筑物的管理水平。

智能化系统实现集成以后，原本各自独立的子系统在集成平台的角度来看，就如同一个系统一样，无论信息点和受控点是否在一个子系统内都可以建立联动关系。这种跨系统的控制流程，大大提高了建筑物的自动化水平，例如：当建筑物发生火灾报警时，CCTV监控系统将火警画面切换给主管人员和相关领导，停车场系统打开栅栏机，尽快疏散车辆。这些事件的综合处理，在各自独立的智能化系统中是不可能实现的，而在集成系统中却可以按实际需要设置后得到实现，这就极大地提高了智能建筑的管理水平。

（3）提供开放共享的数据和信息资源。

随着计算机和网络技术的高度发展，信息环境的建立及形成已不是一件困难的事。虽然系统产品供应商们正在努力制订各种应用层次的通信协议标准，在目前条件下，真正限制信息系统发展的是不同数据类型之间的信息交换或者说是系统之间的通信接口。如果集成信息系统无法得到需要的数据，就不能发挥有效的作用。智能化系统控制着建筑物内所有的机电设备，包括：空调系统、通信系统、广播系统、安保系统、消防系统等，传统上各系统自成体系工作，并不和外界交换信息。由于数据结构、通信格式的不同，集成系统无法采集所需要的资料，用户花费大量资金、心血建立的信息服务系统、物业管理系统、设备维护系统、决策辅助系统等就不能发挥应有的潜在能力。计算机集成网络系统将真正解决这样的数据、信息交换问题。它建立一个开放的工作平台，采集、转译各子系统的数据，建立对应系统的服务程序，接受网络上所有授权用户的服务请求，即实现了数据共享。这种网络环境下的分布式客户机/服务器结构使集成信息系统充分发挥其强大的功能。

（4）提高工作效率，降低运行成本。

集成系统的建立充分发挥了各智能化子系统的功能。以前为了达到同样功能，往往要增加许多硬件和设备，如在消防和安保系统中增加输出点，接入楼宇自控系统的输入点上，以达到统一监控和联动的目的，但由于硬件点数量的限制，往往不能达到很好的效果又增加了投资。现在集成系统用软件功能代替硬件设备，不仅节约，更增加了集成的信息量和系统功能。集成系统可以使管理人员在一台或多台电脑上，以相同的界面操作、管理各个智能化子系统，而电脑可以放在建筑物的任何地方，这样一来方便了管理，也可以减少管理人员的人数，提高了管理效率，同时降低了对管理者素质的要求，降低了人员培训的费用。

根据对以往完成的集成系统工程情况的统计，成功的系统集成可取得以下效果：节约人员 $20\%\sim30\%$；节省维护费 $10\%\sim30\%$；提高工作效率 $20\%\sim30\%$；节约培训费用 $20\%\sim30\%$。

若干子系统按照某种方式相互联系而形成一个更大的系统，就会产生这些子系统所没有的新性质（集成系统质或整体质）。这种性质只能在集成系统的整体中表现出来。如果将集成系统分解为他们原来的子系统，这种性质便不复存在。这就是系统的整体突现性原理，又称为系统的还原性原理。

整体突现性，即整体具有而部分或部分总和所不具备的性质，是集成系统最重要的特征，也是系统理论的基石。智能建筑之所以要进行系统集成，其最终目的就是要追求具有正效应的"整体大于各部分之和"的突现性。

1.7　集成系统设计原则

在现阶段，智慧建筑系统集成应克服一味追求先进技术、炒作概念、盲目添置子系统等不务实的做法，一定要实事求是地仔细分析需求，坚持"按需集成"的原则，具体指导思想应为：

（1）贯彻"实用、可靠、先进、经济"的八字方针，以应用为导向，推进管理，按急用先上、分步到位的原则进行建设；

（2）从现实情况出发，以需求为依据，总体规划、分步实施，确保系统高度集成、总体优化、安全可靠、稳步推进；

（3）系统充分考虑功能扩容性和技术升级性，适应当代信息技术迅猛发展的要求，以求最佳效果。

系统的总体设计原则是：以计算机网络为基础、软件为核心，通过信息交换和共享，将各个具有完整功能的独立分系统组合成一个有机的整体，提高系统维护和管理的自动化水平、协调运行能力及详细的管理功能，彻底实现功能集成、网络集成和软件界面集成。具体如下：

（1）标准化：系统设计及其实施按照国家和地方的有关标准进行，所选用的系统、设备、产品和软件符合工业标准或主流模式。

（2）先进性：考虑到电子信息及软件技术的迅速发展，系统设计在技术上适当超前，所采用的设备产品和软件不仅成熟，而且能代表当今世界的技术水平。

（3）实用性：系统设计从业主需求着手，并以得到业主认可的需求为目标来开展工作，保证满足业主目前的各种需要。

（4）合理性和经济性：在保证先进性的同时，以提高工作效率，节省人力和各种资源为目标进行工程设计，充分考虑系统的实用和效益，争取获得最大的投资回报率。

（5）安全性和可靠性：安全和可靠是对智能建筑的基本要求，是建筑自动化管理系统工程设计所追求的主要目标之一。

（6）模块化和可扩充性：系统的总体结构是结构化和模块化的，功能和性能上协调一致，具有很好的兼容性和可扩充性，既可使不同厂商的系统集成到一个管理平台中，又可使系统能在日后得以方便地扩充，并扩展另外厂商的系统。

（7）方便性和舒适性：系统在使用和操作上为建筑弱电工程的拥有者、管理者及其客户提供最有效的信息服务，提供高效，舒适，便利和安全的工作环境。

（8）专业性：系统设计注重业主的专业特点，保证专业化使用功能要求。

（9）经济性：系统综合考虑建设投资与长期运营费用间的关系，满足性能价格比在各类系统和条件下达到最优，以保证整个投资项目的经济性，获得更全面的系统使用价值 TBO 与总拥有成本 TCO 的高性价比。

（10）灵活性：系统提供管理人员和用户灵活移动和变更设备的可能。

习　题

1-1　智慧建筑的定义是什么？

1-2　系统集成的一般含义是什么？智慧建筑系统集成的新方法有哪些？

1-3　简述建筑智慧化发展的历程。

1-4　简述智慧建筑系统集成的作用。

1-5　简述智慧建筑系统集成的设计原则。

第2章　智慧建筑集成系统分析

2.1　系统架构

2.1.1　经典系统架构

BMS 是一体化集成系统即 IBMS 的基础，也是智慧建筑系统集成的核心所在。以下的探讨从 BMS 入手，以 BMS 为重心，在其基础上再进行大系统的扩展。

网络控制系统（Networked Control System）这个名词最早于 1998 年出现在马里兰大学 Greyroy C. Walsh 等人的论著中，但并没有给出确切的定义，只用图说明了控制网络的结构，指出在该系统中，控制器与传感器通过串行通信线路形成闭环。国内学者用"网络控制系统""分布式网络控制系统"等概念来描述网络环境下的自动控制系统，即：网络化的结构、智能化的现场设备和现场化的控制功能等。网络控制系统是计算机技术、通信技术与控制技术发展和融合的产物。分布控制系统（DCS）、工业以太网和现场总线控制系统从某种意义上讲都属于网络控制系统，它体现了控制系统向网络化、集成化、分布化、节点智能化的方向发展，并将在工业控制领域、楼宇自动化、家庭自动化等方面广泛地应用，网络控制系统已成为控制领域里研究的一个热点。借鉴网络控制系统的概念，可将 BMS 也看作是一种广义的网络控制系统。从体系结构上看，目前建筑集成控制系统有 90％以上使用集散型控制系统结构，随着以太网技术及 LonWorks 现场总现技术的发展，未来的趋势必将是完全分布式计算机控制系统占主流地位。

例如，在 Honeywell 公司的集散型楼宇控制系统中，系统自底向上分为三级：现场级、自动化监控级、管理级。也可将现场级、自动化监控级合起来称为控制级。现场级主要是通过各类传感器完成各类信号的现场采集，以及用现场执行机构完成现场控制功能。采用 RS485、LonWorks、Honeywell C-BUS 等多种控制总线技术，来完成各子系统的监测和控制功能。自动化监控级包括各子系统各自配备的控制器及独立的上位监控系统，完成各自独立的控制功能。控制器将现场级采集的信号与上位监控的设定值进行比较、计算，并向现场级的执行机构发出指令，来完成所要求的控制功能。管理级主干网采用 100M 以太网络、客户机/服务器（C/S）或浏览器/服务器（B/S）结构模式，将楼宇自控系统、安保系统、照明管理系统、电力管理系统和消防系统等通过多种数据通信技术实现子系统之间的联络、对话，对各子系统的重点信号统一实施监控。又如西门子的楼宇集成管理系统分为三级网络，即：管理级网络（Management Level Network，简记为 MLN），楼宇级网络（Building Level Network，简记为 BLN），楼层级网络（Floor Level Network，简记为 FLN）。

图 2-1 是经典的网络化智能建筑集成系统结构图。

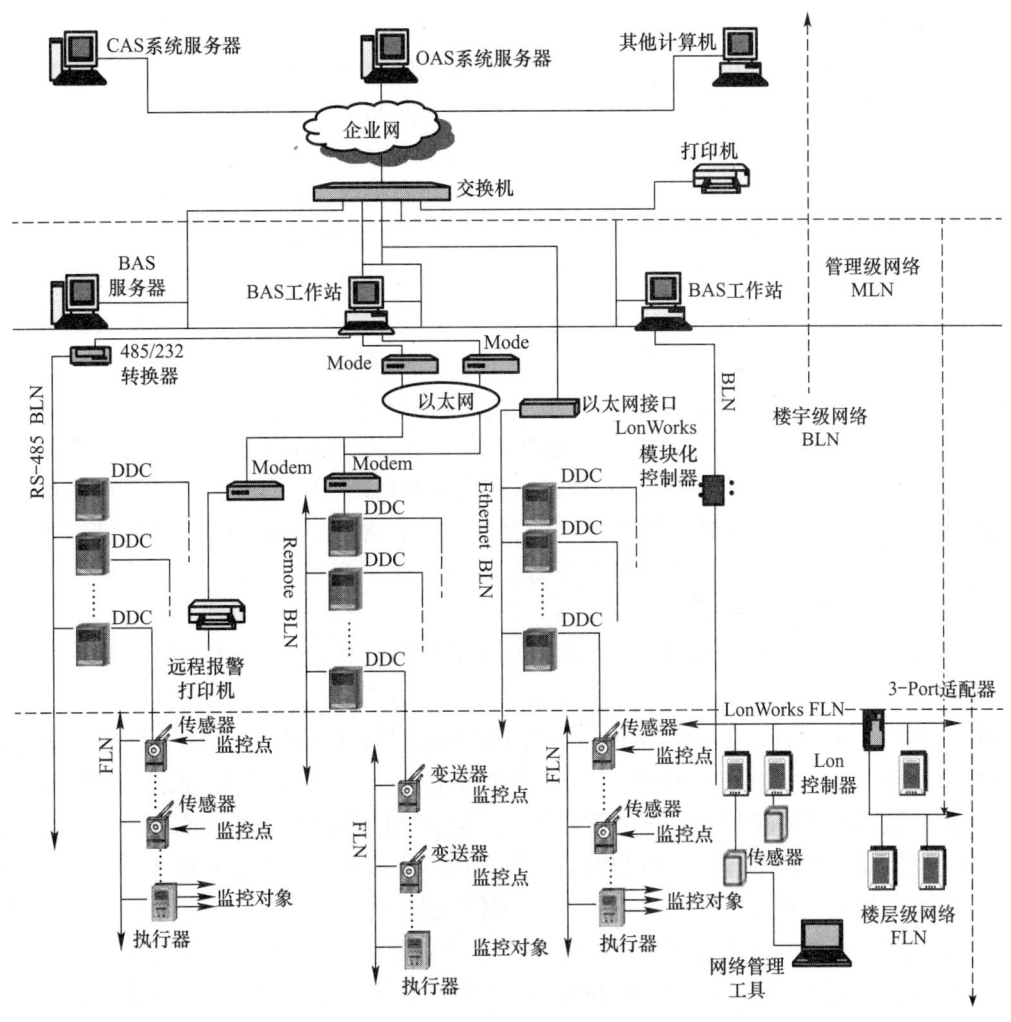

图 2-1　智能建筑集成系统典型结构

系统建模理论中根据各种形式化方法在系统规范的静态和动态要素上所蕴含的约束，将系统分成三类：①微分方程系统。微分方程并不直接描述下一个状态，而是给出隐含的约束。②离散事件系统。其状态变化是离散的，并且可能在时间轴上是满足不同分布的。③离散时间系统。可用序列机将系统描述为 $M = <X, Q, Y, \delta_M, \lambda>$。如表 2-1 所示。

控制系统分类表　　　　　　　　　　　　　　　　　　　　　　　　　　表 2-1

	微分方程	离散事件	离散时间
时基 T	连续实数	连续实数	离散整数
基本集 X, Q, Y	实数向量空间	任意	任意
输入段	分片连续分段	离散事件分段	序列
状态和输出轨迹	连续分段	分片连续分段	序列

其中，X 是输入值集；Q 是状态集；Y 是输出值集；δ_M 是一个单步转移函数；λ 是输出函数。δ_M 表明了模型行为的一个时间步中发生的状态转移，它可通过 M 来扩展为系统

的多步转移函数。

智能建筑集成化系统中每一个子系统都是高维的非线性系统，各子系统之间具有耦合性，整个系统具有较强的分布性。所以不能简单地将其整体归入上述哪一类系统中去。

无论从体系结构上怎样划分整个系统，从本质上看，智能建筑集成化系统中所传输的数据无非是两种：一种是模拟量信号；另一种是数字量信号。各子系统中又可能包含着不同类型的信号，例如基于 OPC AE（Alarm&Event）标准的西门子安防系统，其信号就是报警和事件，是属于离散事件动态系统；而基于 OPC DA（Data Access）标准的 GE 变配电系统，则采集和传输了大量的模拟量，这些量所在的局部小系统是连续变量动态系统。像这种不同类型的局部小系统共存于一个建筑集成系统中，构成结构复杂的高度混合型系统。混合系统结构的概念最早在 1979 年由瑞典的 Cellier 提出。1989 年 Golli 在他的《Hybird dynamic systems》一文中正式提出了混合动态系统的概念，认为混合动态系统是指包含离散事件动态系统（DEDS）和连续变量动态系统（CVDS）、两者又有相互耦合作用的系统。应该说建筑集成系统也是一种混合动态系统，由于其特有的体系结构及复杂的功能特性，可将它视作一类特殊的混合动态系统。

2.1.2　AI 驱动的系统架构

随着人工智能理论和技术的快速发展，近年来智能建筑集成系统呈现出更加倾向人工智能技术体系的架构。参考《国务院关于印发新一代人工智能发展规划的通知》（国发〔2017〕35 号），宜构建以八大基础理论、八大关键共性技术为支撑的 AI＋智能建筑集成系统技术基座，形成 AI 化系统架构。八大基础理论包括：大数据智能理论、跨媒体感知计算理论、混合增强智能理论、群体智能理论、自主协同控制与优化决策理论、高级机器学习理论、类脑智能计算理论、量子智能计算理论。八大关键共性技术包括：知识计算引擎与知识服务技术、跨媒体分析推理技术、群体智能关键技术、混合增强智能新架构和新技术、自主无人系统的智能技术、虚拟现实智能建模技术、智能计算芯片与系统、自然语言处理技术。以算法为核心，以数据和硬件为基础，以提升感知识别、知识计算、认知推理、运动执行、人机交互能力为重点，形成开放兼容、稳定成熟的 AI＋智能建筑集成系统技术体系，逐步建立新一代人工智能建筑集成系统理论与技术体系。

目前，人工智能的发展可分为强人工智能和弱人工智能两大类。强人工智能（BOT-TOM-UP AI）观点认为有可能制造出真正能推理（REASONING）和解决问题（PROBLEM_SOLVING）的智能机器，且这样的机器能将被认为是有知觉的，有自我意识的。强人工智能可以有两类：类人的人工智能，即机器的思考和推理就像人的思维一样。非类人的人工智能，即机器产生了和人完全不一样的知觉和意识，使用和人完全不一样的推理方式。弱人工智能（TOP-DOWN AI）观点认为不可能制造出能真正地推理（REASONING）和解决问题（PROBLEM_SOLVING）的智能机器，这些机器只不过看起来像是智能的，但是并不真正拥有智能，也不会有自主意识。主流科研目前集中在弱人工智能上，并且一般认为这一研究领域已经取得可观的成就。强人工智能的研究则处于停滞不前的状态。

本书给出的 AI 建筑定义为：具有实时感知、高效传输、自主精准控制、自主学习、个性化定制、自组织协同、自寻优进化、智能决策、价值互联与再造能力的建筑物。"AI＋智慧建筑"是指以人工智能理论、技术、方法为核心驱动力驱动智慧建筑发展的产业和学术新形态。"智慧建筑＋AI"是指以智慧建筑为主体，融合人工智能的产业和学术新形态。兼容"AI＋智慧建筑""智慧建筑＋AI"二者内涵的新建筑形态称为"AI 建筑"，也称为"超智能建筑"。

产业视角下，本书认为 AI 是建立在大数据、云、物联网、区块链基础上的概念，可简单表示为：AI＝大数据＋云＋物联网＋区块链。产业 AI 则是在以上基础上再加应用场景。建筑 AI 则是将"应用场景"聚焦到建筑应用场景的一类产业 AI。

近年来，智慧建筑集成系统架构正朝着以"云＋AI"为典型特征的分布式对等化网络架构演进。智慧建筑云脑成为集成系统顶层智能内核。本书提出的智慧建筑云脑的基本架构如图 2-2 所示。

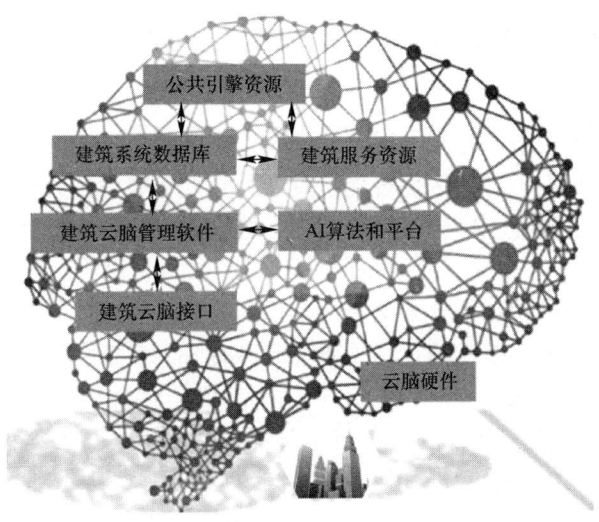

图 2-2　智慧建筑云脑

智慧建筑云脑 PaaS 层的一般解决方案（技术方案）如图 2-3 所示。

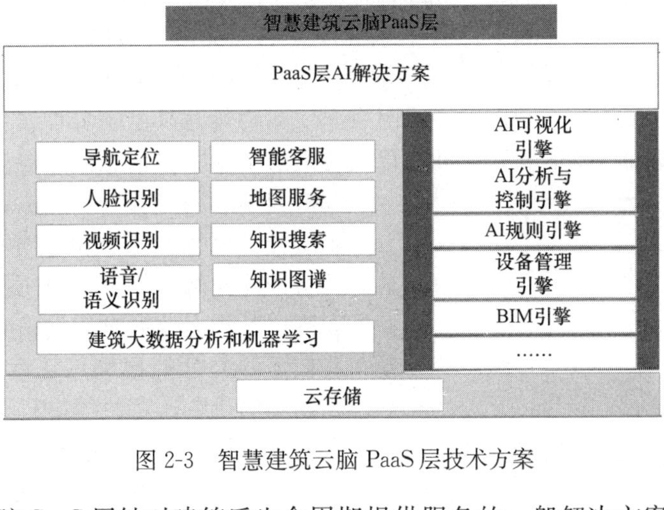

图 2-3　智慧建筑云脑 PaaS 层技术方案

智慧建筑云脑 SaaS 层针对建筑后生命周期提供服务的一般解决方案（技术方案）如图 2-4 所示。

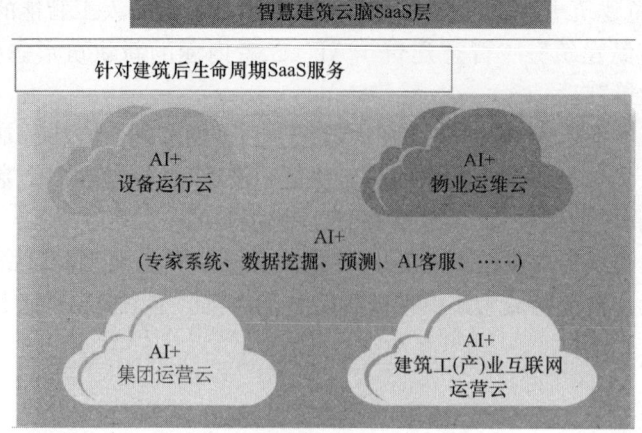

图 2-4　智慧建筑云脑 SaaS 层技术方案

智慧建筑云脑内涵要点一：自主智能控制，强调人的干预成分尽可能地少。

智慧建筑云脑内涵要点二：数据智能。具备大数据智能挖掘分析及利用能力。

智慧建筑云脑内涵要点三：云端远程管理与控制。云管理与控制的特点是可编程、可组态、智能化。

类脑计算是仿真、模拟和借鉴大脑生理结构和信息处理过程的装置、模型和方法，其目标是制造类脑计算机和类脑智能，相关研究已经有二十多年的历史。类脑计算采用的技术路线为：结构层次模仿脑（非冯·诺依曼体系结构），器件层次逼近脑（神经形态器件替代晶体管），智能层次超越脑（主要靠自主学习训练而不是人工编程）。从医学角度看，大多数神经学家都同意大脑也会进行某种计算的说法，但认为大脑是通过改变脑细胞或神经元之间的连接来实现计算的，即大脑输入一堆无序的信息，帮助大脑改变结构，进而产生更加适应环境需要的行为。这个观点是由 Locke、Hume、Berkeley 等经验主义哲学家提出来的。简单来说，就是经验对大脑产生影响，再影响大脑之后的经验。从数学模型、软硬件角度模拟、开发具备人类大脑智能化功能的器件和产品是人工智能领域近年来的热点方向。

深度学习（DeepLearning）是当今类脑计算中正在蓬勃发展的一类新兴算法，在图像、语音、文本等各种应用领域中正在取得令人振奋的结果。DeepLearning 的快速发展和它的复杂非线性结构与人脑天然神经网络深层结构具有高度吻合性密切相关，DeepLearning 对提取到的深度特征的处理机制有效的模仿了人脑对信息的分层过滤与处理机制。

2006 年人工智能学家 Hinton 曾提出观点：多隐层神经网络具有优异的学习能力，学习到的特征能对数据进行更本质的表示。在"互联网＋"和大数据时代真正到来的今天看来，我们需要充分挖掘利用深度学习、多隐层神经网络的优势，对数据进行优化表示与处理，让数据发挥更大的应用价值。

基于类脑计算的建筑云脑采用强化学习算法架构，智慧建筑 AI 闭环认知计算系统架构如图 2-5 所示。

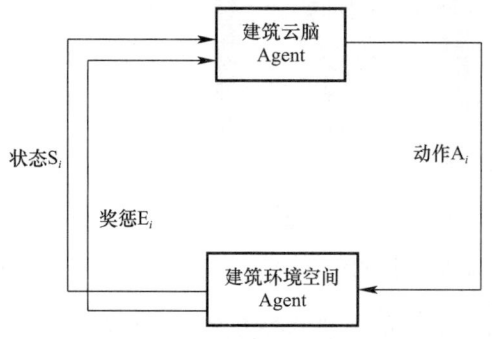

图 2-5　智慧建筑 AI 闭环认知计算系统架构

　　这种系统架构是一种基于"环境检测—状态驱动—直接反馈控制"AI 闭环机理的全新型架构，与传统的分布式控制系统架构具有本质区别。分布式控制系统架构更多强调的是分子系统进行逐层逐级控制和管理，对子系统的边界及控制管理层级的边界具有较为严格的约束。AI 闭环认知计算系统架构的特点是：

　　（1）并不强调子系统和层级的概念，弱化甚至消除边界约束，以建筑智慧化统一管理需求为依据，遴选并标注"元智能体"（Data Agent，简称 DA）；

　　（2）用建筑云脑智能体（Building Cloud Brain Agent，简称 BCBA）统一直接管理各"元智能体"，是制定并发出管理策略 Policy 的机构；

　　（3）以建筑系统状态（Building State，简称 BS）变化作为系统反馈动作（Building Action，简称 BA）的驱动力，是一种系统内部自组织、自适应的直接驱动，而非人工干预的驱动；

　　（4）通过建筑环境空间反馈给建筑云脑的奖惩变量（Building Error，简称 BE）来不断修正控制和管理偏差，并做奖惩累计，依据累计结果再给出动作输出修正。使系统在不断的探索尝试和循环迭代中实现人类"经验"的模拟，并进行"记忆"，从而实现自主学习和进化。

　　智慧建筑人工智能闭环认知计算系统核心要素的符号表示方法如下：

　　（1）元智能体：$DA=\{Data，AI\}$，一个"元智能体"包含两个维度——数据、人工智能算法；

　　（2）建筑云脑智能体：$BCBA=\{BigData，Policy，AI\}$，包含三个维度——大数据、策略、人工智能算法；

　　（3）状态：$BS=\{S_1，S_2，\cdots，S_n\}$，$S_i$ 为状态变量，$i=1，2，\cdots\cdots，n$；

　　（4）动作：$BA=\{A_1，A_2，\cdots，A_n\}$，$A_i$ 为动作变量，$i=1，2，\cdots\cdots，n$；

　　（5）奖惩：$BE=\{E_1，E_2，\cdots，E_n\}$，$E_i$ 为奖惩变量，$i=1，2，\cdots\cdots，n$。

AI 建筑应用系统架构如图 2-6 所示。

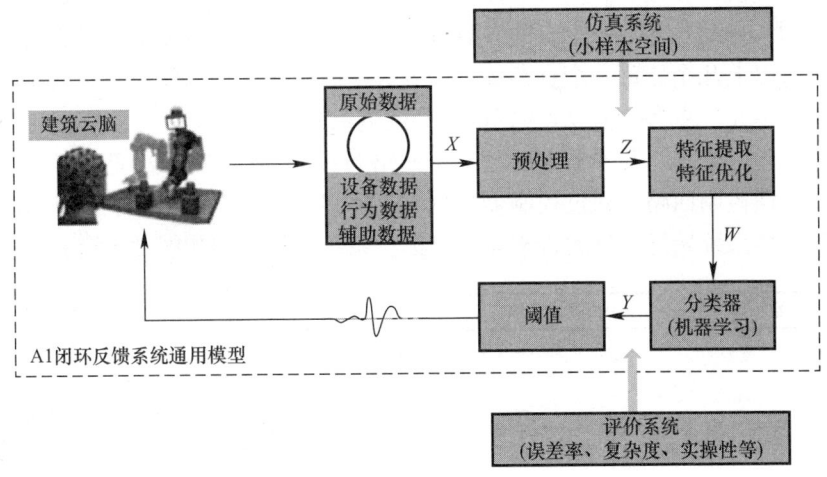

图 2-6　AI 建筑应用系统架构

2.1.3　系统组成

　　从组成系统的元素形态来看，系统由两大类元素组成，即：硬件与软件。硬件包括服务器、工作站、控制器、执行机构、传感器等，具有可见、可触摸的外形。软件包括运行在不同网络层次、不同硬件中的各类用高级语言和低级语言编写的程序代码。

从系统结构层次的划分来看，也可将系统的组成元素按照网络延伸的方向进行划分，即整个集成化系统主要包含以下元素：①中央集成管理软件；②实时数据库；③网关、路由器、适配器等网络接口设备；④控制器；⑤底层装置，又分为检测变送装置和执行器两大类；⑥网络。

各组成部分协同工作以完成系统任务，其原理如图 2-7 所示。

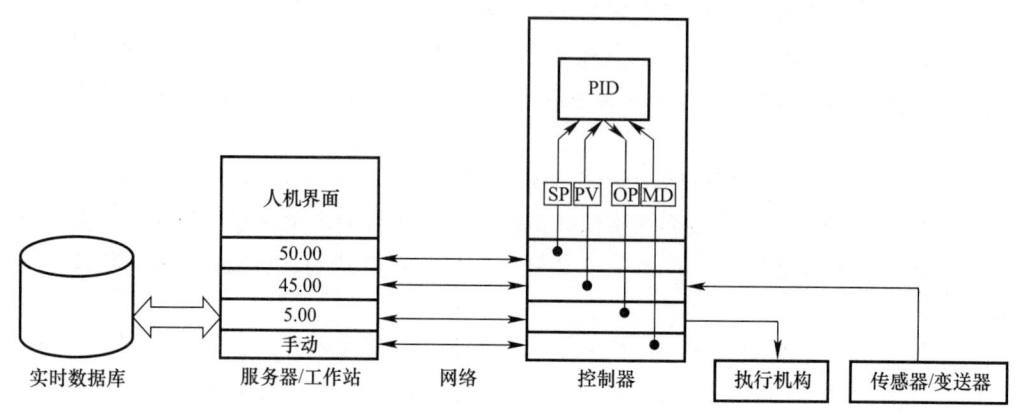

图 2-7　各组成部分协同工作原理图

系统的点类型通常分为四种：数字量输入（DI）、数字量输出（DO）、模拟量输入（AI）、模拟量输出（AO）。而在中央管理软件内部，一般可大致分成状态量点（Status Point）和模拟量点（Analog Point）两大类（特殊情况下可再补充）。每种类型的每个点都有一个特定的参数集，这个参数集用来描述该点。如点 PointAna1（SP、PV、OP、MD……），其中参数 SP（Set Point）表示点的设定值，参数 PV（Process Variable）表示点的实际测量值，参数 OP（Output）表示点的控制量，参数 MD（Mode）表示点的操作模式（手动、自动）等，一个点的参数可能有几百个，但最主要的能够直接反映监控结果的通常只有以上几个。每一个点参数对应着数据库中的一个存储单元，每个点的存储占据若干个存储单元。点参数依靠点的 ID 编号被组织和辨识。

系统的工作原理是：服务器端通过远程网络与控制器、传感器/变送器、执行器构成一个大闭环反馈控制回路，通过控制器中的 PID 调节器或其他类型智能调节器调整偏差以纠正偏差，使系统始终逼近运行于既定目标。系统结构框图如图 2-8 所示：

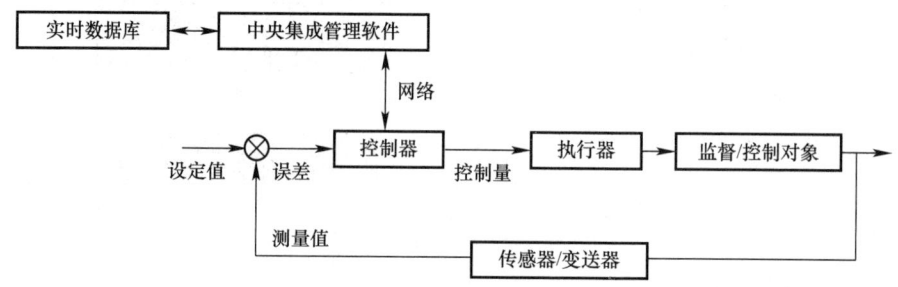

图 2-8　集成系统结构框图

各组成部分的原理、作用、特点、使用方法等分别介绍如下。

1. 中央集成管理软件

中央集成管理软件系统一般都支持客户机/服务器或浏览器/服务器体系结构。数据库服务器运行一个高效的实时数据库，并将数据传送到由系统连接或靠网络连接的客户机或输入其他相关应用系统，如电子表格或关系数据库。客户可通过冗余数据库服务器及后备网络，增强系统的可靠性、稳定性、安全性。客户也可根据企业的需要选择建立起最佳的网络系统，从高速 Ethernet TCP/IP LANs 到广域网（Wide Area Network）。工作站可永久或临时地连接服务器。因此，同一系统上的不同工作站都可通过同一预设的编号连接系统，做到在不同时间内允许大量用户通过网络得到中央管理软件的各种数据。

一般来讲，中央集成管理软件的典型特点是：

① 具有图形化操作界面；

② 支持多个本地及远程的高性能服务器；

③ 实时获取所有监控设备的各类数据；

④ 快速高效的报警管理；

⑤ 大量的历史数据和趋势图显示；

⑥ 标准或用户自定义的打印报表；

⑦ 丰富的应用程序开发环境；

⑧ 支持多服务器、多工作站构成的符合工业标准的局域网和广域网。

下面从几个侧面介绍功能强大的集成软件平台。

（1）人机界面

图形化的操作界面提供用户良好的人机交互方式。操作界面一般采用的是 Windows XP，Windows NT 或 Windows 98 操作系统。

中央集成管理软件会提供一套功能强大、面向对象、能按客户需要绘制图像的人机界面（HMI）开发软件。利用其中的调色板等工具，操作人员可制作独特的平面图像和三维立体图像。HMI 软件自带的图片库中有常用的冷凝器、阀门、空气调节单元、湿度量度器等图素，可帮助操作人员快速地完成设备/系统显示图。工作人员在此系统中，可使用标准的 Visual Basic 脚本语言，增加动画效果和方便操作。人机界面也可开发成 Web 页面形式，用浏览器即可浏览，方便操作人员上网收集更多有用的资料。

在运行后的人机界面上，可监视系统的数据，也可控制系统中的设备。图 2-9 是对冷源进行综合管理控制的人机界面。

进行远程控制时需要理解的一个概念是：点模式分为"AUTO"（自动）和"MAN"（手动）两种，AUTO 模式下，该点为程序自动控制；MAN 模式下，可在中央手动控制该点。

对于模拟量点，如水阀开度，当模式在 MAN 时，在控制位可直接输入目标控制量，如图 2-10 所示的 50%；对于数字量点，如风机启停，当模式在 MAN 时，可在启停位下拉菜单选择 on 或 off 来控制风机的启动、停止。操作如图 2-10 所示。

（2）报表

中央集成管理软件拥有完善的报表功能。系统预设了各种标准表格，客户可按需要随时将有关资料打印在空白表格上。这些报表包括：

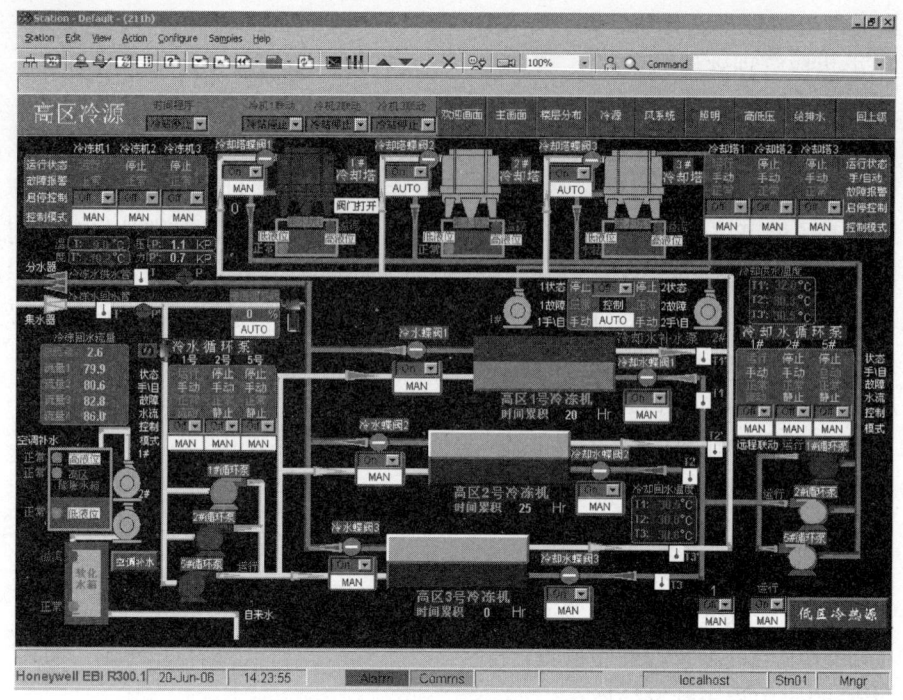

图 2-9　人机界面

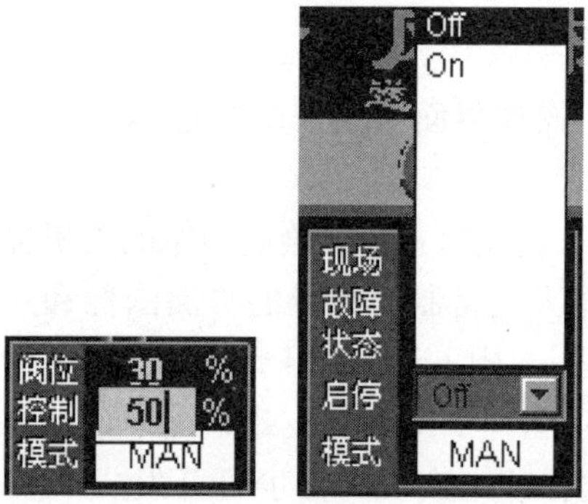

图 2-10　中央远程控制模式

报警/事件查询——根据查询条件，将报警和事件信息列出。

报警时间——计算指定报警点的持续时间。

点属性——用以反映资料库状况，如：没有连接到集成平台的点、报警信号等。

点间互相参照——数据库辅助管理功能。

报表可自动或依照操作人员指令打印出。指令可以是按特定的键或由客户自定义的画面上的键发出。报表可以定期或根据不同事件由系统中预设的报表打印机，或由操作人员控制打印。如有需要，也可将报表资料记存于中央系统的硬件中，再传送到其他电脑系统。

其他实时查询（如客户报表）可通过 ODBC 由标准报表中选择打印。

（3）先进的算法

中央集成管理软件中包含有非常先进的算法，可即时处理数据资料，建立起实时资料库。算法可定期或由事件触发运行。

1）定期算法包括：

代数计算；

总值计算；

设备运行时间；

布尔运算；

数据整合；

分段线形函数；

最大及最小值记录。

2）事件触发算法包括：

报表任务和显示事件；

站点组群控制；

区域或组群警号；

组合结构的警号。

（4）实时记录

中央集成管理软件的实时资料库储存了大量历史的实时数据及由实时数据再分析而得到的各种数据。所收集的可以是某一时刻的数据或平均数据，收集时段也各有不同，间隔范围可从 5s～24h。此外，报警/事件的数据以及操作的变化也自动存储在报警/事件日程表上，以供日后检查。

资料已经收集，即可用作趋势分析，编制时间表和报表，并可应用于电子表格或企业中的其他信息系统。

（5）报警管理

中央集成管理软件具有完善的报警管理体系，确保操作人员迅速得到系统和运行中的故障及其他异常情况。报警信号会显示在操作人员电脑荧屏上的特定报警显示位置，并发出声音报警。

集成数据库中的每一点，无论是测量到的还是分析得出的资料，都可用以设定不同形式的报警。每一点模拟量最多可设四种警号，根据模拟值的高低与预设值之间偏差值、变化速度以及感应器的敏感度高低而设定。每一数字点都可以有各自的报警级别。报警级别一般分四层：一般、低、高、紧急。所有报警都被记录在系统的事件资料库以便日后检查，如报警/事件报表。所有低、高、紧急的报警都会自动进入报警总显示板，并按其紧急程度排序，使操作人员优先处理高危和较重大的报警，然后再解决其他不太重要的报警及事件。

（6）趋势分析

中央集成管理软件提供各式各样的趋势评估，及时准确地分析历史资料及由历史资料推演的数据，作出趋势评估。

历史资料的分析形式一般包括：

单点图（直方图）；

双点图（直方图）；

三点图（直方图）；

多点图（线图）；

X-Y 标图（以点显示）；

数值表（以表格形式显示）。

这些趋势图控件可嵌入到客户自定义的图形中，使客户更容易获取历史数据绘制图表。

标准趋势分析中有预设的样本密度，每一趋势图可综合多点的资料。趋势数据可直接传送到微软 Excel 中做进一步分析，或传送到管理报表上。

趋势分析功能极具灵活性。客户可随意选取不同数据库中任意点和参数，使趋势图实时刷新。历史数据资料库的资料收集间隔也可用作趋势分析，使趋势分析样本跨度可以在1s～24h 的范围中。

例如，客户可把"最佳的营运"与"现在的营运"状况作比较，从而可以立刻了解到建筑物内系统运行的变化，作出修正和改善。

（7）数据的开放性

中央集成管理软件提供的典型接口有：

1）OPC（用于过程控制的 OLE）

OPC 是过程控制的工业标准。即使数据的种类不同，这套程序都能将这些资料整合。该程序采用的是微软的 DCOM（分布式组件对象模型）结构技术，并已迅速成为将数据由建筑物的自动化设备送至信息管理系统的工具，不需要重新开发数据集成接口。OPC服务器容许网络上 OPC 客户直接连接中央集成系统的数据，使客户能更快更有效地取得实时数据。作为 OPC 客户端使用时，用户可用其他的 OPC 服务器连接中央集成管理软件。

2）ODBC（开放式数据库互连）

中央集成管理软件可提供开放式数据库互连。此功能主要是为即时查找 BMS 中的数据，编制报表而设。在此机制下，客户也可每日一次或当数据有变化时即将能源管理数据输入，更新财务/业务系统的数据资料。

3）Advance DDE/DDE 动态数据交换功能

中央集成管理软件中嵌入一个微软 Excel 插件，系统的连通依靠一个向导工具完成。这个微软 Excel 数据互连插件可以使使用 Excel 电子表格的客户方便地利用 BMS 数据。利用这些数据资料和其他财务资料，客户可比较各方面或不同时期的开支，并自动计算物业租用者的账目和款额。Advance DDE 还可将数以百计的设备联网，可通过 Advance DDE 进行联网的设备包括：PLC、电能控制系统以及其他一些工业设备。

4）API（网络应用程序编程接口）

利用 API 应用程序编程接口，客户可将其他已连接网络的平台连接到中央集成管理软件系统，取得实时数据。API 函数库提供的函数可被 Visual Basic，C 或 FORTRAN 等编程语言调用，以网络方式连接中央数据库。对于应用程序，数据在主机和中央数据库之间是透明的，从而大大减少了数据交换所需的时间。最常用的 API 函数功能有：点及其参数的读/写；点表读/写；历史数据读取；任务查询。

Honeywell 中央集成管理软件 EBI 所集成的接口查看界面如图 2-11 所示。

运行软件后，接口名称前面的灯被点亮即说明该平台目前已获得了该接口的使用许可，否则需再订制和购买。凡界面中显示出的接口，EBI 都是可以提供的。除一些标准协议接口和一些第三方订制开发内嵌的接口外，还有一个特殊接口值得关注，那就是"EXCEL 5000 Scan Task"接口。在 Honeywell 的系统里，这代表用户自己开发的第三方接口，通过调用 EBI 函数库提供的 API 函数实现。这同时说明了 EBI 是一个完全开放的平台，即无论集成对象采用何种通信协议，总是能够通过开发 API 程序来实现系统集成。

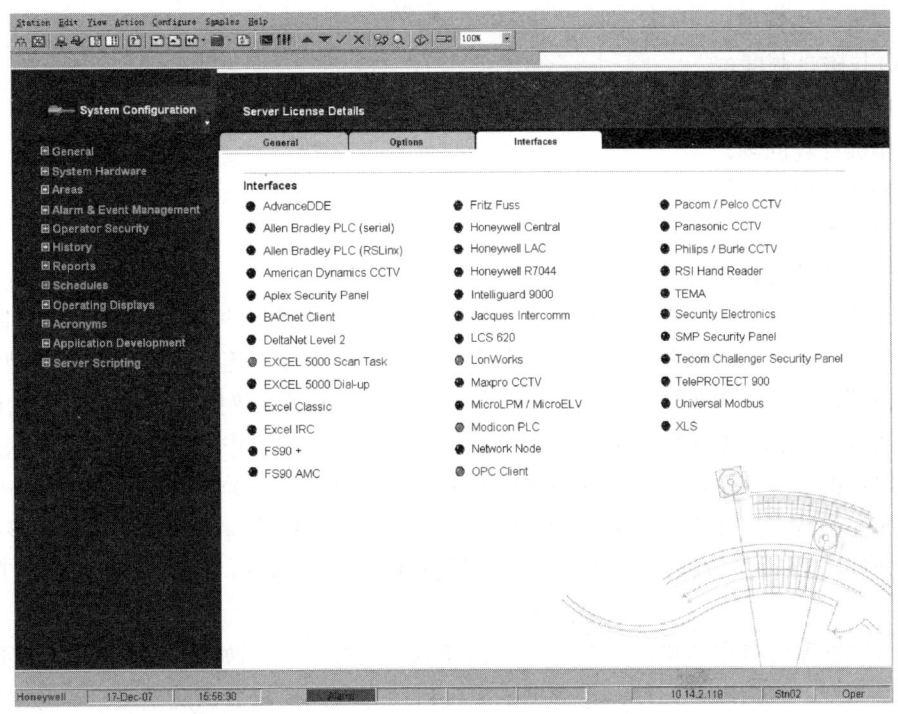

图 2-11　接口界面

2. 实时数据库

实时数据库 RTDB（Real-Time Data Base）是智能建筑集成系统的核心之一。

关系数据库使用得比较广，为大部分人所熟悉，以至于谈到数据库，缺省情况下指的就是关系数据库，但实际上还有一些其他种类的数据库在生产生活中被广泛使用，比如实时数据库，它们用在要求非常严格、数据量非常大的领域中。

当今国际国内广泛使用的实时数据库有三个产品：

（1）美国 OSI 公司的 PI（Plant Information System）；

（2）美国 Honeywell 公司的 PHD（Process History Database）；

（3）美国 AspenTech 公司的 IP21（InfoPlus. 21）。

实时数据库是数据库系统发展的一个分支，它适用于不断更新的快速变化的数据处理及具有时间限制的事务处理。实时数据库技术是实时系统和数据库技术相结合的产物，研究人员希望利用数据库技术来解决实时系统中的数据管理问题，同时利用实时技术为实时数据库提供时间驱动调度和资源分配算法。然而，实时数据库并非两者在概念、结构和方法上的简单集成。需要针对不同的应用需求和应用特点，对实时数据模型、实时事务调度与资源分配策略、实时数据查询语言、实时数据通信等大量问题做深入的理论研究。实时数据库系统的主要研究内容包括：

实时数据库模型；

实时事务调度：包括并发控制、冲突解决、死锁等内容；

容错性与错误恢复；

访问准入控制；

内存组织与管理；

I/O 与磁盘调度；

主内存数据库系统；

不精确计算问题；

放松的可串行化问题；

实时 SQL；

实时事务的可预测性。

实时数据库是数据和事务都有定时特性或显示的定时限制的数据库。RTDB 的本质特征就是定时限制，定时限制可以归纳为两类：一类是与事务相连的定时限制，典型的就是"截止时间"；另一类为与数据相连的"时间一致性"。时间一致性则是作为过去的限制的一个时间窗口，它是由于要求数据库中数据的状态与外部环境中对应实体的实际状态要随时一致以及由事务存取的各数据状态在时间上要求一致而引起的。实时数据库是一个新的数据库研究领域，它在概念、方法和技术上都与传统的数据库有很大的不同，其核心问题是事物处理既要确保数据的一致性，又要保证事物的正确性，而它们都与定时限制相关联。

实时数据库的典型结构及其在智能建筑集成系统中的应用如图 2-12 所示，实时数据库的接口类型，包括以下三种：①数据采集接口；②内部模块数据交换接口；③对外数据接口。这三种接口类型功能不同，对标准化需求的迫切性不同，标准化所需要做的工作也不相同。

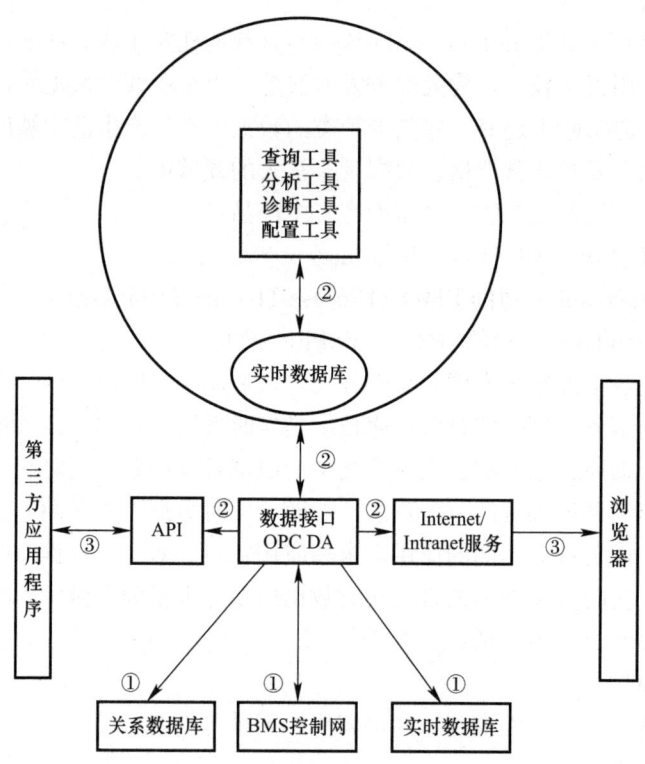

图 2-12 实时数据库典型结构

实时数据库的访问方式有以下几种：

1）使用自己的 API。这种方式效率最高，也最简单。

2）使用 ODBC。在使用 ODBC 时有非常多的限制，大部分功能并不支持 ODBC 方式。

3）使用 OPC 方式。因为太多的数据库和集散控制系统使用自己的 API 方式存取数据，无法做到算法的通用，因为提出了一个标准的存取接口 OPC。

关于智能建筑实时数据库的 API 访问方法将在后面的"通用集成模式"部分介绍。

3. 控制器

控制器是整个系统的核心控制单元，所含的关键部件是微处理器，微处理器芯片可采用单片机、嵌入式处理器、DSP 处理器等各种方案，依实际应用需求而定。控制器在整个集成化系统中一方面与现场设备相连，完成现场数据的采集和处理，发送控制指令；另一方面与上位中央管理平台相连，向中央传送集成数据并接受来自中央的控制指令。起到承上启下的关键性作用。

下面以典型的楼宇自控系统控制器——Honeywell EXCEL5000 系列控制器为例进行介绍。EXCEL5000 系列控制器全部是中国国家标准规定的 DCP-I 智能型分站，由图形化组态软件 CARE 对其进行编程。以下是工程中常用的两款控制器。

（1）EXCEL500 控制器

EXCEL500 控制器本身即可独立组建一个监控系统，有 LonWorks、以太网、C-BUS 接口，可联网也可独立使用，适用于中型建筑物。除在 HVAC 的控制应用外，在节能方面有广泛应用，包括最佳启停、最大负载要求等参数。它是一个 128 点的模块式直接数字控制器（DDC，Direct Digital Controller），由基本的 CPU（计算）模块 XC5010C、电源模块 XP502 及可自由组合的模拟量输入/输出模块（XF521A/XF522A）、数字量输入/输出模块（XF523A/XF524A）组成。这些模块的主要参数在表 2-2 列出。

EXCEL500 控制器模块参数表　　　　　　　　　　　　表 2-2

计算模块 XC5010C	16 位东芝 TMP93CS41F 微处理器； 1280K 内存（2×512K FLASH EPROM，2×128K RAM）； RS232 接口，RS485 接口（用于 C-BUS 连接）； 神经元芯片 3120； LON 服务按钮及 LED
模拟量输入模块 XF521A	8 个输入点（AI1-AI8）； 0～10VDC，0～20mA（外接 500Ω 电阻）
模拟量输出模块 XF522A	8 个输出点（AO1～AO8）； 0～10VDC，U_{max}=11VDC，I_{max}=+1mA，−1mA； 输出电压偏差≤+−150mV； 扫描更新周期 1s（XC5010C）或 250ms（XC6010）； 每通道一个红色 LED 指示灯

数字量输入 XF523A	12 个输入点（DI1～DI12），$R_i=15\mathrm{k}\Omega$； 开关条件：OFF $U_i\leqslant 2.5\mathrm{V}$；ON $U_i\geqslant 5\mathrm{V}$； 输入电压上限 40VDC/24VAC； 扫描更新周期 1s（XC5010C）或 250ms（XC6010）； 每通道一个状态 LED 指示灯
数字量输出模块 XF524A	5 个继电器输出，1 个常开触点输出； $U_{max}=24\mathrm{VDC}$，$I_{max}=4\mathrm{A}$； 扫描更新周期 1s（XC5010C）或 250ms（XC6010）； 每通道一个状态 LED 指示灯
电源模块 XP502	通过内部总线为模块提供低压； 3 个操作状态 LED 指示灯； 看门狗功能

EXCEL500 最多可有 16 个输入输出模块分布在 5 个控制器外壳中，如图 2-13 所示。

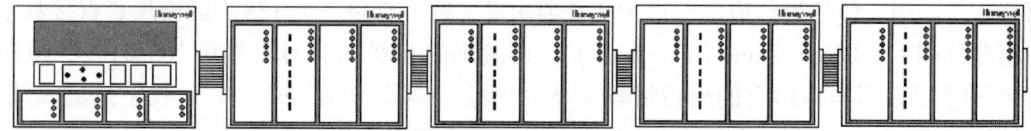

图 2-13　控制器模块连接图

各个模块（AO、AI、DO、DI）可分散就地安装在各种机电设备旁，大大降低了安装成本。每个模拟输出或数字输出模块可带超驰控制开关以实现远方自动/手动控制切换。可由发光二极管 LED 提供状态显示，以亮度变化反映模拟量输出的大小变化。

（2）EXCEL50 控制器

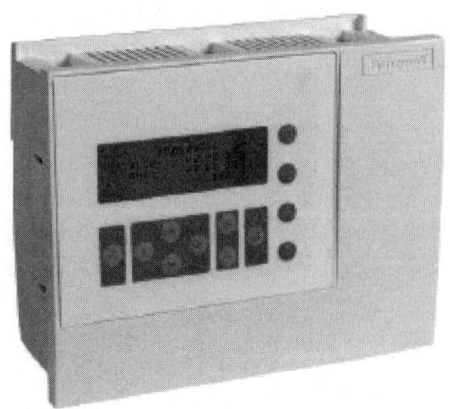

图 2-14　EXCEL50 控制器外观图

EXCEL50 控制器外观如图 2-14 所示。

EXCEL50 控制器可用于单独的不联网的就地控制，同时也有 C-BUS 接口（76.8Kb/s），可集成到 EXCEL5000 网络，专门用于加热系统、区域供暖系统、小型餐厅、银行分支等小型空调控制系统。EXCEL50 是 16 位、22 点的控制器，也配有 FLASH MEMORY。22 点分布如下：

模拟输入：8 点（AI）；

数字输入：4 点（DI）；

模拟输出：4 点（AO）；

数字输出：6 点（DO）。

该系列控制器的特点是：

1）控制器的模块数量可以根据物理输入/输出点数来调整，所以应特殊需要，小于等于 36 个物理点时可用单个控制器控制，点量多时可用模块型控制器来控制。

2）DI 点有累加输入功能，可直接用于电度或流量等的计量。

3）在控制器内，每个输入点有小灯显示其运行的状态。

4）输出点可以有手动开关应急操作。

5）开关量的启/停可以通过时间计量表来控制其何时启停。

6）弹性时间计算最长可达 1 年。

7）可靠性高，平均无故障运行时间 MTBF 长达 13.7 年。

8）真正的双向交流，当通信线中断时，余下的控制器间仍可进行数据交换。

CARE 是对 EXCEL5000 系统中各种控制器进行编程的图形化组态软件，可离线也可在线使用，运行在 PC 机上。从它的图形库中选择各种设备和元器件并生成控制顺序（顺序控制、反馈控制）图，再完成系统的控制策略、开关逻辑组态，一起下载到控制器的 EPROM 或 FLASH 中。

图 2-15　房间温度传感器 Pt100 外观图

4. 检测与变送装置

（1）传感器

传感器是将一个要测量的物理量转换成另一个可以读取处理的物理量的装置，现代控制中，这种物理量就是电信号。

智能建筑中常用的两款传感器简介如下。

房间温度传感器 Pt100（墙装）T7412A，外观如图 2-15 所示。

相关属性如表 2-3。

风管式温度传感器 Pt100，外观如图 2-16 所示。

房间温度传感器 Pt100 属性表　　　　表 2-3

认证	IEC751 的 B 等级
防护等级	IP30
温度阻值特性	Pt100
温度范围	0~50℃
安装位置	内墙壁
机壳（$H \times W \times D$）	130mm×80mm×34mm
接线末端	2

图 2-16　风管式温度传感器 Pt100 外观图

相关属性如表 2-4：

风管式温度传感器属性表　　　　表 2-4

认证	IEC751 等级 B
防护等级	机壳 IP54，导管 IP20
温度阻值特性	Pt100

续表

温度范围	−40～80℃
安装位置	风管中
浸入长度	135mm
接线末端	2

（2）变送器

变送器用来将传感器初级的电信号转换成标准的电信号，例如电流信号 4mA～20mA，0～20mA，电压信号 0～10V，1V～5V。例如所采用的压力传感器初级电信号的单位是毫伏，变送器将其转换成标准电流信号 4mA～20mA，便于微机读取处理。

变送器的接法有两线制、三线制、四线制。两线制是指现场变送器与控制器联系仅用两根导线，这两根线既是电源线，又是信号线。三线制是指一根正电源线，两根信号线，其中一根共地。四线制是指两根正负电源线，两根信号线，其中一根共地。二线制变送器具有节省成本等诸多优点且最为常用，下面以二线制变送器为例说明变送器的工作原理及接法。

二线制变送器是通过信号线提供驱动电源的变送器，采用二线制变送器可以节省电源线。二线制变送器首先被差压变送器采用。二线制变送器的接线如图 2-17 所示。信号回路上是 4mA～20mA 的电流信号。二线制变送器利用输入信号 0 对应 4mA 的直流电流动作。信号为 100% 时，变送器就在 4mA 上加上 16mA 将回路的信号控制在 20mA。二线制变送器内部控制使输入信号和 4～20mA 的输出信号成正比。因为二线制变送器本身有 V_1 的压降，所以信号回路内的阻抗的最大值为 $(24V-V_1)/20mA$。二线制隔离配电芯片 RS1119 起到隔离现场信号和中央采集控制部分的作用。

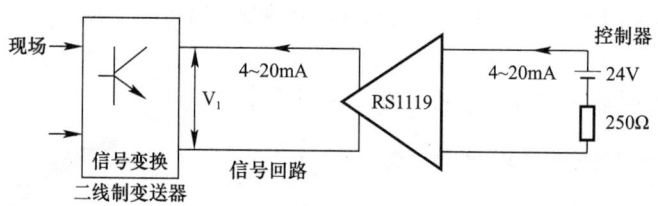

图 2-17　二线制变送器接线及工作原理图

智能变送器是由传感器加微处理器（微机）组合而成的。它充分利用了微处理器的运算和存储能力，可对传感器的数据进行处理，包括对测量信号的调理（如滤波、放大、A/D 转换等）、数据显示、自动校正和自动补偿等。

微处理器是智能式变送器的核心。它不但可以对测量数据进行计算、存储和数据处理，还可以通过反馈回路对传感器进行调节，以使采集数据达到最佳。由于微处理器具有各种软件和硬件功能，因而它可以完成传统变送器难以完成的任务。所以智能式变送器降低了传感器的制造难度，并在很大程度上提高了传感器的性能。智能变送器的一个显著特点是具有数字量接口输出功能，可将输出的数字信号方便地和计算机或现场总线等连接，即集成了现场总线的协议，具有现场总线接口。这为完全分布式系统架构的实现提供了基础。

5. 执行器

执行器的作用是将调节器的输出成比例地转换为直线位移或角位移，带动阀门、风门直接调节能量或物料等被调介质的输送量。执行器按使用的能源类型可分为以下三种：

（1）电动：动作快，能源传输方便，适合远传，易燃易爆场合使用时要考虑特殊装置；

（2）气动：结构简单，价格低，维护方便，防火防爆，滞后大，不适合远传；

（3）液压：推力大，使用不多。

电动执行器包括电磁阀、电动调节阀、电动调节风门。气动执行器包括气开式、气关式、三通式、四通式等类型。

电磁阀是利用电磁铁的吸合和释放对小口径阀门作通断两种状态调节的装置。结构简单、价格低。一般需要有一定压力的流体，压力太大无法启动，太小无法吸合。输出信号的类型为数字量输出型（DO）。

电动调节阀由电动执行机构、阀门、连接件组成。可连续调节被调量的输出值。输出信号的类型为模拟量输出型（AO）。

调节阀选择时要考虑的因素是：

（1）口径；

（2）流通能力：调节阀前后压差 100kPa，流体密度 $1000kg/m^3$ 的条件下，每小时流过阀门的体积；

（3）流量特性。

下面通过一个实例——卓灵公司 GV/T 系列调节阀体及执行器来介绍智能建筑中常用执行器的安装及特点。

GV/T 系列调节阀体适用于空调系统中的冷水及低压热水（LPHW）调节。具备多种不同口径以供选择（20mm～50mm）。本系列阀体为标准螺纹连接，若有需要，可加 T-F 转换件作法兰连接。工作范围：水和乙二醇（最高浓度 50%）；-10℃～120℃，低于 0℃时，需加配阀杆加热器。有效行程（关闭—全开）：16mm。阀体耐压：1.6MPa。可配多种执行器，如：V50/V60/V80 系列，A50 系列及 VA-720X 系列执行器（需另加连接器）。多角度安装，但阀杆必须在水平中轴线之上。执行器安装在阀体上，作 360°旋转接上阀杆，最后把阀体上的螺母扭紧以固定执行器。安装了执行器后的调节阀如图 2-18（a）所示。图 2-18（b）为阀体内部结构图。

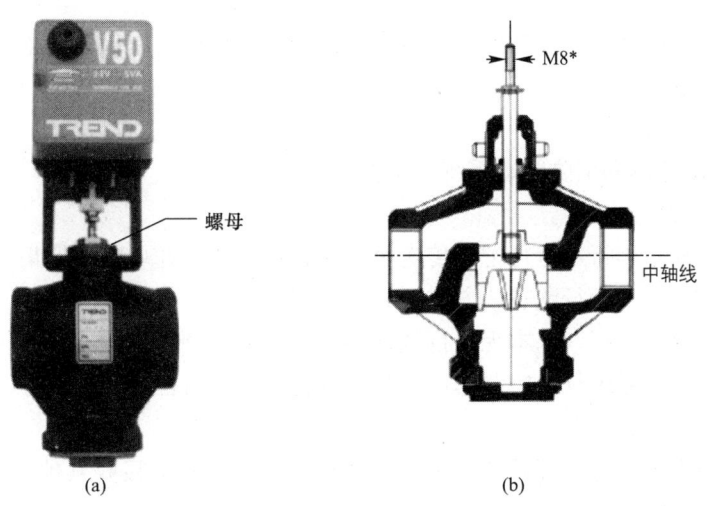

（a）　　　　　　　　　　　　　　（b）

图 2-18　调节阀外观及阀体内部结构

（a）安装了执行器的阀体；（b）阀体内部结构

阀门的流量—压力特性曲线如图 2-19 所示。

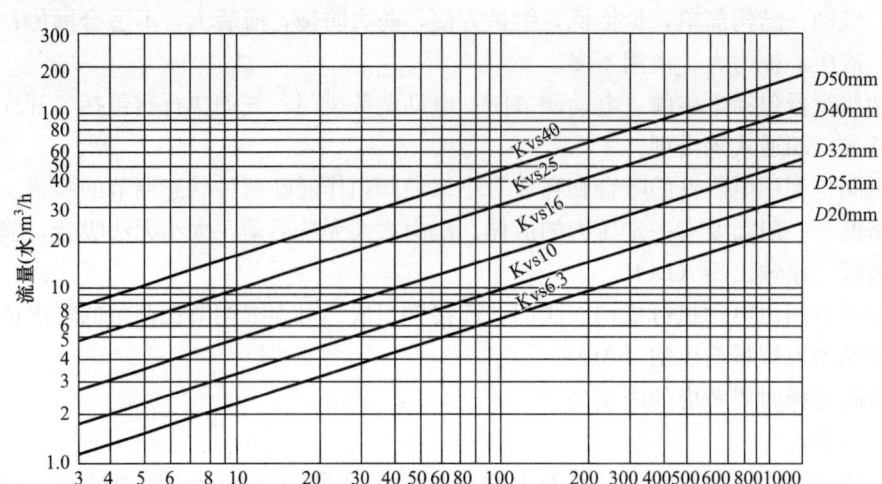

图 2-19　压差/流量特性图

6. 网络接口设备

现场控制器与上层管理网集成时，要根据所采用的具体现场网络类型选择合适的网络接口设备，主要起到协议转换作用。例如在采用 Honeywell 楼宇自控系统 C-BUS 总线时选择 Honeywell BNA 网关，采用 LonWorks 总线时选择 LON 路由器。

2.2　集成功能分析

2.2.1　子系统的分类

根据实践经验，按照集成系统与子系统的关系看，可将智能化集成系统的各子系统作以下分类：

（1）子系统具备独立监控功能，但将大量监测数据提供给集成系统集中监测，并可能接受集成系统的统一控制。如：

1）楼宇设备自控系统；

2）火灾自动监测和消防联动系统（不控制）；

3）防盗报警系统。

（2）子系统独立运行，运行记录传送至集成管理系统，并可能根据集成管理系统的指令改变（或局部改变）运行状态或方式。如：停车场管理系统等。

（3）子系统独立运行，基本无运行数据传递给集成管理系统，或仅仅传递简单状态到集成管理系统，集成系统仅仅监测其运行状态或记录其设备位置、状态等。如：闭路电视系统等。

（4）子系统作为软件管理系统，主要是独立运行，只是会接收其他子系统的信息流，并可能对其他子系统做出影响。如：

1）办公自动化系统

2）通信网络系统。

按照这种分类思想，在实际工程中往往采用分阶段解决的实施方案。步骤与做法如下：

第一阶段（BMS 阶段）：

（1）构造楼宇设备管理系统（BMS）。将楼宇自控系统、火灾自动监测系统、综合安防系统等与建筑密切相关且实时监控数据信息量较大的系统集成于一体，并实现它们之间的事件联动。

（2）提供数据库软件接口，以利于办公自动化系统或其他 MIS 系统通过数据库访问获取有关数据或实现有关控制。

第二阶段（IBMS 阶段）：

（1）随各种 MIS 系统的进一步开发，通过数据库软件接口，使各类 MIS 系统实现与 BMS 内集成系统的信息互递；

（2）各类 MIS 系统的开发同时，实现相互间的信息互递。

集成系统应该具有统一指挥、协调作业的能力，但有响应速度要求的实时性联动宜安排在 BMS 控制层实现，在信息集成管理层一般不做跨系统的联动。

2.2.2　一般集成功能

系统集成需求是在实施系统集成工程前由甲方的技术招标文件提出的。施工方提供的集成化系统的功能应该能够满足甲方提出的技术需求，所以需求与系统应具备的功能之间是种对应关系。实际中，每个工程的具体需求可能都是不同的，就算是同一类系统，也会因使用者不同而有细微差异。因此，下面从一般性的角度来阐明具有代表性的功能需求。

集成化系统的三个主要目标是：

（1）统一界面下的综合管理、监控。

（2）智能化各子系统相互之间的联动与响应处理。

（3）提供有关智能化子系统的管理数据库平台，为更高层次的 MIS 系统或引入其他系统提供数据基础和可能。

集成化系统应提供的基本功能如下：

（1）对机电设备进行集中的监视、控制和管理。

（2）全局事件的管理。

（3）信息集成和综合处理。

1. 集中监视、控制和管理

集成系统处于大厦各智能化子系统的最高监控管理层，它通过通信与数据网关（DG）和一体化公共通信网络将各子系统集成到同一个计算机支撑平台上，建立起整个大厦的中央监控与管理界面。通过这个统一的图形化界面可以十分方便、简单的实现对大厦内被集成的各子系统的监视、控制和管理。

通过上述一体化公共通信网络可以连接若干台工作站，这些工作站均可在集成平台统一的界面上进行操作，操作者可以获得所需的系统信息和控制相关的设备，操作员的监视和控制权限可以根据所担任工作受到限制。

（1）需集中监视的信息

1）楼宇设备自控系统

楼宇自控系统需集中监视的信息一般包括：

① 各主要机电设备的运行状态和故障报警。这些机电设备包括：空调设备、通风设备、给水排水设备、变配电设备、照明设备、电梯设备、冷热源系统等。

② 上述机电设备的运行参数和检测参数的变化值。这些参数包括：温度、湿度、流量、压差、电流、电压等。

③ 主要机电设备的启停运行记录。

④ 主要机电设备（如空调机组、照明控制柜等）的平面位置信息。

2）闭路电视监控系统

闭路电视监控系统需集中监视的信息一般包括：摄像机位置、型号、编号信息。

3）门禁控制系统

门禁控制系统需集中监视的信息一般包括：

① 读卡器的控制状态。

② 各管制门的开启和关闭状态。

4）防盗报警系统

防盗报警系统需集中监视的信息一般包括：

① 防盗报警探头的正常/报警状态、防区的布防与设防状态。

② 防盗报警探头的位置信息、编码信息。

以上信息中有些是实时监测的记录，有些则是资料，如信息点的位置、平面分布等信息。

（2）需提供的集中控制功能

1）楼宇设备自控系统

楼宇设备自控系统中需要提供的集中控制功能一般有：

① 主要机电设备的开关控制、启停控制，这些设备包括：空调机、风机、水泵、照明控制箱等。

② 主要机电设备的运行参数的设定和修改。

2）闭路电视监控系统

闭路电视监控系统中需要提供的集中控制功能一般有：

① 切换主机的切换控制。

② 长延时录像机的长延多路循环录像或正常单路录像的状态控制。

3）门禁和防盗报警系统

① 各管制门的遥控开启与关闭。

② 防区的布防与设防控制。

2. 全局事件管理

整个智能化系统是由多个子系统组成的，每个子系统具有不同的功能、担任不同的任务。一般说来，分属于不同子系统的设备由各自独立的网络连接起来，在子系统中央操作站的控制下完成预期的监控工作。对这些子系统，如果不采取另外的集成措施，它们都是独立运行的。这种情况在平时还好，但当紧急事件发生时，就难免有操作不当或子系统之间不能很好地协调动作的情形发生，就会带来不必要的损失。系统集成可避免这种现象的出现，在突发事件出现时，可有效地进行全局管理。

全局事件处理是管理者事先设定的突发事件联动应对措施。最常见的突发事件是盗警和火警。一旦发生这类情况，高层的管理人员可通过集成系统的界面观察现场或联动状态图形，掌握突发事件的性质、动态等信息并迅速决定对策，采取必要的行动以减少危害和损失。

智能化各系统之间的联动响应可以通过有关子系统的硬件或软件联动实现。

具体的联动响应包括：

（1）火灾自动监测和消防联动系统的火灾报警与楼宇自控系统之间

当发生火灾报警时，相关楼层空调机的送风设备强行关闭，可通过温度传感器监视火灾区的温度变化情况；通过变、配电系统监视火灾区的电流或电压的变化情况；通过给水排水系统监视水池和水箱的供水情况；通过电梯控制系统控制电梯的运行，选择停靠的层次；当火警发生于楼宇的底层时，停车场管理系统应将车库控制闸门打开，以便车辆尽快撤离火场。

（2）火灾自动监测和消防联动系统的火灾报警与闭路电视监控系统之间

例如，可以事先设定，有火灾报警发生时，闭路电视监控系统自动将火警相近区域的摄像机的摄像画面切向安保中心主监视屏，并重点监录这些摄像机的摄像内容，监视火灾区域人员疏散情况，帮助确认是否还有人留在火灾区，以供事后分析事故原因。

（3）火灾报警系统与门禁、防盗报警系统之间

例如，可以事先设定，确认有火灾报警发生时，门禁系统中与火警部位有关的各管制门（重要核心部位的管制门可单独设置）应自动处于开启状态，以便内部人员疏散撤出和消防人员进入，同时根据火警部位自动将部分防区撤防，以免出现误报，增加事故现场的混乱。

（4）楼宇自控系统与闭路电视监控系统之间

例如，可以事先设定，有楼宇控制系统的异常报警或事故发生时，闭路电视监控系统自动将报警相近区域的摄像机的摄像画面切向安保中心主监视屏，并重点监录这些摄像机的摄像内容，以供事后分析事故原因等。

（5）门禁管理系统与楼宇自控系统之间

例如，可以事先设定，当门禁管理系统在非工作时间有人持卡进入时，楼宇自控系统自动将进入区域的照明控制箱开启（如果选择了非工作时间关闭的话）。

（6）门禁、防盗报警系统与闭路电视监控系统之间

例如，可以事先设定，当门禁管理系统在非工作时间有人持卡进入或发生非法侵入时，闭路电视监控系统自动将进入的管制门或报警点相近区域的摄像机的摄像画面切向安保中心主监视屏，并重点监录这些摄像机的摄像内容，以供必要时核对或提供给公安部门处理。

上述种种联动，均由管理者使用简单的事件描述语言预先编制程序而达到联动控制的目的，并且这种编程或设置均可随时进行。

3. 信息集成和综合处理

集成化中央控制系统将建立统一的基于设备对象和事件的信息数据库，智能化各子系统的各类信息均被统一地纳入集成化中央控制系统中央数据库，这些信息包括：

（1）所有设备的原始信息。如设备编号、设备型号、设备地址编码、投入运营时间等。

（2）设备的运行状态变化历史信息。如启停时间、报警记录、故障记录、维修记录等。

（3）流程自动化编程时间响应程序和事件响应程序。实现大厦内机电设备的流程自动化控制。如空调机和冷热源设备的最佳启停和节能运行控制，照明回路的事件程序控制，生活水箱的自动补水等。

这些信息可按设备、楼层、功能等进行分类记录和处理，同时也可按时间区间、设备类别、楼层、功能进行分类统计和处理。

集成化中央控制系统可以将以上各类数据编制成报表提供给管理人员，并通过分析数据报表，以求取大厦可以节省的运行成本和预测大厦的物资需求、维修需求。

集成化中央控制系统亦具备开放的数据库访问接口，提供给 MIS 办公系统以直接获取和处理智能化系统的有关设备运营数据，或其他系统联入集成化中央控制系统进行相关处理，例如：

1）MIS 办公信息系统的人事管理功能可以通过其人员的职务、岗位的安排而直接改变其通过通道管理系统各管制门的权限。

2）MIS 办公信息系统的人事管理功能可以借助于通道管理系统的记录进行考勤管理。

3）MIS 办公信息系统的物业管理功能可以通过集成化中央控制系统自动会议安排、上下班时间安排等调整楼宇自控系统的空调、照明供电的起止时间。

4）MIS 办公信息系统的物业管理功能可以通过集成化中央控制系统获取楼宇设备的运行统计情况，以分析大厦能耗是否合理并决定采取何种措施以节约能源。

上述功能的实现均依靠 MIS 办公系统或其他系统编程实现，但集成化中央控制系统提供的数据库访问接口已使这些功能的实现成为可能。

2.3　开放互联协议与关键技术

作为智能建筑最为关键的神经系统，建筑智能化管理系统不仅需解决多个复杂系统以及多种控制协议之间的互联性和互操作性问题，而且要解决用户的二次开发问题。因此，一个优秀的建筑智能化管理系统必须具有极高的开放性和广泛的接入性。系统的"开放性"一直是系统集成讨论的焦点，实际上这也是集成化系统所追求的终极目标。"开放性"是指通信协议公开，各不同厂家的设备之间可进行互联并实现信息交换。所以，"开放性"所涉及的根本性问题即在于为达到系统开放所采用的各种数据交换技术和接口实现技术，这是智慧建筑系统集成技术的核心所在。这些核心技术包括：DDE（Dynamic Data Exchange，动态数据交换）、ODBC（Open Data Base Connectivity，开放数据库互联）、OPC（OLE for Process Control）标准、Modbus 协议、LonWorks 现场总线、BACnet 标准、API（application programming interface，应用程序接口）、XML、HTML、SNMP 等。如图 2-20 所示。

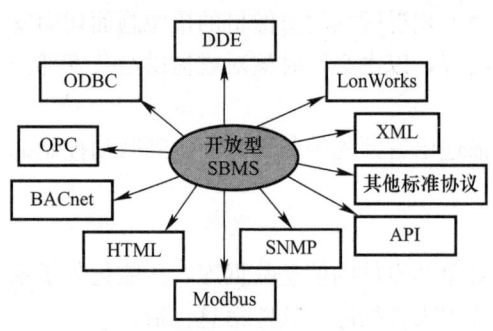

图 2-20　智慧建筑系统集成开放互联协议
SBMS：智慧建筑管理系统
（Smart Building Management System）

实现建筑智能化系统集成的关键在于软件和硬件。要从整体上明确系统的软件结构，在软件工程方法和思想的指导下开发集成化系统的应用软件，使之成为沟通整个系统的关键环节。在集成化系统的应用软件中，应主要关注各种开放性接口协议的开发与实现。在智能硬件方面，以 CPU、GPU、TPU、FPGA 为代表的芯片技术以及各种通信协议接口硬件是智能化系统集成硬件平台落地的关键。

智能建筑集成系统是大规模并行实时计算的典型应用场景，需要重点解决实时处理和并行计算问题。在实时处理技术方面，首先要明确 BMS 中要集成的主要是实时的过程数据，而非静态数据。这就要求对实时性的概念和相关的处理方法充分了解和掌握。实现实时信息处理依靠的是程序对硬件设备接口（如串口）的实时监听及实时响应，这需要通过开启一个或若干个工作者线程来实现。在并行计算技术方面，BMS 中多个子系统是并行运行的关系，实际上是一个并行工程。各子系统与中央监控平台之间的接口处理程序也是并行运行的关系，即多进程并行，这就需要处理好多进程的协同工作问题、竞争问题。一个进程是一个逻辑处理机，顺序地执行代码，并具有自己的状态和数据处理过程。

智慧建筑系统集成涉及的关键技术一般包括：

（1）数据库技术

智能建筑集成化系统的数据库一般分为实时数据库与非实时数据库两大部分，从系统集成的数据对象来看（主要是实时数据），对实时数据库的管理成为数据库管理的主要任务，这包括数据库的前期设计及系统运行时对数据库的初始化、读、写等访问操作。

（2）人工智能技术

对人工智能的定义大多可划分为四类，即机器"像人一样思考""像人一样行动""理性地思考"和"理性地行动"。当前，人工智能发展进入新阶段（人工智能 2.0）。经过 60 多年的演进，人工智能加速发展，呈现出深度学习、跨界融合、人机协同、群智开放、自主操控等新特征。大数据驱动知识学习、跨媒体协同处理、人机协同增强智能、群体集成智能、自主智能系统成为人工智能的发展重点，受脑科学研究成果启发的类脑智能蓄势待发，芯片化硬件化平台化趋势更加明显，人工智能发展进入新阶段。

（3）大数据技术

从技术上看，大数据与云计算的关系就像一枚硬币的正反面一样密不可分。大数据无法用单台的计算机进行处理，必须采用分布式计算架构。它的特色在于对海量数据的挖掘，但它必须依托云计算的分布式处理、分布式数据库、云存储和/或虚拟化技术。大数据的 4 大特点：Volume（大量）、Velocity（高速）、Variety（多样）、Value（价值）。

（4）云计算技术

云计算是一种以数据和处理能力为中心的密集型计算模式，它融合了多项 ICT 技术。其中以虚拟化技术、分布式数据存储技术、编程模型、大规模数据管理技术、分布式资源管理、信息安全、云计算平台管理技术、绿色节能技术最为关键。虚拟化技术是云计算最重要的核心技术之一，它为云计算服务提供基础架构层面的支撑。从技术上讲，虚拟化是一种在软件中仿真计算机硬件，以虚拟资源为用户提供服务的计算形式。旨在合理调配计算机资源，使其更高效地提供服务。它把应用系统各硬件间的物理划分打破，从而实现架构的动态化，实现物理资源的集中管理和使用。虚拟化的最大好处是增强系统的弹性和灵活性、降低成本、改进服务、提高资源利用效率。从表现形式上看，虚拟化又分两种应用模式。一是将一台性能强大的服务器虚拟成多个独立的小服务器，服务不同的用户。二是将多个服务器虚拟成一个强大的服务器，完成特定的功能。这两种模式的核心都是统一管理，动态分配资源，提高资源利用率。在云计算中，这两种模式都有比较多的应用。分布式数据存储技术是云计算的另一大主要技术。云计算的一大优势是能够快速、高效地处理海量数据。在数据爆炸的今天，这一点至关重要。为了保证数据的高可靠性，云计算通常会采用分布式存储技术，将数据存储在不同的物理设备中。这种模式不仅摆脱了硬件设备的限制，同时扩展性更好，能够快速响应用户需求的变化。分布式存储与传统的网络存储并不完全一样，传统的网络存储系统采用集中的存储服务器存放所有数据，存储服务器成为系统性能的瓶颈，不能满足大规模存储应用的需要。分布式网络存储系统采用可扩展的系统结构，利用多台存储服务器分担存储负荷，利用位置服务器定位存储信息，它不但提高了系统的可靠性、可用性和存取效率，还易于扩展。随着5G技术的商业化应用，云计算正朝着核心云、边缘云方向演进。

（5）区块链技术

区块链（Blockchain）是分布式数据存储、点对点传输、共识机制、加密算法等计算机技术的新型应用模式。区块链是比特币的一个重要概念，它本质上是一个去中心化的数据库，同时作为比特币的底层技术，是一串使用密码学方法相关联产生的数据块，每一个数据块中包含了一批次比特币网络交易的信息，用于验证其信息的有效性（防伪）和生成下一个区块。狭义来讲，区块链是一种按照时间顺序将数据区块以顺序相连的方式组合成的一种链式数据结构，并以密码学方式保证的不可篡改和不可伪造的分布式账本。广义来讲，区块链技术是利用块链式数据结构来验证与存储数据、利用分布式节点共识算法来生成和更新数据、利用密码学的方式保证数据传输和访问的安全、利用由自动化脚本代码组成的智能合约来编程和操作数据的一种全新的分布式基础架构与计算方式。

（6）网络技术

网络技术涉及光纤通信、5G、物联网（NBIoT、Lora、Zigbee、蓝牙、RFID等）、现场总线（LonWorks、CAN等）。物联网通过各种信息传感设备，如传感器、射频识别（RFID）技术、全球定位系统、红外线传感器、激光扫描器、气体感应器等各种装置与技术，实时采集建筑物内外需要监控、连接、互动的物体或过程，采集其声、光、热、电、力学、化学、生物、位置等各种参数。其目的是实现物与物、物与人，所有的物品与网络的连接，方便识别、管理和控制。

（7）智能控制技术

智能控制（Intelligent Controls）是以控制理论、计算机科学、人工智能、运筹学等学科为基础，扩展了相关的理论和技术，其中应用较多的有模糊逻辑、神经网络、专家系统、遗传算法等理论和自适应控制、自组织控制、自学习控制等技术。智能控制在无人干预的情况下能自主地驱动智能机器实现控制目标的自动控制技术。控制理论发展至今已有100多年的历史，经历了"经典控制理论"和"现代控制理论"的发展阶段，已进入"大系统理论"和"智能控制理论"阶段。智能控制理论的研究和应用是现代控制理论在深度和广度上的拓展。20世纪80年代以来，信息技术、计算技术的快速发展及其他相关学科的发展和相互渗透，也推动了控制科学与工程研究的不断深入，控制系统向智能控制系统的发展已成为一种趋势。实际系统由于存在复杂性、非线性、时变性、不确定性和不完全性等，一般无法获得精确的数学模型。应用传统控制理论进行控制必须提出并遵循一些比较苛刻的线性化假设，而这些假设在应用中往往与实际情况不相吻合。对于某些复杂的和饱含不确定性的控制过程，根本无法用传统数学模型来表示，即无法解决建模问题。

习　　题

2-1　简述智慧建筑集成系统的经典架构及主要组成部分。

2-2　AI 建筑的定义是什么？

2-3　在 AI 驱动的智慧建筑集成系统中，AI 基础理论和关键共性技术有哪些？

2-4　智慧建筑系统集成的核心功能有哪些？

2-5　智慧建筑集成系统的主流开放互联协议有哪些？

第3章 智慧建筑系统集成理论基础

目前，尚没有能够确切描述智能建筑集成化系统的完整表示方法，这方面的研究还有待加强。建立一套合理的系统集成描述方法及系统集成理论非常有必要，因为它可以体现系统集成的本质，指导人们更好的实践。为此，本章从剖析系统的信号流向以及数据转换过程入手，提出基于矩阵理论的多维集成空间表示方法、神经网络表示法、知识图谱表示法等，借助专家系统等相关理论创建一套动态描述集成系统决策过程的规则集，借助工业互联网体系架构模型建立蕴含工业互联网基因的建筑工业互联网架构模型。这些都将为智慧建筑系统集成奠定坚实基础。

3.1 信息流与数据转换剖析

在前文对智能建筑集成化系统结构及组成分析的基础上，我们不难得出这样的结论：

（1）集成化系统内部的信息流动方向总体上可分为纵向与横向两类。纵向信息流指的是子系统内部及其与中央集成平台之间信息的流动与融合；横向信息流指的是子系统之间的跨系统联动与融合。

（2）从信息的类型来看，存在着监督与控制两类信息。依据这两种信息类型来考察系统的信息流动方向的话，则整个系统的信息流动类型可分为两种：一种为自底向上型，即从底层设备传输到中央，适用于监督类信息；另一种为自顶向下型，即从中央传达到底层设备中，适用于控制类信息。

（3）信息在流经不同网络层次或异构网络时会发生数据格式的转变。信号的逻辑表示方法，帧格式，数据类型的定义都可能发生变化。

下面用图 3-1 来说明上述结论。

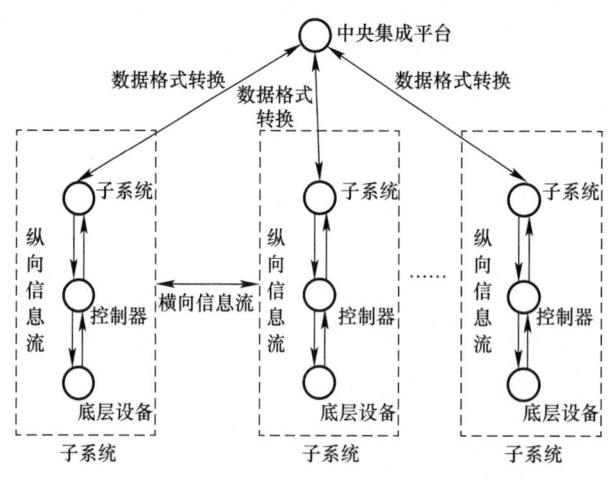

图 3-1 系统信息流与数据转换示意图

3.2　多维集成空间的表示

矩阵理论中，向量、矩阵、多项式等元素在遵循一定运算法则的前提下可构成线性空间。集成化系统内部不同方向上的信息流实际上也组成了一个多维集成空间。为了描述这个集成空间，作如下定义：

（1）信息元：指系统中提供信息的最小单位，通常对应着工程中"点"的概念。例如某处的温度信号，某处的压力信号等。单个信息元表示为：x_i 或 y_i（$i=1$，2，3……）。

（2）纵向信息维：指沿子系统内部及子系统与中央集成平台之间流动的一条信息通道。定义任意一个纵向信息维由 m（$m=1$，2，3……）个信息元组成，则任一纵向信息维可表示为：

$$Y_i = \begin{Bmatrix} y_1 \\ y_2 \\ \vdots \\ y_m \end{Bmatrix} \tag{3-1}$$

或等效表示为转置后的形式：

$$Y_i = (y_1, y_2, \cdots\cdots, y_m)^{\mathrm{T}} \tag{3-2}$$

式中，i 为任意自然数。

（3）横向信息维：指跨子系统流动的一条信息通道。定义任意一个横向信息维由 n（$n=1$，2，3……）个信息元组成，则任一横向信息维可表示为：

$$X_i = \begin{Bmatrix} x_1 \\ x_2 \\ \vdots \\ x_n \end{Bmatrix} \tag{3-3}$$

或等效表示为转置后的形式：

$$X_i = (x_1, x_2, \cdots\cdots, x_n)^{\mathrm{T}} \tag{3-4}$$

式中，i 为任意自然数。

在以上定义的基础上，定义集成空间。集成空间是指由纵向信息维和横向信息维组成的被集成数据的集合。用符号 V 表示。则包含 j 个纵向信息维，k 个横向信息维的集成空间 V 可表示为：

$$V = \{Y_1, Y_2, \cdots\cdots, Y_j, X_1, X_2, \cdots\cdots, X_k\} \tag{3-5}$$

上式中，j，k 都为任意自然数。

设 Y_1，Y_2，……，Y_j 分别由 m_1，m_2，……，m_j 个信息元构成，X_1，X_2，……，X_k 分别由 n_1，n_2，……，n_k 个信息元构成，则式（3-5）可展开表示为：

$$V = \begin{Bmatrix} y_{11} & y_{12} & & y_{1j} & x_{11} & x_{12} & & x_{1k} \\ y_{21} & y_{22} & & y_{2j} & x_{21} & x_{22} & & x_{2k} \\ \vdots & \vdots & \cdots\cdots & \vdots & \vdots & \vdots & \cdots\cdots & \vdots \\ y_{m1} & y_{m2} & & y_{mj} & x_{n1} & x_{n2} & & x_{nk} \end{Bmatrix} \tag{3-6}$$

为更详细地描述系统，再提出一个新概念——集成子空间。将集成子空间定义为：采用同种网络通信协议进行信息交换的纵向信息维和横向信息维组成的集成空间。用符号 W 表示。很容易知道，W 包含于 V；V 由若干个集成子空间 W_i（$i=1$，2，3……）构成。如果整个集成化系统中共采用了 n（$n=1$，2，3……）种网络协议，那么 V 就由 n 个集成子空间构成。集成子空间概念的提出使集成化系统中异构网络的特征得以体现，实际上也刻画了不同种类数据交换格式的差异性，解决了集成数据的分类数学描述问题。

另外，根据实际工程情况，只用集成空间 V 及其相关概念来描述集成化系统还不完整。因为，上述讨论都是基于系统内部的描述，系统与系统以外环境的信息集成问题没有考虑进去。例如，下面的案例中，某交通通道弱电系统集成工程要为本市交警中心提供既定要求的 10 路随机视频信号，由地下交通联系通道中控室提供给交警监控中心。为了描述诸如此类工程内部与外部信息流动的问题，需要补充提出一个概念——外联信息维，任意一个外联信息维由 r（$r=1$，2，3……）个信息元组成，表示为：

$$Z_i = \left\{ \begin{matrix} z_1 \\ z_2 \\ \vdots \\ z_r \end{matrix} \right\} \tag{3-7}$$

或等效表示为转置后的形式：

$$Z_i = (z_1, z_2, \cdots\cdots, z_r)^{\mathrm{T}} \tag{3-8}$$

式中，i 为任意自然数。单个信息元表示为 z_i。

这样，完整的集成空间应描述为：

$$V = \{Y_1, Y_2, \cdots\cdots, Y_j, X_1, X_2, \cdots\cdots, X_k, Z_1, Z_2, \cdots\cdots, Z_p\} \tag{3-9}$$

上式中，j，k，p 都为任意自然数。该式表示一个集成空间 V 由 j 个纵向信息维，k 个横向信息维，p 个外联信息维组成。

下面运用以上表示方法来描述一个实际工程的系统集成问题。

某地下交通通道弱电系统集成工程，包括交通监控、设备监控（包括电力、照明监控）、闭路电视监控、通信（包括有线电话、无线对讲及有线广播）、防灾报警 5 个分系统。中央数据库需要存储的来自各子系统的集成数据分别为：

（1）交通参数：规定时段的交通量、车流速度、车道占有率等，车行方向、交通事故记录等。车道信号灯显示的反馈信息。可变情报板、可变限速标志显示的反馈信息。

（2）各种地下交通联系通道设备的工作状态反馈信息（含水泵、风机等）。变电所参数：用电负荷、运行状态数据、故障、告（预）警信息等。环境参数：CO、VI 浓度、光强/辉度、水位值等。

（3）地下交通联系通道摄像机画面。

（4）紧急电话呼叫信息：呼叫时间、地点、次数。

（5）火灾参数：火灾确认信号、时间、地点、联动设备反馈信息。

以上集成信息反映了纵向信息维的内容。

子系统之间的横向集成表现在：

（1）在地下交通联系通道交通拥挤或事故情况下，设备和交通监控工作站将相应数据送入网络供其他分系统使用的同时，提出相应的设备运行、交通控制提案。

（2）在火警情况下，火灾报警经系统工作站向以太网发送经过确认的火灾信息及相关设备的工作状态；在信息网发布火灾地点及特征信息，通知设备和交通监控等工作站计算机，依此提出相应的设备运行、交通控制方案，以便尽快疏散火灾地段车辆。

（3）当地下交通联系通道内发生火灾时，通风应用程序设计提供了紧急运行模式，能根据火灾信息自动进入到预先设置的火灾运行模式，实时监视排烟运作和消火栓泵、水喷雾泵等的运行情况。

（4）交通监控子系统根据照度仪数据自动/手动调节出入口的过渡段照明，一般分 A、B、C、D 四态的亮度等级控制；还可依据交通量的变化对此段的照明实施控制，定时或手动控制地下交通联系通道内的基本照明和节电照明，节电照明实施白天、夜间两种自控模式。

（5）交通监控子系统通过上层网得到其他分系统诸如 CO/VI 检测、供电故障、交通事故、火警等现场数据信息及历史交通参数，结合视频分析仪实时数据，按照确定的模型推断出地下交通联系通道内各区段的交通状态（正常、拥挤、阻塞），并提供预先设定的多种不同交通控制模式供操作员参考、使用，并提供经分析处理后的控制决策；通过信号灯、可变情报板、限速板对车辆的运行实施动态诱导控制。

集成系统与外部的信息交流体现在：

（1）交通监控子系统将相关的交通信息上传至北京市交警管理中心，并获得相关道路的交通信息。

（2）为本市交警中心提供既定要求的 10 路随机视频信号。

下面分别选取三类信息维中的一个作为描述的示例，其他各条的描述可作为练习去完成。

（1）纵向信息维的描述

纵向集成的火灾参数包括：火灾确认信号、时间、地点、联动设备反馈信息。实际系统中，火灾确认信号、时间、地点、联动设备反馈信息这四类信息元都远不止一个，假设需集成的"火灾确认信号"有 a 个，"时间"有 b 个，"地点"有 c 个，"联动设备反馈信息"有 d 个。则火灾参数纵向信息维可表示成：

$$Y = (y_1, y_2, \cdots\cdots, y_a, y_1, y_2, \cdots\cdots, y_b, y_1, y_2, \cdots\cdots, y_c, y_1, y_2, \cdots\cdots, y_d)^T$$

式中，a, b, c, d 为任意自然数。

（2）横向信息维的描述

描述横向集成条目："在地下交通联系通道交通拥挤或事故情况下，设备和交通监控工作站将相应数据送入网络供其他分系统使用的同时，提出相应的设备运行、交通控制提案。"

分析后可知，设备和交通监控子系统都会向子系统以外提供集成信息，设设备监控子系统提供的信息元有 e 个，交通监控子系统提供的信息元有 f 个；另外，提供的信息为"地下交通联系通道交通拥挤或事故"标志信号，设该信号表示为：$x_i (i=1, 2, 3\cdots\cdots)$，则该条横向信息维可表示为：

$$X = (x_1, x_2, \cdots\cdots, x_e, x_1, x_2, \cdots\cdots, x_f)^T$$

式中，e, f 为任意自然数。

（3）外联信息维的描述

描述外联信息集成条目："为本市交警中心提供既定要求的 10 路随机视频信号"。

这里将 1 路视频信号作为一个信息元。则以上条目可描述为：

$$Z = (z_1, z_2, \cdots\cdots, z_{10})^{\mathrm{T}}$$

需要注意的是，实际工程的工况往往比较复杂，要想如实地描述出系统的真实面目，就必须细致深入的分析实际情况，能够对信息进行正确的归纳、分类以及提炼。

这种采用向量和矩阵形式描述系统集成空间及其元素的方法简单明了，能够帮助分析和设计集成化系统，也有助于理解系统集成信息的本质。

3.3　集成系统的神经网络表示

人工神经网络（Artificial Neural Network，ANN）是在模拟生物神经网络的基础上构建的一种信息处理系统，具有强大的信息存贮能力和计算能力，是一种非经典的数值算法。ANN 在 1943 年由 Mc Culloch 和 Pitt S 提出，在 20 世纪 80 年代进入了一个发展高潮，至今已开发出 Hopfield 网络、误差反向传播（BP）网络、对向传播网络（CPN）、Kohonen 网络、径向基函数（RBF）网络、自组织映射（SOM）模型、双向联想记忆器（BAM）、回归（Elman）网络等 30 多种典型的模型，其中以 BP 网络模型应用最广。

人工神经网络理论在诸多领域得到了广泛的应用，例如环境科学、机械工程、建筑工程等领域。主要是利用 ANN 的高度并行互联结构和自适应处理能力来解决一些常规数学方法不易解决的问题。下面借助神经网络的相关概念和方法来解决智能建筑集成化系统的描述问题。为适应本领域应用的某些特殊性，在描述过程中增加一些作者创立的新概念和新方法。

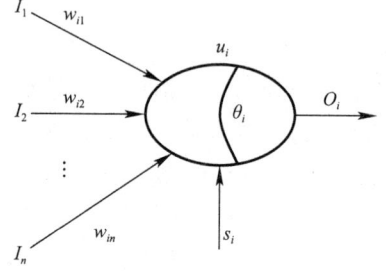

图 3-2　单个神经元

智能建筑集成化系统是以计算机控制为基础的系统，故适宜用离散神经网络的概念来描述。设集成系统各层网络中挂接的所有具有数据计算和处理能力的单个设备均为一个神经元。一般地，单个神经元的表示方法如图 3-2 所示。

$$O_i = f\left(\sum_{j=1}^{n} w_{ij} I_j + s_i - \theta_i\right) \tag{3-10}$$

其中，θ_i 为阀值，I_j 为输入信号，$j=1, 2, \cdots\cdots, n$，w_{ij} 表示从单元 u_i 到单元 u_j 的连接权系数，s_i 为外部输入信号，O_i 是第 i 个神经元的输出。$f(\cdot)$ 为非线性特性函数。

根据系统集成实际应用的特点，这里需作特殊定义。定义：

$$f(\cdot) = (w_{i1} I_1 \vee w_{i2} I_2 \vee \cdots\cdots \vee w_{in} I_n) \vee s_i - \theta_i \tag{3-11}$$

其中，运算符"$\vee$"（或）代表选择输出的意思，当 $w_{ij}=0$ 时，不输出 $w_{ij} I_j$ 项；当 $w_{ij}=1$ 时，输出 $w_{ij} I_j$ 项。w_{ij} 的取值范围为（0，1）。这样，神经元的输出便表示为：

$$O_i = (w_{i1} I_1 \vee w_{i2} I_2 \vee \cdots\cdots \vee w_{in} I_n) \vee s_i - \theta_i \tag{3-12}$$

连接权系数 w_{ij} 表征了当前神经元内部数据是否向外传输，即是否需要集成。当 $w_{ij}=0$ 时，不集成；当 $w_{ij}=1$ 时，集成。

基于以上定义，构建如图 3-3 所示的神经网络集成系统。

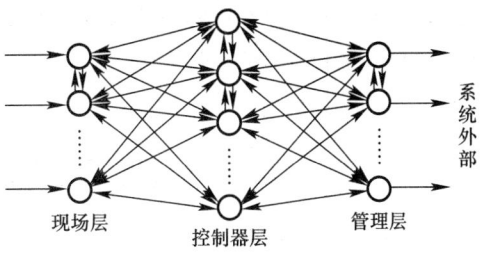

图 3-3 中，同层节点之间的输入与输出关系对应式（3-12）中的 s_i，对神经元节点来讲，这相当于外部信号。图中双向箭头代表的是信息流分监测信息流与控制信息流两大类，传输方向正好相逆。

图 3-3　神经网络集成系统

3.4　基于知识的决策系统

3.4.1　知识表示

专家系统是一个具有大量专门知识与经验的程序系统，它应用人工智能技术，根据一个或多个人类专家提供的特殊领域知识、经验进行推理和判断，模拟人类专家做决策的过程来解决那些需要专家决定的复杂问题。智慧建筑系统集成问题很难用精确的数学模型进行描述，且集成中的很多专业领域问题具有模糊性，即不确定性，这些正符合专家系统处理问题的特点，所以依靠专家知识来解决该领域的问题是恰当的选择。

一般专家系统由知识库、数据库、推理机、解释部分及知识获取 5 个部分组成。知识库是专家系统的重要组成部分，它存储了以适当形式表示的从专家那里得到的关于某个领域的专门知识、经验以及常识。下面我们将重点探讨智慧建筑系统集成知识库的设计问题，即将依靠大量工程经验总结出的集成规则转化成专家系统知识库，建立智能建筑集成系统的专家型决策集。

对知识工程而言，知识表示即知识的机器表示，或称知识表达，就是研究用机器表示知识的可行的、有效的、通用的原则和方法。知识的表示方法有谓词逻辑表示法、时序逻辑表示法、语义网络表示法、产生式表示法、框架表示法等。产生式表示法中每一条规则称为一个产生式。专家系统中专家的知识利用规则集合表示，每一条产生式对应一个知识模块的一条规则，写成

IF a THEN b

或 a→b

其中 a 称为前提（条件），b 称为结论（行动）。

通常前提是若干项目的逻辑积，一般表示形式为

$$IF\ a_1\ AND\ a_2\ AND\cdots\cdots a_n\ THEN\ b_1,\ b_2,\ \cdots\cdots,\ b_m$$

应用这种方法可描述系统集成过程中的集成决策。

3.4.2　知识图谱

知识图谱（Knowledge Graph）的概念最早由 Google 在 2012 年提出，最初 Google 提出它是为了增强搜索引擎功能和提高搜索结果质量。随着大数据和人工智能的兴起，知识图谱的技术也越来越得到学术界和产业界的重视。尤其是图谱的可视化展示，通过关联图将不同的事物连接展示出来，给人留下了深刻的印象，也吸引了越来越多的人参与图谱的研发和应用。知识图谱是一门将事物进行关联分析的技术，它初期通过将不同的事物以实体的形式关联形成一个语义网络，比较直观的就如图 3-4 所示，把事物通过不同的关系

连接表现出来。现在也在往多模态方向发展，融合图片、语音、视频等更多种类型的信息成为多模态知识图谱。

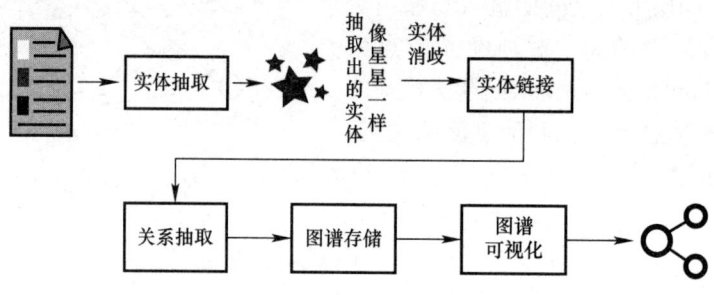

图 3-4　知识图谱工作机理

知识图谱作为一门底层技术，涵盖实体抽取、关系抽取、图谱可视化等技术能力，还可延伸到精准搜索、个性化推荐和智能问答领域，它在建筑智能化分析和处理领域有着广泛的应用。

例如，基于知识图谱技术，可以将实体从文章中抽取出来，接着将抽取出的实体和知识库中已有的实体进行匹配对应，然后将有关系的实体进行关联，最后将抽取出来的实体和关系进行存储，而后可以图谱可视化的形式将关联的实体展示出来。这整个流程，基本涵盖了知识图谱的主要技能模块，分别对应了实体抽取、实体链接、关系抽取、图谱存储和图谱可视化的技术能力。

实体抽取（Entity Extraction）：此模块也被称为命名实体识别（Named Entity Recognition，NER），是指将文本中提到的实体从中抽取出来的技术，常见抽取出来的实体类型包括人名、地名、机构名、事件名称、产品名称、数值等，也可以人为根据业务场景来定义专有词汇作为抽取的实体对象，这里需要注意实体可以不是名词，也可以是动词、数值、形容词等词性词汇。

实体链接（Entity Linking）：在日常生活中，很多词汇有多种表达方式，我们可能简化表达或者用其他词汇代指，比如北大＝北京大学，此外还有一些词汇有多个含义，比如苹果可能指苹果手机也可能指水果苹果。所以在第一步我们抽取了实体后，就需要通过指称识别和实体消歧来把抽取到的实体对应到知识库中标准的实体，以此明确文章中抽取到的实体到底是哪个实体，此技术模块即是实体链接。

关系抽取（Relation Extraction）：对于未知的实体关系，我们是否可以通过算法来找到实体间的关系？这即是关系抽取技术，它可以帮我们发掘人与人、人与事物、事物与事物等之间的关系，并以三元组的形式（head，relation，tail）表示这种关系，比如从"湖北的省会是武汉"可以得到（湖北，省会，武汉）。关系抽取技术较简单的可以由模板匹配来实现，比如对省份可以设置（省份，省会，城市）这样的模板来找到实体关系，较复杂的则可以通过深度学习模型来进行抽取。

图谱存储：图谱数据可以由传统的关系型数据库如 Mysql 来存储处理，也可以由最近几年逐渐火热的图数据库来存储。不同之处在于，图数据库主要由节点和关系两种元素构成，这天然符合三元组数据是关于两个实体的关系构成的数据类型，相比于关系型数据库，图数据库对关系的处理能力更强。比如对"购买过 A 理财产品的用户还购买过哪些保险产品"这类问题，通过关系型数据库往往要关联几张表来查询，而通过图数据库，只需要通过（A，买家，用户 X）和（用户 X，购买保险，保险产品 Y）两个关系即可快速查询，整体效率得到明显提升。目前常见的图数据库有 Neo4j、Januas Graph、Orient-DB、Huge Graph、Trinity 等。

图谱可视化：知识图谱的三元组数据可以通过前端展示形成一个网络状关联图，这个关联图可以形象的反映不同实体（节点）之间的关系，往往给人留下直观深刻的印象。这部分主要离不开前端可视化技术，主要由 d3.js 和 echart 来实现，其中 echart 是由百度开源的，上手操作更容易，而 d3 可实现的效果更丰富个性化。

在智慧建筑领域，知识图谱有着巨大的应用空间。典型案例 1：智慧社区智能营销推荐。智慧社区服务平台中，可基于知识图谱开发建立智能营销推荐系统。传统的基于协同过滤的推荐技术是在积累大量用户的兴趣点击后，针对相似用户可能选择相同的商品来进行商品推荐，这种模式需要大量的用户购买数据才能进行建模分析，不利于推荐的冷启动。而基于知识图谱的推荐技术可以通过对商品本身的相关性，进行符合人类认知的关联推荐。还可以基于用户已经购买的商品，进行推理分析，深度解析用户本身的需求，再将适合的商品推荐给用户。相比于传统的推荐技术，基于知识图谱的推荐模式可解释性更强。典型案例 2：智慧房地产服务平台金融风险防控。在智慧房地产交易服务平台中，可利用知识图谱，结合金融系统开发地产金融风险防控系统。通过将借款人的个人信息、社会关系、金融业务进行图谱画像，借款人的情况一目了然，可以帮助地产金融机构精准快速地进行申请贷款人身份识别核验、人员关系发掘、风险点识别，从而杜绝金融风险。而针对团伙金融诈骗，知识图谱可以将不同的人—信息—事件进行关联分析，从而发现隐藏的人物关系和事件关系，从而对诈骗团伙进行揭露和打击。

3.4.3 决策知识库

根据智能建筑行业的应用特点，不同类型建筑的系统集成要求和最终要达到的效果是有差异的，但也存在着共性。基于此，我们将智慧建筑系统集成知识库在总体上按照以下思路划分：知识库包含核心库与扩展库两大板块。核心库部分包含的是所有类型智慧建筑系统集成时通用的集成经验、规则，也是最基本的集成功能，一般不容易变动。扩展库部分再按照智能建筑的行业应用类型细分为：办公楼、酒店、体育馆、文化馆、工厂、机场、火车站、隧道、医院、学校、广场、影剧院、智能小区等，且类型可以根据实际发展状况不断扩充和完善。为每一种类型的智能建筑建立一个子库，这个子库包含的是这类智能建筑所特有的集成经验与规则，与核心库中的基本规则相加，便得到某类智能建筑完整的集成规则。以上思路用图 3-5 表示。

3.4.4 核心库与扩展库设计

1. 核心库设计

核心库的集成决策在以下几个子系统间发生，如图 3-6 所示。

图中箭头方向指示一个子系统动作对另一个子系统产生影响和作用的方向，箭头指向的子系统是受动方，另一方则是主动方。

下面用产生式表示法来表述上图所示关系。

（1）IF 发生火灾报警 THEN 空调机送风设备强行关闭。

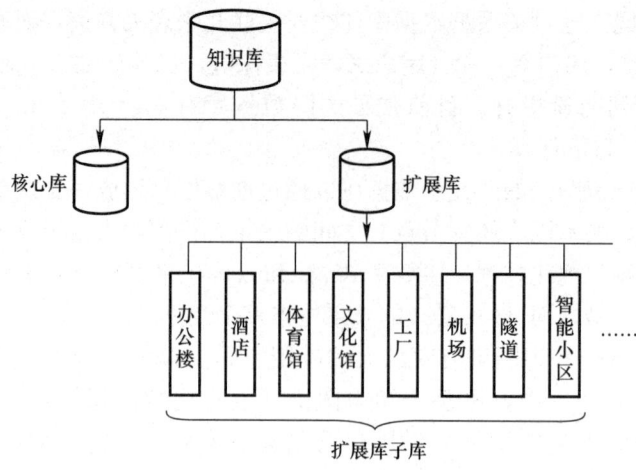

图 3-5　智能建筑集成系统知识库结构

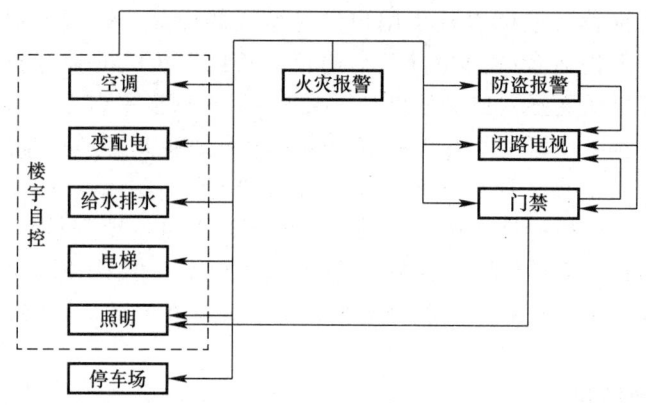

图 3-6　子系统核心集成决策关系

（2）IF 发生火灾报警 THEN 监视火灾区电流或电压变化。

（3）IF 发生火灾报警 THEN 监视水池和水箱的供水情况。

（4）IF 发生火灾报警 THEN 电梯迫降。

（5）IF 发生火灾报警 THEN 打开车库闸门。

（6）IF 发生火灾报警 THEN 将火警相近区域摄像画面切向安保中心主监视屏。

（7）IF 发生火灾报警 THEN 与火警部位有关的各门自动开启。

（8）IF 发生火灾报警 THEN 与火警部位有关的防区自动撤防。

（9）IF 楼宇自控系统异常报警 THEN 将报警相近区域摄像画面切向安保中心主监视屏。

（10）IF 门禁系统在非工作时间有人持卡进入 THEN 将进入区域的照明控制箱开启。

（11）IF 门禁系统在非工作时间有人持卡进入 THEN 将进入门相近区域摄像画面切向安保中心主监视屏。

（12）IF 发生非法侵入 THEN 将报警点相近区域摄像画面切向安保中心主监视屏。

以上是典型的集成决策规则，几乎每一类智能建筑都会涉及，故具有一定的通用性。

2. 扩展库设计

扩展库部分的决策规则依不同类型建筑而定，往往具有较强的自身特征。集成决策规则很大程度上只在同类型智慧建筑系统集成中具有参考价值。

例如，地下交通监控类的决策规则可描述为：

（1）IF 火灾发生 THEN 在信息网发布火灾地点及特征信息并提出相应的设备运行和交通控制方案。

（2）IF 交通事故发生 THEN 自动进入交通事故预案。

（3）IF 交通异常事件（抛锚、违章、变道控制等）发生 THEN 自动进入交通异常事件预案。

（4）IF 交通联系通道内淹水 THEN 自动进入交通联系通道淹水预案。

（5）IF 车辆超高 THEN 自动进入车辆超高预案。

（6）IFCO/VI 检测异常 THEN 自动进入 CO/VI 检测异常预案。

……

为每种类型智能建筑建立通用性强、适用性好的扩展库是一项系统工程，需要长期不懈的努力。但只要建立好这一系列扩展库，就会为工程设计增加一个有力的参考，有利于工程在技术上和管理上都走向规范化。

3.5　建筑工业互联网

随着全球工业 4.0 战略的推进，工业互联网正在重塑产业链和价值链，正在为重构全球工业、激发生产力做出重要贡献，各种垂直行业领域的工业互联网在不久的将来会被开发出来，并通过运营产生巨大价值。"互联"是工业互联网的基本功能，在此基础上通过数据的流动和分析，进一步实现智能化生产、网络化协同、个性化定制、服务化延伸。最终将构建出新商业模式，催生出新业态。

建筑工业互联网是指符合工业互联网定义和发展理念，泛在集成建筑全要素的一类垂直行业工业互联网。建筑工业互联网包含以下三个层次：层次一：企业内部生产域的互联，实现应用与设备的互联，实现上连应用，下连设备；层次二：实现供需链之间的互联互通，通过上下游企业间的业务互联，实现企业间的协作与发展；层次三：产业集群互联，实现整个产业生态连接（图 3-7）。

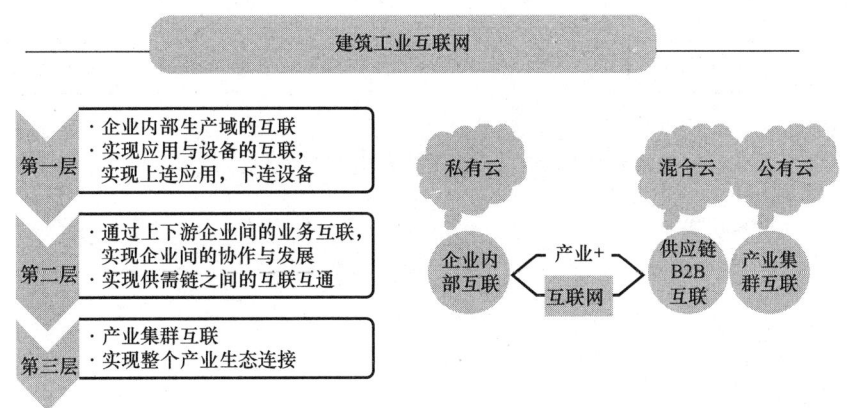

图 3-7　建筑工业互联网的三层

　　智慧建筑系统集成架构的建立应符合建筑工业互联网体系架构。基于物理层级的建筑工业互联网层级结构如图 3-8 所示。

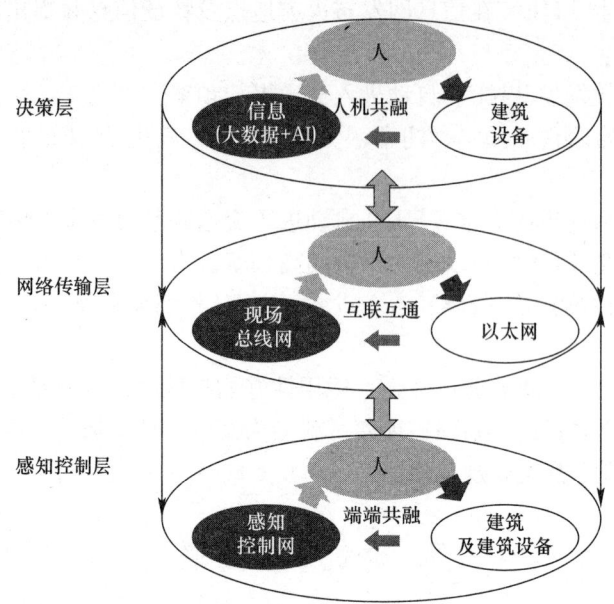

图 3-8　基于物理层级的建筑工业互联网

　　基于建筑云脑和敏捷供应链的建筑工业互联网体系架构可描述为图 3-9。

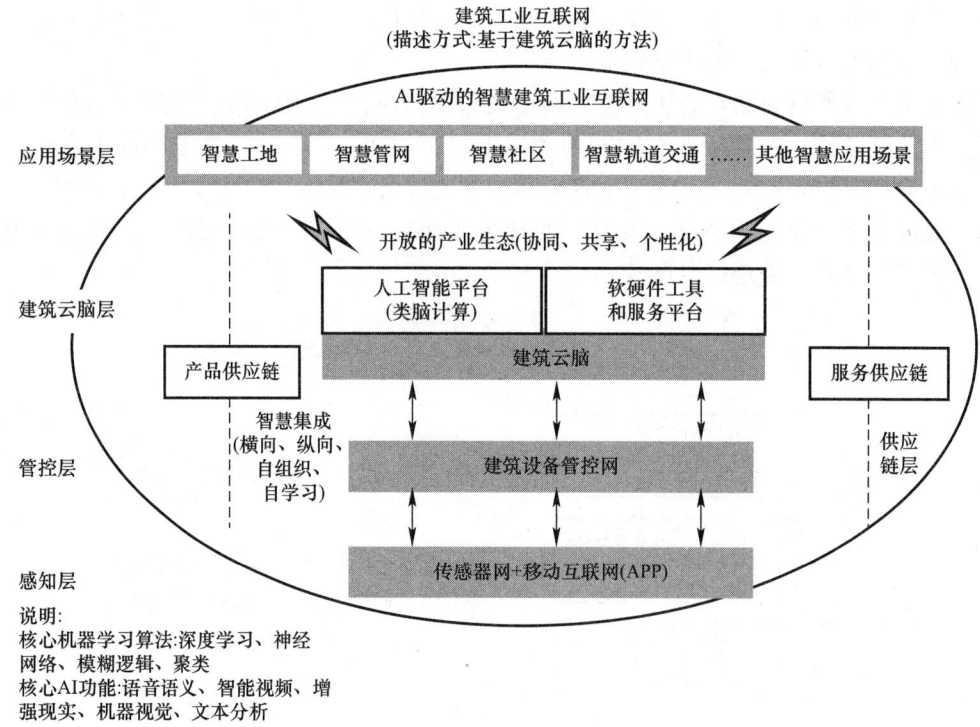

图 3-9　基于云脑和敏捷供应链的建筑工业互联网架构

　　建筑云脑层的"人工智能平台"模块适宜采用类脑计算模型相关理论和技术，是一个开放的生态平台。人工智能平台目前落地较好的核心机器学习算法包括深度学习、神经网络、强化学习等。核心 AI 功能包括：语音、视频、增强现实、机器视觉、机器学习、文本智能。供应链层由于 AI 的使用，大大简化了供应流程、减少了匹配环节、缩短了供应周期，最终促使生产和工作效率得到大幅提升，故可认为是"大数据＋AI"驱动的敏捷供应链。"敏捷"用于强调供应链对市场变化及用户需求变化的快速响应能力。其中，产品供应链是智慧建筑供应链的核心，建造供应链是主线，服务供应链是产业模式变革的引擎。

习　　题

　　3-1　专家系统的主要组成部分是什么？

　　3-2　知识库的概念是什么？智能建筑的知识库应如何规划？结合智能建筑中某个子系统（例如消防）设计一个知识库。

　　3-3　知识的表示方法有哪些？

　　3-4　专家系统中的规则集一般如何设计？结合智能建筑中某个子系统（例如空调自控）设计一个规则集。

　　3-5　知识图谱的基本概念和工作原理是什么？举例说明智能建筑如何应用知识图谱。

第4章 智慧建筑工程系统集成方法

4.1 集成方法概述

从智能建筑集成化系统实际应用情况来看，目前异构子系统间主要存在以下异构特征：

（1）硬件平台的异构。从大、中、小型计算机到工作站、个人计算机、工控机；从现场总线、工业控制网、局域网到广域网。

（2）操作系统的异构。有 DOS、Windows 3.1、Window 9.x、Windows NT、UNIX、OS/2、Linux 等。

（3）数据库管理系统的异构。有文件结构、Access、dBase、FoxPro、Oracle、Sybase、DB2、Informix 等。

（4）开发工具的异构。各个应用系统的开发工具不同，可能会是汇编语言、Turbo C、Borland C、VC、VB、PB、Delphi、Java 等。

"系统集成"，更确切地讲应该是数据的融合。目前集成的焦点问题集中在管理层与控制层的数据融合方面。首先来看一下目前建筑智能化系统集成手段的几种主要方式及其特点：

（1）以硬接点方式进行系统集成

也称为以干接点方式进行系统集成。即通过增加一个设备子系统的输入/输出接点或传感器，接入另一个设备子系统的输入/输出接点进行集成。这是系统集成最初所用的手段，随着计算机技术的高速发展以及标准协议的不断完善和应用，目前有逐渐被其他方式所取代的趋势。

（2）以楼宇自控系统 BAS 为中央平台进行系统集成

即楼宇自控系统通过计算机网络联接其他子系统，楼宇自控系统可以监测、控制和管理其他集成子系统。这就相当于将楼宇自控系统与 BMS 集成系统合二为一。优点是可充分利用 BAS 平台所提供的强大的网关转换功能，将各子系统连通；缺点是一旦楼宇自控系统发生故障出现停机，BMS 集成系统也就会瘫痪，失去对其余各子系统监控和管理的能力。而且 BAS 的控制网多采用 RS485、LonWorks 标准工控总线方式，RS485 通信速率最高只能达到116Kb/s，通信速率较低。所以这种方式从本质上讲不是一种科学合理的系统集成方式，不可取。

（3）基于子系统并行和 OPC 方式进行系统集成

这是在总结以上经验的基础上提出的，其核心思想是：将整个大系统分成管理层和控制层两个网络层次，中央数据库位于管理层，各子系统位于控制层，各子系统的实时数据通过开放的工业标准接口（如 OPC 接口、Modbus 协议）以平等方式集成到中央数据库，管理层通过 BMS 系统的核心调度程序对各子系统实现统一监控、管理。这是目前公认的最先进的手段，比起前两种，其优势不言而喻。但它只强调了"通过开放的工业标准接口"集成，没有涉及如果有些设备或平台不支持某些工业标准的情况——在工程实际中，这种情况经常会发生。众所周知，OPC 标准做得很"标准"，但两个都符合 OPC 标准的系统连接时仍在大多场合下通信不上，这是因为 OPC 标准又分几种（OPC Alarm&Event、OPC Data Access、OPC Historical Data Access 等）而且还存在着不同版本的差异，不能直接通信是可想而知的。另外，这种只靠标准协议实现集成的做法有很大的局限性。很多时候子系统或中央监控平台并不能提供标准协议接口，那么这种方案就彻底失效了。

（4）依赖两大标准 LonMark 和 BACnet 的系统集成

为了解决各种协议长期并存、难以统一的局面，人们提出了两大标准协议：LonMark 和 BACnet，希望通过这两种标准化协议取代以往各种协议，做到高度标准化和统一化。具体方案是：在各子系统的设备集中采用 LonMark 标准，而在信息管理域方面，对于整个监控系统中众多子系统的集成、对于上层网际间的互联则采用 BACnet 标准，两种标准恰好互补，实现整个系统的标准化集成。但在现阶段，两种协议都不支持消防和安防系统，BACnet 主要还是用在暖通空调系统中。所以尽管这种解决方案的初衷是良好的，也具有很大的发展潜力，是今后的发展方向，但实际中如果想完全依赖这两大标准来实现集成仍是不现实的。

（5）基于数字孪生的工程全生命周期集成

数字孪生综合图形图像学、系统工程、智能控制、数据科学、地理信息系统等多学科的特点，面向实际应用系统的数字化工程需求，提供以数据线索关联、以多模型仿真的综合集成方法。数字孪生系统集成法适合各种大小的系统，在智能建筑系统中，从单个建筑构件、单个设备到大型建筑智能化工程，都可以采用多粒度数字孪生集成思路进行不同层级上的集成，然后再进行纵向集成，最终实现纵横交织的透明化互联互通。

总结以上并调查实际发现，目前很多系统由于技术上的障碍无法实现预期的集成或只能进行"假"集成，系统之间并没有完全按目标实现互联互通，往往一个大系统中有若干子系统在独立运行，整个工程只是硬件上的简单堆砌。系统集成不应该是"1+1=2"的简单叠加，而应是在系统思维指导下的优化运筹和智能简约。数字孪生系统集成法具有集大成的特点，基于数字孪生理论和方法发展智慧建筑系统集成，有可能在未来成为智慧建筑系统集成理论与工程实践的主导模式。

信息的流动是一个建筑智能化系统的生命。在一个现代化的建筑物中必须对各个方面的信息进行交换和处理。这些信息包括：报警信息、控制信息、监测信息、设定值更改信息、手动控制信号、日程改变信息、系统维护信息、事件报告信息、质量控制信息、能源管理和企业调度信息等。对这些信息的访问应该简单、快速和方便，因此必须实现信息集成以降低通信的成本。建筑物的用户对系统会有不同的要求，不同的用户可以根据自己的需要，在系统中、在家里、甚至在旅途中都能通过不同的途径访问这些信息。因此建筑物的各个子系统必须能集成运行、简化操作、降低成本。

为了满足这些要求，集成化的系统必须建立在一种先进且开放的技术平台上，不受当前或近期技术水平的限制。既要采用当前最新的技术，又要考虑到未来的发展；既要降低建造和运行成本，又要易于管理，尽快获得投资回报。

　　总结并完善现有集成方式可知，能够满足当前应用需求的智慧建筑系统集成模式从结构上可以分为三大类：一类是基于并行处理思想的分布式并行集成模式；一类是基于 OPC 技术的组件化集成模式；一类是基于数字孪生理论的工程全生命周期系统集成模式。

4.2　子系统并行集成法

　　子系统并行集成模式的核心思想是：将集成化的网络系统划分为管理网与控制网两层，各子系统运行在下层控制网，系统集成数据库运行在管理网，各子系统与管理网的集成按是否需要另外开发应用程序划分成两大类：一类是通过工业标准协议实现集成，只要通信双方都共同遵守某种标准协议，即可通过标准化配置将实时数据转换成合法格式后直接与数据库交换信息，不需再开发额外驱动程序；另一类是通信双方不能共同提供某种标准协议的标准接口时，需利用系统提供的应用程序编程接口函数即 API/Net API 函数来开发软件网关，以实现数据库的访问。这种思想的示意如图 4-1 所示。

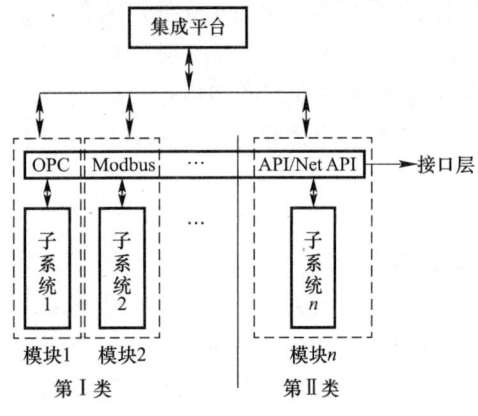

图 4-1　并行集成模式示意图

　　图 4-1 中，将各子系统及其与集成平台通信的接口纵向地看作一个模块，整个系统中包含若干个这样的模块，这些模块处在平等的地位，并行地运行，集成平台统一协调各个子系统之间的工作。通过这种全面的定义与概括就实现了对所有实际集成问题的解决方案，而且依据并行工程的概念与理论，将整个系统模块化，使系统在结构上更加清晰，从而更加直观地反映了实际系统的情况。

　　下面分两类详细讨论怎样通过工业标准协议实现集成和怎样通过 API/Net API 函数开发软件网关实现集成。

　　1. 通过工业标准协议实现集成

　　这种模式下的集成是利用工业界和楼宇控制界通用的开放性标准——主要有 LonWorks、Modbus、OPC、DDE、ODBC、BACnet 来实现。这里的 OPC 方式与基于 OPC 的组件化集成模式具有本质区别，这里的方式是指直接通过 OPC Client 访问 OPC Server 实现集成，不需开发中间层软件。下面以 LonWorks 协议为例具体说明怎样实现集成，其他协议可依此类推。

　　LonWorks 技术是美国 Echelon 公司 1990 年 12 月推出的一种现场总线技术，采用 LonTalk 协议。Lon（Local Operating Network）的意思为局部操作网络，具有现场总线技术的一切特点。现场总线是一种工业总线，它是自动化领域中计算机通信体系最底层的低成本网络。国际电工委员会（IEC）和现场总线基金会（FF）对现场总线作了如下定义：现场总线是连接智能现场设备和自动化系统的数字式、双向传输多分支结构的通信网络。目前，世界上许多著名的自动化厂商，如 Honeywell、Johnsen Controls、ABB、Philips、Hp 等都采用了 LonWorks 技术。

EXCEL5000 系列 EXCEL 50/500 控制器支持 LonWorks 总线连接，它们具有 "LON-Bus" 硬件接口，这些接口经 LonWorks 总线可连成 LonWorks 现场总线网络。LonWorks 总线是一种通信速率为 78Kbit/s 的串行线，使用变压器隔离技术，故没有极性之分。LonWorks 总线可被连成菊花链形、星形、环形等任意形式，只要最大长度不超过具体线型的规定值即可。Honeywell 所推荐的线型为 level Ⅳ，22AWG 型非屏蔽同轴电缆，最大传输距离是 1400m。图 4-2 是 EXCEL 500 控制器中 XCL5010 通信模块接口图。

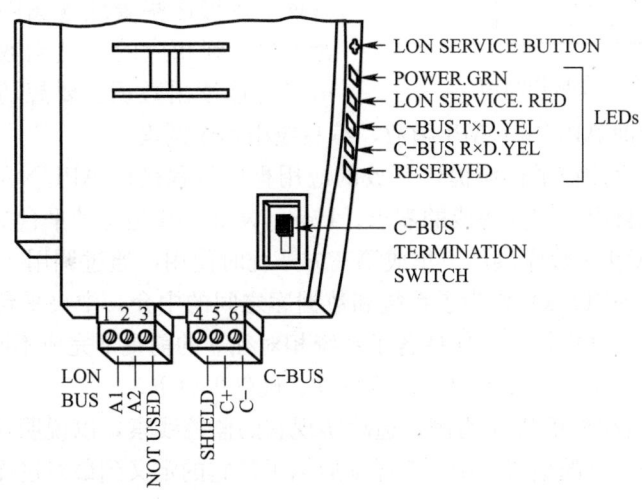

图 4-2　EXCEL500-XCL5010 接口图

通过不同的 LonTalk 适配器或 LonWorks 专用路由器，可将 LonWorks 现场总线网络接入 EBI 或 XLNET 节点计算机，此时 EBI 或 XLNET 节点计算机需事先安装好 LonWorks 接口驱动。具体连接方法因选用的 LonTalk 适配器或路由器不同而不同，通过 i.LON 路由器连接时的方法如图 4-3 所示。

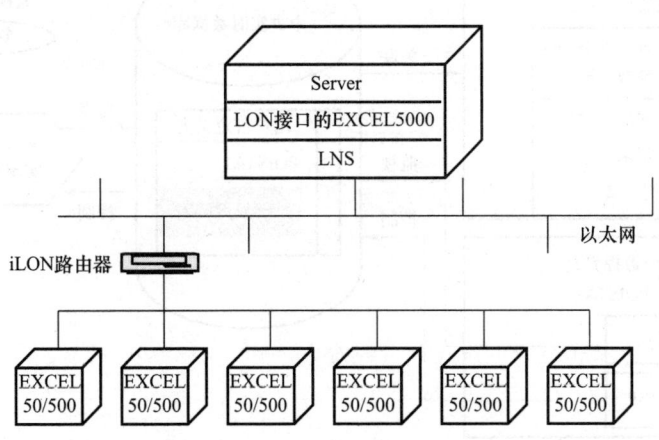

图 4-3　通过 i.LON 连接的 LON 网络

连接好物理网络后，再利用集成双方所带的接口配置工具分别对设备和软件进行正确的配置，即可实现系统集成。

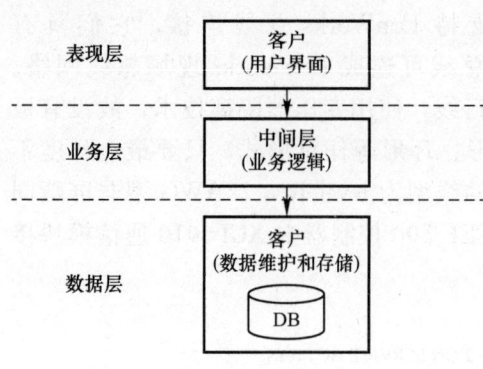

图 4-4 软件三层应用结构

2. 通过 API/Net API 实现集成

建筑智能化集成系统的管理平台具有多层软件结构。一般具有三层应用结构，可抽象为图 4-4。

在计算机所安装的数据库可视化管理界面中看不到用户所需的数据表及一些重要的系统信息表，这是因为为了满足安全性需要，管理平台将这些表或视图隐藏了，只能在硬盘上察看到相应的二进制数据文件，根本不可能直接读出数据。要想访问到所需的、正常的数据就必须借助 API/Net API 函数，编写应用程序例程。

比较成熟的中央监控平台应提供开放的应用程序编程接口 API/Net API 函数库，以满足对第三方系统自由、广泛集成的需求。Honeywell EBI 是这种平台的典范，它提供了丰富的 API/Net API 函数库供用户集成第三方系统时使用，通过调用 API/Net API 函数编写用户任务（User Task）作为子系统和数据库之间的中介，中央平台 EBI 调用这些例程，就可以实现一系列操作，在保持各子系统相对独立的前提下完成不同应用系统数据库的通信，将大厦各子系统集成到同一计算机软、硬件平台下。

以一个第三方点 POISTA1 为例，追踪实现它的监控线索，以说明用管理平台怎样实现对任意第三方子系统的集成。图 4-5 详细展示了从它的定义到最终进库的全过程。

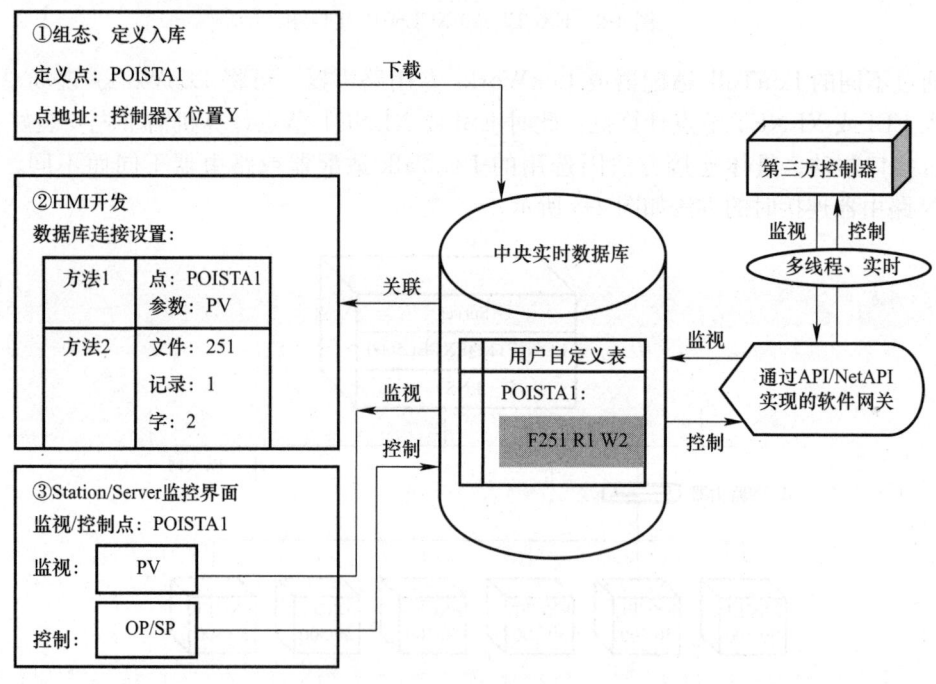

图 4-5 第三方点的远程传输路线

从图 4-5 中可以清晰地看出，整个系统的数据流向有两条路线：

路线 1 描述的是采集数据时数据由现场设备流向系统实时数据库；路线 2 描述的是从

工作站对现场设备进行远程控制时，数据由监控界面输入，经数据库保存，然后流向现场设备中的受控地址。

路线 1（监视路线）的实现过程描述如下：首先，硬件组态软件需要将控制器等整个工程的信息做好组态并下载进数据库中，使硬件点地址与数据库中逻辑表中的点地址一一对应起来；然后第三方控制器的数据经 BMS 计算平台软件网关恰当地解释、转换之后，进入实时数据库。这样，就可以在开发人机界面时将数据库中的逻辑点与界面上的图形关联起来，在 Station 或 Server 上运行开发好的人机界面便可以看到现场设备数据，实现监视。

路线 2（控制路线）的实现过程描述如下：用户从监控界面输入控制值，SP 用来输入给定量即参考量，OP 用来输入校正量，后台控制程序将获取输入值并存储到数据库文件的指定位置，然后通过 API/NetAPI 找到软件网关，再由网关将控制值送给控制器。

从程序的角度看，路线 1 和路线 2 分别由两个独立的线程来实现，分别称为监视线程和控制线程。监视线程完成对通信端口的监测，采集实时数据并进行协议处理、格式转化，最后写入实时数据库。控制线程完成控制量的接收，并通过写通信端口将控制量发送给现场设备。如果同一进程中这两个线程并存，那么需要做好同步工作，以合理分配和使用资源、避免冲突。关于线程的创建与工作过程将后面章节详述，这里重点分析怎样通过 API/NetAPI 访问实时数据库。

数据库访问函数族对读写实时数据库至关重要，它们在整个 API 函数库中占相当大的比例。根据产品研发的不同时期，EBI 共提供了三类数据库访问函数族：①DATAIO；②hsc_param_*；③rhsc_param_*。（函数名中的"*"代表不同的英文字符串，进而代表不同的函数）DATAIO 和 hsc_param_* 都属于普通 API 函数，rhsc_param_* 代表 Net API 函数。用这三类函数族都可实现对实时数据库的访问，区别在于 Net API 函数族的执行效率更高些，因为它允许成批量的与数据库交换数据，如一次性向数据库写入一个点的若干个参数值。举例如下：

DATAIO 函数族。

DATAIO 函数族中函数的参数说明如表 4-1。

DATAIO 函数族函数参数表　　　　　　　　　　　　　　表 4-1

参数	描述
file	(in) 服务器文件号
* *records*	(out) 文件中的记录总数
* *length*	(out) 每条记录中的字节数
record	(in) 记录的序号（记录 1 代表第一条记录）
number	(in) 被传输的记录条数
location	(in) 数据的位置
* *buffer*	(in/out) 整型缓冲区，其大小可满足读/写函数要求
buflen	(in) 整型缓冲区的字节数（必须是 2 的倍数）
* *rrecord*	(in/out) 环形文件中的相对记录序号（记录 1 代表第一条记录）

函数族中一些重要函数的具体含义如下：

打开服务器文件函数：

```
int c_dataio_open(int file)。
```

关闭服务器文件函数：

int c_dataio_close(int file)。

其他函数还有很多，如：

返回服务器文件大小的函数：c_dataio_size。

从一个关系型服务器文件中读取一条记录至整型缓存中：c_dataio_read。

将整型缓存中的数据写入数据库的一条记录中：c_dataio_write。

从一个关系型服务器文件中读取数条记录至整型缓存中：c_dataio_read_blk。

将整型缓存中的数据写入数据库的数条记录中：int c_dataio_write_blk。

将整型缓存中的数据写入环形（CIRCULAR）服务器文件记录队列的最顶部（最新一条记录）：c_dataio_queu。

读环形（CIRCULAR）服务器文件记录队列的最底部（最后一条记录）至整型缓存中：c_dataio_dequeue。

下面的例子说明了怎样使用 c_dataio_read 函数从数据库的表 UTBL01 中读取数据：

```
# include< errno. h> /* 为找到外部错误号* /
# include"files"/* 为找到表 UTBL01 的文件号* /
# include"applications"/* 为知道表 UTBL01 的总记录条数* /
# include"src\defs. h"
# include"src\M4_err. h"
# include"src\dataio. h"
......
int rec;
int2 buffer[UT1SZ];
/* 从硬盘上的用户表 UTBL01 中读一条记录* /
if(c_dataio_read(UTBL01_F,rec,LOC_DISK,buffer,UT1SZ)= = - 1)
{
    printf("c_dataio_read error% x",errno);
    exit(errno);
}
```

hsc_param_ * 函数族。

用 hsc_param_ * 函数族中的函数访问数据库的方法和关键步骤是：

1）首先用 hsc_point_number 函数将外界接收到的点名转换成 EBI 所规范的点序号，转换后的序号具有唯一性，即点名与点序号是一一对应关系。

hsc_point_number 函数的定义是：

PNTNUM hsc_point_number(char * name);

函数参数说明如表 4-2：

hsc_point_number 函数参数表　　　　　　　　　　　表 4-2

参数	描述
name	（in）点名称

下面程序片断说明了函数 hsc_point_number 的用法：

```
# include"src\points. h"
PNTNUM point;
if((point= hsc_point_number("pntana1"))! = 0)
c_logmsg("example","param_number call","pntana1 is point number %
d",point);
```

其中的 PNTNUM 是由 EBI 专门定义的数据类型，定义如下：

```
typedef unsigned short PNTNUM;
```

可见 PNTNUM 型即相当于 C 语言中的 unsigned short 型。像这样专门定义的数据类型还有很多。

2) 用 hsc_param_number 函数将参数名称转换为参数序号，这种转换同样是一一对应关系。

hsc_param_number 函数的定义是：

```
PRMNUM hsc_param_number(PNTNUM point,char* name);
```

函数参数说明如表 4-3。

hsc_param_number 函数参数表　　　　　　　　　　　　表 4-3

参数	描述
point	(in) 点序号
name	(in) 参数名称

参数 point（点序号）是执行过函数 hsc_point_number 后返回的值。

下面程序片断说明了函数 hsc_param_number 的用法：

```
PNTNUM point;
PRMNUM param;
char* paramName= "PointDetailDisplayDefault";
point= hsc_point_number("pntana1");
param= hsc_param_number(point,paramName);
c_logmsg("example","param_number call","Parameter % s is parameter
number %d for point number % d. ",paramName,param,point);
```

通过前两步调用 API 函数 hsc_point_number 和 hsc_param_number 得到了点名称、点参数各自的唯一序号，这是进行步骤三的前提条件。

3) 调用用 API 函数 hsc_param_values 和 hsc_param_value_put 实现对数据库的读、写。

hsc_param_values 可从数据库中读取若干个点参数，其定义如下：

```
int hsc_param_values
(
int count //(in)预读取的点参数的个数
int period //(in)以微秒(milliseconds)计的数据订阅周期
PNTNUM* points//(in)点序号
```

```
PRMNUM* params //(in)点参数序号
int*  offsets //(in)点参数偏址
PARvalue*  values //(out)读取值
uint2* types//(out)读取值的类型
int* statuses//(out)返回状态
);
```

注意这里的 PARvalue 是 EBI 定义的数据类型的联合体，用来表示多种数据类型的集合，PARvalue 的定义如下：

```
typedef union
{
    short int2;
    long int4;
    float real;
    double dble;
    char text[PARAM_MAX_STRING_LEN + 1];
    struct{
        long ord;
        char text[PARAM_MAX_STRING_LEN + 1];
    }en;
}PARvalue;
```

读取值的类型总共有以下 6 种：

DT_INT2、DT_INT4、DT_REAL、DT_DBLE、DT_CHAR、DT_ENUM。它们不同于标准 C 函数库定义的数据类型，也不属于任何其他的定义体系，而是由 EBI 在件 .. include\parameters 中专门定义的，它们的相关含义如下：

```
typedef enum
{
    DT_CHAR= 1,  /* character string */
    DT_INT2,  /* 1 to 16 bit short integer */
    DT_INT4,  /* 32 bit integer */
    DT_REAL,  /* short float */
    DT_DBLE,  /* long float */
    DT_HIST,  /* history (- 0 = > large float) */
    DT_VAR,  /* variant */
    DT_ENUM,  /* enumeration */
    DT_DATE_TIME,/* timestamp (int2 day,real sec)*/
    DT_STATUS,  /* status of a parameter value*/
    DT_SRCADDR,  /* source address */
    DT_DSTADDR,  /* destination address */
    DT_SERVAR,  /* serialized variant */
```

```
DT_POINTREF,/* used when creating remote container points*/
DT_INT8,   /* 64 bit integer */
DT_TIME,   /* date and time (rawtm() format) */
DT_DELTATIME,/* delta time (rawtm() format) */
DT_TIMEOFDAY /* time of day (rawtm() format) */
}DATAtype;
```

以上是 EBI 平台定义的所有数据类型，在编程或调试工程时应严格遵守这套定义，不能沿用传统的定义方法。其他平台也类似，可能会有自定义的数据类型。必须清楚数据类型的含义，才能正确完成系统集成时的数据格式转换。

hsc_param_value_put 每次可将一个点参数写入数据库中，其定义如下：

int hsc_param_value_put(PNTNUM point,PRMNUM param,int offset,PARvalue* value,uint2* type);

一些关键字或参数的含义同上文。下面的例子是通过该函数将点 Pntanal 的参数 SP 值修改为 16.5，具体方法如下：

```
PNTNUM point;
PRMNUM param;
PARvalue value;
uint2 type;
point = hsc_point_number("Pntana1");
param = hsc_param_number(point,"SP");
value.real = (float)16.5;
type = DT_REAL;
if (hsc_param_value_put(point,param,0,&value,&type) = = 0)
    c_logmsg ("example","param_value_put call","Pntana1.SP was
    written and controlled successfully");
else
    c_logmsg ("example","param_value_put call","Unable to write
    and/or control Pntana1.SP, errno= % x", errno);
```

hsc_param_value_put 对于将数据写入数据库至关重要，经常在工程中用到，应足够重视。

通过以上三步，基本可完成对数据库的访问，当然还应加入一些处理上的细节，如执行一个任务前首先应调用全局加载函数 GBLOAD 通知数据库要对其进行访问等。

rhsc_param_* 函数族

rhsc_param_* 函数族的使用方法及编程思路与 hsc_param_* 函数族非常类似，不再赘述。

以上展示了运用 API 进行接口开发时必须了解的基本内容，这是着手开发针对某个集成平台的接口程序的前提。所以要掌握此接口开发方法，不仅要熟悉所用集成平台产品本身的特点和使用方法，还需一定的软件编程能力。

4.3 OPC 系统集成法

OPC（OLE for Process Control）即用于过程控制的 OLE，是一个开放式工业标准，这个标准定义了应用 Microsoft 操作系统在基于 PC 的客户机和服务器之间交换自动化实时数据的方法，它是许多世界领先的自动化公司与微软公司合作的结晶。OPC 是基于 Microsoft 公司的 DIA（Distributed Internet Application）构架和 COM（Component Object Model）、DCOM（Distributed Component Object Model）技术根据易于扩展性而设计的。在 OPC 技术出现以前，工业控制领域中的软件开发商需要针对不同的设备开发不同的驱动程序才能完成软硬件之间的通信，工作量是极其庞大和繁杂的。OPC 标准将 COM 技术引入过程控制和制造自动化等应用领域，解决了软硬件之间通信困难的问题，它通过 COM 组件在软硬件之间提供了一套标准接口，只要双方都支持此标准就能通过相关配置实现通信，不需再一一定制驱动程序。OPC 的目标是"即插即用"。图 4-6 说明了通过 OPC 接口集成不同制造商子系统的情况。

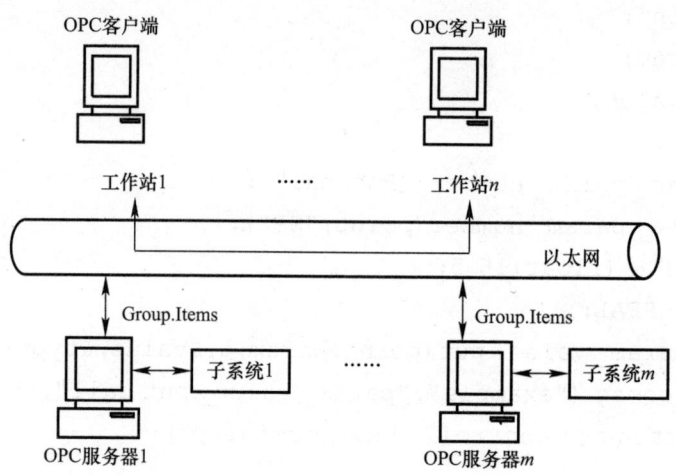

图 4-6 基于 C/S 结构的 OPC 通信图

OPC 基金会发布的 OPC 规范中又将 OPC 接口标准细分为若干类：①OPC 数据访问接口（OPC DA，OPC Data Access Interface），主要包括 OPCServer、OPCGroup 和 OPCItem 3 类对象，在模拟量数据较多的场合多用此标准；②OPC 报警和事件接口（OPC AE，OPC Alarm and Event Interface），在 OPC 服务器和客户端之间传递的是事件和报警描述信息；③OPC 历史数据访问接口（OPC HAD，OPC Historical Data Access Interface），主要用于向关心历史数据的客户提供历史信息源。2003 年 7 月 12 日，OPC 基金会正式发布了 OPC XML-DA 规范 1.0 版，这是 OPC 基金会推出的第 1 个 OPC XML 接口规范。其他 OPC-COM 接口，如报警事件（AE）接口和历史数据访问（HDA）接口，将来也会作为 XML 接口被重新设计，并有相应的规范发布。具有不同 OPC 标准的设备之间是不能通过配置直接通信的。

OPC 适用于在很短时间内更新大量过程数据的场合，过程数据的描述用 OPC 数据项对象即 OPCItem，OPC 数据项是服务器端定义的对象，通常指向设备的一个寄存器单元。

OPCItem 是一个数据组的统称，这个数据组至少由以下 3 个数据组成：

① 数据值（Value），即实时数据的当前值，其类型是微软定义的 VARIANT 类型；

② 品质标识（Quality），数据采集成功与否，一般有 Good 与 Bad 两种值；

③ 时间戳（Time Stamp），数据采集时的时间，为 FILETIME 类型。

基于 OPC 的集成模式的思路完全不同于前述模式，这种模式主要运用 OPC 技术来实现，其核心思想为：中央监控站作为 OPC 客户端，在它和各下层子系统之间开发一个 OPC 服务器，保证这个 OPC 服务器与 OPC 客户端使用的是同一套 OPC 标准类型，可直接互通。OPC 服务器做成一个标准组件，包含可扩展的若干接口，以实现对不同设备驱动组件的调用。设备驱动组件依据不同的设备接口类型及协议封装，实现 OPC 服务器组件规定的若干接口或某些关键接口成员函数，与 OPC 服务器组件形成 DCOM 架构，共同运行在中央监控平台和各子系统之间，作为通信的中介，将具有 DCOM 架构的这些组件的集合统称为"接口层"。对中央监控平台来讲，接口层屏蔽了监控层中各种协议的不统一性及各种网络的异构性，从宏观上实现了 OPC 即插即用的思想。接口层中的各组件可运行在不同的计算机上，具有位置透明性；设备接口组件的数量可根据具体工程的需求任意增减、自由拆装。其结构示意图如图 4-7 所示。

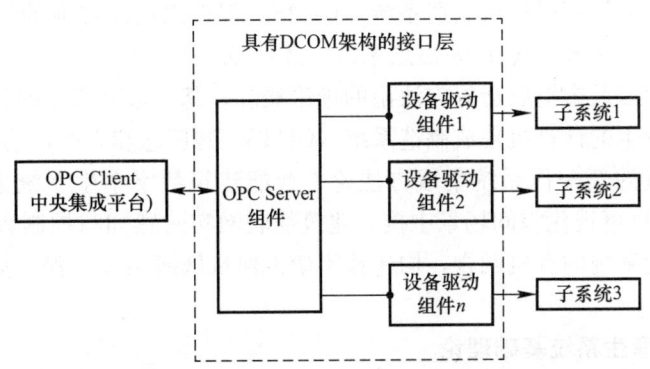

图 4-7　基于 OPC 的集成模式示意图

关于这种模式下的配置与开发细节将在后述章节详细介绍。

对比两种模式，前一种模式实现起来方便、灵活，但接口方式或协议改变时，需要重做的工作相对较复杂，将一些常用的网关做成产品可以适当降低这种复杂程度，适合较小型系统应用。后一种模式前期开发投入较大，但本身是作为产品来研发的，采用了可复用性极高的组件化技术，故后期工作量相对要小得多，适合大型系统应用；而且由于 COM 组件接口规范建立在二进制级上，所以接口的定义不受具体编程语言的约束，任何具有足够数据表达能力的语言都可以对其进行描述。

4.4　数字孪生集成法

4.4.1　数字孪生集成的发展背景

数字孪生（Digital Twin，DT），又称数字双胞胎，是指利用物理模型、传感器更新、运行历史等数据，集成多学科、多物理量、多尺度、多概率的仿真过程，在虚拟空间中完成真实物体的映射，并反映相对应的实体装备的全生命周期过程。GE 公司的定义认为，数字孪生是资产和流程的软件形式的代表，可用于理解、预测和优化性能，其目的是提高资产和流程的性能。GE 认为，数字孪生由三个数字化的部分组成：（1）数据模型：数据模型是描述数字孪生的结构和特征的系统、资产和组件的层次结构。（2）分析或算法：根据物理模型和人工智能/机器学习模型，预测、描述和规定当前和未来资产或流程的行为。（3）知识：提供分析、主题专业知识、历史数据和行业最佳实践的数据源。

　　数字孪生的兴起和发展与知识工程、自动控制、机器学习等子领域的发展密不可分，也是在这些子领域充分发展起来之后才有可能出现的一种新的学科和技术形态。20 世纪 80 年代，通过专家系统、知识工程、工业软件、机器视觉等进行自动化系统集成，对生产过程进行建模，使产品能够在尽量少人干预的情况下进行小批量生产，基于知识库的专家系统一度成为主要技术模式；20 世纪 90 年代，企业将产品设计、生产到市场销售等各个环节以信息化的方式集成起来，建立高效协同的先进生产系统，其信息系统主要围绕计算机集成制造系统（Computer Integrated Manufacturing Systems，CIMS）建设；进入 21 世纪，随着机器学习、深度学习、智能机器人等新一代人工智能技术应用于制造业及其他行业领域，系统具备了初步学习能力，系统智能化程度得到进一步提升。

　　基于数字孪生的计算机集成制造系统（CIMS）都是面向制造业的信息集成，除了集成 CAD、CAM、CAT 和 CAPP 等信息系统，还明确提出了逻辑层次结构，并整合了敏捷制造、并行工程以及虚拟制造等方法论的理论概念。基于数字孪生的智慧建筑系统集成可借鉴基于数字孪生的计算机集成制造系统（CIMS）的理念和方法，结合建筑产业特点，构建针对智能建筑的新一代系统集成方法论。智能建筑数字孪生系统集成需基于 BIM，在 3D、4D 甚至 5D 可视化空间场景中接入建筑物联网实时感知与控制数据，实现空间模型与建筑自动控制系统的有机融合，构建数字孪生建筑敏捷系统工程，实现虚拟管控和虚实一体化互控。

4.4.2　数字孪生系统基础理论

　　数字孪生的主要理论渊源和基础是系统工程及系统建模与仿真理论、现代控制理论、模式识别理论、计算机图形学、数据科学。数字孪生是充分利用物理模型、传感器更新、运行历史等数据，集成多学科、多物理量、多尺度、多概率的仿真过程，在虚拟空间中完成映射，从而反映相对应的实体的全生命周期过程。从系统工程的视角来看，数字孪生系统的构建是一项典型的系统工程，涉及目标确立、需求分析、技术开发、理论研究、场景应用等实现环节。数字孪生系统的构建与开发奠定了数字孪生系统论的基石。数字孪生系统的构建与开发方法描述如下：以数字孪生系统需求为导向，设计数字孪生系统软件架构，研发数字孪生系统软硬件平台与技术，在数字空间和物理场景中进行同步测试与验证。物理实测信息反馈到虚拟仿真系统，仿真系统与物理系统进行实时或事件驱动下的不定时比对与匹配，得到两者误差，再以误差作为虚拟系统控制算法的输入，通过自动控制策略实现误差的迭代削减，直至衰减为零。整个数字孪生信息物理系统的运行是一个动态平衡与自主优化的过程。数字孪生系统构建与开发机理如图 4-8 所示。

　　1. 目标与需求层

　　数字孪生系统的目标可凝练为"10 化"，即：数字化、网络化、智能化、虚拟化、安可化、定制化、服务化、融合化、集约化、标准化。实际系统的需求包括系统多颗粒度互联互通、系统可仿真可预见、技术安全、系统可信、系统开放、系统可重构、系统敏捷、成本节约等。

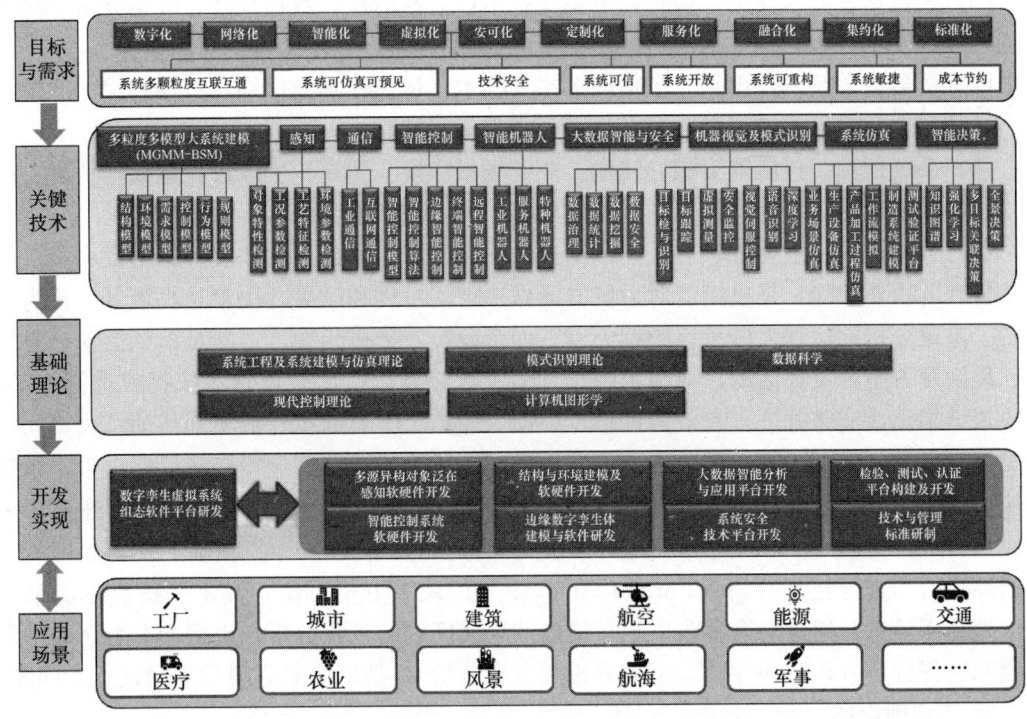

图 4-8　数字孪生系统构建与开发机理图

2. 关键技术层

由多粒度多模型大系统建模、感知、通信、智能控制、智能机器人、大数据智能与安全、机器视觉及模式识别、系统仿真、智能决策等模块组成。关键技术模块简介如下：

（1）多粒度多模型大系统建模（Multiple Granularity and Multi-Model based Big System Modeling，MGMM-BSM）。多模型主要包括：结构模型、参数模型、自动控制系统模型、规则模型、人员模型、环境模型、行为模型、业务流模型、业务知识模型。通过多类型多模态模型实现多模型驱动的大系统模型体系。多粒度指的是设备级、系统级、复杂系统级等多个颗粒度层级，根据实际系统情况可适当收放系统颗粒度范围。

（2）感知。主要功能模块包括：对象特性检测、工况参数检测、工艺特征检测、环境参数测量。利用传感器采集物理世界对象的各种参数数据，如流量、压力、温度、湿度、形变等，对各种数据进行标准化的格式、量纲、类型等转换，变成数字孪生系统能够直接调用的物联感知数据结构体。必要时可对采集到的数据进行智能处理和机器学习，在感知端也可嵌入智能算法，实现端上智能。

（3）通信。主要包括工业通信和互联网通信两大类。常用的工业通信协议有：Modbus、RS-232、RS-485、HART、MPI 通信、PROFIBUS、OPC UA、ASI、PPI、远程无线通信、TCP、UDP、S7、ProfNet、MPI、PPI、Profibus-DP、Device Net。常用的互联网通信协议有：TCP/IP 协议、IPX/SPX 协议、NetBEUI 协议等。

（4）智能控制。包括以下主要控制技术：智能控制模型、智能控制算法、边缘智能控制、终端智能控制、远程智能控制。

（5）智能机器人。包括以下主要类型：工业机器人、服务机器人、特种机器人。

（6）大数据智能与安全。包括以下主要技术：数据治理、数据统计、数据分析、数据挖掘、数据安全。

（7）机器视觉及模式识别。包括以下主要技术：目标检测与识别、目标跟踪、虚拟测量、视频安全监控、语音识别、深度学习、视觉伺服控制。

（8）系统仿真。包括以下核心技术：业务场景建模与仿真、生产设备建模与仿真、产品加工过程仿真、工作流模拟、制造系统建模、测试验证平台。

（9）智能决策。主要方法有：知识图谱、强化学习、多目标关联决策、全景决策。决策是管理的重要职能，是决策者对系统方案做决定的过程和结果，决策是决策者的行为和职责。决策分析的过程大概可以归纳为以下四个阶段：分析问题、诊断及信息活动；对目标、准则及方案的设计活动；对非劣备选方案进行综合分析比较评价的抉择或选择活动；将决策结果付诸实施并进行有效的评估、反馈、跟踪、学习的执行或实施活动。决策问题的类型一般有确定型决策，风险性决策，不确定型决策，对抗型决策和多目标决策。风险型决策的基本方法有期望值法和决策树法。冲突分析（Conflict Analysis）是国外近年来在经典对策论（Game Theory）和偏对策理论（Metagame Theory）基础上发展起来的一种对冲突行为进行正规分析（Formal Analysis）的决策分析方法，其主要特点是能最大限度地利用信息，通过对许多难以定量描述的现实问题的逻辑分析，进行冲突事态的结果预测和过程分析（预测和评估、事前分析和事后分析），帮助决策者科学周密地思考问题。

3. 基础理论层

构建数字孪生理论所依托的相关理论领域主要有 5 个：系统工程及系统建模与仿真理论，现代控制理论、模式识别理论、计算机图形学、数据科学。

4. 开发实现层

包括以下核心开发任务：数字孪生虚拟系统组态软件平台研发，多源异构对象泛在感知软硬件开发，智能控制系统软硬件开发，结构与环境建模及软硬件开发，边缘数字孪生体建模与软件研发，大数据智能分析与应用平台开发，系统安全技术平台开发，检验、测试、认证平台构建及开发，技术与管理标准研制。

5. 应用场景层

数字孪生系统理论和技术可以赋能各种应用场景，典型的如：城市、工厂、建筑、医疗、交通、能源、风景、航空、航海、农业。

从技术实现层面来看，需要以数字孪生系统组态软件平台为中心，衔接物理孪生体空间中的部件要素和数字孪生体仿真系统。组态软件平台通过程序实时比较信息系统和物理系统两个空间中的参数值，计算虚实系统的误差，在软件后台实现基于智能算法的误差自动校正、资源自动配置及虚实双系统自动调节与控制。

4.4.3 多粒度数字孪生建筑理论

数字孪生建筑的理论基础源自信息物理系统（Cyber Physical Systems，CPS）和数字孪生（DigitalTwin，DT）。信息物理系统是集计算、通信与控制于一体的下一代智能系统。信息物理系统通过人机交互接口实现和物理进程的交互，使用网络化空间远程、可靠、实时、安全、协作方式操控物理实体。数字孪生是充分利用物理模型、传感器更新、运行历史等数据，集成多物理量、多尺度、多概率进行仿真，在虚拟空间中完成映射，从而反映相对应的实体的全生命周期过程，如图 4-9 所示。

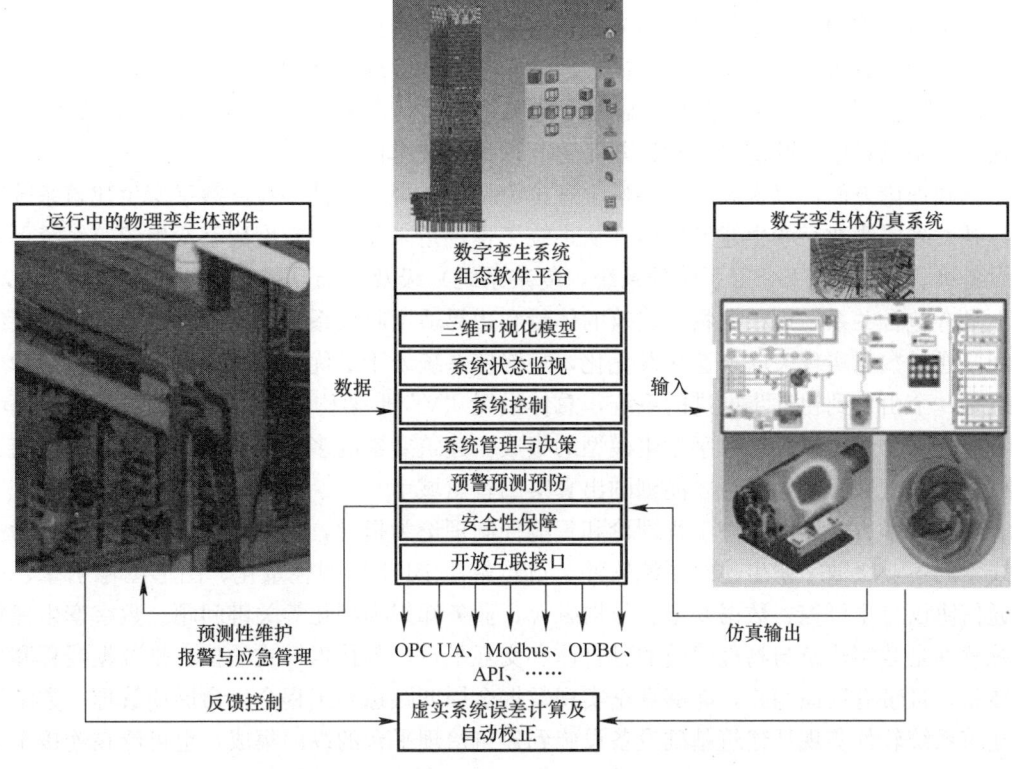

图 4-9　基于组态软件平台的数字孪生系统实现

数字孪生的本质是基于数据线索的控制。数字孪生建立在信息物理系统基础之上，更加侧重于数据和模型，聚焦数字工程管理与技术两个层面，促进管理与技术深度融合，为世界提供一种通用的智能基础理论及发展范式。由数字孪生可推演出"数字孪生-X"系统，如：数字孪生城市、数字孪生建筑、数字孪生社区等。

数字孪生建筑（Digital Twin Building，DTB）可看作是数字孪生系统在建筑载体上的一个具体实现。数字孪生建筑的目标是实现建筑规划、设计、施工、运营的一体化管控，绘制智慧建筑系统集成"一张图"，构建智能建筑集成管理"一盘棋"，打造建筑产业服务"一站式"。数字孪生建筑为建筑产业现代化提供了新思维和新方法，同时也为建筑智能化由工程技术向工程与管理融合转变开辟了新途径。

建筑数字孪生系统可分为建筑物理孪生体和建筑数字孪生体两部分，对应建筑物理空间和建筑信息空间，以数据为纽带实现建筑信息物理系统的系统集成，以控制算法与模型为核心实现虚实建筑间的知识交互与迭代优化。数字孪生及数字孪生建筑包括 7 大要素，可抽象为：物理空间、数字空间、数据、模型、控制、管理、服务。

现实中，要求建筑数字孪生体能够综合指挥并动态优化物理建筑的全生命周期工程，因此，必须首先开发实现建筑仿真与控制系统。建筑仿真与控制系统包括软硬件两个方面，采用的核心技术是计算机辅助设计、系统仿真、自动控制及系统集成。仿真系统的建立包括概念建模、仿真设计、计算机与数学仿真、物理建模与试验、半实物仿真与验证、系统集成等关键步骤。数字建筑孪生体的最终目标是实现泛在物联感知及复杂自动控制系统与三维可视化数字模型空间的深度融合，即在可视化构件和系统空间中实现实时泛在感知与自主协同控制，这也是目前尚未真正突破的技术难点。

数字孪生建筑的建设发展宜遵循"理论—技术—管理—应用"四位一体发展范式（简称"DT四范式"），以数字孪生基础理论与关键技术为基础，兼顾管理和技术两个层面，在建筑应用场景中不断试验、验证并完善其理论与技术体系。

基础理论方面，以多尺度数字孪生理论为指导，规划设计多粒度数字孪生建筑系统架构，开发多层级数字孪生建筑模型。从系统工程视角来看，多粒度数字孪生建筑系统可分为设备级、系统级、SoS（系统的系统，复杂系统）级及复杂巨系统级四个层级，且自上向下具有包含关系，可根据物理建筑的体量和边界适度收放系统粒度。各层级内部及层级之间又通过数据实现关联、迭代及优化，最终使系统处于最优平衡状态。多粒度数字孪生建筑是一个由细到粗逐步推进的系统，总体呈现"V"形架构，上一粒度级数字孪生模型可看作是多个下一粒度级数字孪生模型的集成。建筑要素的多元化、多颗粒度特点决定了需构建多粒度数字孪生建筑才能刻画出真实的智慧城市。

关键技术方面，以软件工程理论和智能控制理论为指导，研发以数据流和业务流为关联线索的工业级数字孪生建筑系统软件。重点解决BIM模型轻量化、图形图像引擎、底层通信协议自主可控、数据安全、数据融合、业务知识模型化等关键问题。数字孪生建筑系统软件是数字建筑与物理建筑的融合体和交互平台，其技术模式的核心是数据线程和模型体系，且带有反馈回路，能够真正实现数据全周期跟踪和工程全生命周期管理。数字孪生建筑系统软件实现从建筑基础设备设施到建筑治理平台的纵向集成，也可泛在连接至更底层的工厂级制造系统，因此是一种具备全时空立体感知、全数据可信互联、全体系精准管控、全领域智慧决策、全场景可视交互5个特征的深度集成系统。实际研发过程中，需坚持标准现行原则，研制与技术配套的标准，在标准化框架下开展产品和系统研发工作，以避免重复投入及反复试错等问题。数字孪生将变革传统产品和系统研制模式，实现产品研发的系统全生命周期管理，实现"制造前运行"，实现向"设计—虚拟综合—数字制造—物理制造"的新模式转变。

管理方面，数字孪生建筑系统辅助建筑和城市管理者建立建筑工程全生命周期管理模型、过程及体系，帮助其创建数字孪生管理新模式。从管理领域来说，包括建筑产品管理、建筑服务管理、建筑设施管理、建筑业务管理、建筑法规管理、建筑人员管理、建筑环境管理等主要领域。使用"数据"这一"数字纽带"可跨接多个管理领域实现无缝集成，从而使管理信息和指令能够更加高效透明的流转，同时也可实现管理过程的痕迹追溯。数字孪生管理模式真正实现了全流程可管、全要素可查、全过程可控的"三可"管理模式，以数字孪生技术为新动能，驱动管理体系变革。

应用方面，基于数字孪生建筑理论和技术，可孵化出多粒度、多领域、多元化应用场景。根据数字孪生粒度尺度，可以归类出不同层级的应用场景。在设备级，有设备故障诊断、设施预测性维护、设备节能控制、热耗散模拟等；在系统级，有智慧家庭、智慧医疗、智慧养老、智慧社区、智慧供热等；在复杂系统级，有智慧市政工程、建筑群系统集成工程、城市能源互联网、智慧城管、网格化城市管理等。将数字孪生建筑模型和系统应用于建筑工程和管理的各领域，可融合衍生出大量领域新业态，领域新业态的规模化集成与共享历经一定历史阶段的发展后，又可生成更大范围的新业态，从而对国家经济社会发展起到直接促进作用。

城市信息模型（City Information Modeling，CIM）是以数字孪生为理论基础，以城市数据为信息基础，以城市空间地理信息模型、BIM 模型及城市智能计算系统模型等多模型为核心，以数据为线索，建立起的服务于城市场景应用的数字孪生体。城市信息模型目前尚无统一的明确定义，CIM 的内涵和外延目前仍处于探索期。建立城市信息模型的目的是使城市信息得到更加科学、严谨、统一、明确的表达，为城市建设与治理提供数字引擎。城市信息模型试图从城市建模的角度为城市提供更加科学严谨的表达，以"信息"为主线贯穿城市空间，使物理分散的城市在信息空间中实现逻辑集成，因此能够更好地优化城市、管理城市、治理城市。数字孪生城市的城市数字孪生体可看作是城市信息模型的一种实现方式。城市数字孪生体从数据和模型的角度，依据复杂系统控制与决策理论为城市信息模型提供了科学性和落地性都极强的解决方案。基于数字孪生城市和城市信息模型，可构建出由模型到系统再到体系的微观与宏观一体化城市现代治理模式，真正实现基于模型的城市系统工程。

CIM 应依托数字孪生理论和技术建立，宜采用基于模型的复杂系统工程思维。据此，CIM 可以理解为以数字技术为治理引擎（简称数字引擎）的数字孪生城市之数字孪生体。CIM 的建立可由数字孪生建筑 DTB 互联产生，这也是 CIM 构建的一条最可行的路径。

4.4.4　数字孪生建筑集成系统参考模型与系统架构

传统智能建筑集成系统存在如下问题：

（1）信息化平台多样化。

（2）缺少智能计算模型。

（3）缺乏支撑智能计算的有效建筑大数据和参数集。

（4）缺乏支撑从建筑本体抽象出来的建筑知识。

（5）缺乏建筑知识之间的关系描述。

（6）尚未构建建筑知识图谱。

（7）系统集成前缺乏仿真分析。

（8）建筑信息模型与建筑物联网间缺乏有效融合。

（9）系统运行过程缺乏可视化监控。

（10）动静态数据缺乏有机融合。

（11）缺乏多层级多类型模型表示。

（12）缺乏大范围全局性深度集成方法。

针对以上问题，本书提出基于数字孪生的新型智慧建筑系统集成参考模型。基于数字孪生的新型智慧建筑系统集成参考模型扩展了传统建筑智能化集成系统模型，综合更多类型数字技术、智能模型、业务模型，实现多层级管理与控制。以多粒度数字孪生系统为纽带，打通以智慧建筑集成管理系统（SBMS）为核心的数字孪生建筑集成系统主信息流，打破横向、纵向数据孤岛。基于此参考模型，可开发以数字孪生为纽带、开放性强、可扩展性强、标准化、模块化新型智能建筑集成系统。新型智能建筑集成系统摆脱了强耦合的分布式体系束缚，形成以数字孪生系统为核心的平行网状结构。

　　基于数字孪生的新型智慧建筑系统集成参考模型，即数字孪生建筑系统集成参考模型如图 4-10 所示。

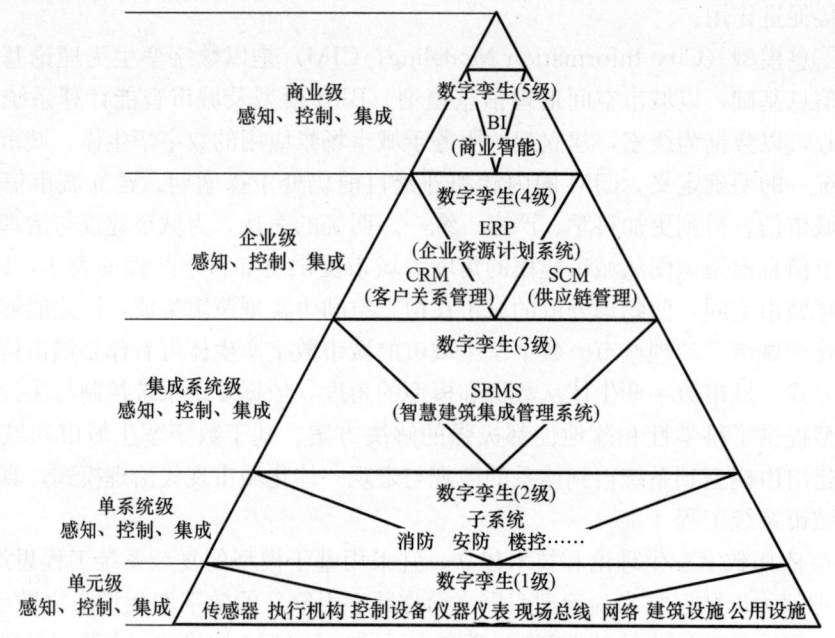

图 4-10　数字孪生建筑系统集成参考模型

　　参考模型包含五个层次：单元级、单系统级、集成系统级、企业级、商业级。每个层级内部均可采用数字孪生，从而实现多个颗粒度上的数字孪生。

　　单元级系统集成：从虚拟建筑设备的维度实现对建筑设备的生产要素、运行过程、维护活动等的控制与管理。

　　单系统级系统集成：单系统主要包括消防、安防、楼宇自控及其所包含的更低一级子系统。实现物理子系统与虚拟子系统的双向映射与实时交互，实现物理子系统及虚拟子系统的全要素、全流程以及多业务数据的融合。

　　集成系统级系统集成：构建智慧建筑集成管理系统（SBMS）云平台，使建筑具备虚实联动、数据驱动建设、管理及运营的能力。基于数字孪生进行建筑工程全生命周期管控、调度及决策，探索最优化建筑管理新模式。

　　企业级系统集成：构建企业资源计划系统（ERP）云平台，主要实现客户关系管理（CRM）和供应链管理（SCM）。使智能建筑集成系统资源和信息与企业管理系统有机融合，探索最优化企业管理新模式。

　　商业级系统集成：在智慧建筑集成管理系统和企业资源计划系统基础上构建商业级智慧建筑集成管理系统（BI-SBMS）云平台，使建筑具备商业智能能力，实现建筑智能经济生态。

4.4.5　数字孪生建筑集成系统架构

　　综合应用智能控制、人工智能、BIM、GIS、大数据、区块链、系统仿真、AR/VR等新一代信息技术，建立符合未来建筑系统集成需求的功能全面、集成度高、技术先进的数字孪生建筑系统，赋能传统建筑改造及传统建筑产业转型升级，全面提升建筑产业的智能化水平。基于数字孪生的智慧建筑系统集成架构如图 4-11 所示。

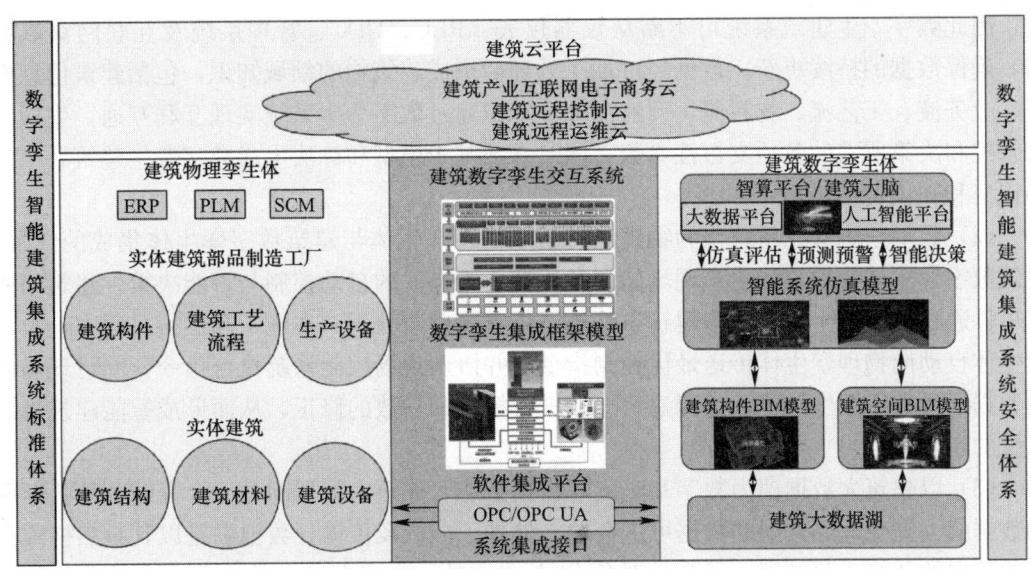

图 4-11　数字孪生建筑集成系统架构

　　基于数字孪生的智能建筑集成系统具有以下功能：将物理建筑中的实体模型及业务模型转化为虚拟建筑的信息模型，并建立虚拟建筑与物理建筑之间低延时、高保真的虚拟镜像。利用基于数字孪生的智能仿真计算技术，仿真模拟建筑构件从需求到产品加工制造，到施工应用，再到工程交付的全过程，形成优化的仿真结果，指导物理建筑的规划、建设及运营。物理建筑的实时数据和事件信息为虚拟建筑模型提供反馈修正。通过数字孪生可视化建模工具，开发立体可视化人机交互界面，方便管理和技术人员直观了解建筑工程全生命周期。

　　基于数字孪生的智能建筑集成系统的创新点如下。

　　（1）大数据驱动的三维虚拟建筑场景呈现。以虚拟建筑 BIM 模型为载体，以多类型图表为展现形式，动态可视化展示与智能建筑监测与管控相关的实时信息（如设备状态、故障报警、环境质量、疲劳状态、能耗等）。

　　（2）建筑系统数据的工程全生命周期贯通。建筑工程的规划、设计、施工、监理、运营及销毁是建筑物系统全生命周期的主要环节，以数据为线索打通以上环节，探索基于数字孪生的虚实系统集成接口方式，并研制相关标准，建立基于数字孪生系统数据驱动的虚拟建筑和物理建筑同步运行及反馈机制，实现智能建筑系统的虚拟验证。

　　（3）故障异常的实时监测与预测性维护。通过建筑数字孪生体与建筑物理孪生体的交互，可以及时发现建筑全生命周期中出现的各种异常，如设备故障、材料劣质、疲劳过度等。通过仿真和优化，可以对系统模型进行优化，消除实际工程中的隐患，保证系统稳定可靠运行。

　　（4）智能指挥决策与统一协同调度。作为智能建筑中枢的数字孪生系统，具有自学习、自组织、自配置、自适应及自演进等特点，且建筑物内部各个子系统之间、建筑与外部系统之间需实现完整互联互通，因此，基于数字孪生的智能建筑集成系统从本质上具有智能、协同基因，也因此能够实现智能指挥决策与统一协同调度。

　　基于数字孪生的智慧建筑系统集成特征主要体现在以下三方面。

　　（1）建筑物理孪生体的知识高度集成。建筑物理孪生体中的智能传感器负责采集参数，因此数字孪生建筑系统可不断从仪器仪表、PLC、DDC、管理系统及互联网获取数据，确保数据的持续更新。数据经过加工处理后形成建筑物的领域知识，包括建筑信息模型、业务流、工艺流、物料流、商物流等。知识通过数字孪生系统实现互联互通，生成实时管控和决策所需的各项支撑性参数，同时参数基于模型和算法生成数字孪生建筑系统的知识集和知识类型。

（2）数字孪生交互系统作为物理工厂建筑物理孪生体与建筑数字孪生体集成的纽带。建筑数字孪生体实现智能建筑现场施工及后期运维作业的自动控制与智能决策，建筑的所有事件通过数字孪生体在虚拟建筑空间进行仿真建模与分析。在施工和运行过程中，数字孪生体自动向物理孪生体传送最优控制指令，并协调现场控制系统执行指令，同时现场采集数据通过数字孪生体传入虚拟建筑空间进行模型和参数的修正，从而形成智能建筑集成系统的闭环管控。

（3）以建筑大数据湖为数字基座实现数据智能。建筑大数据湖是一个存储各种各样原始数据的大型仓库，其中的数据可供存取、处理、分析及传输。数据湖是以其自然格式存储的数据的系统或存储库，通常是对象 blob 或文件。数据湖通常是企业所有数据的单一存储，包括源系统数据的原始副本，以及用于报告、可视化、分析和机器学习等任务的转换数据。数据湖可以包括来自关系数据库（行和列）的结构化数据，半结构化数据（CSV，日志，XML，JSON），非结构化数据（电子邮件，文档，PDF）和二进制数据（图像，音频，视频）。数据仓库是一个面向主题的、集成的、相对稳定的、反映历史变化的数据集合，用于支持管理决策和全局信息共享。主题是指用户使用数据仓库进行决策时所关心的重点方面，如：能耗、面积、价格、销售渠道等。面向主题是指数据仓库内的信息是按主题进行组织的，而不是像业务支撑系统那样按照业务功能进行组织。基于主题的集成是指数据仓库中的信息不是从各个业务系统中简单抽取出来的，而是经过一系列加工、整理和汇总的过程，因此数据仓库中的信息是关于整个建筑的一致性全局信息。主题建模思想是：①面向主题：采用范式模型理论中的主题划分方法对业务数据进行分类。②一致性保证：采用维度模型理论中的总线结构思想，建立统一的一致性维度表和一致性事实表来保证一致性。③数据质量保证：无论范式建模还是维度建模都非常重视数据质量问题，综合使用两个理论中的方法保证数据质量。④效率保证：合理采取维度退化、变化维、增加冗余等方法，保证数据的计算和查询效率。数据集市将数据仓库中的数据按照不同角度进行组织和存储，主要面向业务领域和特定需求，建立相应的应用专题。

习　题

4-1　简述建筑智能化系统集成的几种主要方式及其特点。

4-2　基于 OPC 标准和技术如何实现智慧建筑系统集成？

4-3　基于数字孪生如何实现智慧建筑系统集成？

4-4　什么叫多粒度数字孪生？

4-5　数字孪生建筑系统集成参考模型是什么？

4-6　基于数字孪生的智慧建筑集成系统的核心功能有哪些？

4-7　名词解释：数字孪生，信息物理系统，建筑大数据湖，城市信息模型。

第5章　系统集成的网络通信技术

5.1　数据传输方式

5.1.1　基带传输

直接使用数字信号传输数据时，数字信号几乎要占用整个频带，终端设备把数字信号转换成脉冲电信号时，这个原始的电信号所固有的频带，称为基本频带，简称基带。在信道中直接传送基带信号时，称为基带传输。基带传输是一种最简单的传输方式，近距离通信的局域网都采用基带传输。

组成基带信号的单个码元并非一定是矩形的。可以是其他形状，如三角形、高斯型、升余弦、半余弦脉冲等。这样，可以定义基带信号的表达方式为

$$s(t) = \sum_{x=-\infty}^{\infty} a_n g(t-nT_s)$$

式中：a_n 是第 n 个信息符号所对应的电平值（如 0、1 或 −1 等），对于 M 进制的码元，

$$g(t-nT_s) = \begin{cases} g_1(t-nT_s) & 出现第 1 种符号时 \\ g_2(t-nT_s) & 出现第 2 种符号时 \\ \quad\vdots & \qquad\vdots \\ g_M(t-nT_s) & 出现第 M 种符号时 \end{cases}$$

其中 a_n 是消息符号所对应的电平值，它是一个随机量。

通常实际中遇到基带信号都是一个随机的脉冲序列。

基带传输时，需要解决数字数据的数字信号表示以及收发两端之间的信号同步问题。数字信号表示即传输码型的选择。传输码型也称为传输码、线路码，是为了适合信道传输而设计的码型。在实际应用中要求传输码的结构具有以下特性：

（1）能从其响应的基带信号中获取定时信息；

（2）相应的基带信号无直流成分和只有很小的低频成分；

（3）不受信息源统计特性的影响，即能适应于信息源的变化；

（4）尽可能地提高传输码型的传输效率；

（5）具有内在的检错能力，能在线检测传输误码率。

对于传输数字信号来说，最简单最常用的方法是用不同的电压电平来表示两个二进制数字，也即数字信号由矩形脉冲组成。按数字编码方式，可以划分为单极性码和双极性码，单极性码使用正（或负）的电压表示数据；双极性码是三进制码，1 为反转，0 为保持零电平。根据信号是否归零，还可以划分为归零码和非归零码，归零码码元中间的信号回归到 0 电平，而非归零码遇 1 电平翻转，0 时不变。常见的几种数字信号脉冲编码方案如下：

（1）单极性不归零码

无电压（也就是无电流）用来表示"0"，而恒定的正电压用来表示"1"。每一个码元时间的中间点是采样时间，判决门限为半幅度电平（即 0.5）。也就是说接收信号的值在 0.5 与 1.0 之间，就判为"1"码；如果在 0 与 0.5 之间就判为"0"码。每秒钟发送的二进制码元数称为"码速"。

（2）双极性不归零码

"1"码和"0"码都有电流，但是"1"码是正电流，"0"码是负电流，正和负的幅度相等，故称为双极性码。此时的判决门限为零电平，接收端使用零判决器或正负判决器，接收信号的值若在零电平以上为正，判为"1"码；若在零电平以下为负，判为"0"码。

以上两种编码。都是在一个码元的全部时间内发出或不发出电流（单极性），以及发出正电流或负电流（双极性）。每一位编码占用了全部码元的宽度，故这两种编码都属于全宽码，也称作不归零码 NRZ（Non Return Zero）。如果重复发送"1"码，势必要连续发送正电流；如果重复发送"0"码，势必要连续不送电流或连续发送负电流，这样使某一位码元与其下一位码元之间没有间隙，不易区分识别。归零码可以改善这种状况。

（3）单极性归零码

当发"1"码时，发出正电流，但持续时间短于一个码元的时间宽度，即发出一个窄脉冲；当发"0"码时，仍然完全不发送电流，所以称这种码为单极性归零码。

（4）双极性归零码

其中"1"码发正的窄脉冲，"0"码发负的窄脉冲，两个码元的间隔时间可以大于每一个窄脉冲的宽度，取样时间是对准脉冲的中心。

非归零码在传输中难以确定一位的结束和另一位的开始，需要用某种方法使发送器和接收器之间进行定时或同步；归零码的脉冲较窄，根据脉冲宽度与传输频带宽度成反比的关系，因而归零码在信道上占用的频带就较宽。

单极性码会积累直流分量，这样就不能使用变压器在数据通信设备和所处环境之间提供良好绝缘的交流耦合，直流分量还会损坏连接点的表面电镀层；双极性码的直流分量大大减少；这对数据传输是很有利的。

单极性不归零码、双极性不归零码、单极性归零码、双极性归零码四种基本编码方案的示意如图 5-1 所示。

（5）曼彻斯特编码

曼彻斯特编码常用于局域网传输。在曼彻斯特编码中，每一位的中间有一跳变，位中间的跳变既作时钟信号，又作数据信号；从高到低跳变表示"1"，从低到高跳变表示"0"（或者反之：从高到低跳变表示"0"，从低到高跳变表示"1"。）。可以制定一项标准，确定是以码元的前半部分为信号的值还是以码元的后半部分为信号的值。还有一种是差分曼彻斯特编码，每位中间的跳变仅提供时钟定时，而用每位开始时有无跳变表示"0"或"1"，有跳变为"0"，无跳变为"1"。

两种曼彻斯特编码是将时钟和数据包含在数据流中，在传输代码信息的同时，也将时钟同步信号一起传输到对方，每位编码中有一跳变，不存在直流分量，因此具有自同步能力和良好的抗干扰性能。但每一个码元都被调成两个电平，所以数据传输速率只有调制速率的 1/2。

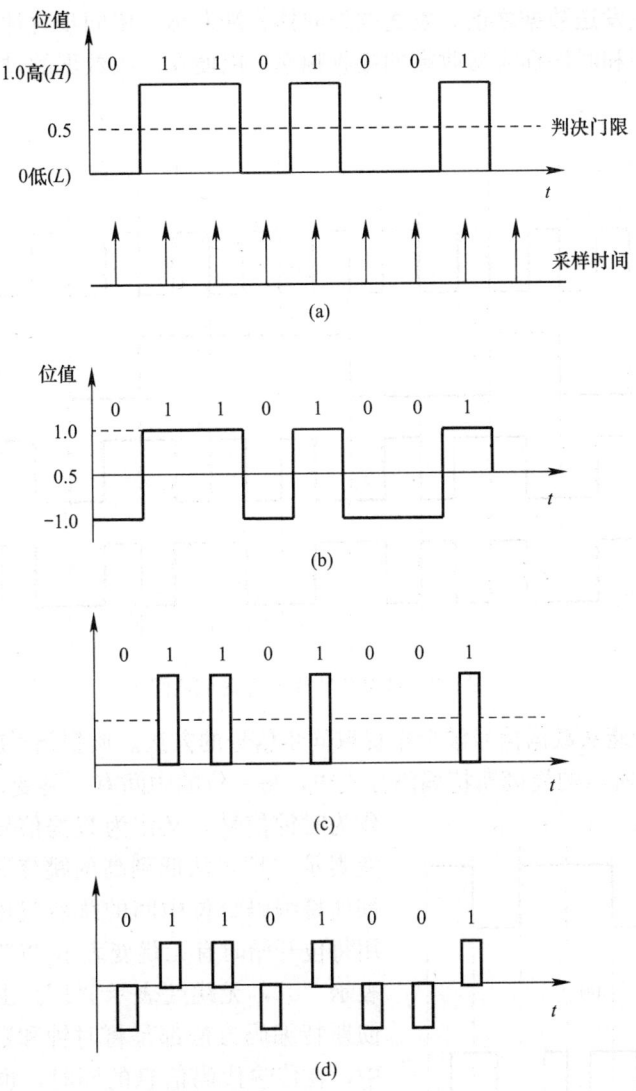

图 5-1　基本编码方案示意图
（a）单极性脉冲；（b）双极性脉冲；（c）单极性归零脉冲；（d）双极性归零脉冲

曼彻斯特编码的编码方案如图 5-2 所示：

从以上讨论中可以发现，基带传输的另一个重要问题就是同步问题。接收端和发送端发来的数据序列在时间上必须取得同步，以便能准确地区分和接收发来的每位数据。这就要求接收端要按照发送端所发送的每个码元的重复频率及起止时间来接收数据，在接收过程中还要不断校准时间和频率，这一过程称为同步过程。在计算机通信与网络中，广泛采用的同步方法有位同步法和群同步法两种。

（1）位同步/同步传输

位同步使接收端对每一位数据都要和发送端保持同步。在数据通信中，习惯于把位同步称为"同步传输"。实现位同步的方法可分为外同步法和自同步法两种。

在外同步法中，接收端的同步信号事先由发送端送来，而不是自己产生也不是从信号中提取出来。即在发送数据之前，发送端先向接收端发出一串同步时钟脉冲，接收端按照这一时钟脉冲频率和时序锁定接收端的接收频率，以便在接收数据的过程中始终与发送端保持同步。

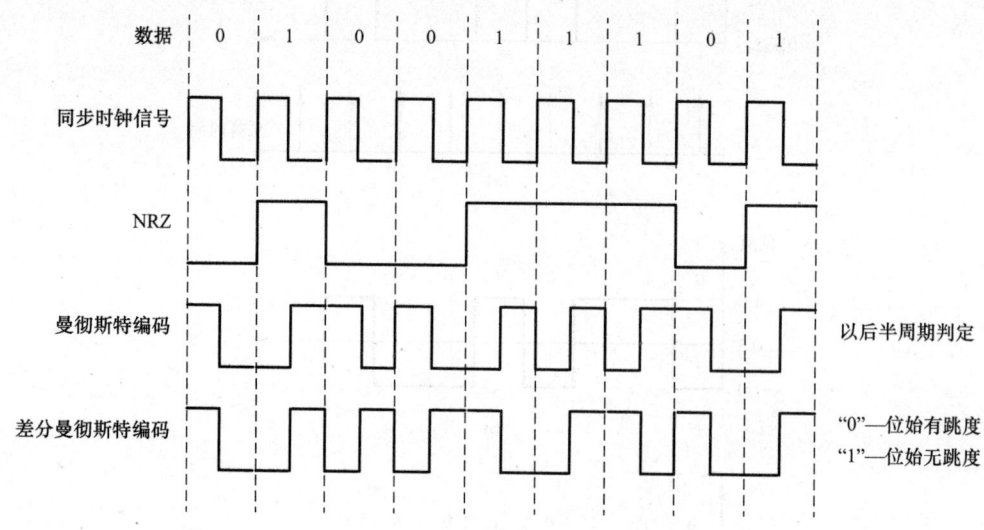

图 5-2　曼彻斯特编码方案示意图

　　自同步法是指能从数据信号波形中提取同步信号的方法。典型例子就是著名的曼彻斯特编码。在图 5-3 所示的曼彻斯特编码方式中，每一位的中间有一跳变，位中间的跳变既作为时钟信号，又作为数据信号：从高到低的跳变表示"1"，从低到高的跳变表示"0"。差分曼彻斯特编码每位中间的跳变仅提供时钟定时，而用每位开始时有无跳变表示"0"或"1"，有跳变表示"0"，无跳变表示"1"。由此可见，两种曼彻斯特编码方法都是将时钟和数据包含在信号流中，在传输代码信息的同时，也将时钟同步信号一起传输到对方，所以这种编码也称为自同步编码。自同步编码如图 5-3 所示：

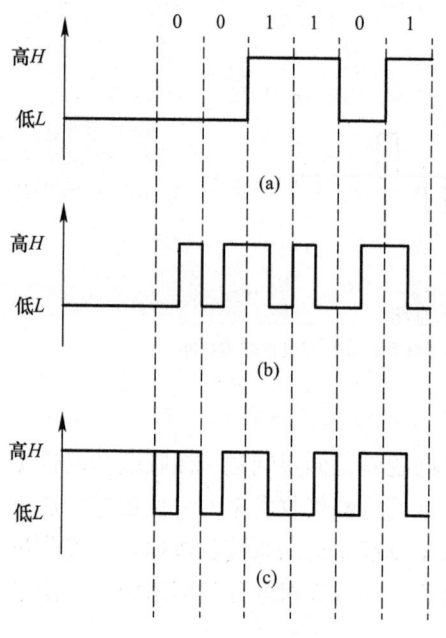

图 5-3　自同步编码图
（a）不归零码（NRZ）；（b）曼彻斯特编码；
（c）差分曼彻斯特编码

　　（2）群同步/异步传输

　　在群同步的通信系统中，传输的信息被分成若干"群"。所谓的"群"，一般是以字符为单位，在每个字符的前面冠以起始位、结束处加上终止位，从而组成一个字符序列。数据传输过程中，字符可顺序出现在比特流中，字符与字符间的间隔时间是任意的，即字符间采用异步定时，但字符中的各个比特用固定的时钟频率传输。在数据通信中，习惯于把群同步称为"异步传输"。字符间的异步定时和字符中比特之间的同步定时，是群同步即异步传输的特征。这种传输方式中，每个字符以起始位和停止位加以分隔，故也称"起—止"式传输。

群同步传输规程中的每个字符可由下列四部分组成：

（1）1 位起始位，以逻辑"0"表示；

（2）5～8 位数据位，即要传输的字符内容；

（3）1 位奇/偶检验位，用于检错，该部分可以不选；

（4）1～2 位停止位，以逻辑"1"表示，用作字符间的间隔。

群同步的字符格式见图 5-4。由图 5-4 中可以看出，群同步是靠起始位（逻辑"0"）和停止位（逻辑"1"）来实现字符的定界及字符内比特的同步。接收端靠检测链路上由空闲位或前一字符停止位（均为逻辑"1"）到该字符起始位的下降沿来获知一个字符的开始，然后按收、发双方约定的时钟频率对约定的字符比特数（5～8 位）进行逐位接收，最后以约定算法（奇/偶校验法）进行差错检测，完成一个字符的传输。发送器和接收器中近似于同一频率的两个约定时钟，在一段较短的时间内能够保持同步。在群同步传输中，起始位和停止位的作用是十分重要的。起始位指示字符的开始，并启动接收端对字符中比特的同步；而停止位则是作为字符之间的间隔位而设置的，没有停止位，紧跟其后的下一字符的起始位下降沿便可能丢失。

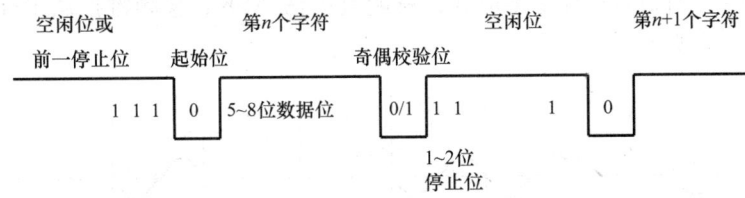

图 5-4　群同步的字符格式图

群同步法只需保持每个字符的起始点同步，在群内则按约定的频率进行位的接收就可以了。这种方法实现简单，但需要添加诸如起始位、校验位和停止位等附加位，相对于同步传输来说，编码效率和信道利用率较低，一般用于低速数据传输的场合。

同步传输通常要比异步传输快速得多。接收方不必对每个字符进行开始和停止的操作。一旦检测到帧同步字符，它就在接下来的数据到达时接收它们。另外，同步传输的开销也比较少。例如，一个典型的帧可能有 500 字节（即 4000 比特）的数据，其中可能只包含 100 比特的开销。这时，增加的比特位使传输的比特总数增加 2.5%，这与异步传输中 25% 的增值要小得多。随着数据帧中实际数据比特位的增加，开销比特所占的百分比将相应地减少。但是，数据比特位越长，缓存数据所需要的缓冲区也越大，这就限制了一个帧的大小。另外，帧越大，它占据传输媒体的连续时间也越长。在极端的情况下，这将导致其他用户等得太久。

异步传输和同步传输的区别：

（1）异步传输是面向字符的传输，而同步传输是面向比特的传输。

（2）异步传输的单位是字符而同步传输的单位是帧。

（3）异步传输通过字符起止的开始和停止码抓住再同步的机会，而同步传输则是从数据中抽取同步信息。

（4）异步传输对时序的要求较低，同步传输往往通过特定的时钟线路协调时序。

（5）异步传输相对于同步传输效率较低。

5.1.2 频带传输

频带传输就是先将基带信号变换（调制）成便于在模拟信道中传输的、具有较高频率范围的模拟信号（称为频带信号），再将这种频带信号在模拟信道中传输。基带信号与频带信号的转换是由调制解调技术完成的。调制是指把需要传送的信号加载到另一种信号上，以便容易在给定的介质中传送的过程。这里所说的另一种信号叫作传送信号的载波。解调是指信号传送到接收站以后，再把载波上加载的信号卸载下来的过程。

频带传输是一种利用调制器对传输信号进行频率交换的传输方式，信号调制的目的是更好地适应信号传输通道的频率特性，传输信号经过调制处理也能克服基带传输同频带过宽的缺点，提高线路的利用率，一举两得。但是调制后的信号在接收端要解调还原，所以传输的收发端需要专门的信号频率变换设备，传输设备费用相应增加。若把调制解调器包括在信道中（如广义信道），则频带传输就变成了基带传输。可以说基带传输是频带传输的基础。计算机网络的远距离通信通常采用的是频带传输。

模拟信号传输的基础是载波，载波具有三大要素：幅度、频率和相位，数字数据可以针对载波的不同要素或它们的组合进行调制。

模拟信号数字调制的三种基本形式：移幅键控法 ASK、移频键控法 FSK、移相键控法 PSK。如图 5-5 所示。

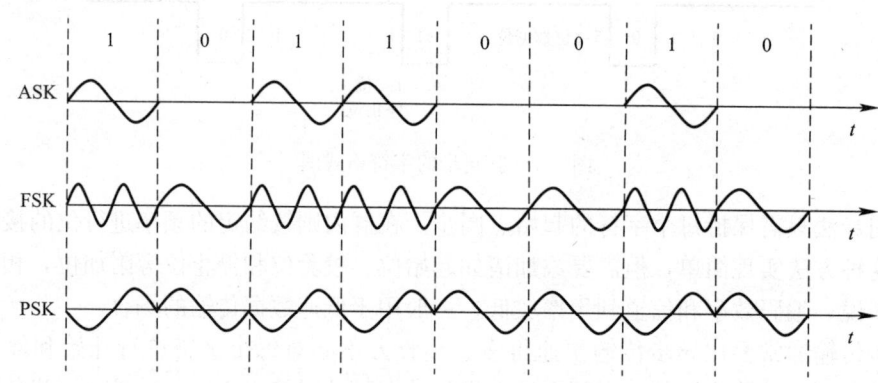

图 5-5　模拟信号数字调制的三种基本形式

在 ASK 方式下，用载波的两种不同幅度来表示二进制的两种状态。ASK 方式容易受增益变化的影响，是一种低效的调制技术。在电话线路上，通常只能达到 1200b/s 的速率。

在 FSK 方式下，用载波频率附近的两种不同频率来表示二进制的两种状态。在电话线路上，使用 FSK 可以实现全双工操作，通常可达到 1200b/s 的速率。

在 PSK 方式下，用载波信号相位移动来表示数据。PSK 可以使用二相或多于二相的相移，利用这种技术，可以对传输速率起到加倍的作用。

由 PSK 和 ASK 结合的相位幅度调制 PAM，是解决相移数已达到上限但还要提高传输速率的有效方法。

实例：公共电话交换网是一种频带模拟信道，音频信号频带为 300Hz～3400Hz，而数字信号频宽为零至几千兆赫兹。所以电话信道不适用于直接传输频带很宽、但能量集中在低频段的数字基带信号，若不加任何措施利用模拟信道来传输数字信号，必定出现极大的失真和差错。必须将发送端的数字信号变换成能够在公共电话网上传输的音频信号，经传输后再在接收端将音频信号逆变换成对应的数字信号。实现数字信号与模拟信号互换的设备称作调制解调器（Modem）。以上所述信号类型的变换过程如图5-6所示。

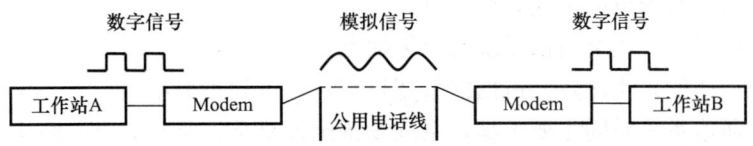

图5-6　远程系统中的调制解调器

5.1.3　宽带传输

当采用模拟信号传输数据时，往往只占用有限的频带，对应基带传输将其称为频带传输。通过借助频带传输，可以将链路容量分解成两个或更多的信道，每个信道可以携带不同的信号，这就是宽带传输。宽带传输一定是采用频带传输技术的，但频带传输不一定就是宽带传输。

所谓宽带，就是指比音频（4kHz，包括了大部分电磁波频谱）带宽还要宽的频带。使用这种宽频带进行传输的系统就称为宽带传输系统，可以进行高速率的数据传输。对于局域网而言，宽带这个术语专门用于传输模拟信号的同轴电缆，可见宽带传输系统是模拟信号传输系统，它允许在同一信道上进行数字信息和模拟信息服务。

基带和宽带的区别在于数据传输速率不同。基带数据传输速率为0～10Mb/s，更典型的是1Mb/s～2.5Mb/s，通常用于传输数字信息。宽带是传输模拟信号，数据传输速率范围为0～400Mb/s，而通常使用的传输速率是5Mb/s～10Mb/s，而且一个宽带信道可以被划分为多个逻辑基带信道。这样就能把声音、图像和数据信息的传输综合在一个物理信道中进行。

5.1.4　模拟信号与数字信号的传输

智能建筑集成化系统涉及两类信号，即模拟信号和数字信号。

模拟信号：信号中代表消息的电参量的状态数为无穷多个，在幅度上和时间上连续变化的信号。这种信号称为模拟信号。例如：以信号电压幅度变化来表示信号。如图5-7所示。

数字信号：相对模拟信号，若代表消息的电参量的状态数为有限个，则称之为数字信号。例如：以信号电压幅度变化来表示信号。如图5-8所示。

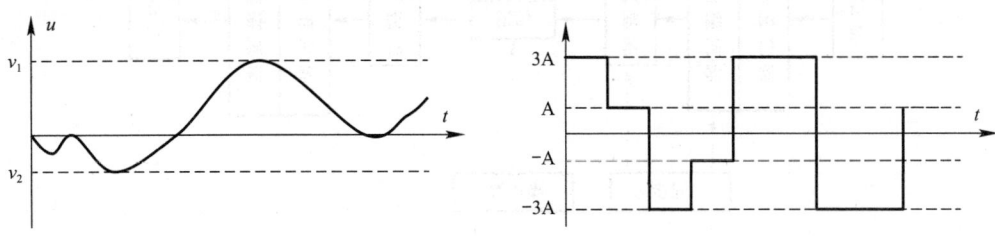

图5-7　用信号电压幅度变化表示信号　　　　图5-8　用信号电压幅度变化表示信号

相对而言，模拟信号比较适合于传输，数字信号则比较适合于处理。

与模拟系统相比，数字通信系统有以下优点：

（1）抗干扰能力强，无噪声积累；

（2）利于与计算机技术结合，进行信号的存储和处理，提高了通信效率；

（3）便于加密，保密性强；

（4）数字通信系统可以传输各种信息。

与模拟系统相比，数字通信系统有以下缺点：

（1）与模拟通信系统比较，占据的带宽较宽，频带利用率不高。

（2）数字通信系统对同步要求高，系统设备比较复杂，要有集成电路技术作基础。

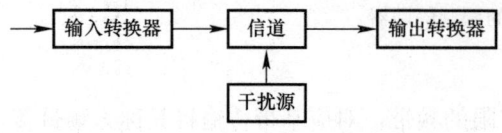

图 5-9　语音信号的基带传输

例题：画出语音信号、数字信号的基带传输和频带传输时的通信系统框图。

解：

语音信号的基带传输如图 5-9 所示。

语音信号的频带传输如图 5-10 所示。

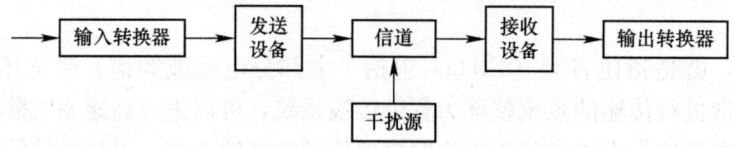

图 5-10　语音信号的频带传输

数字信号的基带传输如图 5-11 所示。

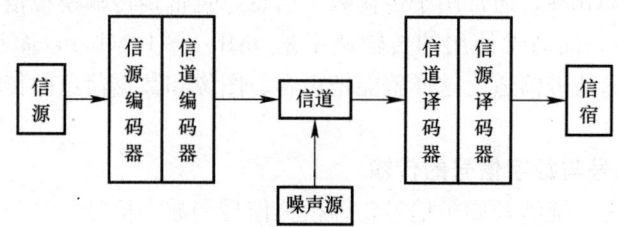

图 5-11　数字信号的基带传输

数字信号的频带传输如图 5-12 所示。

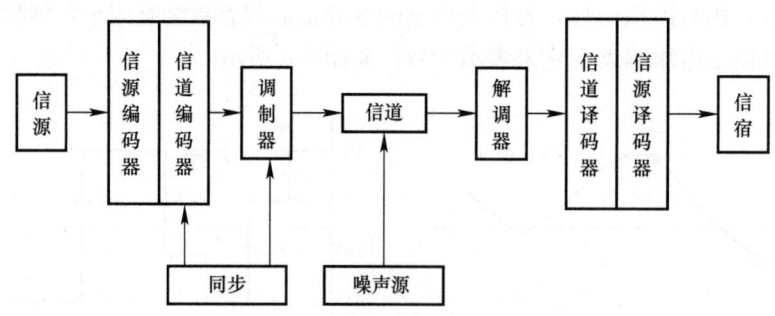

图 5-12　数字信号的频带传输

【例 5-1】典型的数字网络闭路电视监控系统：数字闭路电视监控系统采用网络摄像机直接接入局域网，通过标准的 TCP/IP 网络进行图像的传输，后端采用 IP 型网络硬盘录像机采集摄像机图像，进行图像的处理、显示、录像和回放，是目前的新技术和未来的主流系统。在该闭路电视监控系统中，一类是模拟摄像机，此类摄像机拍摄到的图像信息通过前端的视频服务器转换成数字信号后在 TCP/IP 网络上进行传输；另一类是网络摄像机（带云台的、高速球等多种类型），此类摄像机可直接接入 TCP/IP 网络进行图像的传输。如图 5-13 所示。

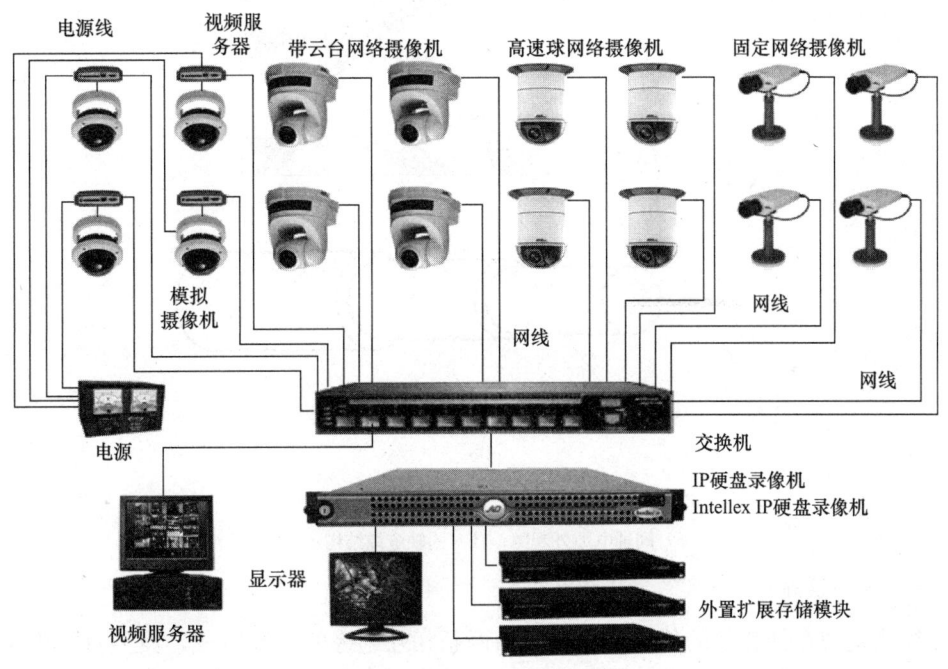

图 5-13　典型的数字闭路监控系统组成图

5.2　常用传输介质

5.2.1　同轴电缆

广泛使用的同轴电缆有两种：一种为 50Ω（指沿电缆导体各点的电磁电压对电流之比）同轴电缆，用于数字信号的传输，即基带同轴电缆；另一种为 75Ω 同轴电缆，用于宽带模拟信号的传输，即宽带同轴电缆。同轴电缆以单根铜导线为内芯，外裹一层绝缘材料，外覆密集网状导体，最外面是一层保护性塑料。金属屏蔽层能将磁场反射回中心导体，同时也使中心导体免受外界干扰，故同轴电缆比双绞线具有更高的带宽和更好的噪声抑制特性。

现行以太网同轴电缆的接法有两种——直径为 0.4cm 的 RG-11 粗缆采用凿孔接头接法，直径为 0.2cm 的 RG-58 细缆采用 T 形头接法。粗缆要符合 10BASE5 介质标准，使用时需要一个外接收发器和收发器电缆，单根最大标准长度为 500m，可靠性强，最多可接 100 台计算机，两台计算机的最小间距为 2.5m。细缆按 10BASE2 介质标准直接连到网卡的 T 形头连接器（即 BNC 连接器）上，单段最大长度为 185m，最多可接 30 个工作站，最小站间距为 0.5m。同轴电缆的外观及组成结构如图 5-14 所示。

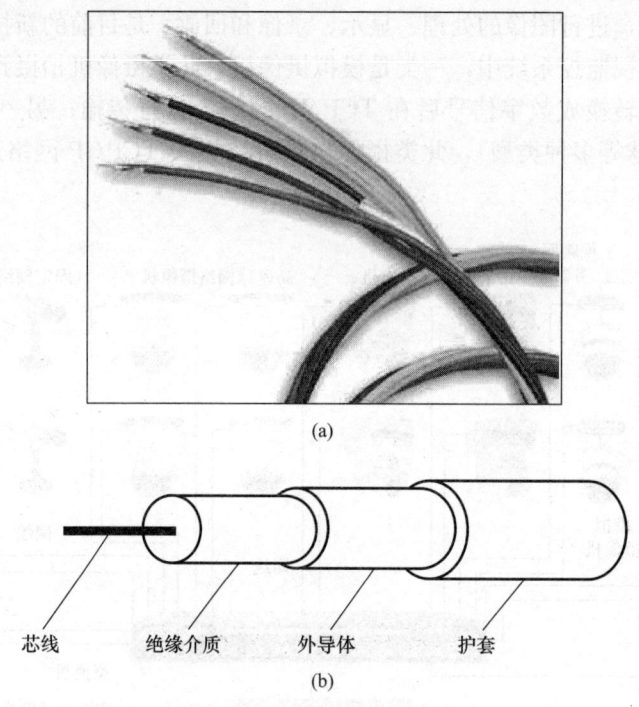

图 5-14　同轴电缆图

（a）同轴电缆外观图；（b）同轴电缆结构示意图

5.2.2　双绞线

双绞线是现在最普通的传输介质，它由两条相互绝缘的铜线组成，典型直径为 1mm。两根线绞接在一起是为了防止其电磁感应在邻近线对中产生干扰信号。现行双绞线电缆中一般包含 4 个双绞线对，具体为橙 1/橙 2、蓝 4/蓝 5、绿 6/绿 3、棕 3/棕白 7。计算机网络使用 1—2、3—6 两组线对分别来发送和接收数据。双绞线接头为具有国际标准的 RJ-45 插头和插座。双绞线分为屏蔽（shielded）双绞线 STP 和非屏蔽（Unshielded）双绞线 UTP，非屏蔽双绞线有线缆外皮作为屏蔽层，适用于网络流量不大的场合中。屏蔽式双绞线具有一个金属甲套（sheath），对电磁干扰 EMI（Electromagnetic Interference）具有较强的抵抗能力，适用于网络流量较大的高速网络协议应用。双绞线根据性能又可分为 5 类、6 类和 7 类，现在常用的为 5 类非屏蔽双绞线，其频率带宽为 100MHz，能够可靠地运行 4MB、ICME 和 16MB 的网络系统。当运行 100MB 以太网时，可使用屏蔽双绞线以提高网络在高速传输时的抗干扰特性。6 类、7 类双绞线分别可工作于 200MHz 和 600MHz 的频率带宽之上，且采用特殊设计的 RJ45 插头（座）。值得注意的是，频率带宽（MHz）与线缆所传输的数据的传输速率（Mb/s）是有区别的——Mb/s 衡量的是单位时间内线路传输的二进制位的数量，MHz 衡量的则是单位时间内线路中电信号的振荡次数。双绞线最多应用于基于 CMSA/CD（Carrier Sense Multiple Access/Collission Detection，载波感应多路访问/冲突检测）技术，即 10BASE-T（10Mb/s）和 100BASE-T（100Mb/s）的以太网（Ethernet）中，具体规定有：

（1）一段双绞线的最大长度为 100m，只能连接一台计算机。

（2）双绞线的每端需要一个 RJ45 插件（头或座）。

（3）各段双绞线通过集线器（Hub 的 10BASE-T 重发器）互连，利用双绞线最多可以连接 64 个站点到重发器（Repeater）。

（4）10BASE-T 重发器可以利用收发器电缆连到以太网同轴电缆上。

双绞线及 RJ45 水晶头如图 5-15 所示。

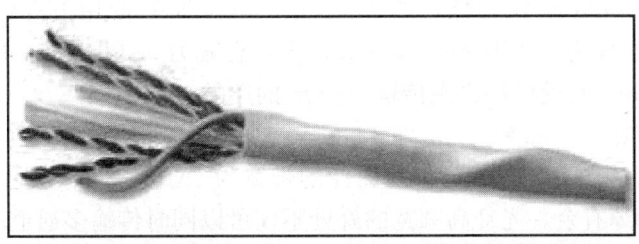

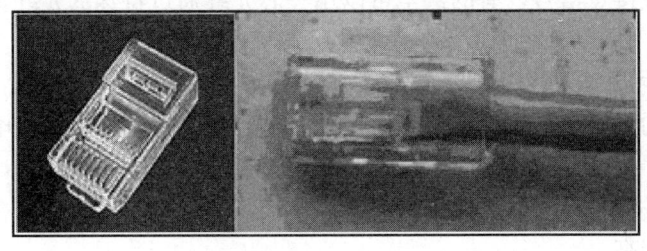

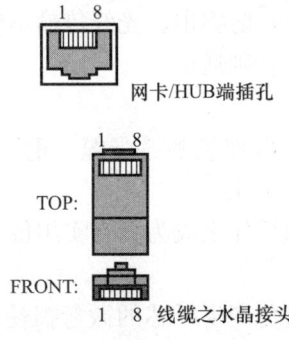

网卡/HUB端插孔

TOP:

FRONT:

1　8　线缆之水晶接头

图 5-15　双绞线及 RJ45 水晶头

5.2.3　光纤

光纤是软而细的、利用内部全反射原理来传导光束的传输介质，有单模和多模之分。单模（模即 Mode，入射角）光纤多用于通信业。多模光纤多用于网络布线系统。

光纤为圆柱状，由 3 个同心部分组成——纤芯、包层和护套，每一路光纤包括两根，一根接收，一根发送。用光纤作为网络介质的 LAN 技术主要是光纤分布式数据接口（Fiber-optic Data Distributed Interface，FDDI）。与同轴电缆比较，光纤可提供极宽的频带且功率损耗小、传输距离长（2km 以上）、传输率高（可达数千 Mb/s）、抗干扰性强（不会受到电子监听），是构建安全性网络的理想选择。

同轴电缆由于线材本身特性的问题，使得传输距离受到限制，在充斥着电磁波的使用环境中，电磁波的干扰更使同轴电缆传输的效率降低，若安装地点位于多雷区，两端设备还会因雷击遭到破坏。光纤传输具有同轴电缆无法比拟的优点而成为远距离视频传输的首选设备。

光纤传输的特点为：

（1）传输损耗低

损耗是传输介质的重要特性，它决定了传输信号所需中继的距离。光纤作为光信号的传输介质具有低损耗的特点。如使用 $62.5Nm/125\mu m$ 的多模光纤，850nm 波长的衰减约为 3.0dB/km，1300nm 波长更低，约为 1.0dB/km。如果使用 $9Nm/25\mu m$ 单模光纤，1300nm 波长的衰减仅为 0.4dB/km，1550nm 波长衰减为 0.3dB/km，所以一般的 LD 光源可传输 15～20km。目前已经出现传输 100km 的产品。

（2）传输频带宽

光纤的频宽可达 1GHz 以上。一般图像的带宽为 6MHz 左右，所以用一芯光纤传输一个通道的图像绰绰有余。光纤高频宽的好处不仅可以同时传输多通道图像，还可以传输语音、控制信号或接点信号，有的甚至可以用一芯光纤通过特殊的光纤被动元件达到双向传输功能。

（3）抗干扰性强

光纤传输中的载波是光波，它是频率极高的电磁波，远远高于一般电波通信所使用的频率，所以不受干扰，尤其是强电干扰。同时由于光波受束于光纤之内，因此无辐射，对环境无污染，传送信号无泄漏，保密性强。

（4）安全性能高

光纤采用的玻璃材质，不导电，防雷击；光纤传输不像传统电路因短路或接触不良而产生火花，因此在易燃易爆场合下特别适用。

（5）重量轻，机械性能好

光纤细小如丝，重量相当轻，即使是多芯光缆，重量也不会因为芯数增加而成倍增长，而电缆的重量一般都与外径成正比。

光缆是对光纤进行防护、加强后使之成为具有实用价值的传输介质。

1. 光缆的设计目标

光缆设计应考虑以下几点：避免产生纤芯的微弯损耗；避免使纤芯的表面受到损伤；保证光缆具有足够的机械强度、良好的密封性和防潮性能；对多芯光缆要便于识别每根纤芯；合理的重量、体积和纤芯空间分布。

2. 光缆的结构

常用的光缆分为层绞式和骨架式，其他还有单位式、软线式、带状等形式。

层绞式是一根限位加强塑料或钢丝构成中心加强件外环绕一层缓冲层，多根纤芯均匀地分布在缓冲层外、螺线状环绕着中心加强件，纤芯层的外面再形成一缓冲层，最后是防水被覆，通常采用聚乙烯铝被覆。

骨架式光缆采用一包含一根中心钢丝的特殊形状的塑料骨架，纤芯疏松地放置在骨架周围的空腔中。纤芯同样是螺线状地环绕着中心钢丝，这就保证了在光缆折弯时，避免纤芯承受附加的应力。光缆最外层也是防水被覆。为了提高光缆的防潮性能，有些光缆在骨架的空腔中灌注防潮密封胶，纤芯是浮在密封胶中，因此具有极好的防潮密封性。

多芯单元式结构是将几根纤芯疏松地装在一个护套中，形成一个单元，几个单元在环绕中心加强体的周围。

中心加强体（中心钢丝）在施工中承受绝大部分牵引力，因此决定了光缆的抗拉强度，铝套和骨架则提高了光缆的抗侧压强度。

　　根据光缆所含纤芯数量分为单芯和多芯光缆，干线应用中多为多芯光缆，各点分路时多为单芯光缆。

　　光纤传输的是光信号，因此光发射机完成 E/O（Electricity/Optimal）转换，核心器件是光源；而光接收机完成的是 O/E 转换，核心器件是探测器。因此光纤传输系统的三要素为光源、光纤、探测器。

　　【例 5-2】由发射机和接收机组成的一对光端机，通过光缆传输视频图像、音频声音、控制命令，可以组成视频监控系统。光纤传输监控系统的传输覆盖范围可以达到上百公里，如果加上中继器等，还可以进一步将监控范围扩大。典型的使用光纤来传输视频和云台控制信号的视频监控系统如图 5-16 所示。

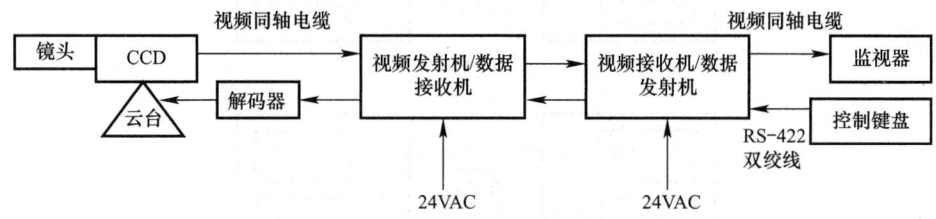

图 5-16　光纤视频传输系统结构图

5.3　RS-232 和 RS-485 串行通信

5.3.1　概述

　　串行数据传输时，数据是一位一位逐位的在通信线上传输的。先由具有几位总线的计算机内的发送设备将几位并行数据经并—串转换硬件转换成串行方式，再逐位经传输线到达接收站的设备中，并在接收端将数据从串行方式重新转换成并行方式，以供接收方使用。计算机的并—串及串—并转换过程如图 5-17 所示。

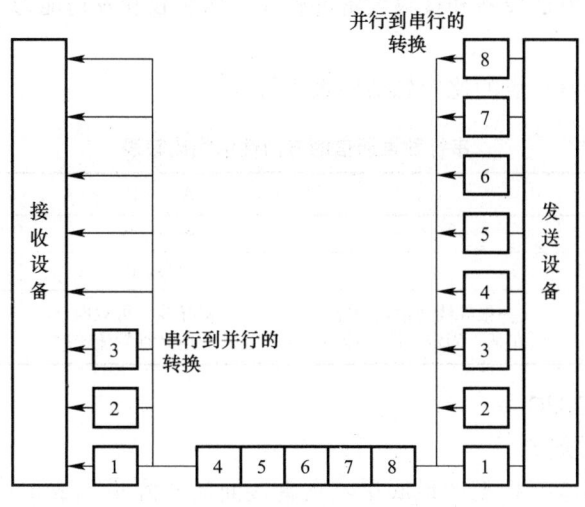

图 5-17　串行数据转换与传输示意图

5.3.2 单工、半双工、全双工传输

串行数据通信的方向性结构有三种，即单工、半双工和全双工。其通信原理如图5-18所示。

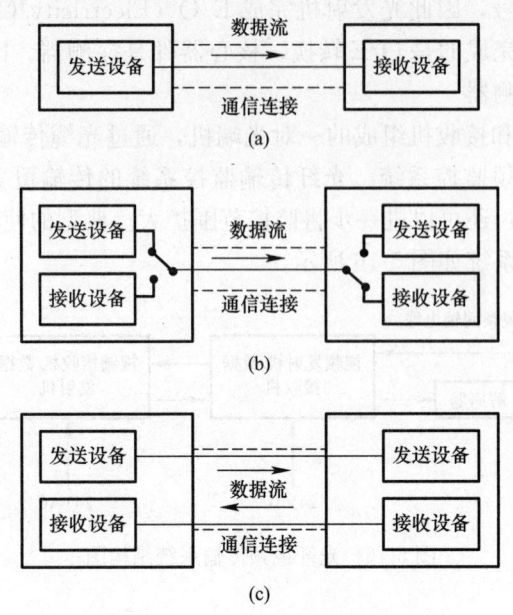

图 5-18 单工、半双工、全双工通信原理图
(a) 单工；(b) 半双工；(c) 全双工

单工数据传输只支持数据在一个方向上传输。例如：灯塔之于航船——灯塔发出光信号而航船只能接收信号。

半双工数据传输允许数据在两个方向上传输，但是，在某一时刻，只允许数据在一个方向上传输，它实际上是一种切换方向的单工通信。例如：半双工对讲机。

全双工数据通信允许数据同时在两个方向上传输，因此，全双工通信是两个单工通信方式的结合，它要求发送设备和接收设备都有独立的接收和发送能力。例如：打电话时双方的通信。

三种通信方式及其特点的比较总结如表 5-1。

串行数据通信的方向性结构比较表   表 5-1

通信方	A——B		
传输线	→	←→	←
通信方式	单工	半双工	全双工
特点	一根导线通信，只能在某一固定方向上传输	一根导线，可双向通信，但必须轮流传输	两根导线，能同时双向传输

5.3.3 EIA RS-232C

1. 物理层的相关规定

物理层位于 OSI 参考模型的最底层，它直接面向实际承担数据传输的物理媒体（即信道）。物理层的传输单位为比特。物理层是指在物理媒体之上为数据链路层提供一个原

始比特流的物理连接。

ISO 对 OSI 模型的物理层所做的定义为：在物理信道实体之间合理地通过中间系统，为比特传输所需的物理连接的激活、保持和去除提供机械的、电气的、功能性和规程性的手段。其作用是确保比特流能在物理信道上传输。比特流传输可以采用异步传输，也可以采用同步传输完成。

另外，CCITT 在 X. 25 建议书第一级（物理级）中也做了类似的定义：利用物理的、电气的、功能的和规程的特性在 DTE 和 DCE 之间实现对物理信道的建立、保持和拆除功能。这里的 DTE（Date Terminal Equipment）指的是数据终端设备，是对属于用户所有的连网设备或工作站的统称，它们是通信的信源或信宿，如计算机、终端等；DCE（Date Circuit Terminating Equipment 或 Date Communications Equipment），指的是数据电路终接设备或数据通信设备，是对为用户提供接入点的网络设备的统称，如自动呼叫应答设备、调制解调器等。

DTE-DCE 的接口框如图 5-19 所示，物理层接口协议实际上是 DTE 和 DCE 或其他通信设备之间的一组约定，主要解决网络节点与物理信道如何连接的问题。物理层协议规定了标准接口的机械连接特性、电气信号特性、信号功能特性以及交换电路的规程特

图 5-19　DTE-DCE 接口框图

性，这样做的主要目的，是为了便于不同的制造厂家能够根据公认的标准各自独立地制造设备。使各个厂家的产品都能够相互兼容。

（1）机械特性

规定了物理连接时对插头和插座的几何尺寸、插针或插孔芯数及排列方式、锁定装置形式等。

一般来说，DTE 的连接器常用插针形式，其几何尺寸与 DCE 连接器相配合，插针芯数和排列方式与 DCE 连接器成镜像对称。

（2）电气特性

规定了在物理连接上导线的电气连接及有关电路的特性，一般包括：接收器和发送器电路特性的说明、表示信号状态的电压/电流电平的识别、最大传输速率的说明，以及与互连电缆相关的规则等。

物理层的电气特性还规定了 DTE-DCE 接口线的信号电平、发送器的输出阻抗、接收器的输入阻抗等电气参数。

DTE 与 DCE 接口的各根导线（也称电路）的电气连接方式有非平衡方式、采用差动接收器的非平衡方式和平衡方式三种。

1）非平衡方式。采用分立元件技术设计的非平衡接口，每个电路使用一根导线，收发两个方向共用一根信号地线，信号速率小于 20Kb/s，传输距离小于 15m。由于使用共用信号地线，所以会产生比较大的串扰。CCITTV. 28 建议采用这种电气连接方式，EIA RS-232C 标准基本与之兼容。

2）采用差动接收器的非平衡方式。这类采用集成电路技术的非平衡接口，与前一种方式相比，发送器仍使用非平衡式，但接收器使用差动接收器。每个电路使用一根导线，

但每个方向都使用独立的信号地线，使串扰信号较小。这种方式的信号速率可达 300Kb/s，传输距离为 10m（300Kb/s 时）到 1000m（≤3Kb/s 时）。CCITT V.10/X.26 建议采用这种电气连接方式，EAI RS-423 标准与之兼容。

3）平衡方式。采用集成电路技术设计的平衡接口，使用平衡式发送器和差动式接收器，每个电路采用两根导线，构成各自完全独立的信号回路，使得串扰信号减至最小。这种方式的信号速率≤10Mb/s，传输距离为 10m（10Mb/s 时）到 1000m（≤100Kb/s 时）。CCITT V.11/X.27 建议采用这种电气连接方式，EAI RS-423 标准与之兼容。

图 5-20 给出这三种电气连接方式的结构。

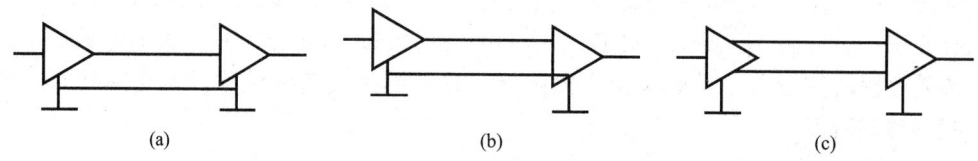

图 5-20　电气连接方式

（a）非平衡发送器　接收器；（b）非平衡发送器　差动接收器；（c）平衡发送器　差动接收器

（3）功能特性

规定了接口信号的来源、作用以及其他信号之间的关系。

（4）规程特性

规定了使用交换电路进行数据交换的控制步骤，这些控制步骤的应用使得比特流传输得以完成。

2．EIA RS-232C 接口标准

EIA RS-232C 是由美国电子工业协会 EIA（Electronic Industry Association）在 1969 年颁布的一种目前使用最广泛的串行物理接口，Recommended Standard 的意思是"推荐标准"，232 是标识号码，而后缀 "C" 则表示该推荐标准已被修改过的次数。目前，RS-232 是 PC 机与通信工业中应用最广泛的一种串行接口。RS-232 采取不平衡传输方式，即所谓单端通信。

RS-232 标准在公用电话网中的应用如图 5-21 所示。远程电话网相连接时，通过调制解调器将数字信号转换成相应的模拟信号，以使其能与电话网相容；在通信线路的另一端，另一个调制解调器将模拟信号逆转换成相应的数字数据，从而实现比特流的传输。图 5-21（a）给出了两台远程计算机通过电话网相连的结构图。从图中可看出，DTE 实际上是数据的信源或信宿，而 DCE 则完成数据由信源到信宿的传输任务。RS-232C 标准接口只控制 DTE 与 DCE 之间的通信，与连接在两个 DCE 之间的电话网没有直接的关系。

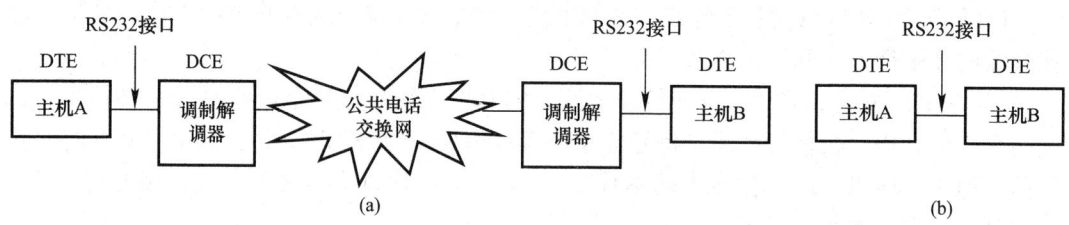

图 5-21　RS-232C 的远程连接和近地连接

（a）远程连接；（b）近地连接

RS-232C 标准接口也可以如图 5-21（b）所示用于直接连接两台近地设备，此时既不使用电话网也不使用调制解调器。由于这两种设备必须分别以 DTE 和 DCE 方式成对出现才符合 RS-232C 标准接口的要求，所以在这种情况下要借助于一种采用交叉跳接信号线方法的连接电缆，使得连接在电缆两端的 DTE 通过电缆看对方都好像是 DCE 一样，从而满足 RS-232C 接口需要 DTE-DCE 成对使用的要求。这根连接电缆也称作零调制解调器（Null Modem）。

RS-232C 标准中所提到的"发送"和"接收"，都是站在 DTE 立场上，而不是站在 DCE 的立场来定义的。由于在计算机系统中，往往是 CPU 和 I/O 设备之间传送信息，两者都是 DTE，因此双方都能发送和接收。

（1）机械特性

RS-232C 的机械特性规定使用一个 25 芯的标准连接器，并对该连接器的尺寸及针或孔芯的排列位置等都做了详细说明。顺便提一下，实际的用户并不一定需要用到 RS-232C 标准的全集，这在个人计算机（PC）高速普及的今天尤为突出，所以一些生产厂家为 RS-232C 标准的机械特性做了变通的简化，使用了一个 9 芯标准连接器，将不常用的信号线舍弃。25 芯和 9 芯连接器外形如图 5-22 所示。

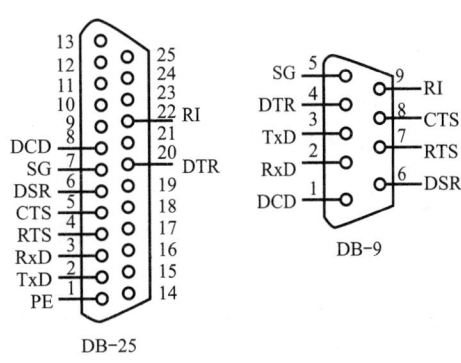

图 5-22　25 芯和 9 芯连接器外形

其常用信号引脚如表 5-2 所示。

DB-25 和 DB-9 的常用信号引脚说明　　　　　　　　表 5-2

9 针串口（DB-9）			25 针串口（DB-25）		
针号	功能说明	缩写	针号	功能说明	缩写
1	数据载波检测	DCD	8	数据载波检测	DCD
2	接收数据	RXD	3	接收数据	RXD
3	发送数据	TXD	2	发送数据	TXD
4	数据终端设备	DTR	20	数据终端设备	DTR
5	信号地	GND	7	信号地	GND
6	数据设备准备好	DSR	6	数据设备准备好	DSR
7	请求发动	RTS	4	请求发动	RTS
8	清除发送	CTS	5	清除发送	CTS
9	振铃指示	DELL	22	振铃指示	DELL

1）DB-25 连接器

DB-25 连接器定义了 25 根信号线，分为 4 组：

① 异步通信的 9 个电压信号（含信号地 SG）2，3，4，5，6，7，8，20，22。

② 20mA 电流环信号 9 个（12，13，14，15，16，17，19，23，24）。

③ 空 6 个（9，10，11，18，21，25）。

④ 保护地（PE）1 个，作为设备接地端（1 脚）。

注意，20mA 电流环信号仅 IBM PC 和 IBM PC/XT 机提供，至 AT 机及以后，已不支持。

2）DB-9 连接器

在 AT 机及以后，不支持 20mA 电流环接口，使用 DB-9 连接器作为提供多功能 I/O 卡或主板上 COM1 和 COM2 两个串行接口的连接器。它只提供异步通信的 9 个信号。

RS-232C 最为简单且常用的是三线制接法，不同连接器类型的连接组合及其引脚之间的连接方法如表 5-3 所示。

RS232C 串口通信接线方法 表 5-3

9 针-9 针		25 针-25 针		9 针-25 针	
2	3	3	2	2	2
3	2	2	3	3	3
5	5	7	7	5	7

在通信速率低于 20Kb/s 时，RS-232C 所直接连接的最大物理距离（电缆长度）为 15m（50 英尺）。

最大直接传输距离说明：RS-232C 标准规定，若不使用 MODEM，在码元畸变小于 4％的情况下，DTE 和 DCE 之间最大传输距离为 15m（50 英尺）。可见这个最大的距离是在码元畸变小于 4％的前提下给出的。为了保证码元畸变小于 4％的要求，接口标准在电气特性中规定，驱动器的负载电容应小于 2500pF。

（2）接口信号线

RS-232C 标准接口有 25 条线，4 条数据线、11 条控制线、3 条定时线、7 条备用和未定义线，常用的只有 9 根，分为如下 3 类（以 RS-232 标准在公用电话网中的应用为例进行说明）：

1）联络控制信号线

① 数据装置准备好（Data set ready-DSR）——有效时（ON）状态，表明 MODEM 处于可以使用的状态。

② 数据终端准备好（Data terminal ready-DTR）——有效时（ON）状态，表明数据终端可以使用。

这两个信号有时连到电源上，一上电就立即有效。这两个设备状态信号有效，只表示设备本身可用，并不说明通信链路可以开始进行通信了，能否开始进行通信要由下面的控制信号决定。

③ 请求发送（Request to send-RTS）——用来表示 DTE 请求 DCE 发送数据，即当终端要发送数据时，使该信号有效（ON 状态），向 MODEM 请求发送。它用来控制 MODEM 是否要进入发送状态。

④ 允许发送（Clear to send-CTS）——用来表示 DCE 准备好接收 DTE 发来的数据，是对请求发送信号 RTS 的响应信号。当 MODEM 已准备好接收终端传来的数据，并向前发送时，使该信号有效，通知终端开始沿发送数据线 TxD 发送数据。

这对 RTS/CTS 请求应答联络信号是用于半双工 MODEM 系统中发送方式和接收方式之间的切换。在全双工系统中，因配置双向通道，故不需要 RTS/CTS 联络信号，使其变高。

⑤ 接收线信号检出（Received line detection-RLSD）——用来表示 DCE 已接通通信链路，告知 DTE 准备接收数据。当本地的 MODEM 收到由通信链路另一端（远地）的 MODEM 送来的载波信号时，使 RLSD 信号有效，通知终端准备接收，并且由 MODEM

将接收下来的载波信号解调成数字数据后，沿接收数据线 RxD 送到终端。此线也叫作数据载波检出（Data carrier dectection-DCD）线。

⑥ 振铃指示（Ringing-RI）——当 MODEM 收到交换台送来的振铃呼叫信号时，使该信号有效（ON 状态），通知终端，已被呼叫。

2）数据发送与接收线

① 发送数据（Transmitted data-TxD）——通过 TxD 终端将串行数据发送到 MODEM，（DTE→DCE）。

② 接收数据（Received data-RxD）——通过 RxD 线终端接收从 MODEM 发来的串行数据，（DCE→DTE）。

3）地线

有两根线 SG、PG——信号地和保护地信号线，无方向。

上述控制信号线何时有效，何时无效的顺序表示了接口信号的传送过程。例如，只有当 DSR 和 DTR 都处于有效（ON）状态时，才能在 DTE 和 DCE 之间进行传送操作。若 DTE 要发送数据，则预先将 DTR 线置成有效（ON）状态，等 CTS 线上收到有效（ON）状态的回答后，才能在 TxD 线上发送串行数据。这种顺序的规定对半双工通信线路特别有用，因为半双工通信能确定 DCE 已由接收方向改为发送方向，这时线路才能开始发送。

（3）电气特性

收、发端的数据信号是相对于信号的，如从 DTE 设备输出的数据在使用 DB25 连接器时是 2 脚相对 7 脚（信号地）的电平。典型的 RS-232 信号在正负电平之间摆动，在发送数据时，发送端驱动器输出正电平在 +5V ～ +15V，负电平在 -5V ～ -15V。当无数据传输时，线上为 TTL 电平。从开始传送数据到结束，线上电平从 TTL 电平到 RS-232 电平再返回 TTL 电平。接收器典型的工作电平在 +3V ～ +12V 与 -3V ～ -12V。由于发送电平与接收电平的差仅为 2V 至 3V 左右，所以其共模抑制能力差，再加上双绞线上的分布电容，其传送距离最大为约 15m，最高速率为 20Kb/s。RS-232 是为点对点（即只用一对收、发设备）通信而设计的，其驱动器负载为 3kΩ ～ 7kΩ。

RS-323C 标准对逻辑电平的定义是：

在 TxD 和 RxD 上：

逻辑 1（MARK）＝ -5V ～ -15V

逻辑 0（SPACE）＝ +5V ～ +15V

在 RTS、CTS、DSR、DTR 和 DCD 等控制线上：

信号有效（接通，ON 状态，正电压）＝ +5V ～ +15V

信号无效（断开，OFF 状态，负电压）＝ -5V ～ -15V

RS-232C 的电气特性规定逻辑 "1" 的电平为 -15V ～ -5V，逻辑 "0" 的电平为 +5V ～ +15V，也即 RS-232C 采用 +15V 和 -15V 的负逻辑电平，+5V 和 -5V 之间为过渡区域不做定义。

RS-232C 接口的电气特性见图 5-23。

RS-232C 接口的电气信号表示见表 5-4。

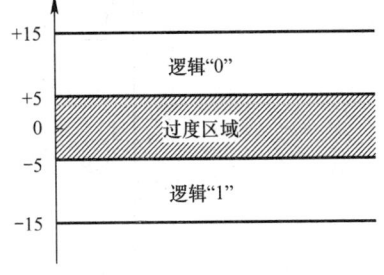

图 5-23　RS-232C 的电气特性

RS-232C 接口的电气信号表示 　　　　表 5-4

	负电平	正电平
逻辑状态	1	0
信号状态	传号	空号
功能状态	OFF（断）	ON（通）

对于数据（信息码）：逻辑"1"（传号）的电平低于－3V，逻辑"0"（空号）的电平高于＋3V；对于控制信号：接通状态（ON）即信号有效的电平高于＋3V，断开状态（OFF）即信号无效的电平低于－3V。也就是当传输电平的绝对值大于 3V 时，电路可以有效地检查出来，介于－3～＋3V 之间的电压无意义，低于－15V 或高于＋15V 的电压也认为无意义，因此，实际工作时，应保证电平在± （3～15）V 之间。

RS-232C 电平高达＋15V 和－15V，较之 0～5V 的电平来说具有更强的抗干扰能力。但是，即使用这样的电平，若两设备利用 RS-232C 接口直接相连（即不使用调制解调器），它们的最大距离也仅约 15m，而且由于电平较高、通信速率反而能受影响。RS-232C 接口的通信速率＜20Kb/s（标准速率有 150b/s、300b/s、600b/s、1200b/s、2400b/s、4800b/s、9600b/s、19200b/s 等几挡）。

（4）EIA-RS-232C 与 TTL 电平的转换

EIA-RS-232C 是用正负电压来表示逻辑状态，与 TTL 以高低电平表示逻辑状态的规定不同。因此，为了能够同计算机接口或终端的 TTL 器件连接，必须在 EIA-RS-232C 与 TTL 电路之间进行电平和逻辑关系的变换。

实现这种变换的方法可用分立元件，也可用集成电路芯片。目前较为广泛地使用集成电路转换器件，如 MC1488、SN75150 芯片可完成 TTL 电平到 EIA 电平的转换，而 MC1489、SN75154 可实现 EIA 电平到 TTL 电平的转换。MAX232 芯片可完成 TTL←→EIA 双向电平转换。图 5-24 显示了 1488 和 1489 的内部结构和引脚。MC1488 的引脚（2）、（4，5）、（9，10）和（12，13）接 TTL 输入。引脚 3、6、8、11 输出端接 EIA-RS-232C。MC1498 的 1、4、10、13 脚接 EIA 输入，而 3、6、8、11 脚接 TTL 输出。具体连接方法如图 5-25 所示。图中的左边是微机串行接口电路中的主芯片 UART，它是 TTL 器件，右边是 EIA-RS-232C 连接器，要求 EIA 高电压。因此，RS-232C 所有的输出、输入信号都要分别经过 MC1488 和 MC1498 转换器，进行电平转换后才能送到连接器上去或从连接器上送进来。

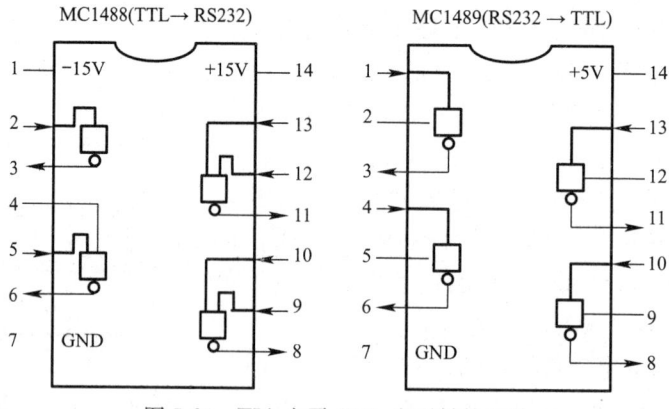

图 5-24　EIA 电平-TTL 电平转换芯片

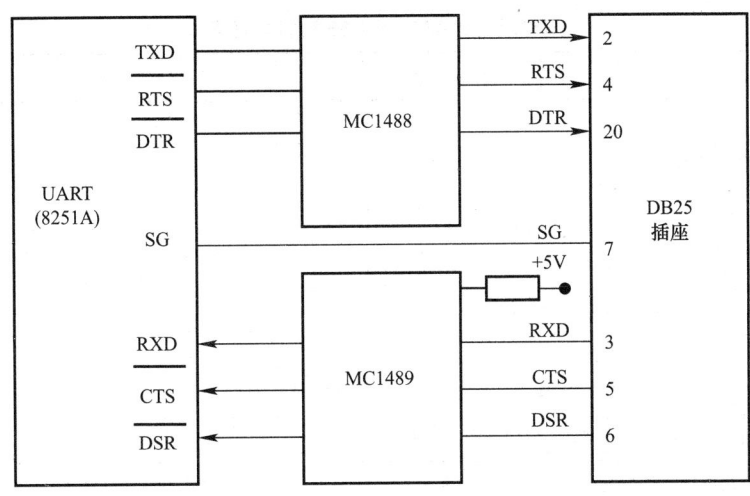

图 5-25　EIA 电平-TTL 电平转换芯片应用电路图

MAX232 芯片完成 TTL←→EIA 双向电平转换的一个实际应用电路原理图如图 5-26 所示：

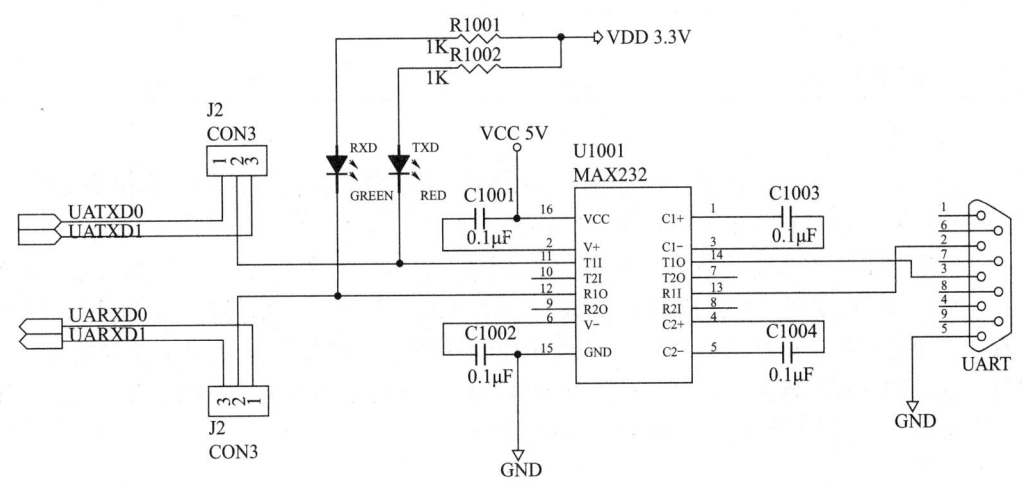

图 5-26　MAX232 电平转换芯片应用电路图

5.3.4　RS-485 网络

为改进 RS-232 通信距离短、速率低的缺点，RS-422 定义了一种平衡通信接口，将传输速率提高到 10Mb/s，传输距离延长到 4000 英尺（约为 1219m）（速率低于 100Kb/s 时），并允许在一条平衡总线上连接最多 10 个接收器。RS-422 是一种单机发送、多机接收的单向、平衡传输规范，被命名为 TIA/EIA-422-A 标准。为扩展应用范围，EIA 又于 1983 年在 RS-422 基础上制定了 RS-485 标准，增加了多点、双向通信能力，即允许多个发送器连接到同一条总线上，同时增加了发送器的驱动能力和冲突保护特性，扩展了总线共模范围，后命名为 TIA/EIA-485-A 标准。由于 EIA 提出的建议标准都是以 "RS" 作为前缀，所以在通信工业领域，仍然习惯将上述标准以 RS 作前缀称谓。RS232、RS422、RS485 特性比较如表 5-5 所示。

RS232、RS422、RS485 特性比较表 表 5-5

规定		RS232	RS422	R485
工作方式		单端	差分	差分
节点数（常见）		1发1收	1发10收	1发32收
最大传输电缆长度		50英尺（15.24m）	400英尺（121.92m）	400英尺（121.92m）
最大传输速率		20Kb/s	10Mb/s	10Mb/s
最大驱动输出电压		+/−25V	−0.25～+6V	−7～+12V
驱动器输出信号电平（负载最小值）	负载	+/−5V～+/−15V	+/−2.0V	+/−1.5V
驱动器输出信号电平（空载最大值）	空载	+/−25V	+/−6V	+/−6V
驱动器负载阻抗（Ω）		3k～7k	100	54
摆率（最大值）		30V/μs	N/A	N/A
接收器输入电压范围		+/−15V	−10～+10V	−7～+12V
接收器输入门限		+/−3V	+/−200mV	+/−200mV
接收器输入电阻（Ω）		3k～7k	4k（最小）	≥12k
驱动器共模电压			−3～+3V	−1～+3V
接收器共模电压			−7～+7V	−7～+12V

1. 平衡传输

RS-422、RS-485 与 RS-232 不一样，数据信号采用差分传输方式，也称作平衡传输，它使用一对双绞线，将其中一线定义为 A，另一线定义为 B，如图 5-27 所示。

通常情况下，发送驱动器 A、B 之间的正电平在 +2～+6V，是一个逻辑状态，负电平在 −2～−6V，是另一个逻辑状态，如图 5-28 所示。另有一个信号地 C，在 RS-485 中还有一"使能"端，而在 RS-422 中这是可用可不用的。"使能"端是用于控制发送驱动器与传输线的切断与连接。当"使能"端起作用时，发送驱动器处于高阻状态，称作"第三态"，即它是有别于逻辑"1"与"0"的第三态。

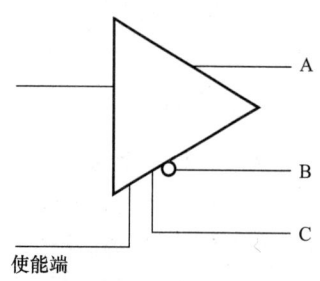

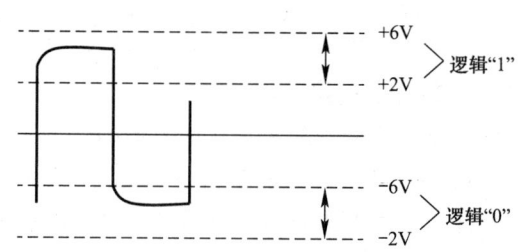

图 5-27　平衡传输引脚定义　　　　图 5-28　RS485 发送驱动器侧逻辑状态规定

接收器也有与发送端相对应的规定，通过平衡双绞线将收、发端的 AA、BB 对应相连。当在接收端的 AB 之间有大于 +200mV 的电平时，输出正逻辑电平；小于 −200mV 时，输出负逻辑电平，如图 5-29 所示。接收器接收平衡线上的电平范围通常在 200mV～6V 之间。

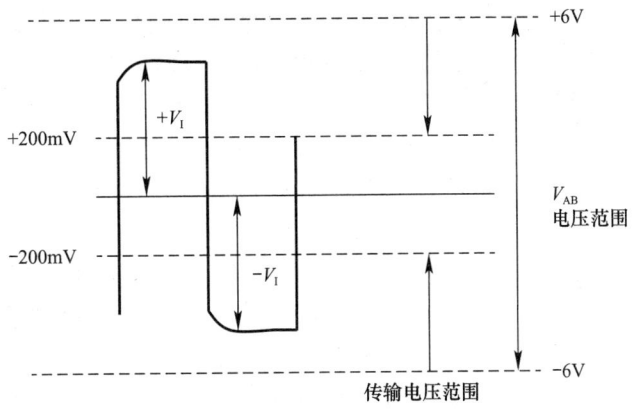

图 5-29　RS485 传输电压范围

2. RS-422 标准

RS-422 标准全称是"平衡电压数字接口电路的电气特性",它定义了接口电路的特性。图 5-30 是典型的 RS-422 四线接口。实际上还有一根信号地线,共 5 根线。图 5-31 是其 DB9 连接器引脚定义。由于接收器采用高输入阻抗和发送驱动器,比 RS232 具有更强的驱动能力,故允许在相同传输线上连接多个接收节点,最多可接 10 个节点。即一个主设备(Master),其余为从设备(Salve),从设备之间不能通信,所以 RS-422 支持点对多的双向通信。接收器输入阻抗为 4kΩ,故发端最大负载能力是(10×4k+100)Ω(终接电阻)。RS-422 四线接口由于采用单独的发送和接收通道,因此不必控制数据方向,各装置之间任何必须的信号交换均可以按软件方式(XON/XOFF 握手)或硬件方式(一对单独的双绞线)。

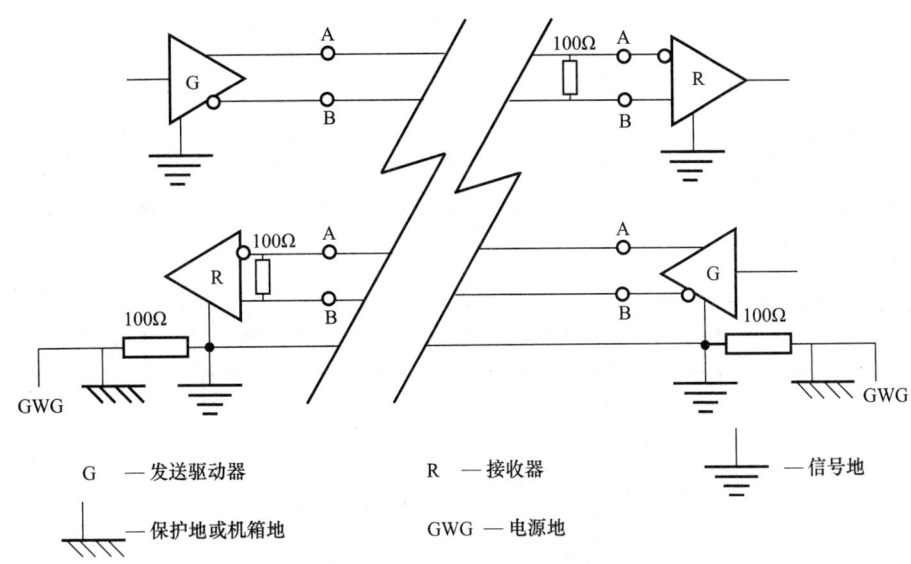

图 5-30　RS-422 四线接口图

RS-422 的最大传输距离为 4000 英尺(约 1219m),最大传输速率为 10Mb/s。其平衡双绞线的长度与传输速率成反比,在 100Kb/s 速率以下,才可能达到最大传输距离。只

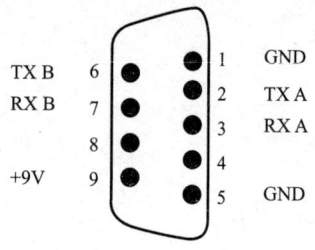

图 5-31 RS-422 的 DB9
连接器引脚定义

有在很短的距离下才能获得最高速率传输。一般 100m 长的双绞线上所能获得的最大传输速率仅为 1Mb/s。

RS-422 需要一个终接电阻，要求其阻值约等于传输电缆的特性阻抗。在短距离传输时可不需终接电阻，即一般在 300m 以下不需终接电阻。终接电阻接在传输电缆的最远端。

3. RS-485 标准

由于 RS-485 是从 RS-422 基础上发展而来的，所以 RS-485 许多电气规定与 RS-422 相仿。如都采用平衡传输方式、都需要在传输线上接终接电阻等。

RS-485 接口可连接成半双工和全双工两种通信方式。

半双工连接示意如图 5-32 所示。

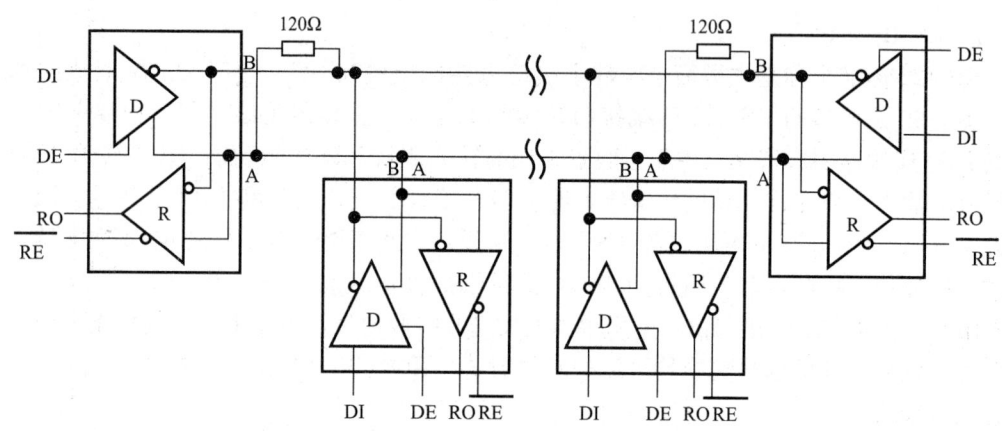

图 5-32　RS485 半双工通信电路图

全双工连接示意如图 5-33 所示。

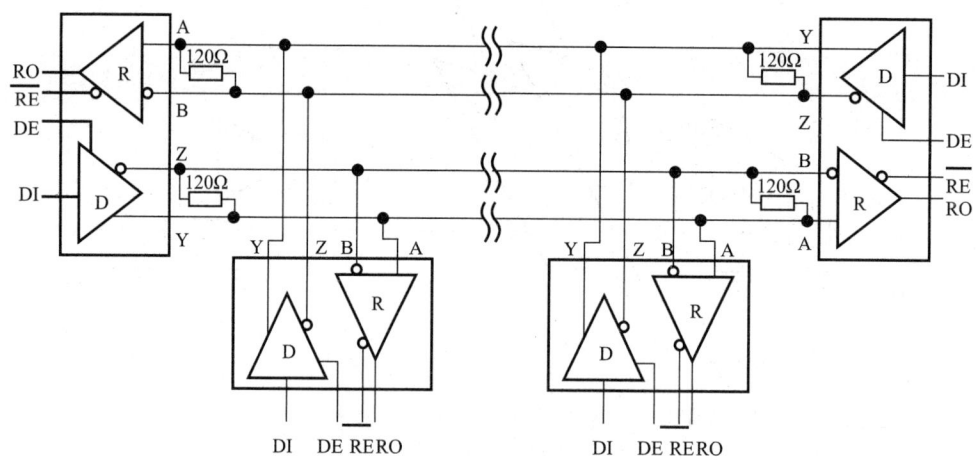

图 5-33　RS485 全双工通信电路图

对应于半双工和全双工两种通信方式，RS-485 可以采用二线与四线方式连接。二线制可实现真正的多点双向通信。采用四线连接时，与 RS-422 一样只能实现点对多的通信，即只能有一个主（Master）设备，其余为从设备，但它比 RS-422 有改进，无论四线还是二线连接方式，总线上一般可最多接到 32 个设备。

RS-485 满足所有 RS-422 的规范，所以 RS-485 的驱动器可以在 RS-422 网络中应用。

RS-485 与 RS-422 一样，其最大传输距离约为 1219m，最大传输速率为 10Mb/s。平衡双绞线的长度与传输速率成反比，在 100Kb/s 速率以下，才可能使用规定最长的电缆长度。只有在很短的距离下才能获得最高速率传输。一般 100m 长双绞线最大传输速率仅为 1Mb/s。

RS-485 需要 2 个终接电阻，其阻值要求等于传输电缆的特性阻抗。在短距离传输时可不需终接电阻，即一般在 300m 以下不需终接电阻。终接电阻接在传输总线的两端。

半双工通信的芯片有 SN75176、SN75276、SN75LBC184、MAX485、MAX1487、MAX3082、MAX1483 等；全双工通信的芯片有 SN75179、SN75180、MAX488 ~ MAX491、MAX1482 等。RS-485 接口芯片已广泛应用于工业控制、仪器、仪表、多媒体网络、机电一体化产品等诸多领域。可用于 RS-485 接口的芯片种类也越来越多。如何在种类繁多的接口芯片中找到最合适的芯片，是摆在每一个使用者面前的一个问题。RS-485 接口在不同的使用场合，对芯片的要求和使用方法也有所不同。

在 RS485 网络中经常提到的一个概念是：节点数。所谓"节点数"即每个 RS-485 接口芯片的驱动器能驱动多少个标准 RS-485 负载。根据规定，标准 RS-485 接口的输入阻抗为 ≥12kΩ，相应的标准驱动节点数为 32。为适应更多节点的通信场合，有些芯片的输入阻抗设计成 1/2 负载（≥24kΩ）、1/4 负载（≥48kΩ）甚至 1/8 负载（≥96kΩ），相应的节点数可增加到 64、128 和 256。表 5-6 为一些常见芯片的节点数。

常见的 RS485 接口芯片及其对应节点数　　　　　　　　　　　　表 5-6

节点数	型号
32	SN75176，SN75276，SN75179，SN75180，MAX485，MAX488，MAX490
64	SN75LBC184
128	MAX487，MAX1487
256	MAX1482，MAX1483，MAX3080~MAX3089

【例 5-3】在由单片机构成的多机串行通信系统中，一般采用主从式结构：从机不主动发送命令或数据，一切都由主机控制。并且在一个多机通信系统中，只有一台单机作为主机，各台从机之间不能相互通信，即使有信息交换也必须通过主机转发。在总线末端接一个匹配电阻，吸收总线上的反射信号，保证正常传输信号干净、无毛刺。匹配电阻的取值应该与总线的特性阻抗相当。当总线上没有信号传输时，总线处于悬浮状态，容易受干扰信号的影响。将总线上差分信号的正端 A$^+$ 和 +5V 电源间接一个 10kΩ 的电阻；正端 A$^+$ 和负端 B$^-$ 间接一个 10kΩ 的电阻；负端 B$^-$ 和地间接一个 10kΩ 的电阻，形成一个电阻网络。当总线上没有信号传输时，正端 A$^+$ 的电平大约为 3.2V，负端 B$^-$ 的电平大约为 1.6V，即使有干扰信号，却很难产生串行通信的起始信号 0，从而增加了总线抗干扰的能力。采用 RS-485 构成的多机通信原理框图，如图 5-34 所示。

RS485 网络拓扑结构一般采用终端匹配的总线型结构，不支持环形或星形网络。在构建网络时应注意：

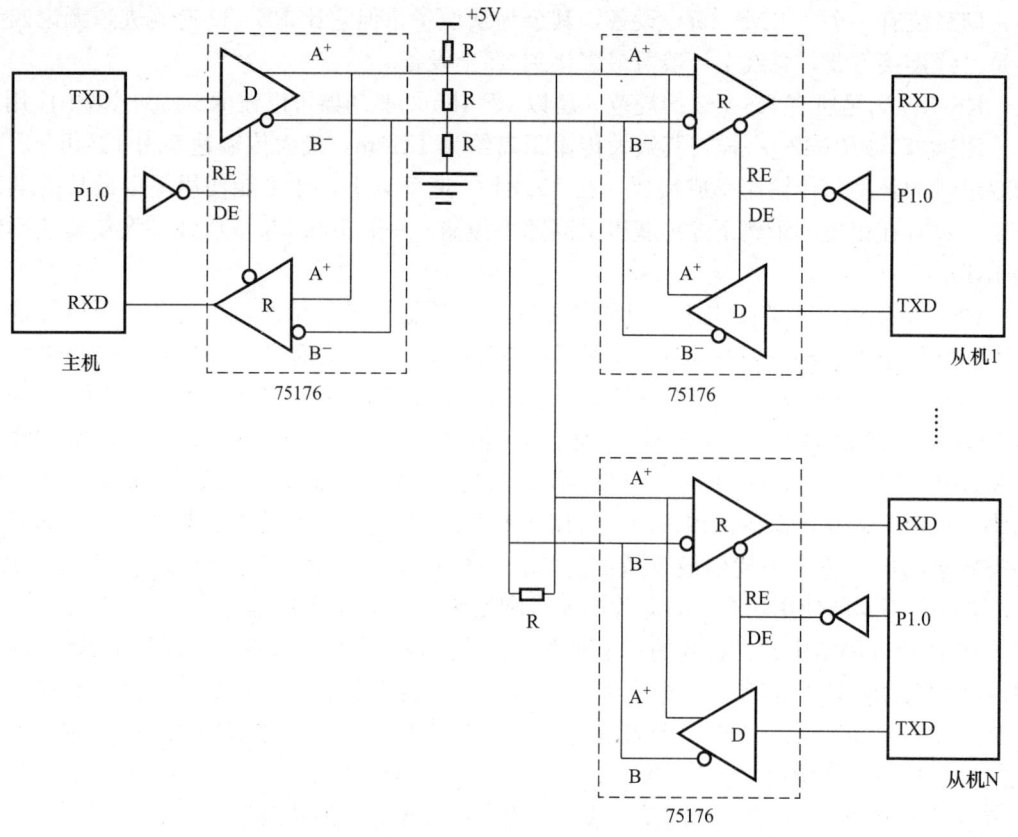

图 5-34　采用 RS-485 构成的多机通信原理框图

（1）采用一条双绞线电缆作总线，将各个节点串接起来。从总线到每个节点的引出线长度应尽量短，以便使引出线中的反射信号对总线信号的影响最低。图 5-35 所示为实际应用中常见的一些错误连接方式（a、b、c）和正确连接方式（d、e、f）。a、b、c 这三种网络连接尽管不正确，在短距离、低速率情况下仍可能正常工作。但随着通信距离的延长或通信速率的提高，其不良影响会越来越严重。主要原因是信号在各支路末端反射后与原信号叠加，会造成信号质量下降。

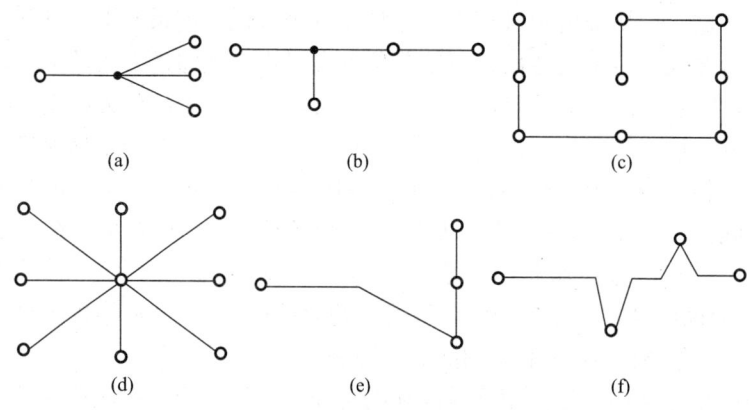

图 5-35　RS485 网络各种连接方式

（2）应注意总线特性阻抗的连续性。在阻抗不连续点就会发生信号的反射。下列几种情况易产生这种不连续性：总线的不同区段采用了不同的电缆；某一段总线上有过多收发器紧靠在一起安装；过长的分支线引出到总线。

总之，应该提供一条单一、连续的信号通道作为总线。

4．RS-485 应用中的注意事项

在实际应用中，应根据不同场合恰当的选择 RS-485 接口芯片，也应考虑可能碰到的有关问题的解决方法，从而避免通信异常。

（1）抗雷击和抗静电冲击

RS-485 接口芯片在使用、焊接或设备的运输途中都有可能受到静电的冲击而损坏。在传输线架设于户外的使用场合，接口芯片乃至整个系统还有可能遭雷电的袭击。选用抗静电或抗雷击的芯片可有效避免此类损失，常见的芯片有 MAX485E、MAX487E、MAX1487E 等。特别值得一提的是 SN75LBC184，它不但能抗雷电的冲击而且能承受高达 8kV 的静电放电冲击，是目前市场上不可多得的一款产品。

（2）限斜率驱动

由于信号在传输过程中会产生电磁干扰和终端反射，使有效信号和无效信号在传输线上相互迭加，严重时会使通信无法正常进行。为解决这一问题，某些芯片的驱动器设计成限斜率方式，使输出信号边沿不要过陡，以不至于在传输线上产生过多的高频分量，从而有效地扼制干扰的产生。如 MAX487、SN75LBC184 等都具有此功能。

（3）故障保护

故障保护技术是近两年产生的，一些新的 RS-485 芯片都采用了此项技术，如 SN75276、MAX3080～MAX3089。

RS-485 接口采用的是一种差分传输方式，各节点之间的通信都是通过一对（半双工）或两对（全双工）双绞线作为传输介质。根据 RS-485 的标准规定，接收器的接收灵敏度为 $\pm200mV$，即接收端的差分电压大于、等于 $+200mV$ 时，接收器输出为高电平；小于、等于 $-200mV$ 时，接收器输出为低电平；介于 $\pm200mV$ 之间时，接收器输出为不确定状态。在总线空闲即传输线上所有节点都为接收状态以及在传输线开路或短路故障时，若不采取特殊措施，则接收器可能输出高电平也可能输出低电平。一旦某个节点的接收器产生低电平就会使串行接收器（UART）找不到起始位，从而引起通信异常，解决此类问题的方法有两种：

1）使用带故障保护的芯片，它会在总线开路、短路和空闲情况下，使接收器的输出为高电平。确保总线空闲、短路时接收器输出高电平是由改变接收器输入门限来实现的。例如，MAX3080～MAX 3089 输入灵敏度为 $-50mV/-200mV$，即差分接收器输入电压 $UA-B \geqslant -50mV$ 时，接收器输出逻辑高电平；如果 $UA-B \leqslant -200mV$，则输出逻辑低电平。当接收器输入端总线短路或总线上所有发送器被禁止时，接收器差分输入端为 0V，从而使接收器输出高电平。同理，SN75276 的灵敏度为 $0mV/-300mV$，因而达到故障保护的目的。

2）若使用不带故障保护的芯片，如 SN75176、MAX1487 等时，可在软件上做一些处理，从而避免通信异常。即在进入正常的数据通信之前，由主机预先将总线驱动为大于 $+200mV$，并保持一段时间，使所有节点的接收器产生高电平输出。这样，在发出有效数据时，所有接收器能够正确地接收到起始位，进而接收到完整的数据。

（4）光电隔离

在某些工业控制领域，由于现场情况十分复杂，各个节点之间存在很高的共模电压。虽然 RS-485 接口采用的是差分传输方式，具有一定的抗共模干扰的能力，但当共模电压超过 RS-485 接收器的极限接收电压，即大于＋12V 或小于－7V 时，接收器就再也无法正常工作了，严重时甚至会烧毁芯片和仪器设备。

解决此类问题的方法是通过 DC-DC 将系统电源和 RS-485 收发器的电源隔离；通过光耦将信号隔离，彻底消除共模电压的影响。实现此方案的途径可分为：

（1）用光耦、带隔离的 DC-DC、RS-485 芯片构筑电路；

（2）使用二次集成芯片，如 PS1480、MAX1480 等。

5.4　以　太　网

集成的建筑智能化系统其上层网络在无例外的情况下均为计算机信息网络，工程中也常称作以太网。而且，今后的发展趋势是"网络扁平化"，即朝着自顶向下全部以太网化的方向发展。所以，在该领域日益突出的一项实用技术便是计算机信息网络技术，这是必备的基础技能。下面仅就针对该领域必须掌握的一些核心知识点进行介绍，详细内容还需另外参考专门的网络书籍。

5.4.1　网络体系结构及 OSI 基本参考模型

1. 协议及体系结构

通过通信信道和设备互联起来的多个不同地理位置的计算机系统，要使其能协同工作实现信息交换和资源共享，它们之间必须具有共同的语言。交流什么、怎样交流及何时交流，都必须遵循某种互相都能接受的规则。

（1）网络协议（Protocol）

为进行计算机网络中的数据交换而建立的规则、标准或约定的集合。协议总是指某一层协议，准确地说，它是对同等实体之间的通信制定的有关通信规则约定的集合。

网络协议的三个要素是：

1）语义（Semantics）。涉及用于协调与差错处理的控制信息。

2）语法（Syntax）。涉及数据及控制信息的格式、编码及信号电平等。

3）定时（Timing）。涉及速度匹配和排序等。

（2）网络的体系结构及其划分所遵循的原则

计算机网络系统是一个十分复杂的系统。将一个复杂系统分解为若干个容易处理的子系统，然后"分而治之"，这种结构化设计方法是工程设计中常见的手段。分层就是系统分解的最好方法之一。

在图 5-36 所示的一般分层结构中，n 层是 $n-1$ 层的用户，又是 $n+1$ 层的服务提供者。$n+1$ 层虽然只直接使用了 n 层提供的服务，实际上

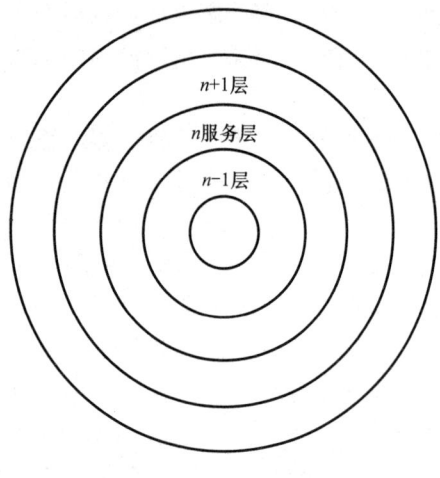

图 5-36　层次结构

它通过 n 层还间接地使用了 $n-1$ 层以及以下所有各层的服务。

层次结构的好处在于使每一层实现一种相对独立的功能。分层结构还有利于交流、理解和标准化。

所谓网络的体系结构（Architecture）就是计算机网络各层次及其协议的集合。层次结构一般以垂直分层模型来表示（图 5-37）。

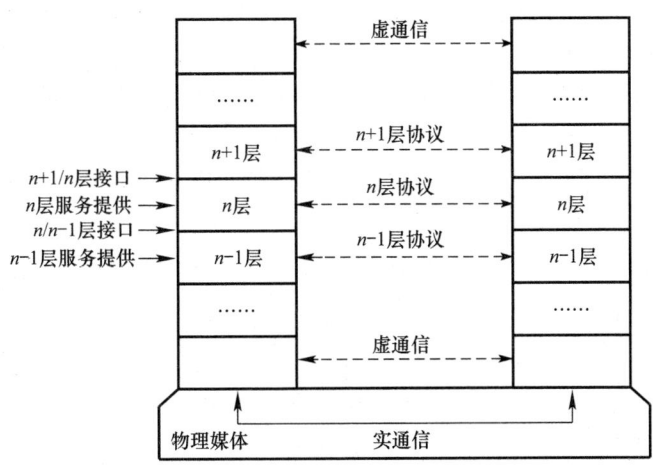

图 5-37   计算机网络的层次模型

层次结构的要点：

1）除了在物理媒体上进行的是实通信之外，其余各对等实体间进行的都是虚通信。

2）对等层的虚通信必须遵循该层的协议。

3）n 层的虚通信是通过 $n/n-1$ 层间接口处 $n-1$ 层提供的服务以及 $n-1$ 层的通信（通常也是虚通信）来实现的。

层次结构划分的原则：

1）每层的功能应是明确的，并且是相互独立的。当某一层的具体实现方法更新时，只要保持上、下层的接口不变，便不会对邻居产生影响。

2）层间接口必须清晰，跨越接口的信息量应尽可能少。

3）层数应适中。若层数太少，则造成每一层的协议太复杂；若层数太多，则体系结构过于复杂，使描述和实现各层功能变得困难。

网络的体系结构的特点是：

1）以功能作为划分层次的基础。

2）第 n 层的实体在实现自身定义的功能时，只能使用第 $n-1$ 层提供的服务。

3）第 n 层在向第 $n+1$ 层提供的服务时，此服务不仅包含第 n 层本身的功能，还包含由下层服务提供的功能。

4）仅在相邻层间有接口，且所提供服务的具体实现细节对上一层完全屏蔽。

2. OSI 基本参考模型

开放系统互连（Open System Interconnection）基本参考模型是由国际标准化组织（ISO）制定的标准化开放式计算机网络层次结构模型，又称 ISO's OSI 参考模型。"开放"这个词表示能使任何两个遵守参考模型和有关标准的系统进行互连。

OSI 包括了体系结构、服务定义和协议规范三级抽象。OSI 的体系结构定义了一个七层模型，用以进行进程间的通信，并作为一个框架来协调各层标准的制定；OSI 的服务定义描述了各层所提供的服务，以及层与层之间的抽象接口和交互用的服务原语；OSI 各层的协议规范，精确地定义了应当发送何种控制信息及何种过程来解释该控制信息。

需要强调的是，OSI 参考模型并非具体实现的描述，它只是一个为制定标准机而提供的概念性框架。在 OSI 中，只有各种协议是可以实现的，网络中的设备只有与 OSI 和有关协议相一致时才能互连。

如图 5-38 所示，OSI 七层模型从下到上分别为物理层（Physical Layer，PH）、数据链路层（Data Link Layer，DL）、网络层（Network Layer，N）、传输层（Transport Layer，T）、会话层（Session Layer，S）、表示层（Presentation Layer，P）和应用层（Application Layer，A）。

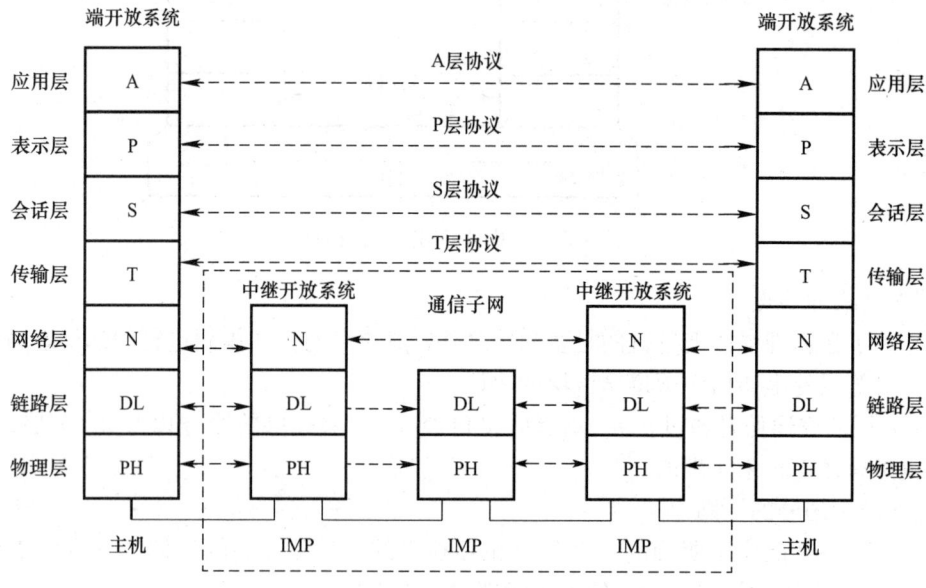

图 5-38　ISO 的 OSI 参考模型

从图 5-38 中可见，整个开放系统环境由作为信源和信宿的端开放系统及若干中继开放系统通过物理媒体连接构成。这里的端开放系统和中继开放系统，都是国际标准 OSI 7498 中使用的术语。通俗地说，它们相当于资源子网中的主机和通信子网中的节点机（IMP）。只有在主机中才可能需要包含所有七层的功能，而在通信子网中的 IMP 一般只需要最低三层甚至只要最低两层的功能就可以了。

层次结构模型中数据的实际传送过程如图 5-39 所示。图 5-39 中发送进程送给接收进程和数据，实际上是经过发送方各层从上到下传递到物理媒体；通过物理媒体传输到接收方后，再经过从下到上各层的传递，最后到达接收进程。

在发送方从上到下逐层传递的过程中，每层都要加上适当的控制信息，即图 5-39 中和 H7、H6、……、H1，统称为报头。到最底层成为由"0"或"1"组成和数据比特流，然后再转换为电信号在物理媒体上传输至接收方。接收方在向上传递时过程正好相反，要逐层剥去发送方相应层加上的控制信息。

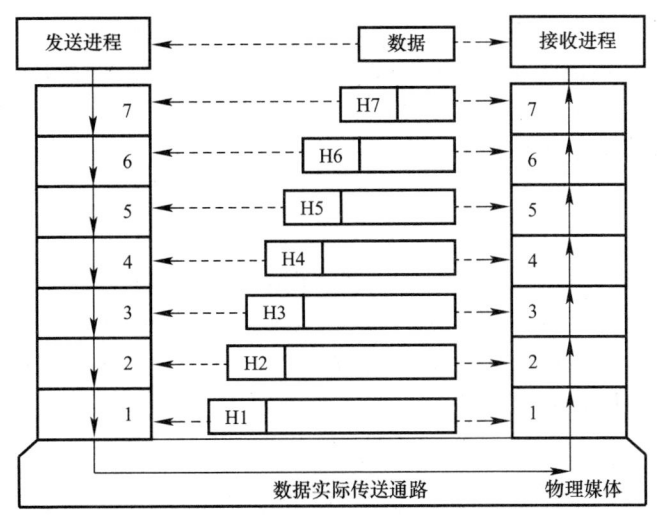

图 5-39　数据的实际传递过程

因接收方的某一层不会收到底下各层的控制信息，而高层的控制信息对于它来说又只是透明的数据，所以它只阅读和去除本层的控制信息，并进行相应的协议操作。发送方和接收方的对等实体看到的信息是相同的，就好像这些信息通过虚通信直接给了对方一样。

各层功能简要介绍：

（1）物理层——定义了为建立、维护和拆除物理链路所需的机械的、电气的、功能的和规程的特性，其作用是使原始的数据比特流能在物理媒体上传输。具体涉及接插件的规格、"0"、"1"信号的电平表示、收发双方的协调等内容。

（2）数据链路层——比特流被组织成数据链路协议数据单元（通常称为帧），并以其为单位进行传输，帧中包含地址、控制、数据及校验码等信息。数据链路层的主要作用是通过校验、确认和反馈重发等手段，将不可靠的物理链路改造成对网络层来说无差错的数据链路。数据链路层还要协调收发双方的数据传输速率，即进行流量控制，以防止接收方因来不及处理发送方来的高速数据而导致缓冲器溢出及线路阻塞。

（3）网络层——数据以网络协议数据单元（分组）为单位进行传输。网络层关心的是通信子网的运行控制，主要解决如何使数据分组跨越通信子网从源传送到目的地的问题，这就需要在通信子网中进行路由选择。另外，为避免通信子网中出现过多的分组而造成网络阻塞，需要对流入的分组数量进行控制。当分组要跨越多个通信子网才能到达目的地时，还要解决网际互联的问题。

（4）传输层——是第一个端—端，也即主机—主机的层次。传输层提供的端到端的透明数据运输服务，使高层用户不必关心通信子网的存在，由此用统一的运输原语书写的高层软件便可运行于任何通信子网上。传输层还要处理端到端的差错控制和流量控制问题。

（5）会话层——是进程—进程的层次，其主要功能是组织和同步不同的主机上各种进程间的通信（也称为对话）。会话层负责在两个会话层实体之间进行对话连接的建立和拆除。在半双工情况下，会话层提供一种数据权标来控制某一方何时有权发送数据。会话层还提供在数据流中插入同步点的机制，使得数据传输因网络故障而中断后，可以不必从头开始而仅重传最近一个同步点以后的数据。

（6）表示层——为上层用户提供共同的数据或信息的语法表示变换。为了让采用不同编码方法的计算机在通信中能相互理解数据的内容，可以采用抽象的标准方法来定义数据结构，并采用标准的编码表示形式。表示层管理这些抽象的数据结构，并将计算机内部的表示形式转换成网络通信中采用的标准表示形式。数据压缩和加密也是表示层可提供的表示变换功能。

（7）应用层——是开放系统互连环境的最高层。不同的应用层为特定类型的网络应用提供访问 OSI 环境的手段。网络环境下不同主机间的文件传送访问和管理（FTAM）、传送标准电子邮件的文电处理系统（MHS）、使不同类型的终端和主机通过网络交互访问的虚拟终端（VT）协议等都属于应用层的范畴。

5.4.2 网络技术要点

1. TCP/IP 协议

TCP/IP 是 Internet 的核心，利用 TCP/IP 协议可以方便地实现多个网络的无缝连接。通常所谓某台主机在 Internet 上，Internet 地址（即 IP 地址），并运行 TCP/IP 协议，可以向 Internet 上的所有其他主机发送 IP 分组。

TCP/IP 的层次模型分为四层，其最高层相当于 OSI 的 5～7 层，该层中包括了所有的高层协议，如常见的文件传输协议 FTP、电子邮件 SMTP、域名系统 DNS、网络管理协议 SNMP、访问 WWW 的超文本传输协议 HTTP 等。

TCP/IP 的次高层相当于 OSI 的运输层，该层负责在源主机和目的主机之间提供端—端的数据传输服务。这一层上主要定义了两个协议：面向连接的传输控制协议 TCP 和无连接的用户数据报协议 UDP。

TCP/IP 的第二层相当于 OSI 的网络层，该层负责将分组独立地从信源传送到信宿，主要解决路由选择、阻塞控制级网际互联问题。这一层上定义了互联网协议 IP、地址转换协议 ARP、反向地址转换协议 RARP 和互联网控制报文协议 ICMP 等协议。

TCP/IP 的最底层为网络接口层，该层负责将 IP 分组封装成适合在物理网络上传输的帧格式并发送出去，或将从物理网络接收到的帧卸装并取 IP 分组递交给高层。这一层与物理网络的具体实现有关，自身并无专用的协议。事实上，任何能传输 IP 分组的协议都可以运行。虽然该层一般不需要专门的 TCP/IP 协议，各物理网络可使用自己的数据链路层协议和物理层协议，但使用串行线路进行连接时仍需要运行 SLIP 或 PPP 协议。

2. 互联网标识技术

（1）主机 IP 地址

为了确保通信时能相互识别，在 Internet 上的每台主机都必须有一个唯一的标识，即主机的 IP 地址。IP 协议就是根据 IP 地址实现信息传递的。

IP 地址由 32 位（即 4 字节）二进制数组成，为书写方便起见，常将每个字节作为一段并以十进制数来表示，每段间用"."分隔。例如，202.96.209.5 就是一个合法的 IP 地址。

IP 地址由网络标识和主机标识两部分组成。常用的 IP 地址有 A、B、C 三类，每类均规定了网络标识和主机标识在 32 位中所占的位数。这三类 IP 地址的表示范围分别为：

A 类地址：0.0.0.0～127.255.255.255

B 类地址：128.0.0.0～191.255.255.255

C 类地址：192.0.0.0～233.255.255.255

A 类地址一般分配具有大量主机的网络使用，B 类地址通常分配给规模中等的网络使用，C 类地址通常分配给小型局域网使用。为了确保唯一性，IP 地址由世界各大地区的权威机构 Inter NIC（Internet Network Information Center）管理和分配。

在 IP 地址的某个网络标识中，可以包含大量的主机（如 A 类地址的主机标识域为 24位、B 类地址的主机标识域为 16 位），而在实际应用中不可能将这么多的主机连接到单一的网络中，这将给网络寻址和管理带来不便。为解决这个问题，可以在网络中引入"子网"的概念。

将主机标识域进一步划分为子网标识和子网主机标识，通过灵活定义子网标识域的位数，可以控制每个子网的规模。将一个大型网络划分为若干个既相对独立又相互联系的子网后，网络内部各子网便可独立寻址和管理，各子网间通过跨子网的路由器连接，这样也提高了网络的安全性。

利用子网掩码可以判断两台主机是否在同一子网中。子网掩码与 IP 地址一样也是 32位二进制数，不同的是它的子网主机标识部分为全"0"。若两台主机的 IP 地址分别与它们的子网掩码相"与"后的结果相同，则说明这两台主机在同一网中。

（2）域名系统和统一资源定位器

32 位二进制数的 IP 地址对计算机来说十分有效，但用户使用和记忆都很不方便。为此，Internet 引进了字符形式的 IP 地址，即域名。域名采用层次结构的基于"域"的命名方案，每一层由一个子域名间用"."分隔，其格式为：

机器名 . 网络名 . 机构名 . 最高域名

Internet 上的域名由域名系统 DNS（Domain Name System）统一管理。DNS 是一个分布式数据库系统，由域名空间、域名服务器和地址转换请求程序三部分组成。有了DNS，凡域名空间中有定义的域名可以有效地转换为对应的 IP 地址，同样，IP 地址也可通过 DNS 转换成域名。

WWW 上的每一个网页（Home Page）都有一个独立的地址，这些地址称为统一资源定位器（URL），只要知道某网页的 URL，便可直接打开该网页。例如，在 Internet 浏览器的 URL 输入框输入：

http://www.163.com

按回车后即可进入网易的主页。

（3）用户 E-mail 地址

用户 E-mail 地址的格式为：用户名@主机域名。其中用户名是用户在邮件服务器上的信箱名，通常为用户的注册名、姓名或其他代号，主机域名则是邮件服务器的域名。用户名和主机域名之间用"@"分隔。例如，mfdu@163.com 即表示域名为"163.com"的邮件服务器上的用户"mfdu"的 E-mail 地址。

由于主机域名在 Internet 上的唯一性，所以，只要 E-mail 地址中用户名在该邮件服务器中是唯一的，则这个 E-mail 地址在整个 Internet 上也是唯一的。

5.4.3　介质访问控制方式

环形或总线拓扑中，由于只有一条物理传输通道连接所有的设备，因此，连到网络上的所有设备必须遵循一定的规则，才能确保传输媒体的正常访问和使用。常用的媒体访问控制方法有：具有冲突检测的载波监听多路访问 CSMA/CD（Carrier Sense Multiple Access/Collision Detection）、控制令牌（Control Token）及时槽环（Slotted Ring）三种技术。

1. CSMA 与 CSMA/CD 方法

在总线网络中，每个站点都能独立地决定帧的发送，若两个或多个站同时发送帧，就会产生冲突，导致所发送的帧都出错。因此，一个用户发送信息成功与否，在很大程度上取决于监测总线是否空闲的算法，以及当两个不同节点同时发送的分组发生冲突后所使用的中断传输的方法。总线争用技术可分为载波监听多路访问 CSMA 和具有冲突检测的载波监听多路访问 CSMA/CD 两大类。

2. CSMA

CSMA——载波监听多路访问，也称作先听后说 LBT（Listen Before Talk）。要传输数据的站点首先对媒体上有无载波进行监听，以确定是否有别的站点在传输数据。如果媒体空闲，该站点便可传输数据；否则，该站点将避让一段时间后再做尝试。这就需要有一种退避算法来决定避让的时间，常用的退避算法有非坚持算法、1-坚持算法、P-坚持算法三种。

（1）非坚持算法

算法规则为：

1）如果媒体是空闲的，则可以立即发送。

2）如果媒体是忙的，则等待一个由概率分布决定的随机重发延迟后，再重复前一步骤。采用随机的重发延迟时间可以减少冲突发生的可能性。非坚持算法的缺点是：即使有几个站点都有数据要发送，但由于大家都在延迟等待过程中，致使媒体仍可能处于空闲状态，使用率降低。

（2）1-坚持算法

算法规则：

1）如果媒体空闲的，则可以立即发送。

2）如果媒体是忙的，则继续监听，直至检测到媒体是空闲，立即发送。

3）如果有冲突（在一段时间内未收到肯定的回复），则等待一随机量的时间，重复步骤1）～2）。

这种算法的优点是：只要媒体空闲，站点就立即可发送，避免了媒体利用率的损失；其缺点是：假若有两个或两个以上的站点有数据要发送，冲突就不可避免。

（3）P-坚持算法

算法规则：

1）监听总线，如果媒体是空闲的，则以 P 的概率发送，而以（1-P）的概率延迟一个时间单位。一个时间单位通常等于最大传播时延的 2 倍。

2）延迟一个时间单位后，再重复步骤1）。

3）如果媒体是忙的，继续监听直至媒体空闲并重复步骤1）。

P-坚持算法是一种既能像非坚持算法那样减少冲突，又能像 1-坚持算法那样减少媒体空闲时间的折中方案。问题在于如何选择 P 的有效值，这要考虑到避免重负载下系统处于的不稳定状态。假如媒体是忙时，有 N 个站有数据等待发送，一旦当前的发送完成时，将要试图传输的站的总期望数为 NP。如果选择 P 过大，使 NP＞1，表明有多个站点试图发送，冲突就不可避免。最坏的情况是，随着冲突概率的不断增大，而使吞吐量降低到零。所以必须选择适当 P 值，使 NP<1。当然 P 值选得过小，媒体利用率又会大大降低。

在 CSMA 中，由于信道传播时延的存在，即使总线上两个站点没有监听到载波信号而发送帧时，仍可能会发生冲突。如图 5-40 所示，在传播延迟期间，站点 2 有帧发送，就会和站点 1 发送的帧冲突。由于 CSMA 算法没有冲突检测功能，即使冲突已发生，仍然要将已破坏的帧发送完，使总线的利用率很低。

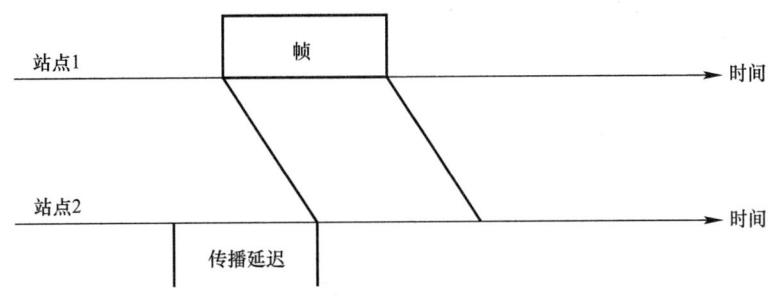

图 5-40　CSMA 方式的冲突

一种 CSMA 的改进方案是使发送站点传输过程中仍继续监听媒体，以检测是否存在冲突。如果发生冲突，信道上可以检测到超过发送站点本身发送的载波信号的幅度，由此判断出冲突的存在。一旦检测到冲突，就立即停止发送，并向总线上发一串阻塞信号，用以通知总线上其他各有关站点。这样，通道容量就不致因白白传送已受损的帧而浪费，可以提高总线的利用率。这种方案称作载波监听多路访问/冲突检测协议，简写为 CSMA/CD，这种协议已广泛应用于局域网中。

3. CSMA/CD

具有冲突检测的载波监听多路访问——CSMA/CD 采用随机访问和竞争技术，这种技术只用于逻辑上属于总线拓扑结构的网络。CSMA/CD 结构将所有的设备都直接连到同一条物理信道上，该信道负责任何两个设备之间的全部数据传送，因此称信道是以"多路访问"方式进行操作的。站点以帧的形式发送数据，帧的头部含有目的和源点的地址。帧在信道上以广播方式传输，所有连接在信道上的设备随时都能检测到该帧。当目的地站点检测到目的地址为本站地址的帧时，就接收帧中所携带的数据，并按规定的链路协议给源站点返回一个响应。

由 IEEE 802.3 标准确定的 CSMA/CD 检测冲突的方法如下：

（1）当一个站点想要发送数据的时候，它检测网络查看是否有其他站点正在传输，即监听信道是否空闲。

（2）如果信道忙，则等待，直到信道空闲；如果信道空闲，站点就传输数据。

（3）在发送数据的同时，站点继续监听网络确信没有其他站点在同时传输数据。因为有可能两个或多个站点都同时检测到网络空闲然后几乎在同一时刻开始传输数据。如果两个或多个站点同时发送数据，就会产生冲突。

（4）当一个传输节点识别出一个冲突，它就发送一个拥塞信号，这个信号使得冲突的时间足够长，让其他的节点都能发现。

（5）其他节点收到拥塞信号后，都停止传输，等待一个随机产生的时间间隙（回退时间）后重发。

数据帧从一个站点开始发送，到该数据帧发送完毕所需的时间和为"数据传输时延"；同理，数据传输时延也表示一个接收站点开始接收数据帧，到该数据帧接收完毕所需的时间。数据传输时延（s）＝数据帧长度（bit）/数据传输速率（b/s）。若不考虑中继器引入的延迟，数据帧从一个站点开始发送，到该数据帧被另一个站点全部接收所需的总时间，等于数据传输时延与信道传播时延之和。

CSMA/CD 的代价是用于检测冲突所花费的时间。现假定 A、B 两个站点位于总线两端，两站点之间的最大传播时延为 tp。当 A 站点发送数据后，经过接近于最大传播时延 tp 时，B 站点正好也发送数据，此时冲突便发生。发生冲突后，B 站点立即可检测到该冲突，而 A 站点需再经过一份最大传播时延 tp 后，才能检测出冲突。也即最坏情况下，对于基带 CSMA/CD 来说，检测出一个冲突的时间等于任意两个站之间最大传播时延的两倍（2tp）。

由上述分析可知，为了确保发送数据站点在传输时能检测到可能存在的冲突，数据帧的传输时延至少要两倍于传播时延。换句话说，要求分组的长度不短于某个值，否则在检测出冲突之前传输已经结束，但实际上分组已被冲突所破坏。由此引出了 CSMA/CD 总线网络中最短帧长的计算关系式：

最短数据帧长（bit）/数据传输速率（Mb/s）＝2×任意两站点间的最大距离（m）/200（m/μs）。

由于单向传输的原因，对于宽带总线而言，冲突检测时间等于任意两个站之间最大传播时延的 4 倍。所以，对于宽带 CSMA/CD 来说，要求数据帧的传输时延至少 4 倍于传播时延。

在 CSMA/CD 算法中，一旦检测到冲突并发完阻塞信号后，为了降低再次冲突的概率，需要等待一个随机时间，然后再使用 CSMA 方法试图传输。为了保证这种退避操作维持稳定采用了一种称为二进制指数退避和算法，其规则如下：

（1）对每个数据帧，当第一次发生冲突时，设置一个参量 L＝2；

（2）退避间隔取 1 到 L 个时间片中的一个随机数，1 个小时片等于两站之间的最大传播时延的两倍；

（3）当数据帧再次发生冲突，将参量 L 加倍；

（4）设置一个最大重传次数，超过该次数，则不再重传，并报告出错。

二进制指数退避算法是按后进先出 LIFO（List In First Out）的次序控制的，即未发生冲突或很少发生冲突的数据帧，具有优先发送的概率；而发生过多次冲突的数据帧，发送成功的概率就更少。

以太网（IEEE 802.3）就是采用二进制指数退避和 1-坚持算法的 CSMA/CD 媒体访问控制方法。这种方法在低负荷时，如媒体空闲时，要发送数据帧的站点能立即发送；在重负荷时，仍能保证系统的稳定性。由于在媒体上传播的信号会衰减，为确保能检测出冲突信号，CSMA/CD 总线网限制一段无分支电缆的最大长度为 500m。

4. 控制令牌

控制令牌是另一种传输媒体访问控制方法。它是按照所有站点共同理解和遵守的规则，从一个站点到另一个站点传递控制令牌，对一个站点来讲，只有当它占有令牌时，才能发送数据帧，发完帧后，即把令牌传递下一个站点。其操作次序如下：

（1）首先建立一个逻辑环，将所有站点同物理媒体相连，然后产生一个控制令牌；

（2）控制令牌由一个站点沿着逻辑环顺序向下一个站点传递；

（3）等待发送帧的站点接收到控制令牌后，把要发送的帧利用物理媒体发送出去，然后再将控制令牌沿逻辑环传递给下一站点。

控制令牌方法除了用于环形网拓扑结构（即令牌环）之外，也可以用于总线网拓扑结构（即令牌总线），这两类结构建立的逻辑环分别如图 5-41（a）、图 5-41（b）所示。

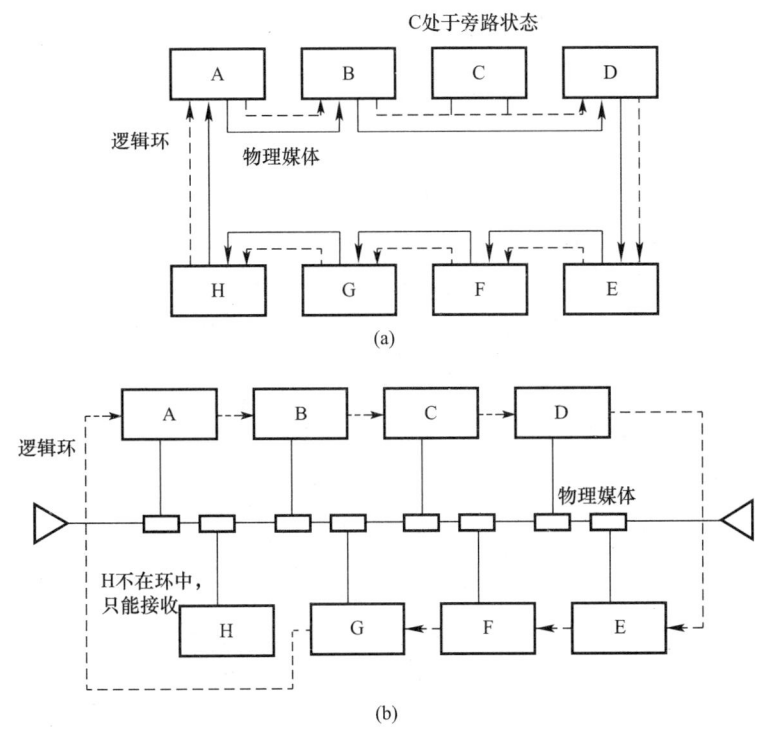

图 5-41　令牌媒体访问控制

（a）令牌环；（b）令牌总线

对于一个物理环，令牌传递的逻辑结构和物理环的结构是相同的，令牌传递的次序和站点连接的物理次序也是一致的；对于总线网，逻辑环次序则不必和电缆上的站点连接次序相对应，所有站点没有必要必须按逻辑环连接。例如图 5-41（b）中，H 站并不是逻辑环的一部分，这意味着 H 站永远拿不到令牌，因此只能以接收方式工作。

5. 时槽环

时槽环只用于环形网的媒体控制访问，这种方法对每个节点预先安排一个特定的时间内段（即时槽段），每个节点只能在时槽内传输数据。若数据较长，可用多个时槽来传输。

时槽环采用集中控制方式，这种方法首先由环中被称为监控站的特定节点起动环，并产生若干个固定长度的比特串，这种比特串即称为时槽。时槽子不停地绕环从一个站点传递到另一个站点。当一个站点收到时槽子时，由该站点的接口阅读后再将其转发到下一个站点，如此一直循环下去。监控站确保总有一个固定数目的时槽绕环传送，而不考虑组成环的站点数目。每个时槽能携带一个固定尺寸的停息帧，时槽帧的格式如图 5-42 所示。

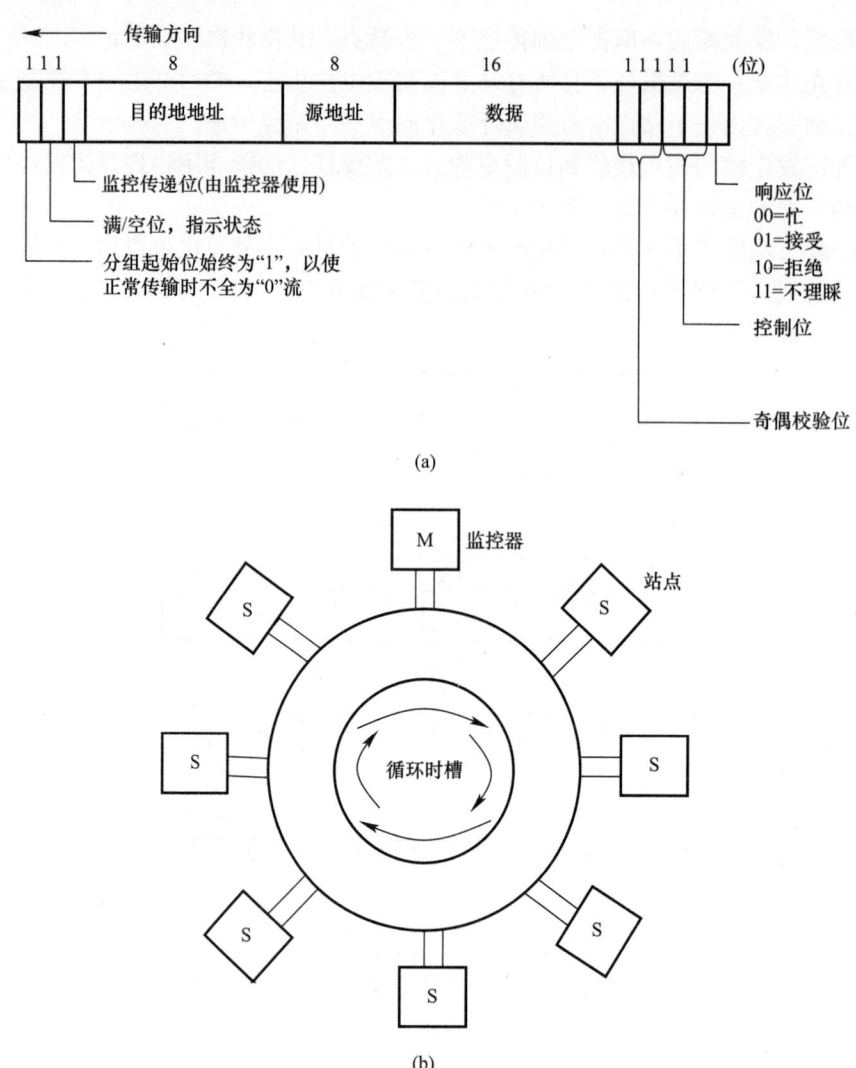

图 5-42　时槽环原理

（a）每个时槽的比特定义；（b）拓扑结构

　　时槽环初始化时，由监控站将每个时槽开头的满/空位置为空状态。某个站点要发送数据前，首先要得到一个空时槽，然后将该时槽的满/空位置为空状态，将数据的内容插入时槽中，同时在帧的头部填入目的地地址和源地址，并将帧尾部的两个响应位全置为1，然后发送该时槽，使它绕物理环从一个站点至另一个站点传送。

　　环中每个站对任何置满的时槽头部的目的地址进行检测，如果检测到是自己的地址，便从时槽中阅读所携带的数据内容，并修改时槽尾部的一对响应位，然后通过环再将它转发下去。如果目的地站点忙或者拒收，则响应位做相应的标记或保留不做改变。

　　源站点在起动一个帧发送之后，要等到该帧绕环一周。由于每个站均知道环上时槽的总数，由环接口对时槽转发计数可知道所发时槽的到来。此后，源站点将所用时槽重新标记为空状态，并阅读时槽尾部的响应位，以确定是否应舍弃已被发送的该帧备份，或者重发该帧。由于采用了响应位，就不需要设置独立的响应帧。

　　监控站传递位由监控站用于监测各个站点发送的帧是否有差错或站点有无故障，该位由源站点在发送帧时置"0"。当满时槽在环接口上转发时，由监控站对每一个满时槽的该位置"1"。如果监控站在其转发某个满时槽时，测得监控站传递位已被置为 1，就认为源站点有故障，便可将该帧的满/空位置为空，并释放空时槽。时槽尾部的两个控制位是提供给 DTE 高层协议使用的，在媒体访问控制层中没有意义。

　　需要特别指出的是，在时槽环媒体访问控制方法中，每个站点每次只能传送一个帧，若想要传送另一个帧，则首先必须释放传输前一帧所用的时槽。这种对环的访问方法体现了公平性，并被各个互连的站点所共享。

　　时槽环的优点是结构简单，节点间相互干扰少、可靠性高。但是，时槽环为保持基本环结构需要一个特定的监控站节点；由于绕环一周时间内，每个站点只能占用一个时槽，若某站点发送的数据较长要占用多个时槽，而此时环上只有该站有数据要发送，则许多时槽都是空循环；另外，每个 40 位长的时槽只能携带 16 位有效数据，开销大、效率低。相比之下，令牌环中的某个站点得到控制令牌后，就可将包括多个字节的信息帧作为一个整体进行发送，所以效率比时槽环高。

5.5　Modbus 串行通信

　　Modbus 协议是一个公开的、被广泛应用的串行通信协议，最初由 Modicon（莫迪康）公司为本公司的可编程控制器和工业自动化系统而制定。此协议在控制设备间传输数字和模拟的 I/O 及寄存器数据时使用。由于协议和协议说明均可免费使用，它已经被成千上万不同类型的设备所采用。在智能建筑领域中，Modbus 协议已被广泛应用，成为智能建筑中央管理平台必集成的接口之一。掌握 Modbus 协议的核心内容是调试基于 Modbus 通信协议的集成化系统的前提。

5.5.1　Modbus 协议

1. Modbus 协议族

　　Modbus 协议包括 ASCII、RTU、TCP 等，可将这些协议统称为 Modbus 协议族。Modbus 协议并没有规定物理层。此协议定义了控制器能够认识和使用的消息结构，而不管它们是经过何种网络进行通信的。标准的 Modicon 控制器使用 RS232C 实现串行的 Modbus。Modbus 的 ASCII、RTU 协议规定了消息、数据的结构、命令和应答的方式，数据通信采用 Maser/Slave 方式，Master 端发出数据请求消息，Slave 端接收到正确消息后就可以发送数据到 Master 端以响应请求；Master 端也可以直接发消息修改 Slave 端的数据，实现双向读写。

　　Modbus 协议需要对数据进行校验，串行协议中除有奇偶校验外，ASCII 模式采用 LRC 校验，RTU 模式采用 16 位 CRC 校验，但 TCP 模式没有额外规定校验，因为 TCP 协议是一个面向连接的可靠协议。另外，Modbus 采用主从方式定时收发数据，在实际使用中如果某 Slave 站点断开后（如故障或关机），Master 端可以诊断出来，而当故障修复后，网络又可自动接通。因此，Modbus 协议的可靠性较好。

　　对于 Modbus 的 ASCII、RTU 和 TCP 协议来说，其中 TCP 和 RTU 协议非常类似，只要把 RTU 协议的两个字节的校验码去掉，然后在 RTU 协议的开始加上 5 个 0 和一个 6

并通过 TCP/IP 网络协议发送出去即可。所以在这里仅介绍 Modbus 的 ASCII 和 RTU 协议。

表 5-7 是对 ASCII 协议和 RTU 协议进行的比较。

ASCII 协议和 RTU 协议比较

表 5-7

协议	开始标记	结束标记	校验	传输效率	程序处理
ASCII	：(冒号)	CR，LF	LRC	低	直观，简单，易调试
RTU	无	无	CRC	高	不直观，稍复杂

通过比较可以看到，ASCII 协议和 RTU 协议相比拥有开始和结束标记，因此在进行程序处理时能更加方便，而且由于传输的都是可见的 ASCII 字符，所以进行调试时就更加的直观，另外它的 LRC 校验也比较容易。但是因为它传输的都是可见的 ASCII 字符，RTU 传输的数据每一个字节 ASCII 都要用两个字节来传输，比如 RTU 传输一个十六进制数 0xF9，ASCII 就需要传输 F、9 的 ASCII 码 0x39 和 0x46 两个字节，这样它的传输效率就比较低。所以一般来说，如果所需要传输的数据量较小则可以考虑使用 ASCII 协议，如果所需传输的数据量比较大，最好能使用 RTU 协议。

下面对两种协议的校验方法进行介绍。

（1）LRC 校验

LRC 域是一个包含一个 8 位二进制值的字节。LRC 值由传输设备来计算并放到消息帧中，接收设备在接收消息的过程中计算 LRC，并将它和接收到消息中 LRC 域中的值比较，如果两值不等，说明有错误。

LRC 校验比较简单，它在 ASCII 协议中使用，检测了消息域中除开始的冒号及结束的回车换行号外的内容。它仅仅是把每一个需要传输的数据按字节叠加后取反加 1 即可。下面是它的 VC 代码：

```
BYTE GetCheckCode(const char* pSendBuf, int nEnd)//获得校验码
{
    BYTE byLrc= 0;
    char pBuf[4];
    int nData= 0;
    for(i= 1; i< end; i+ = 2)   //i初始为1，避开"开始标记"冒号
    {
    //每两个需要发送的 ASCII 码转化为一个十六进制数
        pBuf [0]= pSendBuf [i];
        pBuf [1]= pSendBuf [i+ 1];
        pBuf [2]= '\0';
        sscanf(pBuf,"% x",& nData);
        byLrc + = nData;
    }
    byLrc= ~ byLrc;
    byLrc + + ;
```

```
    return byLrc;
}
```

（2）CRC 校验

CRC 域是两个字节，包含一 16 位的二进制值。它由传输设备计算后加入到消息中。接收设备重新计算收到消息的 CRC，并与接收到的 CRC 域中的值比较，如果两值不同，则有误。

CRC 是先调入一值是全"1"的 16 位寄存器，然后调用一过程将消息中连续的 8 位字节各当前寄存器中的值进行处理。仅每个字符中的 8Bit 数据对 CRC 有效，起始位和停止位以及奇偶校验位均无效。

CRC 产生过程中，每个 8 位字符都单独和寄存器内容相或（OR），结果向最低有效位方向移动，最高有效位以 0 填充。LSB 被提取出来检测，如果 LSB 为 1，寄存器单独和预置的值或一下，如果 LSB 为 0，则不进行。整个过程要重复 8 次。在最后一位（第 8 位）完成后，下一个 8 位字节又单独和寄存器的当前值相或。最终寄存器中的值，是消息中所有的字节都执行之后的 CRC 值。

CRC 添加到消息中时，低字节先加入，然后高字节。下面是它的 VC 代码：

```
WORD GetCheckCode(const char* pSendBuf, int nEnd)//获得校验码
{
    WORD wCrc= WORD(0xFFFF);
    for(int i= 0;i< nEnd;i+ + )
    {
    wCrc^= WORD(BYTE(pSendBuf[i]));
    for(int j= 0;j< 8;j+ + )
        {
            if(wCrc&1)
            {
    wCrc> > = 1;
    wCrc^= 0xA001;
            }
            else
            {
                wCrc> > = 1;
            }
        }
    }
    return wCrc;
}
```

2. Modbus 协议帧结构

Modbus 协议帧通常也被称作 Modbus 信息包裹。每个 Modbus 信息包裹都由以下几个部分组成：

　　地址域；

　　功能码域；

　　数据域；

　　校验域。

　　（1）地址域

　　从站地址域长度为一个字节，其中包含信息包裹传送的从站地址。从站地址范围为1～255。当从站接收到一帧含有从站地址域信息时，若从站将该地址与自身地址经核对相符合时，则立即执行信息包裹中所包含的命令。

　　注意：主站的地址为"0"。

　　（2）功能码域

　　信息包裹中功能域长度为一个字节，用以通知从站应当执行何种操作。

　　注意：从站响应信息包裹中应当包含与主站请求信息包裹中相同的操作功能域字节。

　　例如如表5-8所示：

功能码含义　　　　　　　　　　　　　　　　　　表5-8

功能码	含义	功能
0x03	读取寄存器	获得当前设备内部一个或多个当前寄存器值
0x10	设置寄存器	将指定数值写入设备内部一个或多个寄存器内

　　（3）数据域

　　数据域长度不定，依据其具体功能而定。MODBUS数据域采用"BIG INDIAN"模式，即是高位字节在前，低位字节在后。举例如下：

　　1个16位寄存器包含数值为0x12AB，寄存器数值发送顺序为：

　　高位字节＝0x12

　　低位字节＝0xAB

　　（4）校验域

　　Modbus协议族中不同的Modbus协议采用的校验算法有所不同。Modbus ASCII协议使用LRC校验，Modbus RTU使用CRC校验。无论采用哪种校验算法，其过程和目的类似，即发送设备应当对信息包裹中的每一个数据都进行校验计算，最后结果存放入校验域中。接收设备也应当对信息包裹中的每一个数据（除校验域以外）进行校验计算，将结果与校验域进行比较。只有相同的信息包裹才可以被接受。

　　CRC-16算法基本思想如下：

　　在数据帧中的有关的字节被认为是一串一进制数据流，第16位校验和是这样得到的：该串数据流被216乘，然后除以发生器多项式（$x^{16}+x^{15}+x^{2}+1$），该式以一进制表示为1100000000000101，而商被忽略，16位的余数就是CRC的值。在计算CRC-16值时，全部算术运算用模2或者异或（x0R）算法。

　　按照下列步骤产生CRC-16的校验和：

　　1）省略多项式的最高位，并反转多项式，形成一个新的多项式，结果是二进制的数1010000000000001或者16进制的数A001；

　　2）将全部1或者16进制FFFF装入16位寄存器；

　　3）将16位寄存器的低字节与第一个数据字节进行异或运算，把结果存入16位寄存器；

4）将 16 位寄存器右移一位；

5a）如果移出位为 1，则将 16 位寄存器与多项式进行异或运算，结果存回，再次进行第 4 步骤；

5b）如果移出位为 0，则再次进行第 4 步骤；

6）重复步骤 4 和步骤 5，直到移位 8 次为止；

7）将 16 位寄存器与下一字节进行异或运算；

8）重复步骤 4)～7)，直到所有字节都参与运算；

9）最终 16 位寄存器的内容就是 CRC 校验码。

例如，数据包为 6403，需要计算 CRC-16。计算过程见表 5-9。

CRC-16 计算　　　　　　　　　　　　　　　　　　　　　表 5-9

步骤	字节	动作	寄存器	位置	移位
2		初值	1111 1111 1111 1111		
	1	装入第一字节	0000 0000 0110 0100		
3		异或	1111 1111 1001 1011		
4		右移一位	0111 1111 1100 1101	1	1
5a		异或多项式	1101 1111 1100 1100		
4		右移一位	0110 1111 1110 0110	2	0
4		右移一位	0011 0111 1111 0011	3	0
4		右移一位	0001 1011 1111 1001	4	1
5a		异或多项式	1011 1011 1111 1000		
4		右移一位	0101 1101 1111 1100	5	0
4		右移一位	0010 1110 1111 1110	6	0
4		右移一位	0001 0111 0111 1111	7	0
4		右移一位	0000 1011 1011 1111	8	1
5a		异或多项式	1010 1011 1011 1110		
	2	装入第二字节	0000 0000 0000 0011		
7		异或	1010 1011 1011 1101		
4		右移一位	0101 0101 1101 1110	1	1
5a		异或多式	1111 0101 1101 1111		
4		右移一位	0111 1010 1110 1111	2	1
5a		异或多项式	1101 1010 1110 1110		
4		右移一位	0110 1101 0111 0111	3	0
4		右移一位	0011 0110 1011 1011	4	1
5a		异或多项式	1001 0110 1011 1010		
4		右移一位	0100 1011 0101 1101	5	0
4		右移一位	0010 0101 1010 1110	6	1
5a		异或多项式	1000 0101 1010 1111		
4		右移一位	0100 0010 1101 0111	7	1
5a		异或多项式	1110 0010 1101 0110		
4		右移一位	0111 0001 0110 1011	8	0
CRC-16			0111 0001 0110 1011		

3. Modbus RTU 协议

对于一条 RTU 协议的命令可以简单地通过以下步骤转化为 ASCII 协议的命令：

1）把命令的 CRC 校验去掉，并且计算出 LRC 校验取代；

2）把生成的命令串的每一个字节转化成对应的两个字节的 ASCII 码，比如 0x03 转化成 0x30，0x33（0 的 ASCII 码和 3 的 ASCII 码）；

3）在命令的开头加上起始标记":"，它的 ASCII 码为 0x3A；

4）在命令的尾部加上结束标记 CR，LF（0xD，0xA），此处的 CR，LF 表示回车和换行的 ASCII 码。

所以以下仅介绍 RTU 协议即可，对应的 ASCII 协议可以使用以上的步骤来生成。

表 5-10 是 Modbus 支持的功能码。

Modbus 支持的功能码　　　　　　　　　　　　　　　　表 5-10

功能码	名称	作用
01	读取线圈状态	取得一组逻辑线圈的当前状态（ON/OFF）
02	读取输入状态	取得一组开关输入的当前状态（ON/OFF）
03	读取保持寄存器	在一个或多个保持寄存器中取得当前的二进制值
04	读取输入寄存器	在一个或多个输入寄存器中取得当前的二进制值
05	强置单线圈	强置一个逻辑线圈的通断状态
06	预置单寄存器	把具体二进制值装入一个保持寄存器
07	读取异常状态	取得 8 个内部线圈的通断状态，这 8 个线圈的地址由控制器决定
08	回送诊断校验	把诊断校验报文送从机，以对通信处理进行评鉴
09	编程（只用于 484）	使主机模拟编程器作用，修改 PC 从机逻辑
10	控询（只用于 484）	可使主机与一台正在执行长程序任务从机通信，探询该从机是否已完成其操作任务，仅在含有功能码 9 的报文发送后，本功能码才发送
11	读取事件计数	可使主机发出单询问，并随即判定操作是否成功，尤其是该命令或其他应答产生通信错误时
12	读取通信事件记录	可是主机检索每台从机的 Modbus 事务处理通信事件记录。如果某项事务处理完成，记录会给出有关错误
13	编程（184/384 484 584）	可使主机模拟编程器功能修改 PC 从机逻辑
14	探询（184/384 484 584）	可使主机与正在执行任务的从机通信，定期控询该从机是否已完成其程序操作，仅在含有功能 13 的报文发送后，本功能码才得发送
15	强置多线圈	强置一串连续逻辑线圈的通断
16	预置多寄存器	把具体的二进制值装入一串连续的保持寄存器
17	报告从机标识	可使主机判断编址从机的类型及该从机运行指示灯的状态
18	（884 和 MICRO 84）	可使主机模拟编程功能，修改 PC 状态逻辑
19	重置通信链路	发生非可修改错误后，是从机复位于已知状态，可重置顺序字节
20	读取通用参数（584L）	显示扩展存储器文件中的数据信息
21	写入通用参数（584L）	把通用参数写入扩展存储文件，或修改之
22～64	保留作扩展功能备用	
65～72	保留以备用户功能所用	留作用户功能的扩展编码
73～119	非法功能	
120～127	保留	留作内部作用
128～255	保留	用于异常应答

在这些功能码中较常使用的是 1、2、3、4、5、6 号功能码，使用它们即可实现对下位机的数字量和模拟量的读写操作。

（1）读可读写数字量寄存器（线圈状态）

计算机发送命令：［设备地址］［命令号 01］［起始寄存器地址高 8 位］［低 8 位］［读取的寄存器数高 8 位］［低 8 位］［CRC 校验的低 8 位］［CRC 校验的高 8 位］

例 1：［11］［01］［00］［13］［00］［25］［CRC 低］［CRC 高］

意义如下：

1）设备地址：在一个 485 总线上可以挂接多个设备，此处的设备地址表示想和哪一个设备通信。例子中为想和 17 号（十进制的 17 是十六进制的 11）通信。

2）命令号 01：读取数字量的命令号固定为 01。

3）起始地址高 8 位、低 8 位：表示想读取的开关量的起始地址（起始地址为 0）。比如例子中的起始地址为 19。

4）寄存器数高 8 位、低 8 位：表示从起始地址开始读多少个开关量。例子中为 37 个开关量。

5）CRC 校验：是从开头一直校验到此之前。在此协议的最后再作介绍。此处需要注意，CRC 校验在命令中的高低字节的顺序和其他的相反。

设备响应：［设备地址］［命令号 01］［返回的字节个数］［数据 1］［数据 2］……［数据 n］［CRC 校验的低 8 位］［CRC 校验的高 8 位］

例 2：［11］［01］［05］［CD］［6B］［B2］［0E］［1B］［CRC 低］［CRC 高］

意义如下：

1）设备地址和命令号和上面的相同。

2）返回的字节个数：表示数据的字节个数，也就是数据 1，2……n 中的 n 的值。

3）数据 1……n：由于每一个数据是一个 8 位的数，所以每一个数据表示 8 个开关量的值，每一位为 0 表示对应的开关断开，为 1 表示闭合。比如例子中，表示 20 号（索引号为 19）开关闭合，21 号断开，22 闭合，23 闭合，24 断开，25 断开，26 闭合，27 闭合……如果询问的开关量不是 8 的整倍数，那么最后一个字节的高位部分无意义，置为 0。

4）CRC 校验同上。

（2）读只可读数字量寄存器（输入状态）

和读取线圈状态类似，只是第二个字节的命令号不再是 1 而是 2。

（3）写数字量（线圈状态）

计算机发送命令：［设备地址］［命令号 05］［需下置的寄存器地址高 8 位］［低 8 位］［下置的数据高 8 位］［低 8 位］［CRC 校验的低 8 位］［CRC 校验的高 8 位］

例 3：［11］［05］［00］［AC］［FF］［00］［CRC 低］［CRC 高］

意义如下：

1）设备地址和上面的相同。

2）命令号：写数字量的命令号固定为 05。

3）需下置的寄存器地址高 8 位，低 8 位：表明了需要下置的开关的地址。

4）下置的数据高 8 位，低 8 位：表明需要下置的开关量的状态。例子中为把该开关闭合。注意，此处只可以是［FF］［00］表示闭合［00］［00］表示断开，其他数值非法。

5）注意此命令一条只能下置一个开关量的状态。

设备响应：如果成功把计算机发送的命令原样返回，否则不响应。

（4）读可读写模拟量寄存器（保持寄存器）

计算机发送命令：［设备地址］［命令号 03］［起始寄存器地址高 8 位］［低 8 位］［读取的寄存器数高 8 位］［低 8 位］［CRC 校验的低 8 位］［CRC 校验的高 8 位］

例 4：［11］［03］［00］［6B］［00］［03］［CRC 低］［CRC 高］

意义如下：

1）设备地址和上面的相同。

2）命令号：读模拟量的命令号固定为 03。

3）起始地址高 8 位、低 8 位：表示想读取的模拟量的起始地址（起始地址为 0）。比如例子中的起始地址为 107。

4）寄存器数高 8 位、低 8 位：表示从起始地址开始读多少个模拟量。例子中为 3 个模拟量。注意，在返回的信息中一个模拟量需要返回两个字节。

设备响应：［设备地址］［命令号 03］［返回的字节个数］［数据 1］［数据 2］……［数据 n］［CRC 校验的低 8 位］［CRC 校验的高 8 位］

例 5：［11］［03］［06］［02］［2B］［00］［00］［00］［64］［CRC 低］［CRC 高］

意义如下：

1）设备地址和命令号和上面的相同。

2）返回的字节个数：表示数据的字节个数，也就是数据 1，2……n 中的 n 的值。例子中返回了 3 个模拟量的数据，因为一个模拟量需要 2 个字节所以共 6 个字节。

3）数据 1……n：其中［数据 1］［数据 2］分别是第 1 个模拟量的高 8 位和低 8 位，［数据 3］［数据 4］是第 2 个模拟量的高 8 位和低 8 位，以此类推。例子中返回的值分别是 555，0，100。

4）CRC 校验同上。

（5）读只可读模拟量寄存器（输入寄存器）

和读取保存寄存器类似，只是第二个字节的命令号不再是 2 而是 4。

（6）写单个模拟量寄存器（保持寄存器）

计算机发送命令：［设备地址］［命令号 06］［需下置的寄存器地址高 8 位］［低 8 位］［下置的数据高 8 位］［低 8 位］［CRC 校验的低 8 位］［CRC 校验的高 8 位］

例 6：［11］［06］［00］［01］［00］［03］［CRC 低］［CRC 高］

意义如下：

1）设备地址和上面的相同。

2）命令号：写模拟量的命令号固定为 06。

3）需下置的寄存器地址高 8 位，低 8 位：表明了需要下置的模拟量寄存器的地址。

4）下置的数据高 8 位，低 8 位：表明需要下置的模拟量数据。比如例子中就把 1 号寄存器的值设为 3。

5）注意此命令一条只能下置一个模拟量的状态。

设备响应：如果成功把计算机发送的命令原样返回，否则不响应。

5.5.2　Modbus 通信接口模块开发

Modbus 通信接口位于上位机和下位机之间，具体来讲，如果要完成 Modbus 通信，则上位机和下位机必须均安装有能够实现 Modbus 协议的硬件和软件。在系统集成工程中，有些场合下是不需要开发的，在现有设备或软件环境里直接进行相关配置即可。但在通信双方任何一方不具备 Modbus 接口的情况下，如果还想实现用 Modbus 协议进行通信，则必须进行底层驱动模块的开发。

上位机中运行的 Modbus 软件接口模块一般采用 VC++、VB 等面向对象的高级语言开发，下位机中的 Modbus 软件接口模块一般采用 C 语言等工具开发，具体还要看程序所运行的硬件平台和环境。下文结合开发实例就下位机的 Modbus 驱动程序开发作详细介绍。

例如，要为某高压开关测试仪下位机系统开发一个 Modbus 通信接口模块，实现与上位机之间的远程数据传输。

高压开关的工作环境一般比较危险，不适宜于近距离采集现场数据，而串行通信可远距离传输数据的特点恰好可以用来解决这一问题。在 ATmega128 单片机中开发 Modbus 通信接口模块，用以完成与上位机组态软件的通信。

1. 系统框架结构

高压开关测试仪是测试高压开关机械特性指标的自动化仪器，测试的参数包括：电压、电流、分（合）闸时间、分（合）闸同期性、开距、超程、刚分（合）速度、平均速度和最大速度等，采用 AVR 系列单片机中的 ATmega128 作为核心硬件，是整个微机监控系统的下位机；上位机采用组态软件 MCGS 实现远程监控。系统的功能模块划分及其相互关系如图 5-43 所示。

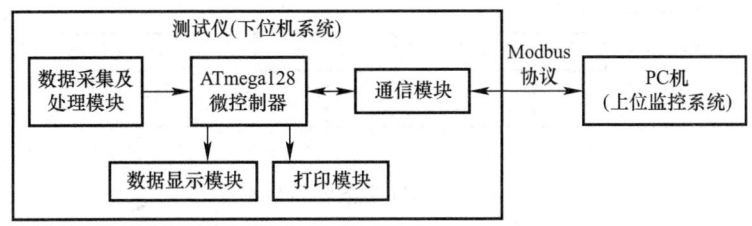

图 5-43　系统总体功能模块图

内置 Modbus 通信模块的测试仪即可作为标准 Modbus 设备来使用，与上位机之间采用主—从（Master-Slave）方式进行通信，上位机作为"主"（Master），下位机作为"从"（Slave）。在这种方式中只有一个设备（主设备）可以发起请求，若干个从设备通过发送应答数据或者通过执行请求中要求的动作回应主设备。应用这种性质，还可以将若干台测试仪或其他 Modbus 设备通过 RS-485 总线组建成 Modbus 网络，统一纳入上位机监控平台之中，实现网络化远程监控。

2. 接口硬件结构及通信过程

ATmega128 是 ATMEL 公司 AVR 系列单片机中的高档产品，是一款基于增强精简指令集 RISC 结构（Reduced Instruction Set CPU）的 8 位微控制器（Enhanced RISC Microcontroller）。它运用了 Harvard 结构，在前一条指令执行的时候就取出现行的指令，然后以一个周期执行指令，是在 8 位单片机中第一个真正的 RISC 结构的单片机。ATmega128 拥有大容量的存储器（Flash 128kB、E2PROM 4kB、RAM 4kB）及各种接口，其中与实现 Modbus 通信紧密相关的部件是全双工通用同步/异步串行收发模块 USART，该接口是一个高度灵活的串行通信设备。USART 收发模块分为三大部分：时钟发生器、数据发送器和接收器。控制寄存器为所有模块共享。USART 的硬件结构见图 5-44。

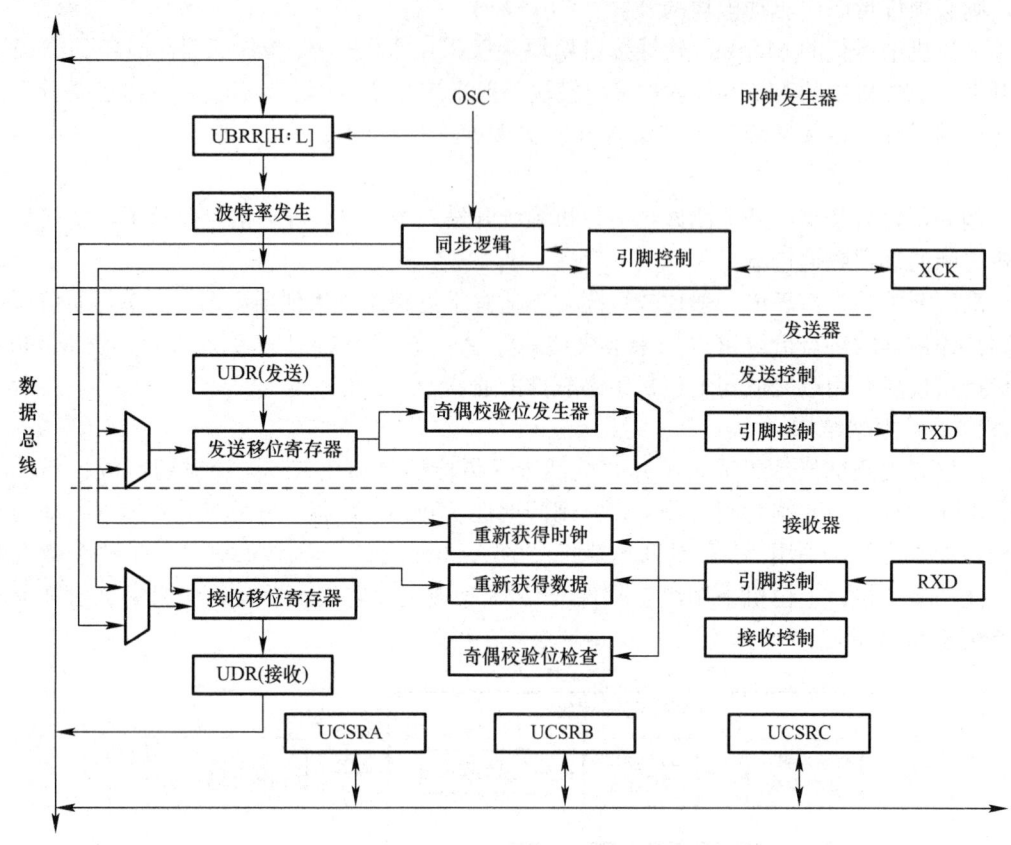

图 5-44　USART 收发器接口硬件图

采用 Modbus 协议进行串行通信时的一个数据帧收发过程如下：

数据发送的过程（以发送 5～8 位数据位的帧为例）：当程序检测到数据寄存器空标志位 UDRE 置位时，CPU 通过将待发送的数据写入到 UDR 发送数据寄存器来加载发送缓冲器，当移位寄存器准备就绪时缓冲的数据被移入移位寄存器中，然后由硬件自动发送，TXD 引脚上将出现被发送的数据。数据接收的过程则与发送过程相反。无论数据发送还是接收都可采用两种方式，即轮询和中断。

在 ATmega128 中开发 Modbus 通信模块时，只要按照 Modbus 协议的规定将若干帧封装成为 Modbus 标准帧再发送即可，从上位机接收 Modbus 标准帧也是相当于连续接收多个单帧数据，为了保存接收或发送的单帧数据，程序中开辟缓冲数组，专门用于存放缓冲的 Modbus 标准帧。

与上位机通过 Modbus 协议进行串行通信的系统结构如图 5-45 所示。

图 5-45 中 MAX3232 为 RS-232 收发器，简单易用，仅需外接几个电容即可完成从

TTL 电平到 RS-232 电平的转换。TxD/RxD 引脚信号通过 RS232/485 转换器（或 RS485/232 转换器）转换后在 RS485 总线上传输，从而实现远距离通信。

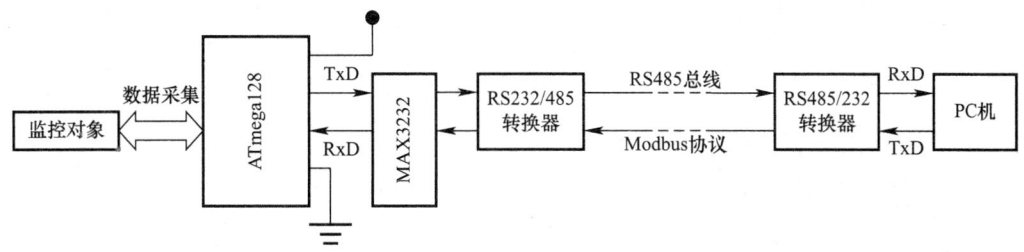

图 5-45 通信连接示意图

3. 程序设计及实现

下位机 Modbus 通信接口模块采用 AVR 单片机 C 语言编写，在上位机中开发完成后通过 ATmega128 的 SPI 口下载到其 Flash 程序存储器中。根据 Modbus 标准协议，上位机向下位机发送的帧结构为：从站地址（1 字节）-功能码（1 字节）-起始寄存器地址高字节（1 字节）-起始寄存器地址低字节（1 字节）-请求寄存器个数高字节（1 字节）-请求寄存器个数低字节（1 字节）-CRC 校验码低字节（1 字节）-CRC 校验码高字节（1 字节）。可看出请求帧的长度总是固定长度：8 个字节。可在程序中由此来判断请求帧是否发送结束。下位机对上位机应答的帧结构为：从站地址（1 字节）-功能码（1 字节）-回应的字节数（1 字节）-应答内容（若干字，由请求决定）-CRC 校验码低字节（1 字节）-CRC 校验码高字节（1 字节）。

单片机程序总体流程图如图 5-46 所示。

主程序的结构是先初始化 USART，再采用一个无限循环体（for(;;)）完成 Modbus 标准帧的收发工作。主要部分代码如下：

```
void main(void)
{……//变量定义(略)
    uart0_init();
    OSCCAL= osccal;
    FlagRecvFsh= 1;
    for(;;)
    {
            if(FlagRecvFsh)//从串口接收一帧
    {
            RecvFram();
            FlagRecvFsh= 0;//接收完一帧置 0
    }
```

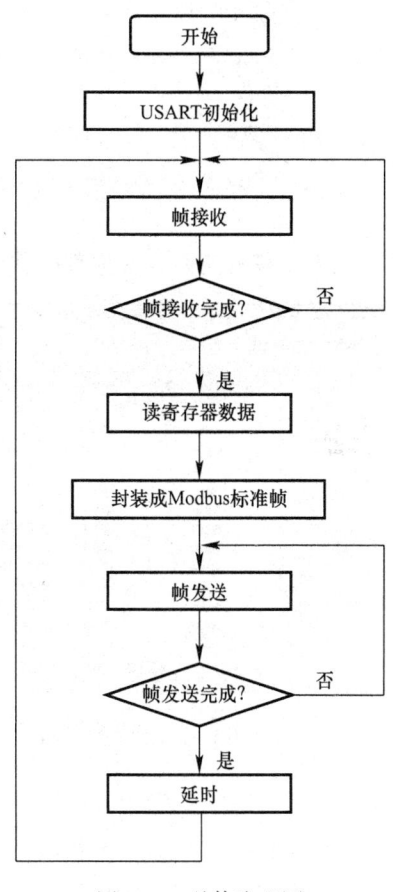

图 5-46 总体流程图

```
            SendFram();
            delay(100);
            FlagRecvFsh= 1;
        }
    }
```

初始化 USART 子程序如下：

```
void uart0_init(void)
{
    UCSR0B= 0x00;
    UCSR0A= 0x00;//设置波特率时关闭 USART 的发送和接收
    UBRR0L= fosc/(baud* 16L)-1;
    UBRR0H= 0;//设置波特率
    UCSR0C= (1< < UCSZ01)|(1< < UCSZ00)|(0< < USBS0);//8 位数据+ 1 位
STOP 位
    UCSR0B= (1< < RXEN0)|(1< < TXEN0);//允许发送和接收
}
```

帧接收子程序如下：

```
void RecvFram()
{j= 0;
while(j< 8)
{TelegrmRecv[j]= getchar0();
j+ + ;}}
```

由于篇幅所限，其他部分代码从略。

图 5-47 设备配置图

4. 组态软件仿真测试

开发完成的 Modbus 通信模块如果严格符合标准 Modbus 协议就应该可以通过串口与组态软件的 Modbus 接口直接连接，实现上下位机的通信。选择 MCGS 组态软件进行仿真测试。方法如下：在 MCGS 的设备组态窗口中选择通用串口父设备，然后添加莫迪康-RTU 到父设备下，接着详细配置莫迪康-RTU 的对应数据对象（实时数据库中）、寄存器地址等参量，配置界面如图 5-47 所示。

运行组态好的工程，实时采集到的数据（电压、电流、行程、速度）及自动生成的实时曲线图如图 5-48 所示。

Modbus 串行通信协议一般多应用在 16 位或 32 位的 PLC 通信模块中，但经过程序处理在 8 位 AVR 单片机中也可实现 Modbus 协议（Modbus RTU 模式），并实现与上位机组态软件的实时通信。对于该计算机监控系统来说，这样做无疑提高了系统的实时性，减少了现场测试的危险性，更重要的是使该测试仪不再是一台孤立的仪器，可以不开发任何驱动而只通过简单的组态方便地接入任何支持 Modbus 协议的组态软件中，例如霍尼韦尔的 EBI、西门子的 Insight、北京亚控的组态王等。从而有效地克服了常见的所谓"自动化孤岛"现象。

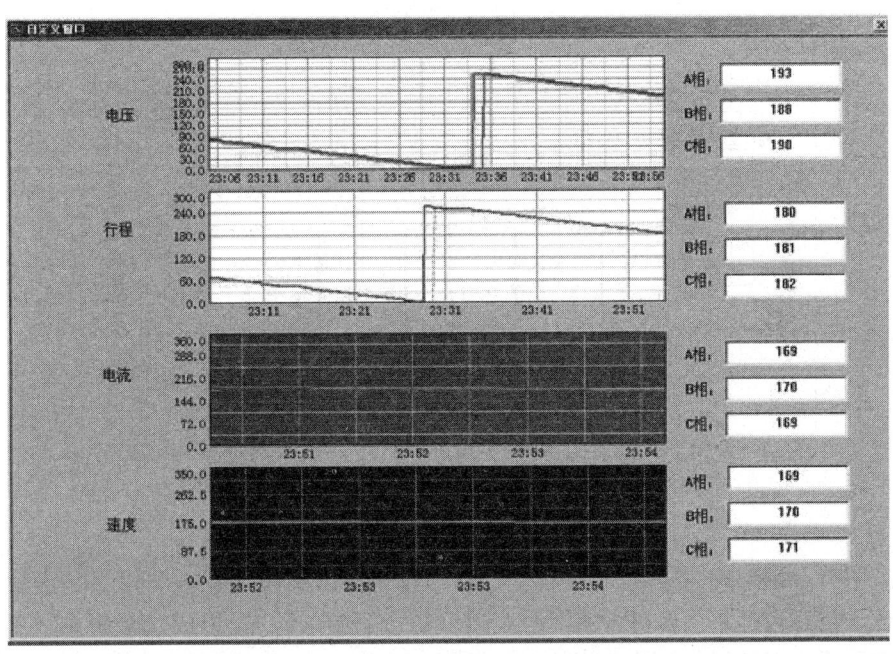

图 5-48　组态工程运行图

5.5.3　Modbus 集成工程应用

下面以位于北京上地的某集成电路工厂集成化系统工程来详细说明 Modbus 在工程中的应用，Modbus 设备和中央监控软件之间的通信是系统集成工程中的一部分，属于变配电子系统。

1. 系统配置与结构

工程采用集散型控制系统体系结构，使用装有 EBI Server（R200 版本）的 PC 机作为上位监控机。作为世界领先的开放式楼宇监控系统，EBI 能够最大限度地满足用户的需求，因为它支持现在所有通用的工业标准，如 BACnet、LonWorks、OPC、AdvanceDDE 和 Modbus 等。监测对象 Modbus 设备被分成两组，一组是高压设备，包括 ABB 公司的 6 台 PLC，PLC 的型号为 REF542 plus 智能型控制/保护单元；一组是低压设备，也包括 ABB 公司的 6 台 PLC，PLC 的型号为 PMC915 电力监测与控制装置。对 EBI 来讲，这些 Modbus 设备均为第三方设备。每组设备都通过 RS485 总线连接成总线型网络，再分别经 RS232/485 转换器转换后接入 PC 机上配置的多串口扩展卡的两个串口。上位机和 Modbus 设备之间采用主/从式通信，上位机为主，Modbus 设备为从。

系统总体结构示意如图 5-49 所示。

PMC915 Modbus 协议基本规则如下：

（1）串行数据流由通信设备产生。所有 RS485 回路通信应遵照主/从方式。在这种方式下，信息和数据流在单个主站和最多 32 个从站（监控设备）之间传递；

（2）主站将初始化和控制所有在 RS485 通信回路上传递的信息；

（3）不可能自任何一个从站开始通信；

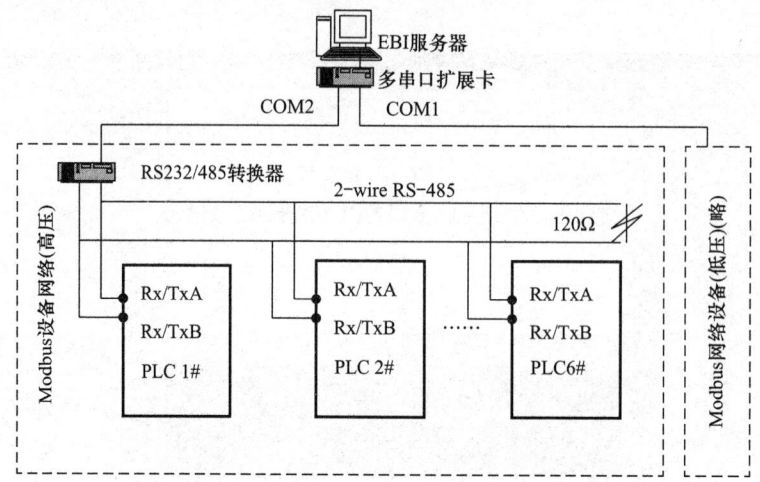

图 5-49　Modbus 协议变配电集成系统结构图

（注：高低压 Modbus 设备网络的连接方式十分相似，图中低压部分网络略。）

（4）所有 RS485 环路上的通信信息都以"打包"方式传递。一个信息包裹就是字符串的集合，信息包裹中最多可含 255 个字节（每个字节 8 位）。组成这个信息包裹的字节构成标准异步串行数据，并按 8 位数据位，1 位停止位，无校验位的方式传递；

（5）主站发送信息包裹的过程称为请求，从站发送信息包裹的过程称为响应；从站对主站请求的当前响应过程未完成之前不能再次响应主站的请求；

（6）Modbus 协议可以采用 ASCII 或者 RTU 模式传送数据。而 PMC915 仅支持 Modbus-RTU 模式，通信协议的数据结构为：8 位数据位，无校验位，1 位停止位。

寄存器表格显示了数据在下位机中的存储情况，PMC915 Modbus 寄存器表格（由于篇幅所限，截取某段）如表 5-11 所示：

PMC915 Modbus 寄存器表格（某段）　　　　　　表 5-11

测量/控制量	Modbus 地址	类型	功能代码	格式	单位
A 相相电压	40011	读	03	16NS	1V
B 相相电压	40012	读	03	16NS	1V
C 相相电压	40013	读	03	16NS	1V
相电压平均值	40014	读	03	16NS	1V
AB 线电压	40015	读	03	16NS	1V
BC 线电压	40016	读	03	16NS	1V
CA 线电压	40017	读	03	16NS	1V
线电压平均值	40018	读	03	16NS	1V
零序电流值 #	40020	读	03	16NS	1A
A 相电流	40021	读	03	16NS	1A
B 相电流	40022	读	03	16NS	1A

续表

测量/控制量	Modbus 地址	类型	功能代码	格式	单位
C 相电流	40023	读	03	16NS	1A
相电流平均值	40024	读	03	16NS	1A
A 相有功功率	40031	读	03	16S	1kW
B 相有功功率	40032	读	03	16S	1kW
C 相有功功率	40033	读	03	16S	1kW
三相有功功率	40034	读	03	16S	1kW
A 相无功功率	40035	读	03	16S	1kW
B 相无功功率	40036	读	03	16S	1kW
C 相无功功率	40037	读	03	16S	1kW
三相无功功率	40038	读	03	16S	1kW
A 相功率因数	40039	读	03	16S	0.001
B 相功率因数	40040	读	03	16S	0.001
C 相功率因数	40041	读	03	16S	0.001
功率因数总计	40042	读	03	16S	0.001
……	……	……	……	……	……
继电器 RL1 状态	40906	读/写	03，10	B	—
继电器 RL2 状态	40907	读/写	03，10	B	—
继电器 RL3 状态	40908	读/写	03，10	B	—
继电器 RL4 状态 *	40909	读/写	03，10	B	—
继电器 RL1 控制模式	40910	读/写	03，10	—	—
继电器 RL2 控制模式	40911	读/写	03，10	—	—
继电器 RL3 控制模式	40912	读/写	03，10	—	—
继电器 RL4 控制模式 *	40913	读/写	03，10	—	—
继电器 RL1 延时动作时间	40914	读/写	03，10	16NS	1S
……	……	……	……	……	……

Modbus 寄存器地址通过 0、1、3、4 四种类型的前导数字标明 4 种类型的寄存器组，与 Honeywell EBI 数据库定义软件组件 Quick Builder 中"Data Table"的对应关系见表 5-12。

对应关系　　　　　　　　　　　　　　　　　　　表 5-12

ABB PLC	Honeywell EBI
0xxxx	Digital Output
1xxxx	Digital Input
3xxxx	Input Register
4xxxx	Holding Register

以 EBI 读取 2 号 PLC 的三相电流为例。

EBI 将向 2 号 PLC 发出请求信号：02H（PLC 地址）04H（功能码）00H（欲读寄存器起始地址的高位字节）00H（欲读寄存器起始地址的低位字节）00H（欲读寄存器数的高位字节）06H（欲读寄存器数的低位字节）71（校验码 1）4f（校验码 2）。

PLC 的回答是：02H（PLC 地址）04H（功能码）0CH（字节数）I1HH I1HL I1LH

I1LL I2HH I2HL I2LH I2LL I3HH I3HL I3LH I3LL（回应数据）crc1（校验码1）crc2（校验码2）。

2. 中央软件平台中工程的组态

利用 EBI 监控平台实现对设备监控的大致过程是：在 EBI 的 Quick Builder 软件中对硬件进行组态，并存入 EBI 数据库→在 EBI 的 Display Builder 软件中以图形画面的形式开发出友好的人机界面（HMI）→在 Station 上执行 HMI，实现对设备的监控。

在 Quick Builder 中组态是整个过程中的难点，也是实现通信的关键。工程通信调试过程中 Quick Builder 的某个画面如图 5-50 所示。

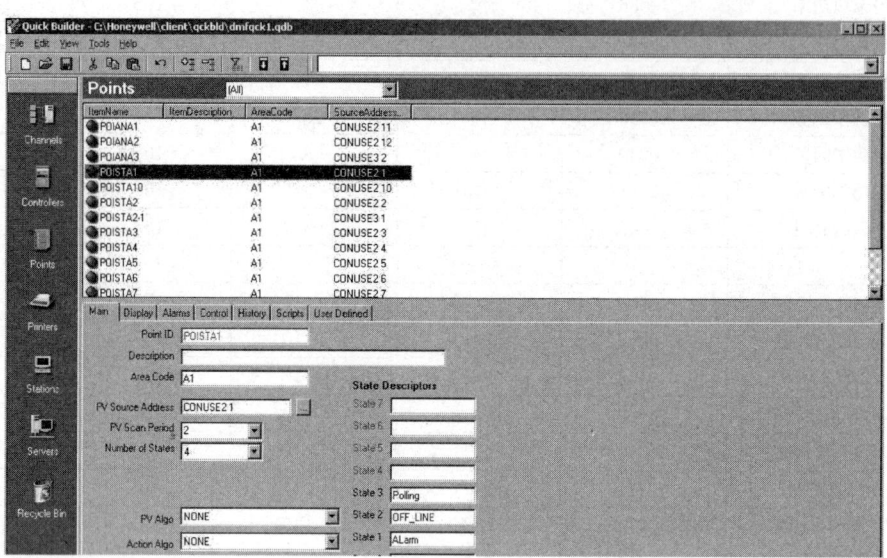

图 5-50　Modbus 通信上位机调试画面

本工程组态的整体逻辑结构如图 5-51 所示。

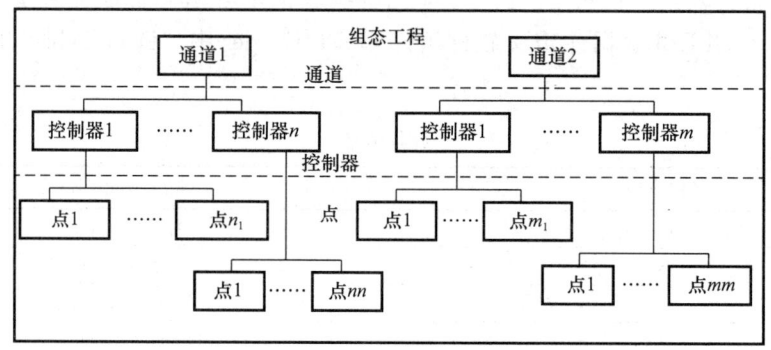

图 5-51　组态工程逻辑层次结构图

由图 5-51 明显可看出，整个组态工程由 3 个层次组成：通道、控制器、点。下面依次来说明组态的过程，必要时阐明某些难以理解处的原理。

（1）通道组态

本工程中由于涉及两个相对独立的 Modbus 网络（高压部分和低压部分），所以需要定义两个 Modicon 类型的通道，分别对应高、低压变配电系统。·和通道相关的需要特别注意的参量是选项卡 Port 下的参量，它们是 Modbus 协议中物理层上的相关属性，必须参照 Modbus 设备物理层的有关定义来设置，两者需一致，这是通信的前提。

（2）控制器组态

通道定义完后对通道所属的控制器进行定义，首先应该明确的是：软件中定义的控制器是依据 Modbus 协议定义出的逻辑上的控制器一个控制器对应一种类型的寄存器，一台 PLC 最多可能定义 Modbus 协议中所规定的四种类型的寄存器。当然实际系统中对于一台 PLC，要采集的数据涉及几种寄存器就在 Quick Builder 中定义几个逻辑寄存器。比如对于高压系统每台 PLC，要采集的数据全部存放在 PLC 的 3xxxx 和 1xxxx 地址寄存器中，就相应地对每台 PLC 都定义两个逻辑控制器，分别对应两种类型寄存器。需要强调指出的是：

1）PLC Station ID：指 Modbus PLC 的地址，这可以通过操作 PLC 面板上的 HMI 查找到。

2）Data Table：有四种类型可选，即 Digital Input、Digital Output、Holding Register、Input Register。这些表与 Modbus 设备寄存器的地址类型一一对应，依次分别对应以 1、0、4、3 开头的地址。假设要读取的是 3xxxx 地址类型的寄存器，那么就应当选择 Input Register 类型的 Data Table。从整个定义过程来看，这个选择相当于给点设置了基地址 00000、10000、30000 或 40000。

3）Offset：如果要读取的寄存器的相对地址超过了 8192 时才需要设定，相当于设定一个大于 0 的起始偏移地址。

（3）点组态

控制器定义完后是定义控制器所属的点。点的 "PV Source" 设置是难点也是关键，设置的正确与否将直接影响监测结果的正误。这是本工程调试中花费时间最多的地方。EBI 与 Modbus 设备通信时点的 "PV Source" 的格式因点的类型不同而不同。数字量的点相对简单，只要设置成：ControllerName Address 即可，不需要数据类型。其中 Address 指的是寄存器表格中的偏移地址（xxxx），为十进制数。模拟量点 "PV Source" 的格式是：ControllerName Address DataFormat。总结下来，点组态的难点如下。

1）Address 的设定

通过工程中的实例更容易说明。下面来看 REF542 plus 寄存器表格的一段，如表5-13所示。

表 5-13　表格的一段

DEFINITIO NNAME	CATEGORY	ADDRESS	TYPE	LEN
PhasesCurrentI1_1-I1_3	Measure	30001	AI	4
U1_2,U2_3,U3_1,U1-U3	Measure	30007	AI	4
Io	Measure	30019	AI	4

从表 5-12 可以看出，各电压电流被测量量的长度都是 4 个字节，即占用两个寄存器单元；Input Register 类型的寄存器（即以 3 为地址前导的寄存器）的起始地址是 1（相对地址），而 Modbus 协议规定 Modbus 信息包裹中的数据地址以 0 为起始地址，所以当

要读取 30001 号寄存器为起始地址的寄存器段时，请求信息包裹中发送的起始地址实际上是 00H 00H，即 0 而不是 1。推而言之，当请求 PLC 中一个地址为 3xxxx 的寄存器时，请求信息包裹中发送的地址实际上是 xxxx-1。用 Modbus 测试软件来测试 EBI 发出的请求信息时也得到了与推测相同的结果。毫无疑问请求是由 EBI 发出的，但是在 EBI 的 Quick Builder 中编辑点时发现，点的"PV Source"的位置应该填 xxxx 而不是 xxxx-1。这说明在 Quick Builder 中不需要考虑地址减 1 的问题，寄存器表格中的相对地址是多少就直接在"PV Source"中设置多少。这一点在系统调试中最容易因误解而混淆不清甚至走弯路，虽然最终的结论看似简单，但其中的原理应该明晰。

2）DataFormat 的设定

模拟点定义时需要指明数据类型，指明数据类型实际上就暗含着指明了该点需要读取的寄存器个数。数据类型的确定应该参照设备寄存器表格中给出的类型及测量量的长度，分清是有符号数还是无符号数，占用了一个寄存器还是两个寄存器。针对不同的设备和数据，我们在高压系统中把电压电流等占用两个寄存器即 4 个字节的测量量定义成 S32BB 格式，把低压系统中电压电流等占用一个寄存器即 2 个字节的测量量定义成 S16B 格式。（S32BB、S16B 都是 EBI 系统自定义数据格式。）

除"PV Source"的设置外，还需注意的是"PV Scan Period"不能设成 0。

数据采集到数据库中后还要显示到人机界面上，往往还要根据需要的显示效果进行一些处理，例如采集到的数据比实际值扩大了 1000 倍，要正确的显示就要在 Display Builder 中利用它提供的 VBA 代码功能来进行修正，对前面的要求就可在 OnPeriodicUpdate（　）过程中编写一些处理代码。

3. HMI 开发

数据采集到数据库中后还要显示到人机界面上，这是通过在 Display Builder 软件中进行二次开发来实现的。实际中除了利用现成的功能，往往还需要利用 VBA 代码进行一些人为处理，例如：

实现"或"逻辑的 VB Script：

```
Sub rect1_OnPeriodicUpdate()
If(alphanum1.value= 1)Or(alphanum2.value= 1)Or(alphanum3.value= 1)Or
(alphanum4.value= 1)Then
    FillColor= vbRed
Else
    FillColor= vbGreen
End If
End Sub
```

只要熟悉 VB 语言，HMI 的开发应该不是困难的事情。其他脚本开发方法类似，不再赘述。

总之，在理解 Modbus 协议和双方通信原理的基础上再进行工程实施会更好一些，遇到问题要善于灵活运用各种辅助手段，如小测试软件 TRANS、ModScan32 以及 EBI 系统提供的 modtst、trace 命令工具等，从多角度进行探测和推算，就一定能够实现 EBI 对第三方 Modbus 设备的集成，从而让 EBI 不但对 Honeywell 产品有很好的支持还能支持更多设备供应商的产品，实现真正的"开放"。

本系统自 2003 年 10 月底投入使用以来，运行稳定，实现了实时监控、报警、数据备份等所有预期功能。对高低压电器设备的集中监视和管理使工作人员远离危险的现场环境，做到远程采集电压、电流、功率等重要参数近 500 个，所需维护人员数量减少 60%。由于集成电路生产企业的生产车间要求恒温恒湿，所以在相关环节设定了温度和湿度，该系统运行结果表明，实测温、湿度值（PV）与相应设定值（SP）的相对偏差小于 1%。总的来说，该系统的投入使企业达到了节源增效的目的，使工厂的自动化程度进一步提高。

5.6　LonWorks 智能控制网络

5.6.1　概述

美国 Echelon 公司于 1990 年 12 月向全世界推出了 LonWorks Networks 全分布智能控制网络技术。网络结构是客户/服务式。LonWorks 技术是通用的总线，在工业控制系统中可同时应用在 Sensor Bus、Device Bus、Field Bus 等任何一层总线中。

除了总线式网络结构之外，LonWorks 技术还允许用户选用任意形式的网络拓扑结构。网络通信介质也不受限制，可以是双绞线、电力线、光纤、无线、红外线等，并可在同一网络中混合使用。

美国供暖、制冷和空调工程师协会（ASHRAE）制定了适用于北美楼宇控制业的 HVAC 控制标准。该标准已由美国国家标准协会（American National Standards Institute）批准，标准号 ANSI/ASHRAE135-139。

作为 LonWorks 网络通信协议的 LonTalk 是 BACnet 的 MAC 层的一部分。LonWorks 网络更适用于配置了智能传感器、执行器、驱动装置、VAV 和微控制器的实时控制，而 BACnet 协议用于数据采集和监控最为理想。

在欧洲，TC247 是 CEN（Comite European de Normalisation，欧洲标准化委员会）属下为"机械楼宇服务"拟订标准的一个委员会。第 4 专家组（通信协议）目前从现有的通信协议中选择合适的用于"HVAC 应用程序的系统中性数据传输"。

他们已确认 HVAC 系统中三个通信分级层次——管理网、控制网和现场网。管理网将包括 BACnet（楼宇自动化控制网）而 LonTalk 协议已在 1999 年 3 月 6～7 日提交给第 3 专家组（WG 3）的格勒诺布尔（Grenoble）会议，以供讨论可否用于控制和现场网。

基于 LonWorks 技术的现场控制系统由 LonWorks 节点、路由器、LonWorks 协议、LonWorks 收发器和 LonWorks 网络管理这几部分构成。

LonWorks 技术通过标准网络变量在各个设备之间的传递以及向 PC 机和以太网的传递，把整个系统凝聚成为一个统一的网络。采用 IP-852 路由器、oBIX XML 服务器或 Web 服务器，通过 LAN 实现数据远程存取，还可以通过 WAN 的远程监视和控制功能把建筑物控制系统与企业管理系统（如：SAP、Oracle 或 IBM 系统）衔接起来。包括 LON、LAN 和 WAN 三层结构的网络体系如图 5-52 所示。

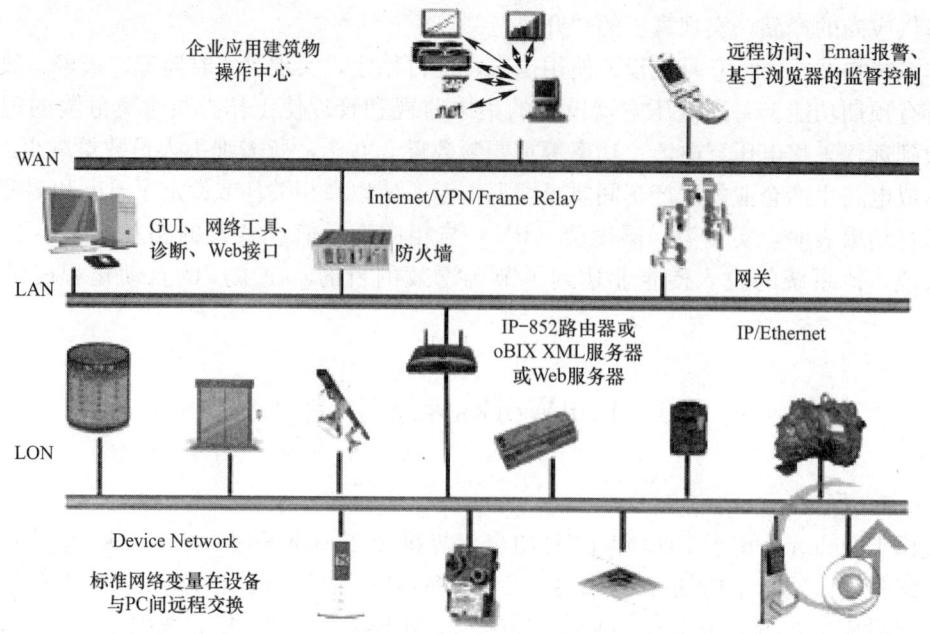

图 5-52　由 LON、LAN 和 WAN 组成的网络体系

以上网络中实现数据集成的关键技术是：

（1）IP-852 路由器

IP-852 是由 LONMARK 国际协会开发的用于 LON 和 LAN 之间进行信息交换的路由标准。采用这种标准能实现网络设备之间点到点的通信，并能为 LAN 到 WAN 之间建立通信渠道。采用这个技术打包的数据保持完整，不会产生丢失。该标准得到了 CEN（美国消费电子协会）、EIA（美国电子工业学会）和 ANSI（美国国家标准学会）等标准化组织的支持。

（2）Web 服务器

这是一种 IT 通用标准，适用于 MAC、PC、SQL、SAP、Oracle 和 Sybase 等多种软件平台，实现 PC 机之间的数据交换。

（3）oBIX

oBIX 是由 CABA（欧洲建筑物自动化委员会）正式发布，由 OASIS（结构化信息标准推广组织）进行推广的开放式建筑物信息交换规范，适用于建筑物数据信息的交换。这种技术使数据主传输计算机起到网络服务器的作用，不论原来数据的形式，能保证传输数据的内容不变。oBIX 使用 XML 语言（可扩展标记语言），可以传输标准数据和设备描述的信息。LONMARK 国际协会积极支持这个规范。当然这个规范不仅适用于 LONWORKS 技术。

LONMARK 国际协会在 Web 服务器技术方面已经进行了多年的研究和开发工作，也支持把 oBIX 技术用于 Web 服务器的标准化工作，进一步促进 LONMARK 开放式系统的 Web 服务器集成技术。以 XML 语言为基础的 oBIX 规范对数据在互联网中的共享和管理将起到积极的作用。

LonWorks 在上海畅想大厦的应用可谓国内典范，其网络结构如图 5-53 所示。

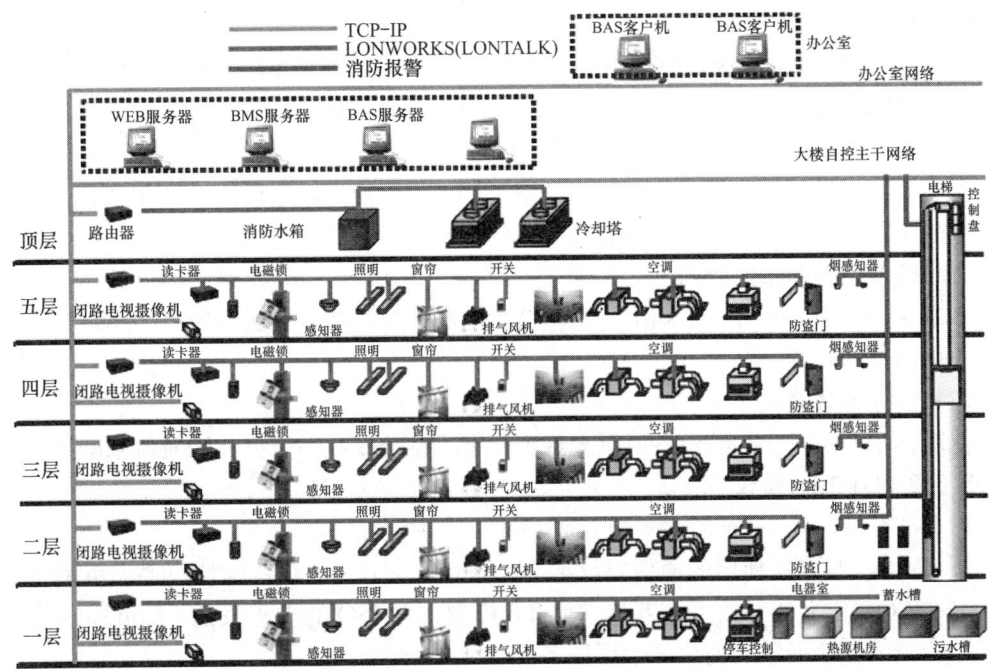

图 5-53　LonWorks 典型应用

LonWorks 网络的技术特点是：

（1）LonWorks 技术的基本元件——Neuron 芯片，同时具备了通信与控制功能；

（2）改善了 CSMA。此技术的应用，在网络负载很重时，不会导致网络瘫痪；

（3）网络通信采用了面向对象的设计方法，使网络通信的设计简化成为参数设置。这样，不仅节省了大量的设计工作量，同时增加了通信的可靠性；

（4）LonWorks 技术通信的速度可达 1.25MB/s；

（5）LonWorks 技术一个监控网络上的节点数可以达到 32000 个；

（6）LonWorks 技术的直接通信距离可以达到 2700m。

LonWorks 总线应用在集成的楼宇自动化系统领域的优势在于：

（1）可从任何地方在任何时间连接到任何点

LonWorks 可提供整个系统的无缝连接。在大楼内部，在整个校园中或在世界各地都能访问系统。

（2）互可操作性

应用 LonWorks 技术意味着用户不再被大楼中任何系统或产品的单一供应商所束缚。选择 LonMark 认证产品就可以获得最佳产品和最佳服务。符合 LonMark 认证的产品标记为：🔲。

（3）更低的安装成本

用 LonWorks 设备建立控制系统把安装商从几英里的室内布线工作中解放出来。众多设备可以使用任意拓扑结构的单一的双绞线连接在系统上。

（4）明显降低再配置成本

设备和系统控制可以通过软件简化更新，避免了硬件、电缆管道和布线工作。

（5）更容易扩展

再不会有限制系统扩展的黑盒子。以前为系统设定了一个界限，系统的任何扩展假如超过了该界限，安装成本就将成10倍地增加，现在这一界限也不再存在了。

（6）新方法——低成本

对于系统中的每次输入、输出，每条信息都可提供使用，这样，设施管理者就能以新方法来分析其系统并实施新的发挥能源效益的算法。

（7）降低维护和培训费用

不论何种应用，平台和基础结构是保持不变的。这意味着集成商和最终用户只需学会一套通用的工具便可。

（8）消除多余的组件

使用基于LonWorks的设备可以允许为所有子系统安装一个公共的通信基础结构。

5.6.2 LonTalk 协议

1. 协议定义

LonWorks技术所使用的通信协议称为LonTalk协议。LonTalk协议遵循由国际标准化组织（ISO）定义的开放系统互连（OSI）模型。以ISO的术语来说，LonTalk协议提供了OSI参考模型所定义的全部七层服务。

协议通常以嵌入软件或固件代码形式存在于每个网络装置中。包含这个协议代码和某种类型的操作智能的装置成为节点。实现通信协议的嵌入代码可能相当复杂。复杂的概念分成若干功能层，以简化理解和实施。用于网络通信的软件代码中，这些功能层统称为协议堆栈。

LonTalk协议是一个分层的以数据包为基础的对等的通信协议。

LonTalk协议固化在每一个LonWorks设备的神经元芯片（3120）中或片外存储器中（3150）。

LonTalk协议由各种允许网络上不同设备彼此间智能通信的底层协议组成。

LonTalk协议提供一整套通信服务，这使得设备中的应用程序能够在网络上同其他设备发送和接收报文而无需知道网络的拓扑结构或者网络的名称、地址，或其他设备的功能。LonTalk协议能够有选择地提供端到端的报文确认、报文证实和优先级发送，以提供规定受限制的事务处理次数。对网络管理服务的支持使得远程网络管理工具能够通过网络和其他设备相互作用，这包括网络地址和参数的重新配置、下载应用程序、报告网络问题和启动/停止/复位设备的应用程序。

ISO/OSI七层模型是一种通用网络协议堆栈，并不是要求每种协议都要实现这七层，但一个真正全面和完整的规模可变的协议应提供本模型中描述的所有服务。LonTalk就是一种在七层上都提供定义和服务的协议。每层具体情况见表5-14。

ISO/OSI 七层模型 表5-14

序号	OSI层	目的	服务
1	应用	应用程序	标准对象和类型、配置属性、文档转移、网络服务
2	显示	数据解释	网络变量、应用、保温、外来帧
3	对话	远程行动	对话、远程程序调用、连接恢复

序号	OSI 层	目的	服务
4	传输	端到端可靠性	端到端确认、业务类型、包排序、双重检测
5	网络	目的地寻址	单路传输到多路传输、目的地寻址、包路由选择
6	数据链路	介质访问和组帧	组帧、数据编码、CRC、介质访问、冲突检测
7	物理	电互联	介质特定细节、收发器类型、物理连接

LonTalk 使用类似以太网所用的"载波监听多路访问"（CSMA）算法处理报文冲突问题。可以根据预测网络业务量发送优先级报文和动态调整时间槽的数目。通过动态调整网络带宽，称为预测性 P-persistent CASM 协议的算法使网络能在极高网络业务量出现时继续运行，而在业务量较小时期不降低网络速度。

LonTalk 的特征和优点包括：

（1）支持广泛范围的通信介质。

（2）支持可靠通信，包括防范未经授权使用系统。

（3）不论网络规模，提供可预测的响应时间。

（4）支持混合介质和不同通信速度构成的网络。

（5）提供对节点透明的接口。

（6）支持几万节点——但在只有几个节点的网络中同样有效。

（7）允许节点间的任意连通。

（8）允许对等通信，这样就使它可用于分布式控制系统中。

（9）为产品的互操作性提供有效机制，使来自一个制造商的产品能和其他制造商的产品共享标准物理量的信息。

（10）实施协议内网络管理问题的解决方案。

2. 协议寻址

网络地址结构有域（Domain）、子网（Subnet）、节点（Node）三层结构。一个通道是指在物理上能独立发送报文的一段介质。不影响网络的地址结构，域、子网和分组都可以跨越多个通道，一个网络可以由一个或多个通道之间通过桥接器（Bridge）来连接。

为简化网络配置和管理，可以为节点分配逻辑地址。逻辑地址让用户把一个名字和物理装置或节点配合。LonWorks 控制网络中的逻辑地址在网络配置时定义。逻辑地址由两部分组成。第 1 部分是指定域的域 ID（Domain ID）。所谓域就是节点的集合，常常是整个系统，它们可以互操作。逻辑地址的第 2 部分以 15 位节点地址规定域中的一个单一节点，或者以 8 位组地址规定一个预先定义的节点组。每个在网上传输的包，包含传输节点（源地址）的逻辑节点地址和接收节点地址（目的地址），它们可能是物理神经元地址、逻辑节点地址、组地址或广播地址。

如果节点数目超过允许的域限值或者想把节点分开使它们不能互操作，那么就使用多重域。有可能让两个或两个以上的独立 LonWorks 系统共享同一个物理网络，只要每个系统有专用的域 ID。每个系统中的装置只响应相应于它们的域 ID 的包，并不知道或关心其他域 ID 寻址的包。

组是域中节点的集合。和子网不同，组是不论物理信道位置组合起来的节点的集合。最大的组规模是发送确认报文时的 64 个节点；发送不确认报文时的组规模是无限制的。

组是一个有效的优化方法，用于一个对多个的网络变量的报文标签的连接。

使用 LonTalk 协议的系统中的每个域可以有 32385 个以下装置。一个域中可以有 256 个以下的组，每个组可以有任意数目的分配给它的节点，只是在需要端到端的确认时，组被限制在 64 个节点。每个节点可以属于 15 个以下的组。网络各部分的容量如表 5-15 所示。

网络容量 表 5-15

子网中的节点		127
域中的子网		255
域中的节点		32385
网络中的域		2^{48}
系统中最多的节点		$32K \times 2^{48}$
组中的成员	未确认或重复的	无限制
	确认或要求响应的	63
域中的组		255
网络中的信道		无限制
网络变量中的字节		31
显式报文中的字节		228
数据文档中的字节		2^{32}

3. 网络变量和显式报文

LonWorks 系统中，节点之间的通信是通过各个节点提供的网络变量或报文来实现。

（1）网络变量

LonWorks 现场总线提出了节点连接的"对象"概念，即网络变量（Network Variable，NV）。一个网络变量即是节点的一个对象，可以与一个或多个其他节点的网络变量相连接，如果一个程序更新了它的输出网络变量的值，则该值通过网络传给所有的与该输出变量相连接的其他节点的输入网络变量。LonWorks 网络节点之间的联系主要是通过网络变量的联系实现的。

每个 LonWorks 节点可以定义 62～4096 个网络变量。网络变量可以定义为输出或者输入类型。一个节点的网络变量可以与一个或多个其他节点的网络变量互联。网络变量从通信的角度分为输入或输出，对于一个输入的网络变量可以和其他节点的多个输出的网络变量互联，而对于一个输出的网络变量也可以和其他节点的多个输入的网络变量互联，但输入和输入或输出和输出是不能互联的。当输出网络变量被节点应用赋值后，LonTalk 协议将此修改后的新值自动加上地址信息，构成隐式报文，透明地传递到与之共享数据的其他节点（赋值给节点上的输入网络变量），所以网络变量又称隐式消息。节点利用网络变量进行隐式通信时，报文的实际建造和发送发生在后台，它包含 3 个层次的软件：应用层、网络层和介质访问控制层（MAC）。这些软件层与 LonTalk 协议相对应，并且由 Neuron 芯片上不同的处理器处理。

当一个节点向一个输出网络变量赋值时，实际上是应用程序向网络变量写入一个新值，然后调度程序构建一个网络变量报文并传送到网络层，网络层将地址信息加入该报文再传送至 MAC 层。MAC 层将更复杂的信息加入此报文，并通过物理通信通道发送该报文。接收节点接收到这个报文后，首先由 MAC 层使该报文生效，然后网络层检查包含在报文中的地址信息，看地址是否匹配。若匹配则将网络变量信息传给调度，再由调度程序允许应用程序使用新值；若地址不匹配则摒弃此报文。

网络层和 MAC 层软件存于 LonWorks 固件中，对于用户而言是隐形的，节点间的数据通信可以理解为应用层数据的通信。用户应用程序无须考虑发送和接收问题，网络变量的传递不经过应用层，用户所要做的仅仅是使用网络变量捆绑器连接需要共享数据的节点。各个应用节点可以独立定义，然后通过简单地连接或者断开已存在的某些连接，构成新的 LonWorks 应用。这使得开发 LonWorks 网络应用非常简单，同时节省开发周期。

网络变量可以是整数、布尔数或字符串等，用户可以完全自由地在应用程序中定义各种类型的网络变量。只有数据类型相同的网络变量之间才能建立输入和输出的连接。为增加网络的可互操作性，LonTalk 协议预先定义了标准网络变量（SNVT）。目前已经定义的标准网络变量有 200 种以上，覆盖了各种应用领域，用户应尽量选用标准网络变量以利于互操作。

网络变量的连接由网管工具的捆绑器来实现。该捆绑器可以是 LonBuilder 网管工具中的一部分，也可以是 LonMaker 安装工具或其他网络管理工具的一部分。捆绑器首先辨别节点输入、输出网络变量的类型，然后找到具有共享网络变量的所有节点，再对这些节点的相应网络变量的网络变量配置表及地址表进行修改，即确定信息流的正确流向，从而完成网络变量的捆绑。LonWorks 节点中的应用程序不需要知道输入 NV 来自何处或输出 NV 走向何处。应用程序的输出 NV 值变化时，只是把这个新值写入一个特定的存储单元。

根据 LonTalk 协议，网络变量的更新提供了 4 种服务：

1）ACKD　　　　　　　　应答服务

2）REQUEST　　　　　　请求/响应方式，输入网络变量使用垂询方式实现

3）UNACKD_RPT　　　　非应答重发方式

4）UNACKD　　　　　　非应答方式

与网络变量相关的 4 个事件是：

1）nv_update_occurs　　输入网络变量接收到一个输入值

2）nv_updater_fails　　　输出网络变量发送失败

3）nv_update_succeeds　输出网络变量发送成功

4）nv_update_completes　输出网络变量发送完成（包括失败和成功）

一个典型的简单例子是用一个开关控制一盏灯，如图 5-54、图 5-55 所示。

该例中节点有两个：①开关节点；②灯节点。

网络变量为：

① nv_switch：开关节点的输出，代表该开关节点的状态。

（输出型——即该网络变量的值可通过网络变量向各节点传播）

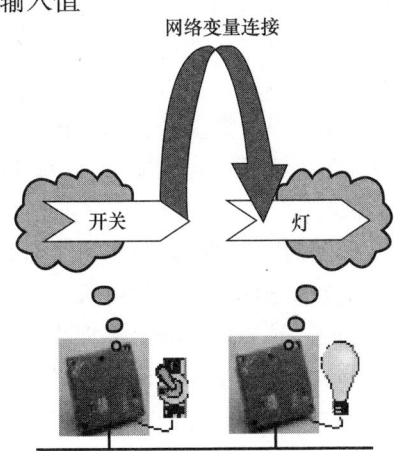

图 5-54　开关控制灯的硬件连接图

② nv_lamp：灯节点的输入，代表灯的状态。

（输入型——即这个节点的网络变量由网络自动更新）

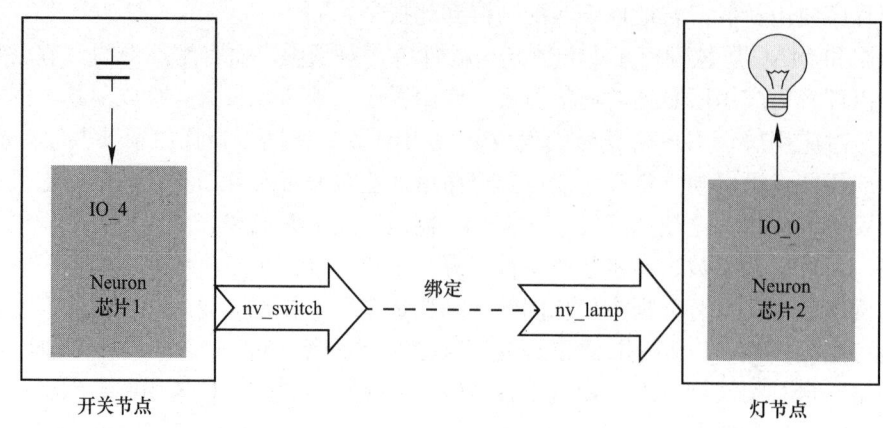

图 5-55　开关控制灯时网络变量的绑定

（2）显式报文

在大多数情况下网络变量是网络通信的一个简单、可靠、快捷的方法，然而网络变量在个数、长度和发送目的地址等方面都使编程者受到限制，LonWorks 又提供了一种更灵活但较复杂的通信方式——显式报文。所谓显式报文是一种结构变量，该结构分为输出显式报文、输入显式报文、响应输出报文和响应输入报文。

与显式报文相关的 5 个事件是：

1）msg_arrivers（）　　　报文收到

2）msg_completes（）　　报文发送完成

3）msg_succeeds（）　　　报文发送成功

4）msg_fails（）　　　　　报文发送失败

5）resp_arrives（）　　　响应报文收到

虽然显式报文使网络操作更为灵活，但在 Neuron C 编程的过程中，并不提倡使用显式报文进行通信，主要因为显式报文不像网络变量那样容易实现互操作，显式报文的数据格式更依赖于具体的应用。

4. 报文服务

LonTalk 提供 3 种基本报文服务并支持鉴别的报文。

第 1 类报文服务提供端到端的确认，称为确认的报文发送（Acknowledged）。其特点是：

（1）发送方必须收到每个接收节点的确认信号，如果在配置的时间周期内没有收到所有节点的全部确认信号将重新发送。重试和超时安排的次数都是可选择的。

（2）是最可靠的服务方式。

（3）适合于发送设备发送不成功时需要采取动作的场合。

（4）消耗额外带宽。

其示意图如图 5-56 所示。

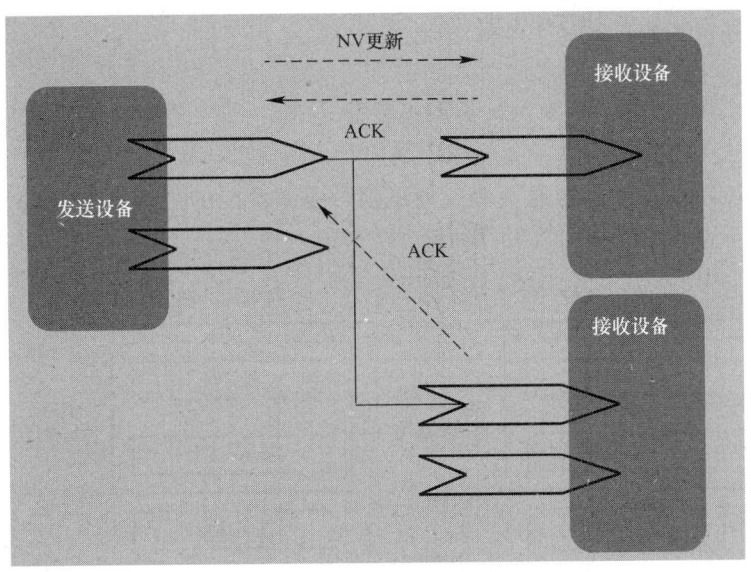

图 5-56　LonTalk 报文服务

第 2 类报文是非确认的重发服务。特点是：

（1）比较可靠。

（2）报文向一个或一组节点发送多次（重发次数可配置），不等待应答信号，即无确认。

（3）节省带宽。

（4）适合于向节点数较多的组进行广播，偶尔丢失数据并不要紧的情况。

其示意图如图 5-57 所示。

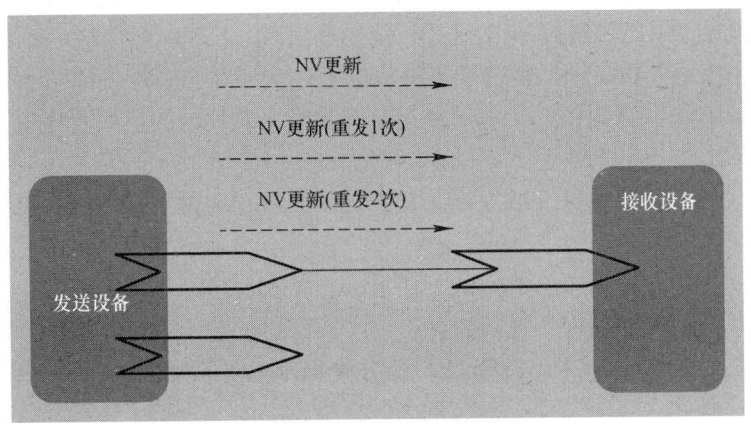

图 5-57　LonTalk 非确认的重发服务

第 3 类报文是非确认服务。特点是：

（1）最不可靠。

（2）只发送一次更新，无需确认。

（3）节省带宽。

（4）适合于对报文丢失不敏感场合。

5.6.3 LonWorks 节点硬件电路

1. 节点电路总体结构

LonWorks 网络控制节点有两种类型：图 5-58（a）采用以神经元芯片为核心的方式，即神经元芯片加上收发器构成一个现场控制节点。图 5-58（b）采用神经元芯片加主处理器的方式，把神经元芯片作为通信协议处理器，用高性能的主处理器完成复杂的测控功能。两种类型节点的构成如图 5-58 所示。

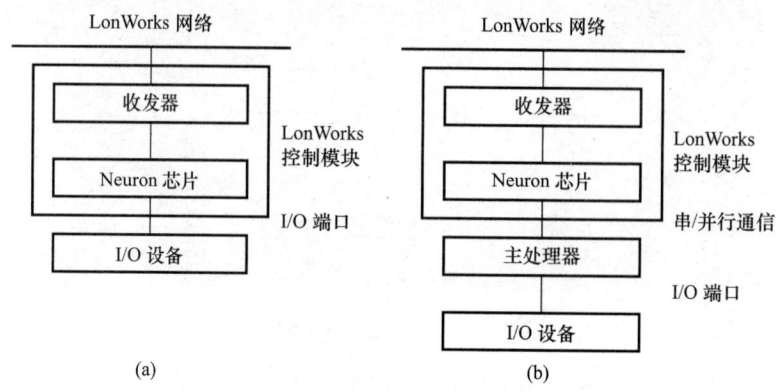

图 5-58　两种类型 LonWorks 网络节点

（a）基于 Neuron 芯片的节点；（b）基于主机的节点

不论哪种类型的 LonWorks 节点都有一个电源、一片 Neuron 芯片用于通信和控制、一个 I/O 接口以及一个收发器负责将节点连接到 LonWorks 网络。为了便于 LonWorks 现场总线的应用，Echelon 公司开发出了多种型号的 LonWorks 控制模块，将 Neuron 芯片、收发器以及存储器集成在一起，极大地方便了 LonWorks 总线的应用设计开发人员，使开发人员将注意力更集中于控制系统的选择、应用和实现。

LonWorks 控制模块在一个紧密模块中集成了一个神经元芯片、通信收发器、存储器和时钟振荡器。它们只需提供一个电源和运行在神经元芯片内的应用程序就可以构成一个完整的节点。

典型的双绞线控制模块是 55010-00、55010-10、55020-01、55020-10 和 55030-10，其基本外观如图 5-59 所示。

控制模块提供了一种简单、有效的方法将 LonWorks 技术运用到任何控制系统中。有三种收发器可供双绞线控制模块进行选择：

（1）自由拓扑，变压隔离，78Kb/s，差分曼彻斯特编码方式（TP/FT-10，TP/FT-10F）；

（2）变压隔离，78Kb/s，差分曼彻斯特编码方式（TP/XF-78，TP/XF-78F）；

（3）变压隔离，1.25Mb/s，差分曼彻斯特编码方式（TP/XF-1250）。

2. 神经元芯片

LonWorks 现场总线的核心是 Neuron 芯片；Neuron 芯片是一种超大规模集成电路；Neuron 神经元芯片的第一代产品为 PL3150 和 PL3120 芯片，片上集成了介质访问处理器、网络处理器与应用处理器 3 个 8 位 CPU、存储器、I/O 接口等部件；它有效集成了通信、控制、调度和 I/O 等功能，该芯片固化了 LonTalk 协议；控制网络的每个远程装置均可使用这种芯片，由其提供的 I/O 接口实现与传感器、执行器或外部设备之间的数据输入输出，实现各种现场所需要的数据处理和控制算法，并通过嵌入的 LonTalk 协议固件和收发器模块在网络上实现数据通信。3120 与 3150 型芯片的区别是：3120 内部有 1k 的 RAM、10k 的 ROM 和 512 字节的 E^2PROM；3150 内部有 2k 的 RAM，512 字节的 E^2EPROM，并设有外接存储器的接口，可寻址 64k 的地址空间；3120 没有外接存储器的接口，它适用于应用程序小于 2k 和比较简单的场合。3150 适用于比较复杂的场合，应用程序可大于 2k。

图 5-59   双绞线控制模块

Neuron 3150 芯片的内部结构如图 5-60 所示。

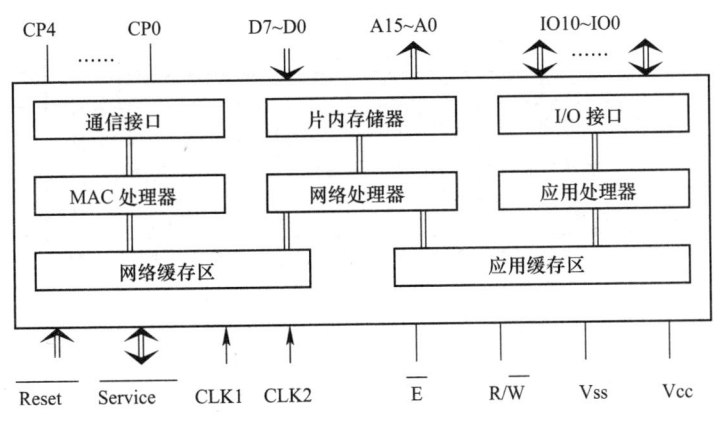

图 5-60   3150 神经元芯片内部结构图

Neuron 3150 芯片内的第一个 CPU 为介质访问控制处理器（MAC），它处理 LonTalk 协议的第一层和第二层；第二个 CPU 为网络处理器，它实现 LonTalk 协议的第三层到第六层；第三个 CPU 为应用处理器，它执行由用户编写的代码及用户代码所调用的操作系统服务。

Neuron 3150 芯片有一个非常通用的通信口，它由 CP0、CP1、CP2、CP3、CP4 共 5 个管脚组成。这 5 个管脚可以配置为与各种通信介质接口（网络收发器），并且可以覆盖广泛的数据速率。通信口可以配置为下列 3 种模式：单端模式、差分模式和特殊目的模式。Neuron 3150 芯片的 11 个 I/O 管脚（IO0～IO10）可以用在不同的配置下，为外部硬件提供灵活的接口和访问芯片内部计时器。IO0～IO10 通过编程可配置成 34 种不同的 IO 对象，其中的神经元接口 IO 对象，方便地支持了能直接与 SPI、QSPI 和 Micrownie 器件（如 MAX168 串行 AD 等）相连接的四线串行接口。通过外存扩展总线，Neuron 3150 芯片可以扩展 64K 外部存储空间。外部存储器可以是 ROM、PROM、EPROM、E²PROM、RAM 或它们的组合。处理器可以对其中的 58K 寻址，其余的 6K 地址空间映射到内部存储器。

CP0～CP4 在 3 种网络通信方式下通信口引脚的功能如表 5-16 所示。

3 种通信方式下引脚功能的比较　　　　　　　　　　　　　表 5-16

引脚	驱动电流（mA）	单端模式	差分模式	特殊模式
CP0	1.4	数据输入	数据输入（＋）	数据输入
CP1	1.4	数据输出	数据输入（－）	数据输出
CP2	40	发送端使能	数据输出（＋）	位时钟输出
CP3	40	休眠状态输出	数据输出（－）	休眠输出或唤醒输入
CP4	1.4	冲突检测输入	冲突检测输入	帧时钟输出

如果实际应用中所需的 IO 口数目大于神经元芯片本身提供的 IO 数目，则需对 IO 口进行扩展。基于 3150 芯片的 IO 口扩展方法如图 5-61 所示。

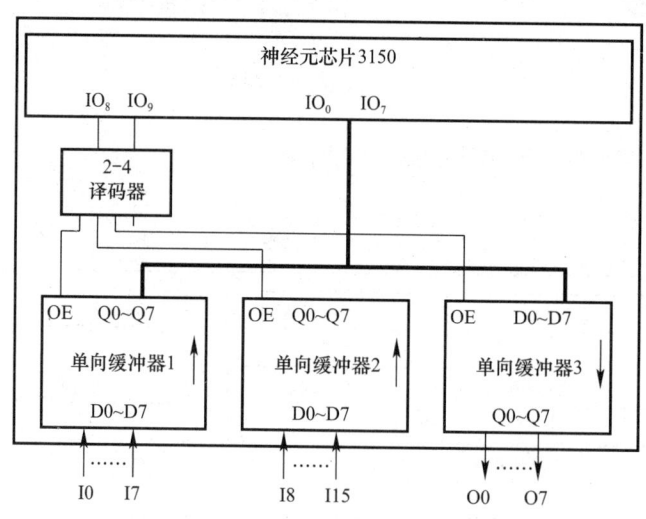

图 5-61　IO 口扩展方法

在制造过程中，每个神经元芯片都被赋予一个永久的、全世界唯一的一个 48 位码，称之为神经元 ID 号（Neuron ID）。可以选择不同速度、不同存储器类型和容量以及不同接口的许多系列的神经元芯片。截至 2002 年中旬，大约有 2400 万个神经元芯片被运往世界各地。

表 5-17 是东芝公司生产的几种规格的神经元芯片及相关参数。

东芝公司神经元芯片　　　　　　　　　　表 5-17

产品型号	最大输入时钟	EEPROM	RAM	ROM	封装	片内 A/D	外部存储器
TMPN3120A20M	20MHz	1kB	1kB	16kB	32pin SOP	有	无
TMPN3120A20U	20MHz	1kB	1kB	16kB	44pin QFP	有	无
TMPN3120B1AM	10MHz	0.5kB	1kB	10kB	32pin SOP	无	无
TMPN3120E1M	10MHz	1kB	1kB	10kB	32pin SOP	无	无
TMPN3120FE3M	20MHz	2kB	2kB	16kB	32pin SOP	无	无
TMPN3120FE3U	20MHz	2kB	2kB	16kB	44pin QFP	无	无
TMPN3120FE5M	20MHz	3kB	4kB	16kB	32pin SOP	有	无
TMPN3150B1AF	10MHz	0.5kB	2kB	N/A	64pin QFP	无	有

3. 节点设计

下面以两类最常见的节点——双绞线节点和电力线节点为例来说明 LonWorks 节点设计的思路与方法。

（1）双绞线节点设计

以下设计方案直接采用 Echelon 双绞线控制模块加双绞线网络接口的方法，在此基础上扩展各类输入、输出接口，构成一个现场测控节点。整体框架如图 5-62 所示。

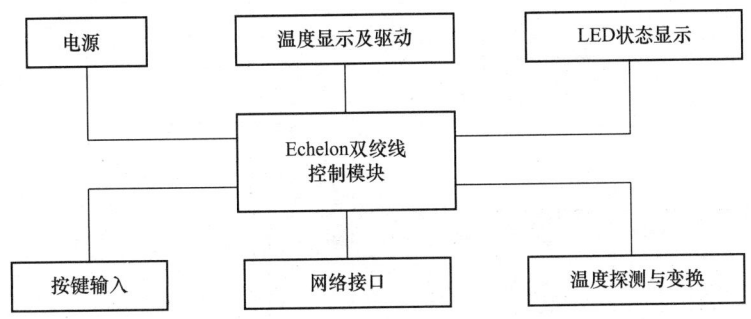

图 5-62　双绞线节点的总体结构框图

电路所包含的主要部分说明如下：

1）Echelon 双绞线控制模块；

2）电源部分，包括 220V 插头，2A 保险丝，变压器，整流桥，7805 稳压芯片，滤波电容；

3）温度及显示及驱动部分，7 段 LED 数码管，MC14489 数码管驱动芯片；

4）LED 状态显示，显示电源、温度远端/近端，Service LED，片选等；

5）按键输入，复位键，Service 键，Local 键，Remote 键；

6）网络接口，双绞线网络接口；

7）温度探测与变换，温度探测芯片，LM34，A/D 芯片，MAX186；

8）温度显示部分可以显示本节点温度和网络上节点温度。

详细电路原理图如图 5-63 所示。

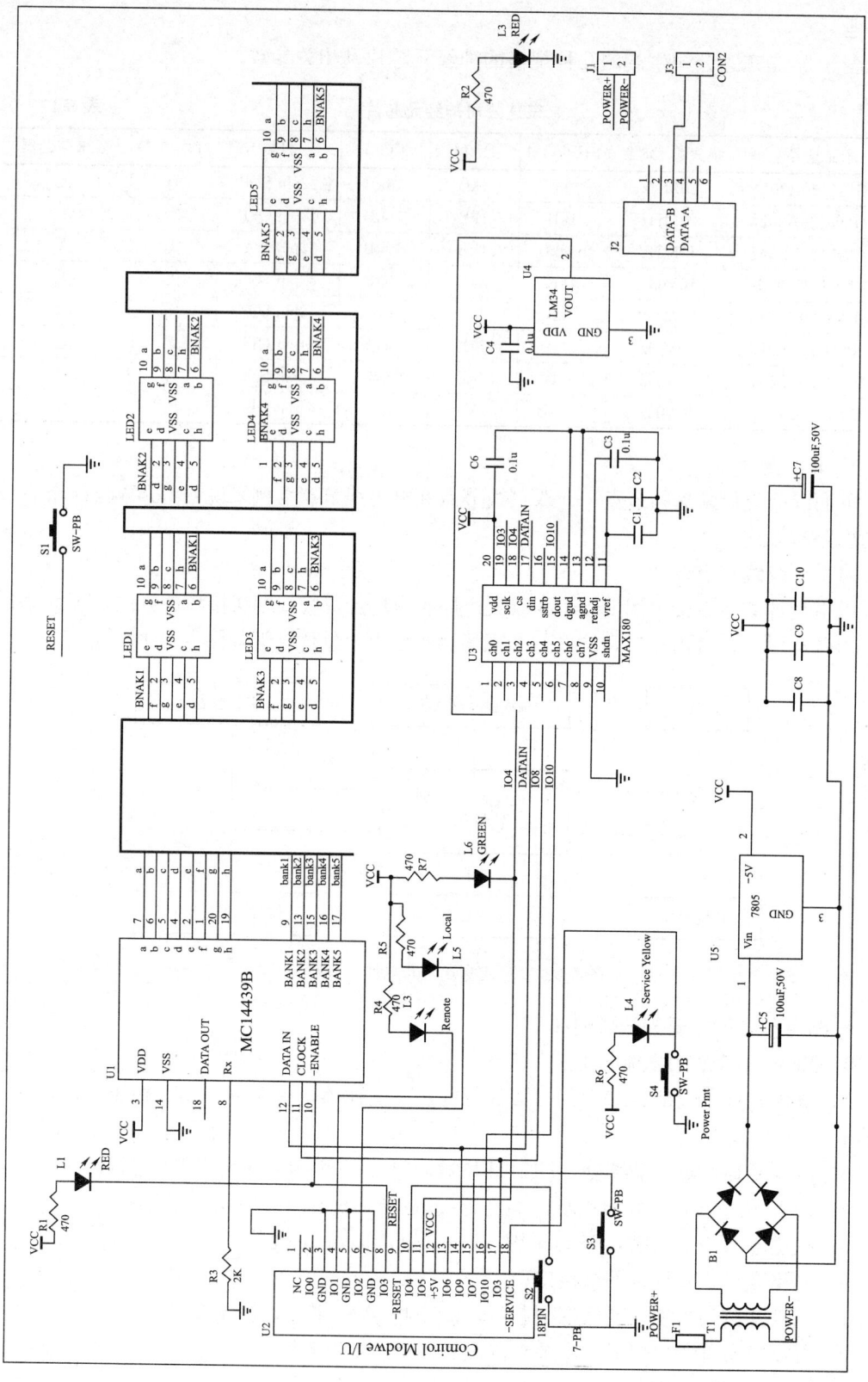

图5-63 双绞线节点电路原理图

所用元器件清单如表 5-18 所示。

双绞线节点设计元器件清单 表 5-18

序号	厂家	名称	型号	数量	备注	命名
1	Echelon	Flash 控制模块	55020-10	1		U-1
2	Atmel	Flash 存储器	AT29C512	1		U-2
3	Motorola	MC14489		1		U1
4	Maxim	MAX186		1		U3
5	National	LM34		1		U4
6	ST	L7805	7805	1		U5
7	耀华电子	变压器	PKB10-I	1	220V-15V，10VA	T1
8		数码管		5		LED1，LED2，LED3，LED4，LED5
9		电解电容		2	50V，100μF	C5，C7
10		按键		4		S1，S2，S3，S4
11		滤波电容		7	0.1μF	C1，C3，C4，C6，C8，C9，C10
12		电阻		1	2000Ω	R3
13		电阻		6	470Ω	R1，R2，R4，R5，R6，R7
14		保险丝		1	2A	F1
15		整流桥		1		B1
16		LED		3	RED	L1，L2，L5
17		LED		3	Yellow	L3，L4，L6
18		电解电容		1	50V，4.7μF	C2

最终焊接完成后的电路板实物外观如图 5-64 所示。

（2）电力线节点设计

以下设计方案采用以神经元芯片为核心，神经元芯片加上收发器构成一个现场控制节点的思路。电力线节点的总体结构框图如图 5-65 所示。

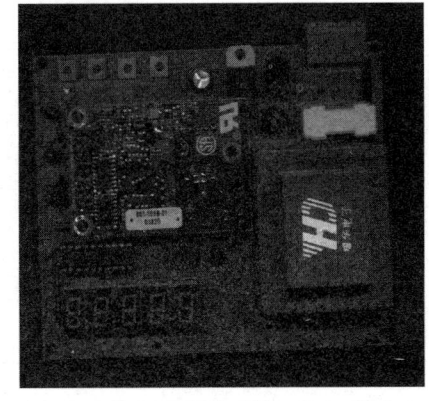

图 5-64 双绞线节点实物图

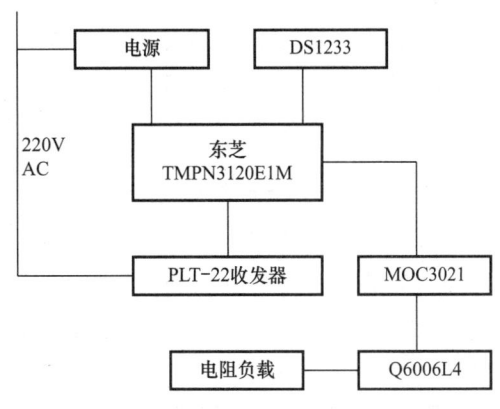

图 5-65 电力线节点的总体结构框图

电路所包含的主要部分说明如下：

1）神经元芯片 3120E1M。

2）电源部分，包括 220V 插头，2A 保险丝，变压器，整流桥，7805 稳压芯片，滤波电容；

3）网络接口部分，采用 PLT-22 电力线收发器，Service 键；

4）驱动电阻负载模块，包括光电隔离的晶闸管驱动芯片：MOC3021，晶闸管：Q6006L4。

电力线节点完整的电路原理图如图 5-66 所示。

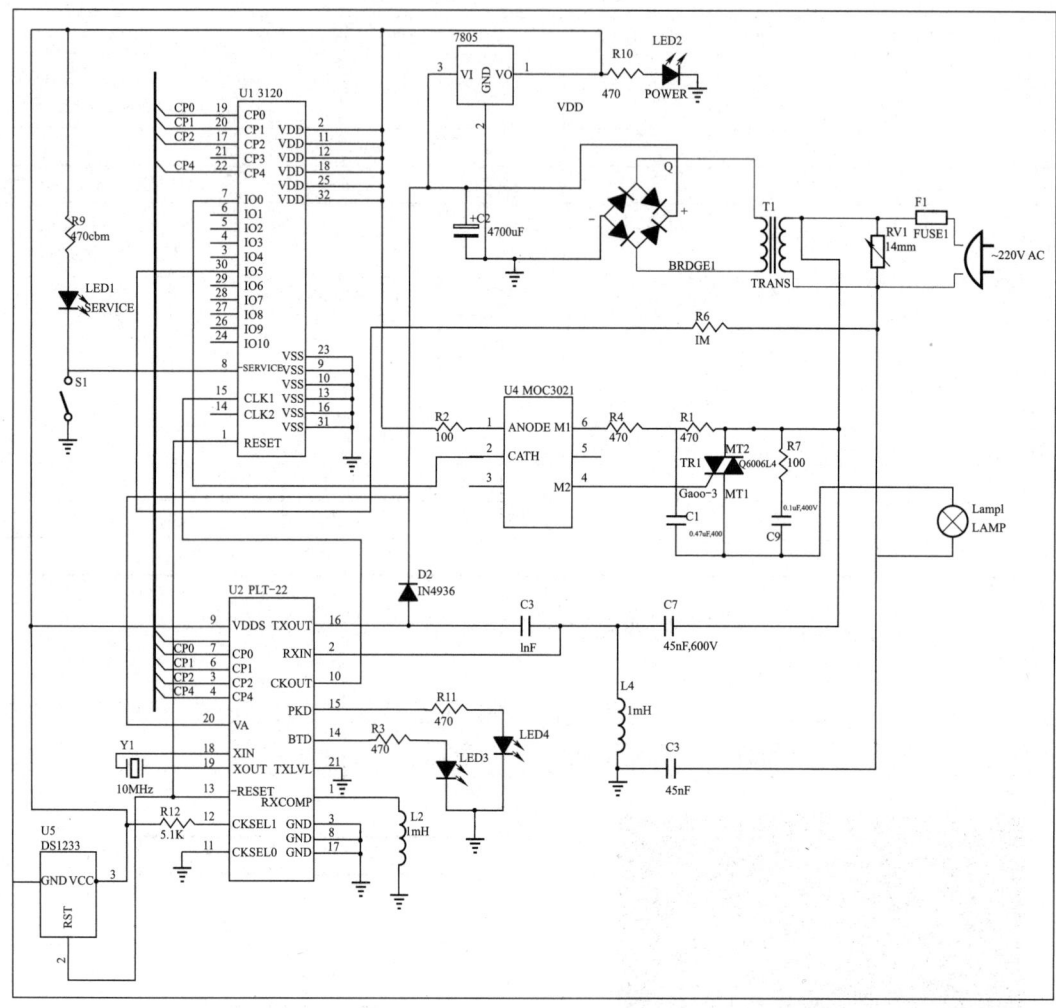

图 5-66　电力线节点电路原理图

元器件清单如表 5-19 所列。

电力线节点设计元器件清单　　　　　　　　　　　　表 5-19

序号	名称	生产厂商	类型	资料下载
U1	TMPN3120E1M	Toshiba		http://www.toshiba.com/taec/ components/Generic/DB_neuron.shtml

序号	名称	生产厂商	类型	资料下载
U2	PLT-22Transceiver	Echelon		http://www.echelon.com/Products/Transceivers/powerline.htm
U3	LM7805	Fairchild		http://www.fairchildsemi.com/ds/LM/LM7805.pdf
U4	MOC3021	Fairchild		http://www.fairchildsemi.com/ds/MO/MOC3021-M.pdf
U5	DS1233	Dallas-Maxim		http://pdfserv.maxim-ic.com/arpdf/DS1233.pdf
TR1	Q6006L4 晶闸管		电阻	
R1	470ohm 1/4W		电阻	
R2	100ohm，1/4W		电阻	
R3	470ohm，1/4W		电阻	
R4	470ohm，1/4W		电阻	
R6	1Mohm，1/4W		电阻	
R7	100ohm，1/4W		电阻	
R9	470ohm，1/4W		电阻	
R10	470ohm，1/4W		电阻	
R11	470ohm，1/4W		电阻	
R12	5.1K，1/4W		电阻	
C1	.047μF，400V		电容	
C2	4700μF，16V		电容	
C3	1μF，600V		电容	
C7	.15μF，630V		电容	
C8	.15μF，630V		电容	
C9	.1μF，400V		电容	
Y1	10MHz 晶振		晶振	
L2	1mH		电感	
L4	1mH		电感	
LED1	Service LED，黄色		LED	
LED2	电源 ELED，红色		LED	
LED3	BIU LED，红色		LED	
LED4	PKD LED，绿色		LED	
T1	变压器，220VAC 9V DC	耀华电子	变压器	
Q1	整流桥 R8208		整流桥	
D2	1N4936		稳压二极管	http://www.onsemi.com/pub/Collateral/1N4933-D.PDF
TR1	14D471K 压敏电阻		压敏电阻	
F1	2A 保险丝		保险	

设计中应注意的事项如下：

1）10MHz 晶振与 PLT-22 的连线长度应小于 10mm（0.4 英寸）；

图 5-67　电力线节点实物图

2）Neuron 芯片与 PLT-22 之间的复位信号以及 CP 连线长度要小于 50mm（2 英寸）；

3）PLT-22 输出的时钟信号给 Neuron 芯片的连线距离应尽量短，不要超过 50mm（2 英寸）；

4）PLT-22 的 12 脚一定要通过一个电阻接地或接电源，电阻阻值应大于或等于 4.7kΩ；

5）PLT-22VA 脚（第 20 脚）的电压要小于 16V。

最终焊接完成后的电路板实物外观如图 5-67 所示。

若神经元芯片采用的是 PL3150，电力线收发器仍采用 PLT-22，则设计出来的具有数据采集功能的节点电路如图 5-68 所示。

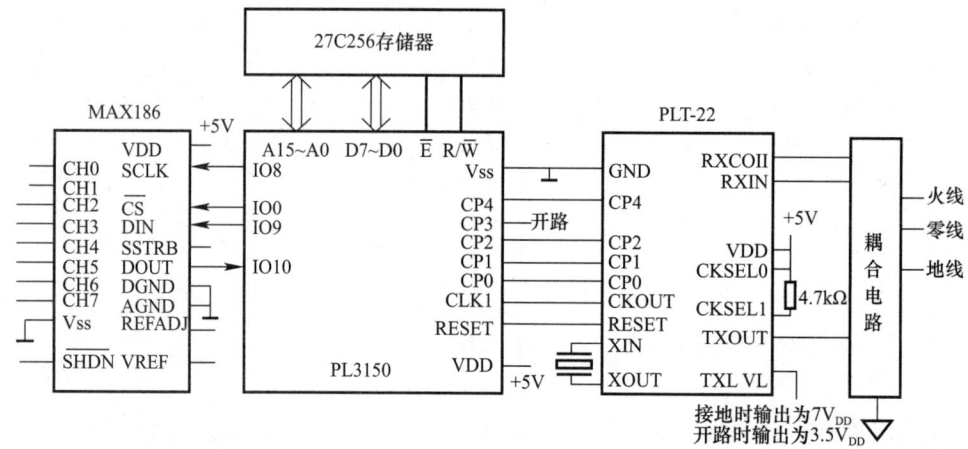

图 5-68　电力线数据采集节点电路

由于 Neuron 神经元芯片的 I/O 对象是一个全双工的串行接口，它可在 IO8 脚输出的时钟信号作用下，由 IO9 和 IO10 两个引脚同步实现将 A/D 通道地址信息移出和把对应通道的变换数据移入的功能，而 MAX186 这种 12 位，多通道，全双工的串行 A/D 集成芯片正好与其兼容，它在 SCLK 时钟信号的作用下，可同步实现将通道地址信息移入芯片和将变换好的数据移出芯片的功能。IO9 用于串行数据输出，IO10 串行数据输入，Neurons 神经元芯片通过与电力线收发器 PLT-22 相连完成远程数据通信功能，需要发送的信号通过耦合电路送到电力线上进行发送，电力线上的信号也可以通过耦合电路被 PLT-22 电力线收发器接收，经过 PLT-22 处理的信号由 Neurons 神经元芯片进行运算处理后，产生的控制信号可送至用户的应用电路以实现其控制功能。

节点与上位机之间的集成问题是系统设计时需重点考虑的。可同时用 IO8、IO9、IO10 脚与 PC 机进行串行数据通信，整个集成控制系统的结构如图 5-69 所示。

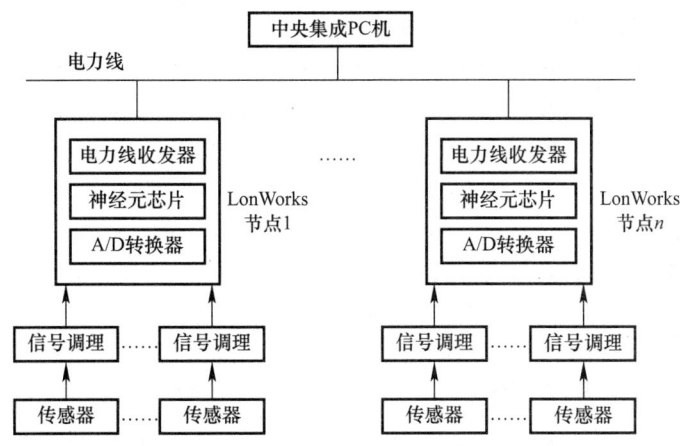

图 5-69　LonWork 电力线远程数据采集网络

5.7　CAN 总线

CAN，全称为"Controller Area Network"，即控制器局域网，采用串行通信，是国际上应用最广泛的现场总线之一。CAN 总线最早在 1986 年由德国 Bosch 公司最先提出，使用 CAN 连接发动机控制单元、传感器、防刹车系统等，解决日益复杂的汽车电子装置之间的连线问题。其传输速度可达 1Mb/s，能有效地支持具有很高安全等级的分布实时控制。1993 年，CAN 总线国际标准 ISO11898 出版。CAN 总线自诞生以来，历经 20 多年的发展，应用范围已从最初的车辆电子扩展到自动化控制的各个领域，在汽车工业、航空工业、工业控制、楼宇自控等领域中得到了广泛应用。

5.7.1　CAN 总线技术规范

CAN 协议经 ISO 标准化后有 ISO11898 标准和 ISO11519-2 标准两种。ISO11898 和 ISO11519 标准对于数据链路层的定义相同，但物理层不同。ISO11898 是通信速度为 125Kb/s～1Mb/s 的 CAN 高速通信标准。ISO11519 是通信速度为 125Kb/s 以下的 CAN 低速通信标准。1995 年，国际标准 ISO11898 进行了扩展，以附录的形式说明了 29 位 CAN 标识符。

1993 年出版的 ISO11898 包括以下各部分：

（1）ISO11898-1—2003：第 1 部分：数据链路层和物理信令；

（2）ISO11898-2—2003：第 2 部分：高速媒体存取单元；

（3）ISO11898-3—2004：第 3 部分：容错 CAN 物理层；

（4）ISO11898-4—2004：第 4 部分：时间触发通信。

CAN 历史事件一览：

1983：Start of the Bosch internal project to develop an in-vehicle network

1986：Official introduction of CAN protocol

1987：First CAN controller chips from Intel and Philips Semiconductors

1991：Bosch's CAN specification 2.0 published

1991：CAN Kingdom CAN-based higher-layer protocol introduced by Kvaser

1992：CAN in Automation international users and manufacturers group established

1992：CAN Application Layer (CAL) protocol published by CiA

1992：First cars from Mercedes-Benz used CAN network

1993：ISO 11898 standard published

1994：1st international CAN Conference (iCC) organized by CiA

1994：DeviceNet protocol introduction by Allen-Bradley

1995：ISO 11898 amendment (extended frame format) published

1995：CANopen protocol published by CiA

2000：Development of the time-triggered communication protocol for CAN (TTCAN)

5.7.2　CAN 通信模型

CAN 技术规范（CAN-bus 规范 V2.0 版本）的目的是在任何两个 CAN 仪器之间建立兼容性。为了兼容 CAN2.0，要求 CAN 的仪器应兼容 A 部分或 B 部分。CAN-bus 规范 V2.0 版本由两部分组成：

（1）A 部分

在这部分中，CAN 的报文格式说明按 CAN1.2 规范定义。

为了达到设计透明度以及实现柔韧性，CAN 被细分为以下层次：对象层、传输层、物理层。

物理层定义不同节点间的信号根据电气属性进行位信息的传输方法。同一网络内，物理层对于所有的节点必须是相同的。A 部分没有定义物理层，以便允许根据实际应用，对发送媒体和信号电平进行优化。

传输层是 CAN 协议的核心。它把接收到的报文提供给对象层，以及接收来自对象层的报文。传输层负责位定时及同步、报文分帧、仲裁、应答、错误检测和标定、故障界定。

对象层的功能是报文滤波以及状态和报文的处理。

CAN 节点的层结构及其与开放系统互联模型 OSI 之间的对应关系如图 5-70 所示。

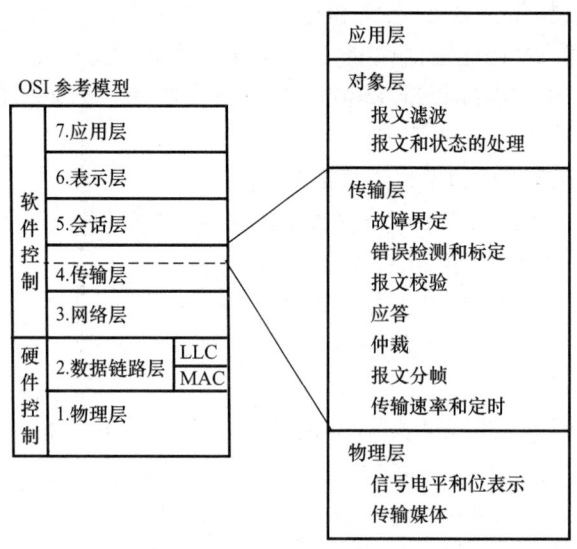

图 5-70　CAN 节点层结构与 OSI 之间的对应关系（A 部分）

（2）B 部分

B 部分包含了报文标准格式和扩展格式的说明。B 部分的目的是定义数据链路层中 MAC 子层和一小部分 LLC 子层，以及定义 CAN 协议于周围各层当中所发挥的作用（所具有的意义）。

根据 ISO/OSI 参考模型，CAN 被细分为数据链路层和物理层。

CAN 总线的层结构及其与开放系统互联模型 OSI 之间的对应关系如图 5-71 所示。

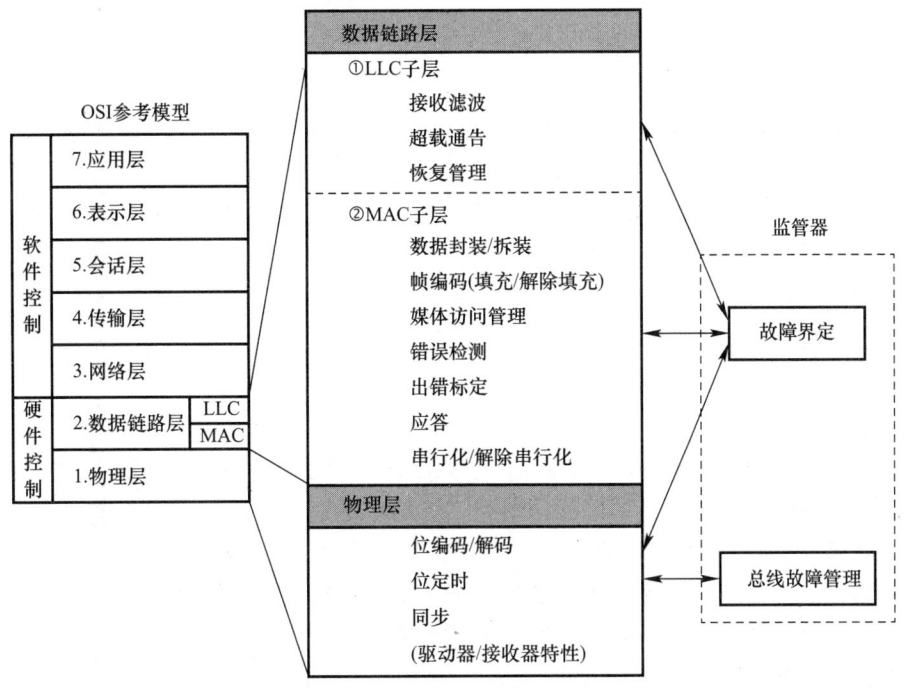

图 5-71　CAN 节点层结构与 OSI 之间的对应关系（B 部分）

注：LLC（Logical Link Control）：逻辑链路控制　MAC（Media Access Control）：介质访问控制

物理层定义信号是如何实际地传输的，因此涉及位时间、位编码、同步的解释。B 部分没有定义物理层的驱动器/接收器特性，以便允许根据它们的应用，对发送媒体和信号电平进行优化。

MAC 子层是 CAN 协议的核心。它把接收到的报文提供给 LLC 子层，并接收来自 LLC 子层的报文。MAC 子层负责报文分帧、仲裁、应答、错误检测和标定。MAC 子层也被称作故障界定的管理实体监管。

对比后可知，在 CAN1.2 即 A 部分里，数据链路层的 LLC 子层和 MAC 子层的服务及功能分别被解释为"对象层"和"传输层"。

5.7.3　CAN 总线技术的基本特征

CAN 总线技术具有以下基本特征：

（1）多主控制

在总线空闲时，所有单元（ECU）都可开始发送消息（多主控制），最先访问总线的单元可获得发送权；多个单元同时开始发送时，具有较高优先权报文的单元可获得发送权。本质上也是一种 CSMA/CD 方式。

（2）报文的发送

CAN 总线上的信息以不同的固定报文格式发送，但长度受限。报文传输由以下 4 种不同的帧类型所表示和控制：数据帧、远程帧、错误帧、过载帧。

（3）仲裁机制

总线空闲时，所有与总线相连的单元都可以开始发送新消息。两个以上的单元同时开始发送消息时，根据标识符（Identifier）决定优先级，对各消息标识符的每个位进行逐位的仲裁比较，仲裁获胜（被判定为优先级最高）的单元可继续发送消息，仲裁失利的单元则立刻停止发送而进行接收工作。

（4）单通道

总线是由单一进行双向位信号传送的通道组成。通过此通道可以获得数据的再同步信息。要使此通道实现通信，有许多的方法可以采用，如使用单芯线（加上接地）、2 条差分线、光缆等。CAN 不限制这些实现方法的使用，即未定义物理层。

（5）应答

所有的接收器检查报文的连贯性。对于连贯的报文，接收器应答；对于不连贯的报文，接收器作出标志。

（6）睡眠模式/唤醒

为了减少系统电源的功率消耗，可以将 CAN 器件设为睡眠模式以便停止内部活动及断开与总线驱动器的连接。CAN 器件可由总线激活，或系统内部状态而被唤醒。唤醒时，虽然传输层要等待一段时间使系统振荡器稳定，然后还要等待一段时间直到与总线活动同步（通过检查 11 个连续的"隐性"位），但在总线驱动器被重新设置为"总线在线"之前，内部运行已重新开始。为了唤醒系统上正处于睡眠模式的其他节点，可以使用一特殊的唤醒报文，此报文具有专门的、最低等级的识别符。

（7）通信速度

根据整个网络的规模，可设定适合的通信速度。在同一网络中，所有单元必须设定成统一的通信速度。即使有一个单元的通信速度与其他的不一样，此单元也会输出错误信号，妨碍整个网络的通信。不同网络间则可以有不同的通信速度。

（8）远程数据请求

通过发送远程帧，需要数据的节点可以请求另一节点发送相应的数据帧。数据帧和相应的远程帧是由相同的识别符命名的。

（9）错误检测、通知及恢复功能

所有的单元都可以检测错误（错误检测功能）。检测出错误的单元会立即同时通知其他所有单元（错误通知功能）。正在发送消息的单元一旦检测出错误，会强制结束当前的发送。强制结束发送的单元会不断反复地重新发送此消息直到成功发送为止（错误恢复功能）。

错误检测采取的措施为：

1）监视（发送器对发送位的电平与被监控的总线电平进行比较）；

2）循环冗余检查；

3）位填充；

4）报文格式检查。

错误检测机制要具有以下属性：

1）检测到所有的全局错误；

2）检测到发送器所有的局部错误；

3）可以检测到一报文里多达 5 个任意分布的错误；

4）检测到一报文里长度低于 15（位）的突发性错误；

5）检测到一报文里任一奇数个的错误。

对于没有被检测到的错误报文，其残余的错误可能性概率低于：报文错误率×$4.7×10^{-11}$。

错误标定和恢复时间：

任何检测到错误的节点会标志出已损坏的报文。此报文会失效并将自动地开始重新传送。如果不再出现新错误的话，从检测到错误到下一报文的传送开始为止，恢复时间最多为 29 个位的时间。

（10）故障封闭

CAN 可以判断出错误的类型是总线上暂时的数据错误（如外部噪声等）还是持续的数据错误（如单元内部故障、驱动器故障、断线等）。由此功能，当总线上发生持续数据错误时，可将引起此故障的单元从总线上隔离出去。

（11）系统的柔软性

"柔软性"也称作灵活性，它是指与 CAN 总线相连的单元中不包含类似于"地址"的信息，因此在总线上增加单元时，连接在总线上的其他单元的软硬件及应用层都不需要改变。

（12）连接

CAN 总线是可同时连接多个单元的总线。可连接的单元总数理论上是没有限制的。但实际上可连接的单元数受总线上的时间延迟及电气负载的限制。降低通信速度，可连接的单元数增加；提高通信速度，则可连接的单元数减少。

5.7.4 物理层

1. 基本属性

ISO11898 和 ISO11519-2 标准中对于物理层相关参数的规定有所不同，详见表 5-20。

物理层相关参数的规定 表 5-20

物理层	ISO11898（高速）	ISO11519-2（低速）
最大通信速率	1Mb/s	125Kb/s
最大距离	40m/1Mb/s	1km/40Kb/s
最大节点数	30	20
	双绞线（屏蔽/非屏蔽）； Loop bus； 阻抗（Z）：120Ω（最小 85Ω，最大 130Ω）； 总线电阻率（r）：70MΩ/m； 总线时延：5ns/m； 终端电阻：120Ω（最小 85Ω，最大 130Ω）	双绞线（屏蔽/非屏蔽）； Open bus； 阻抗（Z）：120Ω（最小 85Ω，最大 130Ω）； 总线电阻率（r）：90MΩ/m； 总线时延：5ns/m； 终端电阻：2.2kΩ（最小 2.09kΩ，最大 2.31kΩ）； CAN_L 和 GND 之间电容：30pF/m； CAN_H 和 GND 之间电容：30pF/m

通信速率和最大传输距离间的关系用图 5-72 表示。

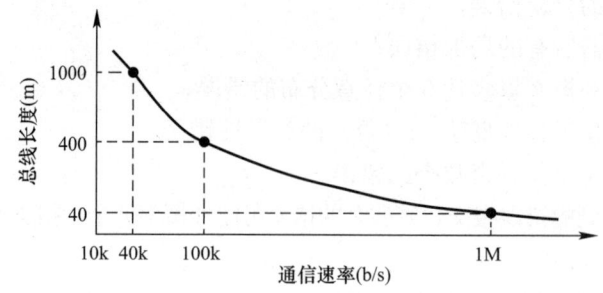

图 5-72　CAN 总线通信速率和最大传输距离间的关系

CAN 总线包括两根线：CAN_High 和 CAN_Low（简单表示为 CAN_H、CAN_L），CAN 控制器通过收发器连接这两根线。CAN 总线控制系统的一般拓扑结构如图5-73所示。

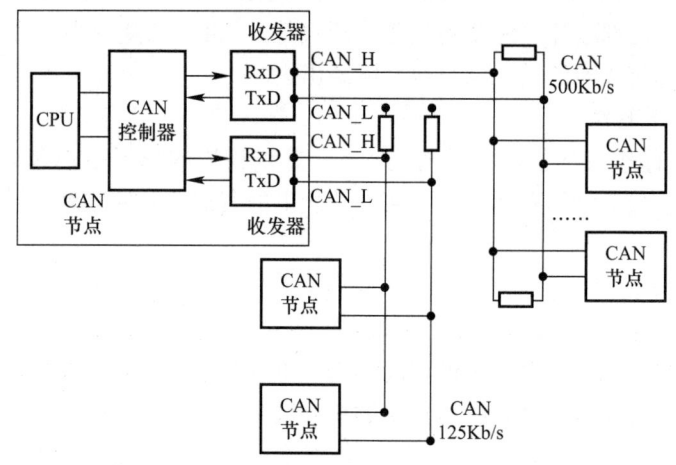

图 5-73　CAN 总线控制系统一般结构

2. 总线位的表示

ISO11898 和 ISO11519-2 标准中对总线物理信号范围及逻辑值的定义，详见表 5-21。

CAN 总线物理信号范围及逻辑值的定义　　　　　　　　　　　表 5-21

物理信号（电压）	ISO11898（高速）						ISO11519-2（低速）					
	隐性			显性			隐性			显性		
	最小	正常	最大	最小	正常	最大	最小	正常	最大	最小	正常	最大
CAN_High(V)	2.00	2.50	3.00	2.75	3.50	4.50	1.60	1.75	1.90	3.85	4.00	5.00
CAN_Low(V)	2.00	2.50	3.00	0.50	1.50	2.25	3.10	3.25	3.40	0.00	1.00	1.15
差分电压(H-L)(V)	-0.5	0	0.05	1.5	2.0	3.0	-0.3	-1.5	—	0.3	3.00	—

总线上的电平有显性电平和隐性电平两种，某一时刻总线具有两种互补的逻辑数值之一："显性"或"隐性"。显性电平的逻辑值为"0"，隐性电平为"1"。总线上执行逻辑上的线"与"时，结果为显性。"显性"具有"优先"的意味，只要有一个单元输出显性电平，总线上即为显性电平。"隐性"具有"包容"的意味，只有所有的单元都输出隐性电

平，总线上才为隐性电平。显性电平比隐性电平更强。在显性状态下，以大于某一值的差分电压表示显性位；在隐性状态下，高低两个电压被固定于平均电压附近，差分电压接近于 0。如图 5-74 所示。

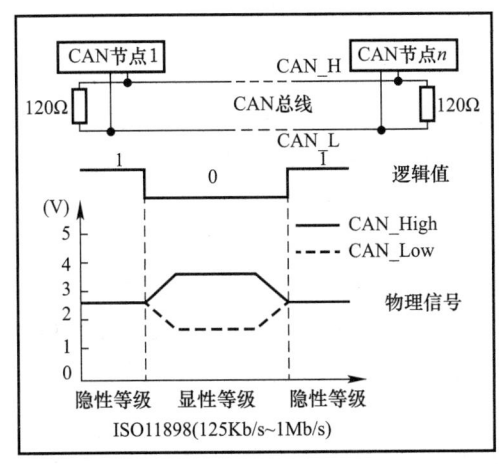 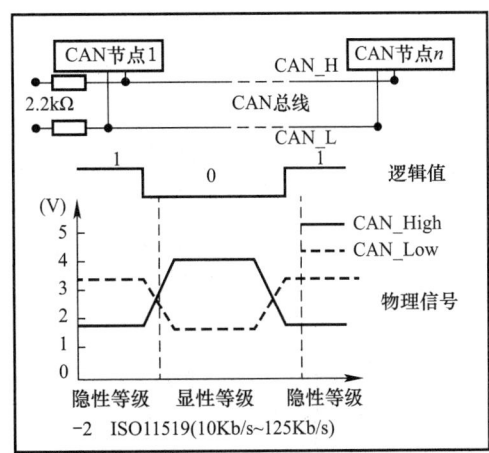

图 5-74　CAN 协议对显性电平和隐性电平的定义

CAN 控制器根据两根线 CAN_H、CAN_L 上的电位差来判断总线电平。发送方通过使总线电平发生变化，将消息发送给接收方。

3. 位时序

正常位速率是指理想发送器在没有重新同步的情况下每秒发送的位数量。正常位时间＝1/正常位速率。可以把一个正常位时间划分成 4 个不重叠的时间片段，它们是：同步段、传播时间段、相位缓冲段 1、相位缓冲段 2。

（1）同步段（SS）

用于同步总线上不同的节点，使多个连接在总线上的单元通过此段实现时序调整，同步进行接收和发送的工作。由隐性电平到显性电平的跳变边沿或由显性电平到隐性电平跳变边沿应该出现在此段中。

（2）传播时间段（PTS）

用于补偿网络内的物理延迟时间。所谓网络的物理延迟指发送单元的输出延迟、总线上信号的传播延迟、接收单元的输入延迟。这个段的时间为以上各延迟时间的和的两倍。

（3）相位缓冲段 1（PBS1）和相位缓冲段 2（PBS2）

当信号边沿不能被包含于 SS 段中时，可在此段进行补偿。由于各单元以各自独立的时钟工作，细微的时钟误差会累积起来，PBS 段可用于吸收此误差。通过对相位缓冲段加减 SJW 吸收误差。SJW（SJW：reSynchronization Jump Width，再同步补偿宽度）指因时钟频率偏差、传送延迟等，各单元有同步误差，SJW 为补偿此误差的最大值。SJW 加大后允许误差加大，但通信速度下降。

位时间的组成部分如图 5-75 所示。

采样点是读取总线电平，并将读到的电平解释为位值的点。位置在相位缓冲段 1 结束处。

信息处理时间是一个以采样点作为起始的时间段。采样点用于计算后续位的位电平。

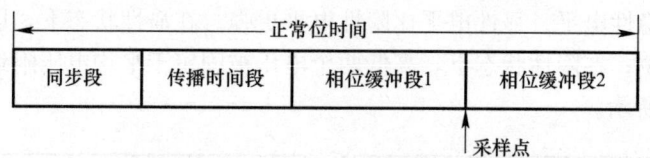

图 5-75　CAN 总线的位时间组成

位时间的每个段由称为 Time Quantum（以下称为 Tq）的最小时间单位即时间份额构成。时间份额是派生于振荡器周期的固定时间单元。存在一个可编程的预比例因子，其整体数值范围为 1～32 的整数，以最小时间份额为起点，时间份额的长度为：

时间份额＝m×最小时间份额（m 为预比例因子）

1 位分为 4 个段，每个段又由若干个 Tq 构成，这称为位时序。

1 位由多少个 Tq 构成、每个段又由多少个 Tq 构成？可以任意设定位时序。通过设定位时序，多个单元可同时采样，也可任意设定采样点。

各段的 Tq 数如表 5-22 所示。

位时间的段　　　　　　　　　　　　　　　　　　　表 5-22

段名称	Tq 数	
同步段（SS：Synchronization Segment）	1Tq	
传播时间段（PTS：Propagation Time Segment）	1～8Tq	8～25Tq
相位缓冲段 1（PBS1：Phase Buffer Segment 1）	1～8Tq	
相位缓冲段 2（PBS2：Phase Buffer Segment 2）	2～8Tq	
再同步补偿宽度（SJW：reSynchronization Jump Width）	1～4Tq	

例如 1 个位由 10 个 Tq 组成，如图 5-76 所示。

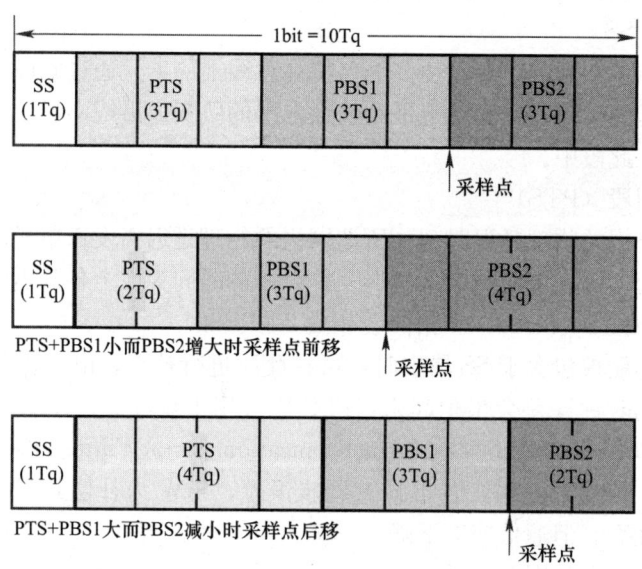

图 5-76　1 个位的 Tq 组成

4. 总线同步

CAN 总线采用的数据编码方法为 NRZ（Non-Return to Zero）方式，各个位的开头或结尾都没有附加同步信号。发送单元以与位时序同步的方式开始发送数据，接收单元根据总线上电平的变化进行同步并进行接收工作。但是，发送单元和接收单元存在的时钟频率误差及传输路径上的（电缆、驱动器等）相位延迟会引起同步偏差。因此接收单元通过再同步或者硬同步的方法调整时序进行接收。

一个沿的相位误差由相关于同步段的沿的位置给出，以时间额度量度。相位误差定义如下：

$e＝0$ 如果沿处于同步段里。

$e＞0$ 如果沿位于采样点之前。

$e＜0$ 如果沿处于前一个位的采样点之后。

（1）硬同步

当接收单元在总线空闲状态检测到一个帧起始（由隐性到显性的沿）信号时，硬同步一定会发生。硬同步后，内部的位时间从同步段重新开始。因此，硬同步可强迫由于硬同步引起的沿处于重新开始的位时间同步段之内。硬同步的机理可用图 5-77 来显示。

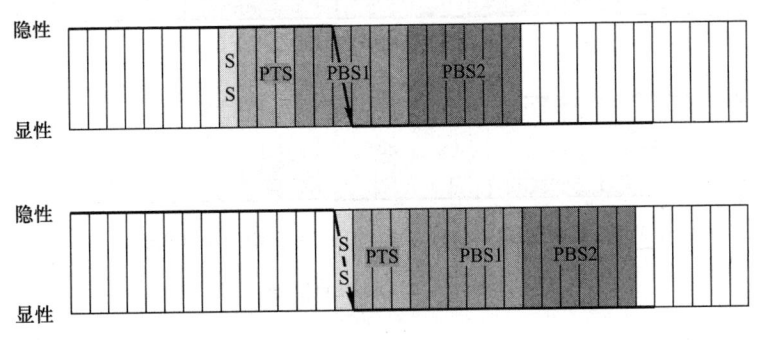

图 5-77　硬同步的机理

（2）再同步

在接收数据时检测到总线逻辑值有变化，则需要再同步。每次检测到信号沿，发送/接收单元都会根据相位误差通过调整 SJW 值以加长相位缓冲段 1、缩短相位缓冲段 2。

当引起再同步沿的相位误差小于或等于 SJW 的设定值时，再同步和硬件同步的作用相同。当相位误差的量级大于 SJW 时：

如果 $e＞0$，则相位缓冲段 1 被增长。增长的范围等于 SJW 的值。

如果 $e＜0$，则相位缓冲段 2 被缩短。缩短的范围等于 SJW 的值。

再同步的机理如图 5-78 所描述。

硬同步和再同步遵从如下规则。

（1）1 个位中只进行一次同步调整。

（2）只有当上次采样点的总线值和边沿后的总线值不同时，该边沿才能用于调整同步。

（3）在总线空闲且存在隐性电平到显性电平的边沿时，则一定要进行硬件同步。

（4）在总线非空闲时检测到的隐性电平到显性电平的边沿如果满足条件（1）和（2），将进行再同步。但还要满足下面条件。

（5）发送单元观测到自身输出的显性电平有延迟时不进行再同步。

（6）发送单元在帧起始到仲裁段有多个单元同时发送的情况下，对延迟边沿不进行再同步。

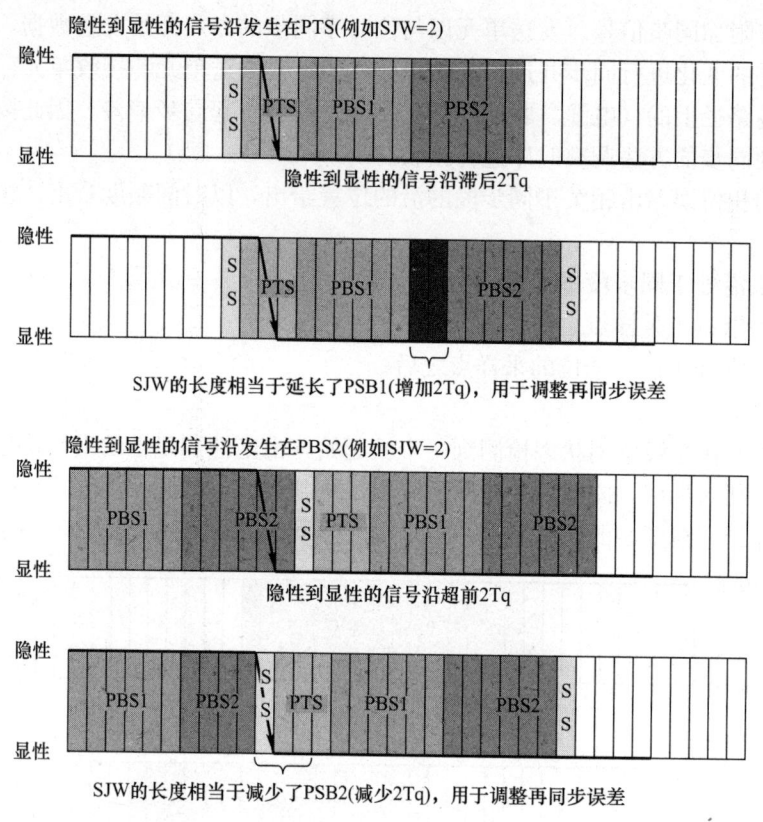

图 5-78　再同步的机理

5.7.5　MAC 子层

MAC 子层的功能有完成帧同步、流量控制、差错控制、寻址，即控制帧结构、执行仲裁、错误检测、出错标定、故障界定等功能。通常，MAC 协议被封转在芯片中，MAC 的修改是受限的。MAC 子层包括 4 种类型的帧：

数据帧；

远程帧；

错误帧；

过载帧。

数据帧和远程帧有标准格式和扩展格式两种格式。标准格式有 11 位的标识符（Identifier：以下称 ID），扩展格式有 29 位的 ID。

帧间隔用于将数据帧及远程帧与前面的帧分离开来，也可看作一类特殊的帧。

1. 数据帧

数据帧是发送单元向接收单元传送数据的帧。数据帧由 7 个不同的位场组成：帧起始（SOF）、仲裁场、控制场、数据场、CRC 场、应答场（ACK 场）、帧结尾（EOF）。数据场的长度可以为 0。数据帧的构成如图 5-79 所示。

（1）帧起始

帧起始标志数据帧和远程帧的起始，仅由一个"显性"位组成。

只在总线空闲时才允许站开始发送（信号）。所有的站必须同步于首先开始发送报文的站的帧起始前沿（参见"硬同步"）。

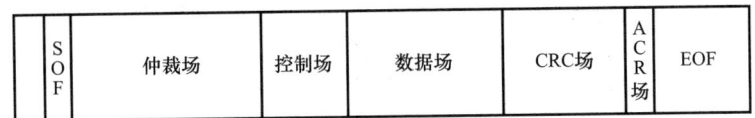

图 5-79　数据帧的结构

（2）仲裁场

表示该帧优先级的场。标准格式帧与扩展格式帧的仲裁场格式不同。标准格式里，仲裁场由 11 位识别符和 RTR 位组成。识别符位为 ID-28……ID-18。扩展格式里，仲裁场包括 29 位识别符、SRR 位、IDE 位、RTR 位。其识别符为 ID-28……ID-0。为了区别标准格式和扩展格式，前版本 CAN 规范 1.0-1.2 的保留位 r1 现表示为 IDE 位。

标准格式的 ID 有 11 个位。从 ID28 到 ID18 被依次发送。禁止高 7 位都为隐性（禁止设定：ID＝1111111xxxx）。扩展格式的 ID 有 29 个位：基本 ID 从 ID28 到 ID18，扩展 ID 由 ID17 到 ID0 表示。基本 ID 和标准格式的 ID 相同。禁止高 7 位都为隐性（禁止设定：基本 ID＝1111111xxxx）。

标准帧里，识别符其后是 RTR 位。RTR 的全称为"远程发送请求位（Remote Transmission Request BIT）"。RTR 位在数据帧里必须为"显性"，而在远程帧里必须为"隐性"。

标准格式和扩展格式的仲裁场构成如图 5-80 所示。

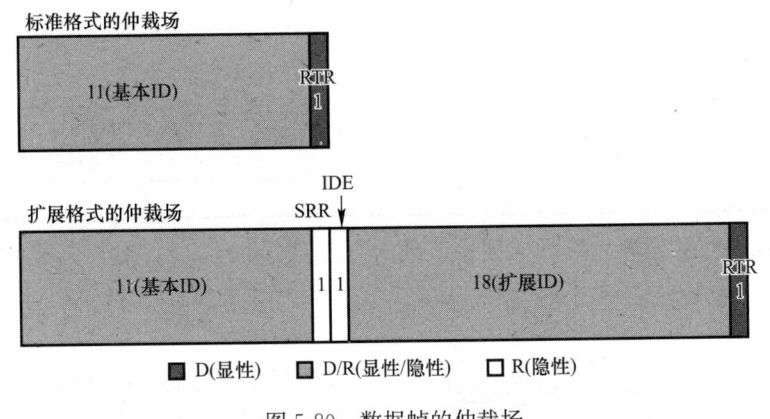

图 5-80　数据帧的仲裁场

（3）控制场

控制场是表示数据的字节数及保留位的场。控制场由 6 个位组成。标准格式的控制场格式和扩展格式的不同。标准格式里的控制场包括数据长度代码（DLC）、IDE 位（为显性位，见上文）及保留位 r0。扩展格式里的控制场包括数据长度代码和两个保留位：r1 和 r0。其保留位必须发送为显性，但是接收器认可"显性"和"隐性"位的组合。数据帧控制段的组成结构如图 5-81 所示。

数据长度代码（标准格式以及扩展格式）指示了数据场里的字节数量。数据长度代码为 4 个位（DLC3、DLC2、DLC1、DLC0），它在控制场里发送。

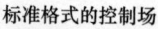

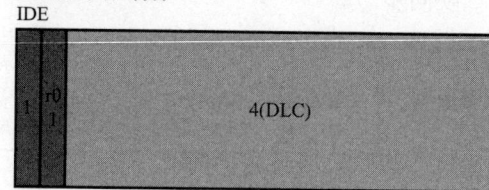

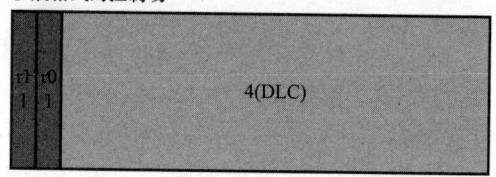

■ D(显性)　　■ D/R(显性/隐性)

图 5-81　数据帧的控制场

数据长度代码中数据字节数的编码见表 5-23（缩写：d—"显性"，r—"隐性"）：

数据长度代码中数据字节数的编码 表 5-23

字节数量	DLC3	DLC2	DLC1	DLC0
0	d	d	d	d
1	d	d	d	r
2	d	d	r	d
3	d	d	r	r
4	d	r	d	d
5	d	r	d	r
6	d	r	r	d
7	d	r	r	r
8	r	d	d	d

表 5-21 也说明数据帧允许的数据字节数为 {0，1，……，7，8}，其他的数值不允许使用。

标准/扩展格式数据场相同

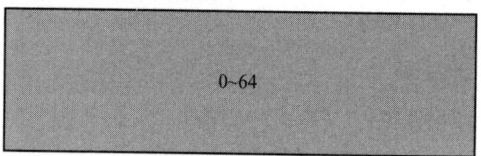

0~64

■ D/R(显性/隐性)

图 5-82　数据帧的数据场

（4）数据场

数据场包含了数据的内容，可发送 0～8 个字节的数据。它可以为 0～8 个字节，每字节包含了 8 个位，首先发送 MSB（数据高位）。数据场的组成如图 5-82 所示。

（5）CRC 场

CRC 场是检查帧传输错误的场。CRC 场包括 CRC 序列（CRC SEQUENCE），其后是 CRC 界定符（CRC DELIMITER）。CRC 界定符包含一个单独的"隐性"位。CRC 场的组成如图 5-83 所示。

CRC 场是根据多项式生成的 CRC 值，CRC 的计算范围包括帧起始、仲裁段、控制段、数据段。接收方以同样的算法计算 CRC 值并进行比较，不一致时会通报错误。CRC 序列（标准格式以及扩展格式）是由循环冗余码求得的帧检查序列。最适用于位数低于

127 位〈BCH 码〉的帧。

为进行 CRC 计算，被除的多项式系数由无填充位流给定，组成这些位流的成分是：帧起始、仲裁场、控制场、数据场（假如有），而 15 个最低位的系数是 0。将此多项式被下面的多项式发生器除（其系数以 2 为模）：

$$X15+X14+X10+X8+X7+X4+X3+1$$

这个多项式除法的余数就是发送到总线

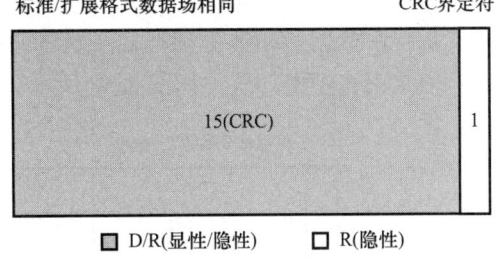

标准/扩展格式数据场相同　　　　　　CRC界定符

15(CRC)　　　1

□ D/R(显性/隐性)　　□ R(隐性)

图 5-83　数据帧的 CRC 场

上的 CRC SEQUENCE（CRC 序列）。为了实现这个功能，可以使用 15 位的位移寄存器—CRC＿RG（14：0）。如果 NXTBIT 指示位流的下一位，那么从帧的起始到数据场末尾都由没有填充的位顺序给定。CRC 序列（CRC SEQUENCE）的计算如下：

```
CRC_RG= 0;              //初始化移位寄存器
REPEAT
CRCNXT= NXTBIT EXOR CRC_RG(14);
CRC_RG(14:1)= CRC_RG(13:0);//寄存器左移一位
CRC_RG(0)= 0;
IF CRCNXT THEN
CRC_RG(14:0)= CRC_RG(14:0)EXOR(4599hex);
ENDIF
UNTIL（CRC 序列起始或有一错误条件）
```

在传送/接收数据场的最后一位以后，CRC＿RG 包含有 CRC 场。

（6）应答场

应答场即 ACK 场，是表示确认正常接收的场。应答场长度为 2 个位，包含应答间隙（ACK SLOT）和应答界定符（ACK DELIMITER）。在 ACK 场（应答场）里，发送站发送两个"隐性"位。当接收器正确地接收到有效的报文，接收器就会在应答间隙（ACK SLOT）期间（发送 ACK 信号）向发送器发送一"显性"位以示应答。即：接收到正确消息的单元在应答间隙（ACK SLOT）发送显性位，通知发送单元正常接收结束。这称作"发送 ACK"或者"返回 ACK"。发送 ACK 的是在既不处于总线关闭态也不处于休眠态的所有接收单元中接收到正常消息的单元。所谓正常消息是指不含填充错误、格式错误、CRC 错误的消息。

ACK 场的结构组成如图 5-84 所示。

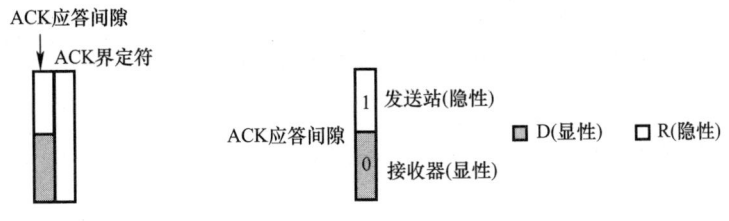

ACK应答间隙

ACK界定符

ACK应答间隙　　　1　发送站(隐性)　　　□ D(显性)　　□ R(隐性)

0　接收器(显性)

图 5-84　数据帧的 ACK 场

（7）帧结束（EOF）

每一个数据帧和远程帧均由一标志序列定界。这个标志序列由 7 个 "隐性" 的位组成。帧结束在帧中的位置如图 5-85 所示。

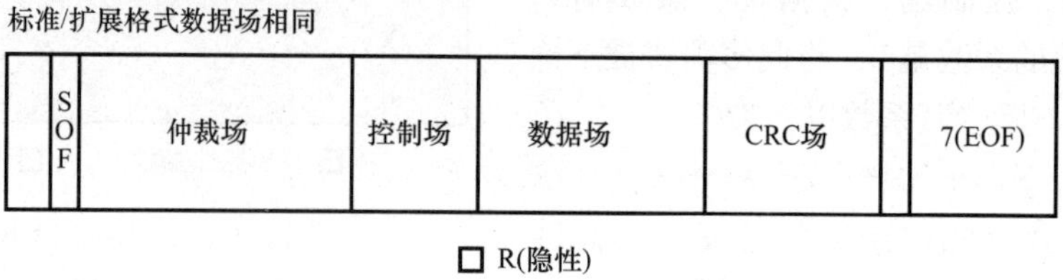

标准/扩展格式数据场相同

S O F	仲裁场	控制场	数据场	CRC场	7(EOF)

□ R(隐性)

图 5-85 数据帧的帧结束

2. 远程帧

远程帧是接收单元向具有相同 ID 的发送单元请求数据的帧。远程帧的组成如图 5-86 所示。

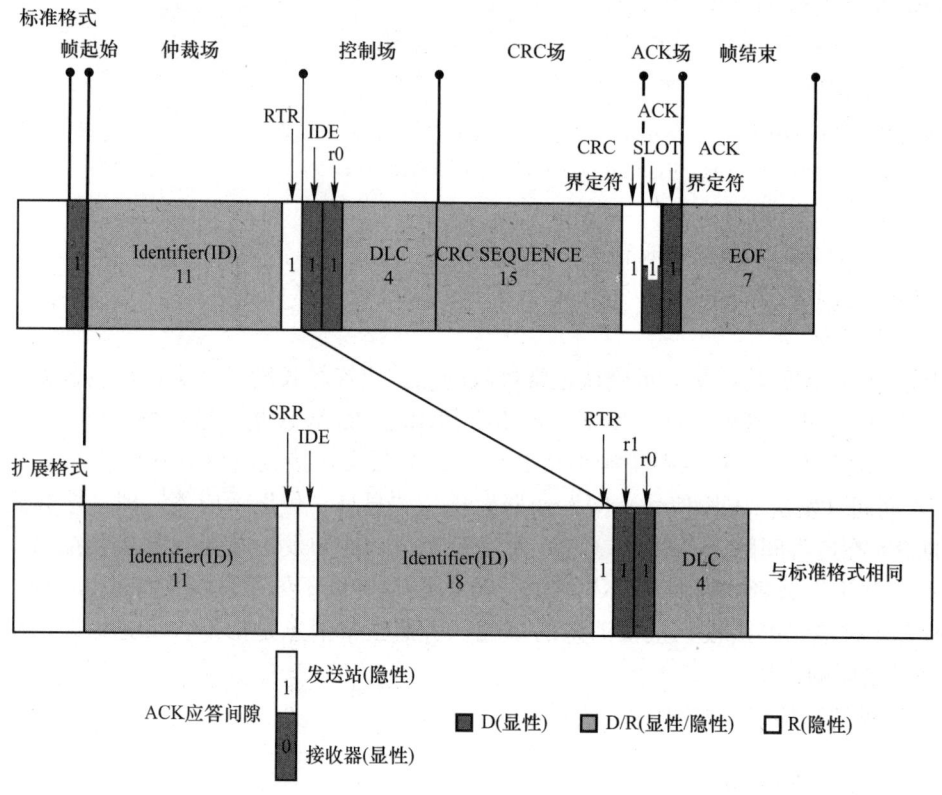

图 5-86 远程帧的构成

3. 错误帧

错误帧是当检测出错误时向其他单元通知错误的帧。

4. 过载帧

过载帧是接收单元通知其尚未做好接收准备的帧。可用来在先行的和后续的数据帧（或远程帧）之间提供一附加的延时。

5.7.6 CAN 总线集成控制系统

1. 集成化系统结构

一套完整的控制层网络采用 CAN 总线的集成化系统的基本配置为：上位机（运行组态软件，工程中对应集成管理中心计算机），接口卡（或接口设备）、CAN 节点（也称下位机或实际应用中的各类控制器）。一个典型的具备以上结构的精简型实验系统如图 5-87 所示。

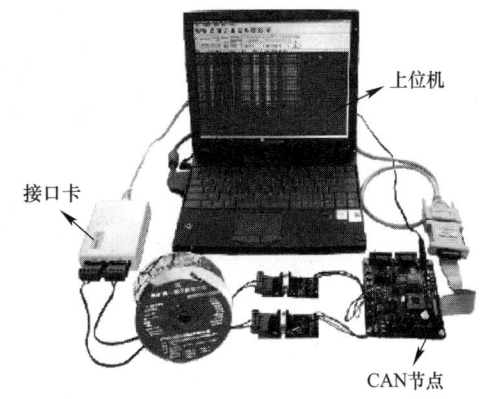

图 5-87 CAN 总线集成化实验系统

CAN 节点部分采用 ARM7 嵌入式微处理器作为主控 CPU，ARM7 微处理器采用 NXP 的 LPC219，内嵌 2 个用于实现 CAN 协议的 CAN 控制器，因此该 CAN 节点带 2 个 CAN 总线通道。这是一个只有一个 CAN 节点的集成化系统，如果系统含有多个 CAN 节点，则一般的扩展方法如图 5-88 所示。

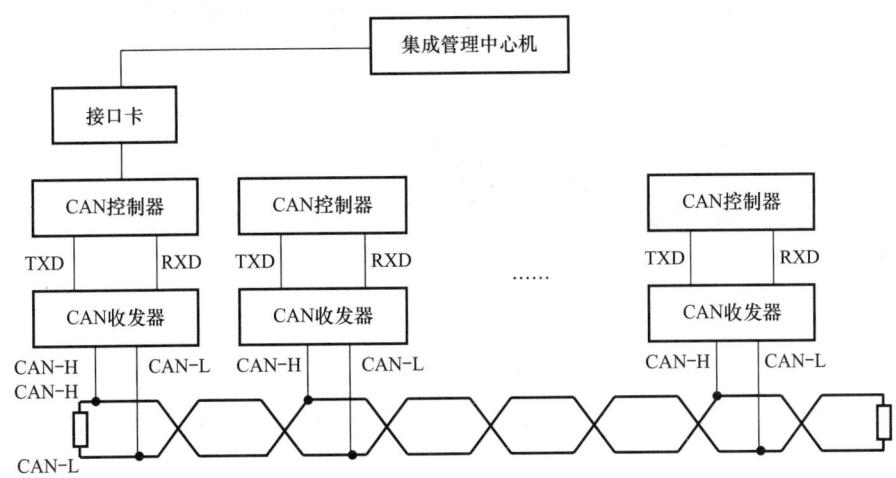

图 5-88 多 CAN 节点扩展方法

CAN 总线采用非归零（NRZ）编码，所有节点以"线与"方式连接至总线。如果存在一个节点向总线传输逻辑 0，则总线呈现逻辑 0 状态，而不管有多少个节点在发送逻辑 1。CAN 网络的所有节点可能试图同时发送，但其简单的仲裁规则确保仅有一个节点控制总线、并发送信息。收发器如同一个漏极开路结构，能够监听自身的输出。逻辑高状态由上拉电阻驱动，因而低有效输出状态（0）起决定性作用。以上 CAN 总线的仲裁过程如图 5-89 所示。

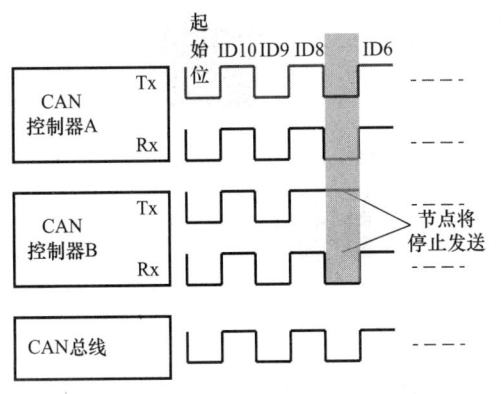

图 5-89 CAN 总线的仲裁过程

采用 CAN 总线的智能建筑集成化管理系统示意图如图 5-90 所示（酒店集成化管理系统）。

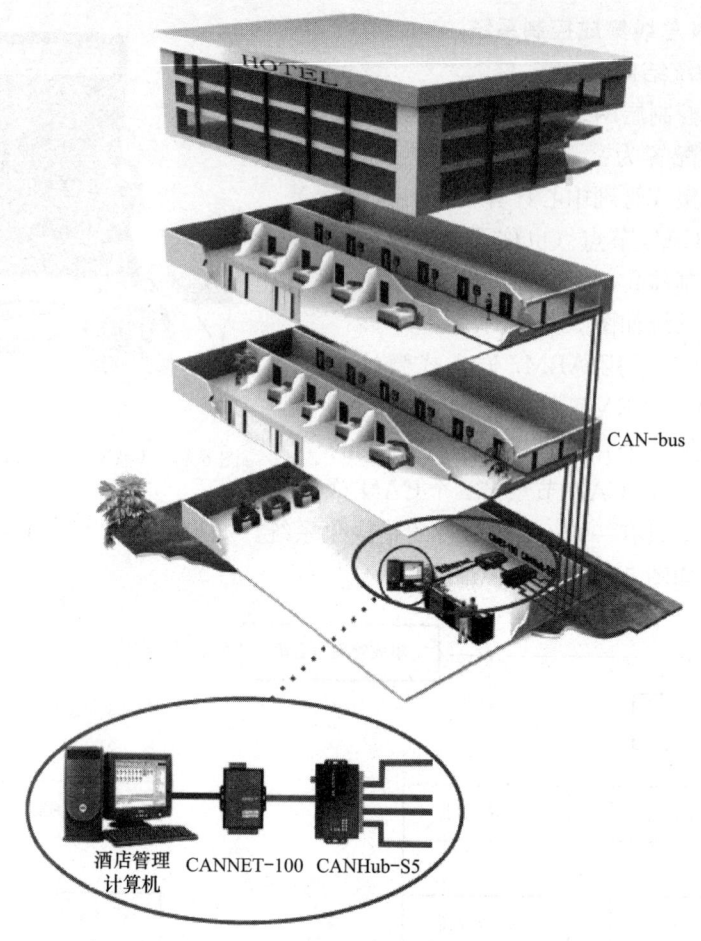

图 5-90　CAN 总线型酒店集成化管理系统

　　图 5-91 是广州周立功公司开发的采用 CAN 总线的网络型门禁（带报警功能）集成控制系统。

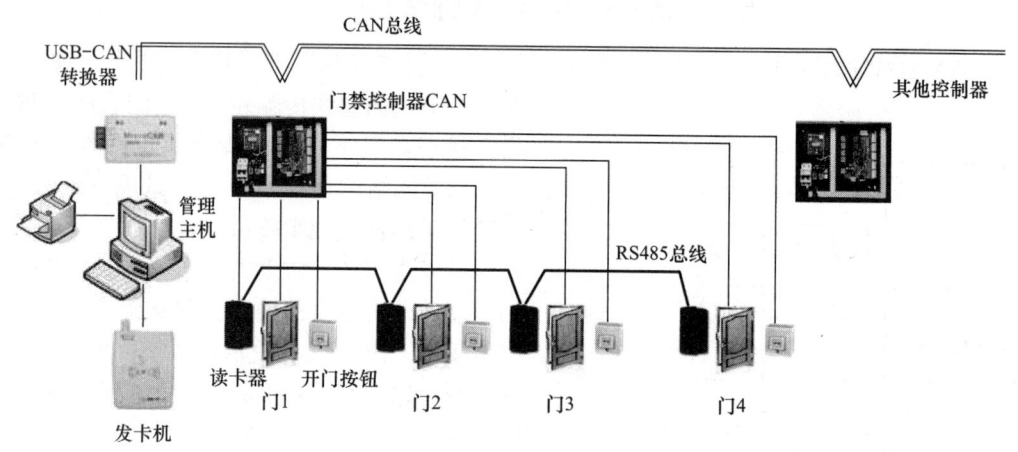

图 5-91　CAN 总线网络型门禁集成控制系统结构图

图 5-92 为系统中采用的门禁控制器。一台控制器可完成四个门的单向进出控制或两个门的双向进出控制。

每个 CAN 门禁控制器带一个 CAN 通信口，用于连接控制器和控制主机。还带一个 RS485 网络通信口，连接 RS485 通信格式的读卡器。CAN 网络总长可达 3300m/20KB/s、1300m/50KB/s、530m/125KB/s、270m/250KB/s。CAN 通信波特率：20KB/s、50KB/s、125KB/s、250KB/s 可设。RS485 网络总长可达 1000m，RS485 通信波特率：19200B/s。

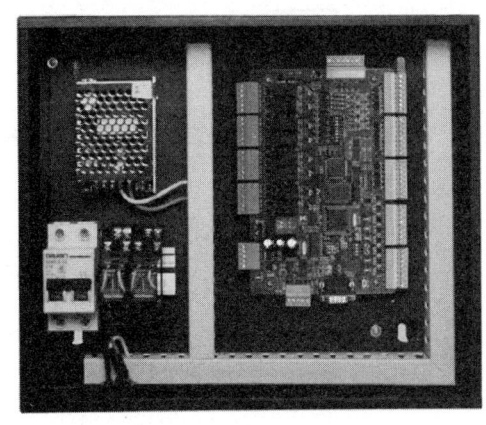

图 5-92　CAN 联网型四门门禁、报警控制器安装外观

在建筑智能化集成系统工程中常常是直接选用 CAN 总线的相关产品，再通过灵活选用各种 CAN 接口设备连接到上层以太网，组建成集成化的网络。接口产品在系统集成中的作用往往举足轻重，下面图 5-93 所示是周立功公司生产的 CAN 总线接口产品，它们可以代表当前主流的 CAN 总线接口硬件转换方法。

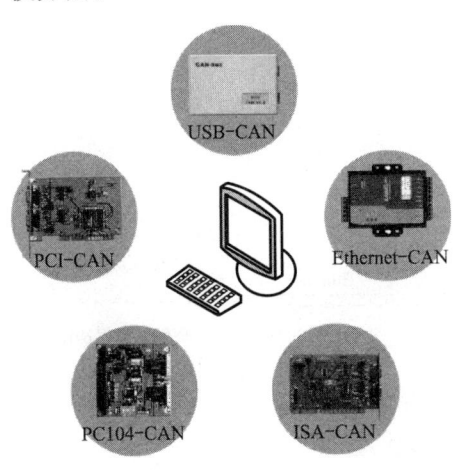

图 5-93　CAN 接口卡产品

这些产品包括：

（1）PCI-5110 单路智能 CAN 接口卡；

（2）PCI-5121 双路智能 CAN 接口卡；

（3）USB/CAN-Ⅰ单路智能 CAN 接口卡；

（4）USB/CAN-Ⅱ双路智能 CAN 接口卡；

（5）CAN/232 智能 CAN 接口卡；

（6）CAN/485 智能 CAN 转换卡；

（7）CANrep-A 智能全隔离 CAN 中继器；

（8）CANrep-B 隔离 CAN 中继器；

……

基于这些接口产品，可以提供各种实际应用集成方案，如：

（1）RS485 总线网络与 CAN 总线网络的集成

如图 5-94 所示。

利用 CAN485 智能 CAN 转化器实现了 RS-485 网络 CAN 总线网络的数据互换。作为一种过渡性的方案，系统性能受限于 RS-485 网络，并不能充分体现 CAN 总线系统优越的性能。该方案仅仅适合那些在新旧系统并存、性能要求不高、新系统与旧系统有相同运行机制的地方。

（2）以太网与 CAN 总线两层网络的集成

以太网与 CAN 总线两层网络的集成如图 5-95 所示。

两层网络之间采用以太网-CAN 转换器作为现场总线和以太网的桥梁，完成数据的转换和互联。

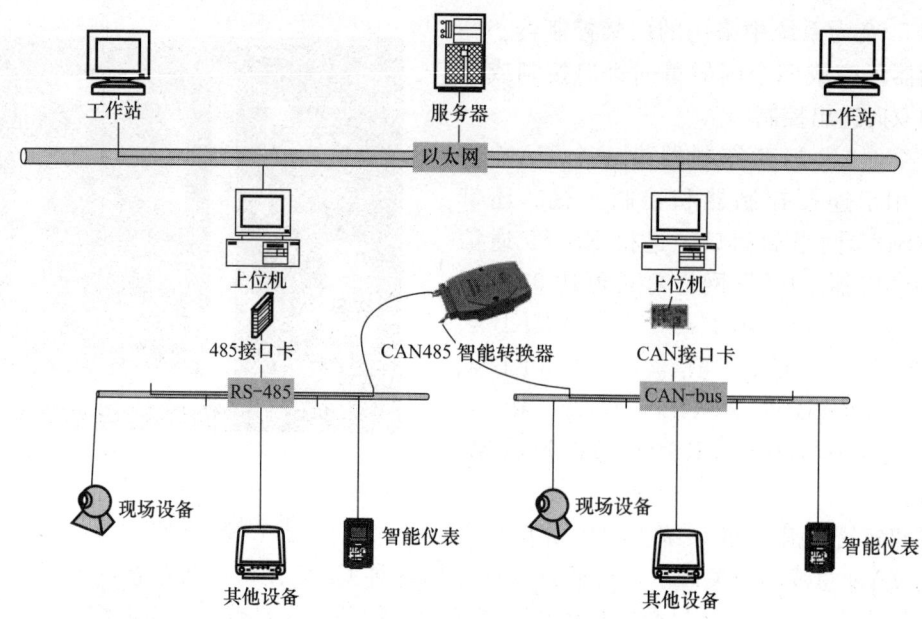

图 5-94　RS485 总线网络与 CAN 总线网络的集成

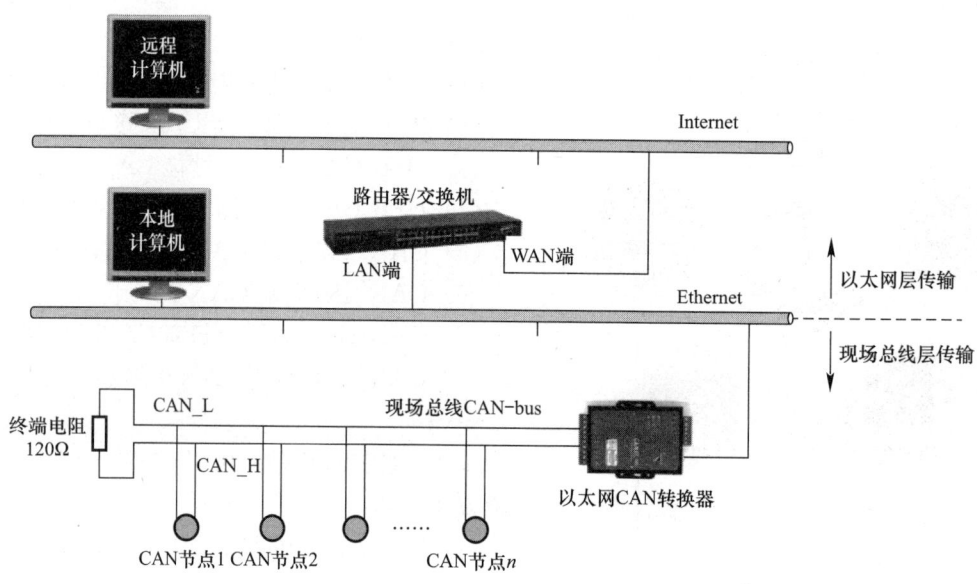

图 5-95　以太网与 CAN 总线网络的集成

（3）通过计算机 USB 接口集成 CAN 总线网络

如图 5-96 所示。

该应用系统中，每个 CAN 通道的通信波特率可达到 500Kb/s，采用 RS485 总线时只能达到每通道 57.6Kb/s。

2. CAN 总线节点设计

为更深入清晰的理解 CAN 控制器内部的电路结构，下面介绍典型的 CAN 节点应用电路设计。

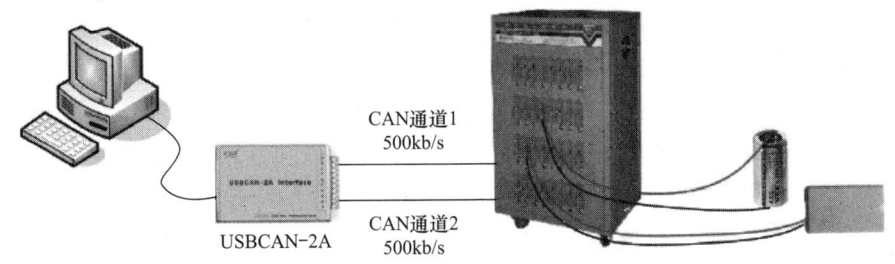

图 5-96　USB 接口集成 CAN 总线网络

节点设计中必不可少的一个部件是 CAN 收发器，它是节点连接到 CAN 网络的接口。常用的 CAN 收发器芯片有：PCA82C250/251 通用 CAN 收发器，TJA1050/1040/1041 高速 CAN 收发器，TJA1054 容错的 CAN 收发器，TJA1020 标准 LIN（Local Interconnect Network）收发器等。可根据实际情况选用。

微处理器也是 CAN 节点设计中必不可少的部件。CAN 节点根据所采用的微处理器芯片特点可分为两种设计思路：一是微处理器本身具有片内 CAN 控制器的情况，此时 CAN 节点主要由微处理器加 CAN 收发器两部分构成。可作为此类微处理器的芯片可以是 51、ARM、AVR、DSP 等。具体的如：（1）P8xC591 8 位单片微控制器。它采用强大的 80C51 指令集并成功包含了 PHILIPS 半导体 SJA1000 CAN 控制器强大的 PeliCAN 功能。（2）LPC2100、LPC2200、LPC2300、LPC2400、LPC2800 系列 32 位 ARM 微控制器。这些系列的微控制器基于一个支持实时仿真和跟踪的 16/32 位 ARM7TDMI-S CPU，并带有嵌入的高速 Flash 存储器。采用此类集成化微控制器设计 CAN 节点电路时的框架如图 5-97 所示。

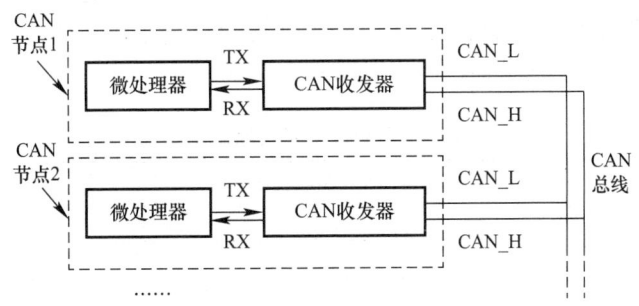

图 5-97　CAN 节点的组成方案 1

另一种是采用独立 CAN 控制器的情况，此时微处理器本身没有集成 CAN 控制器，CAN 节点主要由微处理器加独立 CAN 控制器再加 CAN 收发器三部分构成，如图 5-98 所示。

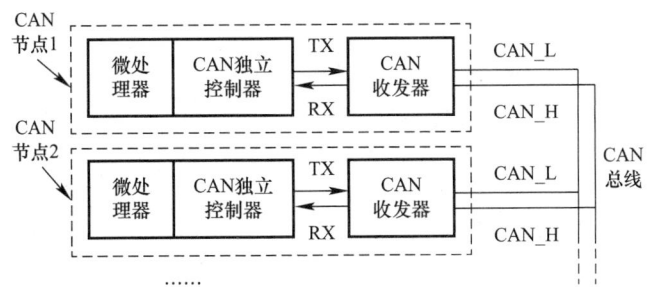

图 5-98　CAN 节点的组成方案 2

下面通过两个设计实例分别介绍两种典型节点的设计方法。

1. 微处理器加收发器方案

节点电路采用本身集成了 CAN 控制器和接口的单片机 87C196CA 作为微处理器，采用 PCA82C250 CAN 总线收发器分别将单片机的 CAN 接收、发送两根线连接到 CAN 总线上，构成多微控制器 CAN 总线系统。其系统结构如图 5-99 所示。

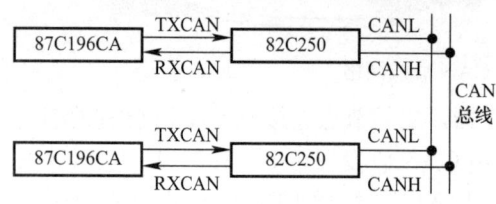

图 5-99　采用 87C196CA 的 CAN 总线系统结构

CAN 总线收发器 PCA82C250 是 CAN 协议控制器和物理传输线路之间的接口，是影响网络性能的关键因素。它对总线提供差动发送能力，并对 CAN 控制器提供差动接收能力，其最高传输速率可达 1Mb/s。其主要特点是芯片内部具有限流电路，可以防止输出级对电源、地或负载短路；由于采用差动接收发方式，因此有较强的抗电磁干扰能力；具有低电流节电待机工作模式；该 CAN 总线收发器至少可以连接 110 个节点。利用 PCA82C250 还可以方便地在 CAN 控制器与驱动器之间建立光电隔离，以实现总线上各节点间的电气隔离。

87C196CA 是 INTEL MCS96 系列的新成员，是带有集成 CAN2.0 的 16MHz 16 位 CHMOS 微控制器。它在片内集成有 32K 的 EPROM，1K 的寄存器，256bit 附加 RAM。它支持高速串行通信协议 CAN2.0，具有 8 字节数据长度的 15 个报文目标，其 TXCAN 和 RXCAN 两个引脚可直接挂在总线上进行通信。

在 87C196CA 中有 256B 的 RAM 空间用于 CAN 总线串行通信，地址范围为 1E00～1EFF，内存地址分布如表 5-24 所示。CAN 控制器由信息体、定时器、控制寄存器、状态寄存器、中断寄存器、标准和扩展中断屏蔽寄存器组成。

CAN 控制器内存地址分布　　　　　　　　　　　　　　　表 5-24

CAN 控制器地址图			
十六进制地址		十六进制地址	
1EFF	—	1E6F	—
1EF0～1EFE	信息体 15	1E60～1E6E	信息体 6
1EEF	—	1E5F	中断寄存器
1EE0～1EDE	信息体 14	1E50～1E5E	信息体 5
1EDF	—	1E4F	位定时寄存器 0
1ED0～1EDE	信息体 13	1E40～1E4E	信息体 4
1ECF	—	1E3F	位定时寄存器 0
1EC0～1ECE	信息体 12	1E30～1E3E	信息体 3
1EBF	—	1E2F	—
1EB0～1EBE	信息体 11	1E20～1E2E	信息体 2
1EAF	—	1E1F	—
1EA0～1EAE	信息体 10	1E10～1E1E	信息体 1
1E9F	—	1E0C～1E0F	信息体 15 屏蔽寄存器
1E90～1E9E	信息体 9	1E08～1E0B	扩展屏蔽寄存器
1E8F	—	1E06～1E07	标准屏蔽寄存器

CAN 控制器地址图			
十六进制地址		十六进制地址	
1E80～1E8E	信息体 8	1E02～1E05	—
1E7F	—	1E01	状态寄存器
1E70～1E7E	信息体 7	1E00	控制寄存器

（1）信息体

共有 15 个信息体（Message Object），主要用于发送和接收数据的存储器。每个信息体由 15B 组成，其结构如表 5-25 所示，它由控制位、辨识位、配置位和数据位组成。信息体 0～14 既可用于发送，也可用于接收信息体，信息体 15 仅接收信息体，0～14 只有 1 个缓冲区。下面分别加以描述。

信息结构　　　　　　　　　　　　　　　　表 5-25

十六进制	内容描述
1Ex7～1ExE	数据位 0～7
1Ex6	信息配置
1Ex2～1Ex5	信息识别器 0～3
1Ex0～1Ex1	信息控制 0～1

注：x 表示信息体数（用十六进制表示）

1）控制位：由 2 个控制寄存器构成，即 CAN _ MSGxCON0 和 CAN _ MSGxCON1，0 控制寄存器用于定义发送接收中断、中断悬挂、信息体有效功能。1 控制寄存器用于定义发送请求、远程请求悬挂、数据覆盖等功能。

2）数据位：用于存放接收和发送的数据，最多只能存放 8 个数据，所发送的数据必须与在配置位（DLC）所定义的数据长度相同。

3）配置位：用于定义传送或接收数据的长度，有效值为 0～8，它指信息体本身所含有的数据，同时它还定义方向，即接收还是发送、定义标准模式还是扩展模式。

4）辨识位：由 4B 组成，用于定义辨识代码组合，这样就可以辨识出不同的信息进行接收与发送。

（2）位定时器（CAN _ BTIME0，CAN _ BTIME1）

位定时器主要用于定义 CAN 总线通信的速率，对同一个网络总线上各个节点应定义同一种通信速率，否则无法进行通信联系。它由 CAN_BTIME0、CAN_BTIME1 2 个位定时器定义，CAN 控制器的总线工作频率可由下式计算。

$$f = F_{osc}/[2 \times (BRP+1) \times (3+TSEG1+TSEG2)]$$

式中　F_{osc}——系统时钟频率；

　　　BRP——在位定时器中的 TSEG1 域中的值，取值范围 0～63；

　　TSEG1——在位定时器 1 中的 TSEG1 域中的值，取值范围 2～15；

　　TSEG2——在位定时器 1 中的 TSEG2 域中的值，取值范围 1～7。

例如当定义 1 个 250Kb/s 的通信频率时，则可以设置：

CAN_BTIME0＝0x41（BRP＝1）CAN_BTIME1＝0x67（TSEG2＝6、TSEG1＝7）

当系统时钟为 16MHz 时，CAN 通信频率由上式计算得到 250Kb/s。

（3）扩展屏蔽寄存器（CAN_EGMSK）

它与信息体的辨识字是相似的，共 4B、0～28 位，某位置 1 则要求接收到的辨识码 ID 要与它本身的辨识码一致，如果某位置 0 则屏蔽了 ID 位，即它可以接收到这一位为 0 或 1 的信息体的辨识码，这就形成 1 种信息体的滤波方法，即接收信息体。通过扩展屏蔽寄存器的定义，即可以接收与它本身辨识码相同的发送信息体，也可以接收与它本身辨识码不同的发送信息体。如果信息体辨识码与发送信息体辨识码匹配，信息体也可以接收远程信息（即要求数据传送），远程信息体辨识码存储于发送信息体中，覆盖任何屏蔽位。

（4）控制寄存器（CAN_CON）

它用于控制位定时器的写允许、使能中断和对 CAN 总线的接入，其各位的意义如图 5-100 所示。

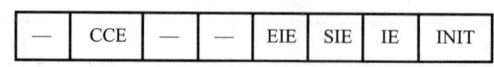

| — | CCE | — | — | EIE | SIE | IE | INIT |

图 5-100　控制寄存器各位意义

CCE——配置变化使能，用于写位定时器。1：允许写位定时器；0：禁止写位定时器。

EIE——错误中断使能，用于切断总线并发警告中断。

SIE——状态变化中断使能，用于接收成功中断、发送成功中断和错误变化中断的使能和非使能。

IE——中断使能，它包括所有的中断；错误状态变化、接收和发送中断。

INIT——软件初始化使能，置位时则隔离 CAN 总线系统、停止系统的接收发送。

（5）CAN 中断寄存器（CAN_INT）

用于记录悬挂中断情况，与悬挂中断寄存器功能相同。它有 16 个中断源，并必须与标准的中断屏蔽寄存器 INT_MASK1 组合使用，INT_MASK1.5 为它的中断屏蔽位。当 CAN 发生中断时，再由 CAN 中断寄存器位来判断是什么中断，每个信息体都有 1 个中断源，CAN 状态寄存器的中断优先级最高，其次是信息体 15。

（6）CAN 状态寄存器（CAN_STAT）

如果状态变化产生中断，软件可以读 CAN 的状态寄存器，以决定哪个中断读请求源。如切断 CAN 总线状态、警告状态、接收成功、发送成功、错误码。

由此可见，CAN 中断系统是由多级中断构成的。最高级由 INT_MASK1 定义 CAN 控制器中断，这是由多个中断源产生的，通过 CAN 控制寄存器 CAN_INT 可以寻找出哪个中断源发出的中断，其中的 CAN 状态寄存器又是 1 个多中断源，通过进一步判断状态寄存器 CAN_STAT 又可以进一步判断哪 1 个中断源发出的中断。

当定义完信息体、中断控制、屏蔽控制时，系统的总线通信初始化就完成了，将要传送到总线上的数据写入信息体的数据区就可以。CAN 的实际通信是由硬件来自动实施的，硬件是按信息帧格式来传递数据的。总线传送数据按信息帧来传送，帧与帧之间由 3 个分离位（为 1）来分离，没有信息帧时，总线则处于空闲时间。信息帧的格式如图 5-101 所示（扩展模式）。

SOF	11位辨识器	SRR	IDE	18位辨识器	RTR	r1	r0	DLC	0~8位数据	15位CRC	ACK	ACK	EOF
开始	仲裁域				控制域				数据域	校验域	应答域		结束

图 5-101　信息帧格式

SOF：信息帧起始，低电平则标志信息帧开始。

1）仲裁域：由 29 位信息辨识器、SRR、IDE、RTR 组成。29 位辨识器：由 11 位的标准辨识器和 18 位扩展辨识器组成，以保证与标准 CAN 协议的兼容，它由信息体的辨识码来定义每个信息体的辨识码。

SRR：替代远程发送请求位，始终为隐位 1，是为兼容标准 CAN 协议而设置。

RTR：远程发送请求位，始终为隐位 1，它由不带数据的信息体形成。

IDE：辨识器扩展位，始终为隐位 1。

2）控制域：由保留位 r0、r1（始终为显位 0）和 DLC 位组成。DLC 则是 1 个由 4 位表示的，传递数据长度为 0~8B。

3）数据域：它由 1~8 个数据字节帧构成，0 字节则表示 1 个远程帧。

4）校验域：即 CRC 码，它由循环冗余码求得的帧检查序列组成。它是 1 个 15 位CRC 码加上 1 个限定符。

5）应答域：它由 1 个节点接收帧发送的显位 0 和 1 个应答限定符隐位 1 构成。

6）结束帧：即为 7 个连续的隐位 1 标志信息帧的结束。

信息帧传送是按信息体的地址从低地址开始发送的，所以低地址的信息体，即信息体0 有最高的优先权，这与辨识器无关。当多个信息体发送为 0 时，CAN 控制器首先发送低地址的信息体，当多个信息体具备接收同一个信息体时，低地址信息体首先接受它，例如当所有辨识位都被屏蔽时，信息体 1 接收所有的信息。

对于通过 CAN 总线连接的单片机之间的通信软件编程需要定义一系列的控制字，并在两个单片机上进行配置。即首先进行上电初始化，定义 CAN 控制寄存器，定义位定时寄存器选择 CAN 的通信速率，定义信息体屏蔽寄存器选择接收对象。其次对信息体进行初始化，分别定义两个信息体工作模式、发送字节数、选择 CAN2.0A 或 CAN2.0B 方式。其程序代码（进行 CAN 通信首先进行初始化）如下：

```
can_con＝0x41；/* CAN 控制器 CCE 位置 1，则可以定义 CAN 定时器*/
can_btime0＝0x41；/* 定义 CAN 定时器为 250Kb/s*/
can_btime1＝0x67；
can_con＝01；/* 允许对 CAN 控制器进行软件初始化*/
can_sgmsk＝0x0；/* 定义标准 CAN 通信格式的屏蔽控制字，所有位都不滤波*/
can_msg1con0＝0x55；/* 信息体 1 控制器 0 初始化*/
can_msg1con1＝0x55；/* 信息体 1 控制器 1 初始化*/
can_msg1cfg＝0x88；/* 定义信息体 1 为发送，发送 8B，标准 CAN 格式*/
can_msg1id＝0xc8c8c8c8；/* 信息体 1 标识寄存器初始化标识符为 c8c8c8c8*/
can_msg1con0＝0x95；/* 信息体 1 控制器 OMSGVAL 位置 1，标明信息体 1 有效*/
```

can_msg2con0＝0x55；/* 信息体 2 控制器 0 初始化*/

can_msg2con1＝0x55；/* 信息体 2 控制器 1 初始化*/

can_msg2cfg＝0x80；/* 定义信息体 2 为接收，接收 8B，标准 CAN 格式*/

can_msg2id＝0xc8c8c8c8；/* 信息体 2 标识寄存器初始化标识符为 c8c8c8c8*/

can_msg2con0＝0x95；/* 信息体 2 控制器 OMSGVAL 位置 1，标明信息体 2 有效*/

can_con＝0x02；/* CAN 控制器软件初始化完成*/

下面的程序为发送 8B 数据：

can_msg1con1＝0x5a；/* CPUUPD 置 1 使软件刷新数据，NEWDAT 置 1 使信息体有效*/

can_msg1data0＝0x00；/* 给信息体 1 数据赋值*/

can_msg1data1＝0x11；

can_msg1data2＝0x22；

can_msg1data3＝0x33；

can_msg1data4＝0x44；

can_msg1data5＝0x55；

can_msg1data6＝0x66；

can_msg1data7＝0x77；

can_msg1con1＝0x66；/* TXREQ 置 1 使发送请求，NEWDAT 置 1 使信息体有效*/

此程序用 tasking 公司的 C 编译器和连接器编译连接通过并运行。将单片机的程序装入双口 RAM 中，然后 PC 机控制单片机运行。

2. 微处理器加独立 CAN 控制器加收发器方案

本例中电路主要由 4 部分构成：微控制器 89C51，独立 CAN 通信控制器 SJA1000，CAN 总线收发器 82C250 和高速光电耦合器 6N137。电路原理图如图 5-102 所示。

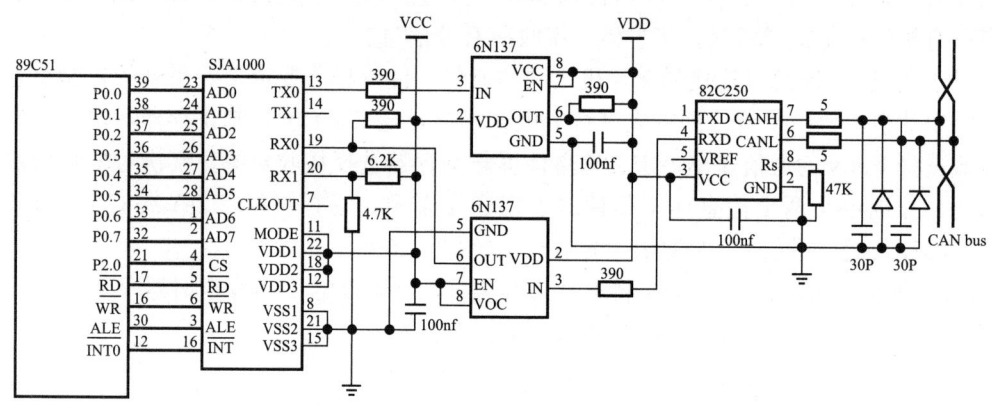

图 5-102　采用 SJA1000 的 CAN 节点电路原理图

采用 89C51 作为节点的微处理器，负责 SJA1000 的初始化，通过控制 SJA1000 实现数据的接收和发送等通信任务。在 CAN 总线通信接口中采用 PHILIPS 公司的 SJA1000 和 82C250 芯片。SJA1000 是独立 CAN 通信控制器，82C250 为高性能 CAN 总线收发器。

SJA1000 的 AD0～AD7 连接到 89C51 的 P0 口，$\overline{CS}$ 连接到 89C51 的 P2.0，P2.0 为 0 的 CPU 片外存贮器地址可选中 SJA1000，CPU 通过这些地址可对 SJA1000 执行相应的读

写操作。SJA1000 的 $\overline{RD}$、$\overline{WR}$、ALE 分别与 89C51 的对应引脚相连，$\overline{INT}$ 接 89C51 的 $\overline{INT0}$，89C51 也可通过中断方式访问 SJA1000。

为了增强 CAN 总线节点的抗干扰能力，SJA1000 的 TX0 和 RX0 并不是直接与 82C250 的 TXD 和 RXD 相连而是通过高速光耦 6N137 后与 82C250 相连，这样就很好地实现了总线上各 CAN 节点间的电气隔离。不过应该特别说明的一点是光耦部分电路所采用的两个电源 VCC 和 VDD 必须完全隔离否则采用光耦也就失去了意义。电源的完全隔离可采用小功率电源隔离模块或带多 5V 隔离输出的开关电源模块实现。这些部分虽然增加了节点的复杂但是却提高了节点的稳定性和安全性。

82C250 与 CAN 总线的接口部分也采用了一定的安全和抗干扰措施。82C250 的 CANH 和 CANL 引脚各自通过一个 5Ω 的电阻与 CAN 总线相连，电阻可起到一定的限流作用，保护 82C250 免受过流的冲击。CANH 和 CANL 与地之间并联了两个 30P 的小电容，可以起到滤除总线上的高频干扰和一定的防电磁辐射的能力。另外在两根 CAN 总线接入端与地之间分别反接了一个保护二极管，当 CAN 总线有较高的负电压时通过二极管的短路可起到一定的过压保护作用。82C250 的 Rs 脚上接一个斜率电阻，电阻大小可根据总线通信速度适当调整一般在 16～140K 之间。

CAN 总线节点的软件设计主要包括 3 大部分：CAN 节点初始化，报文发送和报文接收。熟悉这 3 部分程序的设计就能编写出利用 CAN 总线进行通信的一般应用程序。当然要将 CAN 总线应用于通信任务比较复杂的系统中还需详细了解有关 CAN 总线错误处理、总线脱离处理、接收滤波处理、波特率参数设置和自动检测以及 CAN 总线通信距离和节点数的计算等方面的内容。下面仅就前面提到的三部分程序的设计作一个描述以供读者在实际应用中参考。

（1）初始化子程序

SJA1000 的初始化只有在复位模式下才可以进行。初始化主要包括工作方式的设置、接收滤波方式的设置、接收屏蔽寄存器 AMR 和接收代码寄存器 ACR 的设置、波特率参数设置和中断允许寄存器 IER 的设置等。在完成 SJA1000 的初始化设置以后，SJA1000 就可以回到工作状态进行正常的通信任务。下面提供了 SJA1000 初始化的 51 汇编源程序。程序中寄存器符号表示的是 SJA1000 相应寄存器占用的片外存贮器地址，这些符号可在程序的头部用伪指令 EQU 进行定义。后文对这一点不再作特别说明。

```
CANINI:
    MOV DPTR, # MOD        ;方式寄存器
    MOV A, # 09H           ;进入复位模式对 SJA1000 进行初始化
    MOVX @ DPTR, A
    MOV DPTR, # CDR        ;时钟分频寄存器
    MOV A, # 88H           ;选择 PeliCAN 模式关闭时钟输出 CLKOUT
    MOVX @ DPTR, A
    MOV DPTR, # IER        ;中断允许寄存器
    MOV A, # 0DH           ;开放发送中断超载中断和错误警告中断
    MOVX @ DPTR, A
    MOV DPTR, # AMR        ;接收屏蔽寄存器
```

```
        MOV R6, # 4
        MOV R0, # DAMR              ;接收屏蔽寄存器内容在片内 RAM 中的首址
   AMR: MOV A, @ R0
        MOVX @ DPTR, A             ;接收屏蔽寄存器赋初值
        INC DPTR
        DJNZ R6, AMR
        MOV DPTR, # ACR            ;接收代码寄存器
        MOV R6, # 4
        MOV R0, # DACR             ;接收代码寄存器内容在片内 RAM 中的首址
   ACR: MOV A, @ R0
        MOVX @ DPTR, A             ;接收代码寄存器赋初值
        INC DPTR
        DJNZ R6, ACR
        MOV DPTR, # BTR0           ;总线定时寄存器 0
        MOV A, # 03H
        MOVX @ DPTR, A
        MOV DPTR, # BTR1           ;总线定时寄存器 1
        MOV A, # 0FFH             ;16MHz 晶振情况下设置波特率为 80KB/s
        MOVX @ DPTR, A
        MOV DPTR, # OCR            ;输出控制寄存器
        MOV A, # 0AAH
        MOVX @ DPTR, A
        MOV DPTR, # RBSA           ;接收缓存器起始地址寄存器
        MOV A, # 0                ;设置接收缓存器 FIFO 起始地址为 0
        MOVX @ DPTR, A
        MOV DPTR, # TXERR          ;发送错误计数寄存器 .
        MOV A, # 0                ;清除发送错误计数寄存器
        MOVX @ DPTR, A
        MOV DPTR, # ECC            ;错误代码捕捉寄存器
        MOVX A, @ DPTR            ;清除错误代码捕捉寄存器
        MOV DPTR, # MODE           ;方式寄存器
        MOV A, # 08H             ;设置单滤波接收方式并返回工作状态
        MOVX @ DPTR, A
        RET
```

（2）发送子程序

发送子程序负责节点报文的发送。发送时用户只需将待发送的数据按特定格式组合成一帧报文送入 SJA1000 发送缓存区中，然后启动 SJA1000 发送即可。当然在往 SJA1000 发送缓存区送报文之前必须先作一些判断。如下文程序所示发送程序分发送远程帧和数据帧两种，远程帧无数据场。下面以发送数据帧为例对发送子程序作一个说明。

```
TDATA: MOV DPTR, # SR              ;状态寄存器
    MOVX A, @ DPTR                 ;从 SJA1000 读入状态寄存器值
    JB ACC. 4, TDATA              ;判断是否正在接收，正在接收则等待
TS0: MOVX A, @ DPTR
    JNB ACC. 3, TS0               ;判断上次发送是否完成未完成则等待发送完成
TS1: MOVX A, @ DPTR
    JNB ACC. 2, TS1               ;判断发送缓冲区是否锁定锁定则等待
  TS2: MOV DPTR, # CANTXB         ;SJA1000 发送缓存区首址
    MOV A, # 88H                  ;发送数据长度为 8 个字节的扩展帧格式报文
    MOVX @ DPTR, A
    INC DPTR
    MOV A, # ID0                  ;4 个字节的标识符 ID0-ID3 依据实际情况赋值
    MOVX @ DPTR, A
    INC DPTR
    MOV A, # ID1
    MOVX @ DPTR, A
    INC DPTR
    MOV A, # ID2
    MOVX @ DPTR, A
    INC DPTR
    MOV A, # ID3
    MOVX @ DPTR, A
    MOV R0, # TRDATA              ;CPU 发送数据区首址数据内容由用户定义
MTBF: MOV A, @ R0
    INC DPTR
    MOVX @ DPTR, A
    INC R0
    CJNE R0, # TRDATA+ 8, MTBF    ;向发送缓冲区写 8 个字节
    MOV DPTR, # CMR               ;命令寄存器地址
    MOV A, # 01H
    MOVX @ DPTR, A                ;启动 SJA1000 发送
    RET
```

（3）查询方式接收子程序

接收子程序负责节点报文的接收以及其他情况处理。接收子程序比发送子程序要复杂一些，因为在处理接收报文的过程中同时要对诸如总线脱离、错误报警、接收溢出等情况进行处理。SJA1000 报文的接收主要有两种方式：中断接收方式和查询接收方式。如果对通信的实时性要求不是很强建议采用查询接收方式。两种接收方式编程的思路基本相同。下面仅以查询方式接收报文为例对接收子程序作一个说明。

```
SEARCH:
```

```
        MOV DPTR, # SR          ;状态寄存器地址
        MOVX A, @ DPTR
        ANL A, # 0C3H           ;读取总线脱离错误状态接收溢出有数据等位
        JNZ PROC
        RET                     ;无上述状态结束
    PROC: JNB ACC.7, PROCI
    BUSERR:
        MOV DPTR, # IR          ;IR 中断寄存器出现总线脱离
        MOVX A, @ DPTR          ;读中断寄存器清除中断位
        MOV DPTR, # MODE        ;方式寄存器地址
        MOV A, # 08H
        MOVX @ DPTR, A          ;将方式寄存器复位请求位清 0
        LCALL ALARM             ;调用报警子程序
        RET
        NOP
    PROCI: MOV DPTR, # IR       ;总线正常
        MOVX A, @ DPTR          ;读取中断位
        JNB ACC.3, OTHER
    OVER: MOV DPTR, # CMR       ;数据溢出中断置位
        MOV A, # 0CH
        MOVX @ DPTR, A          ;在命令寄存器中清除数据溢出和释放接收缓冲区
        RET
        NOP
    OTHER: JB ACC.0, RECE       ;IR.0= 1 接收 FIFO 未满或接收中断使能
        LJMP RECOUT             ;IR.0= 0 接收缓冲区无数据退出接收
        NOP
    RECE: MOV DPTR# CANRXB      ;  接收缓冲区首地址 16 准备读取数据
        MOVX A, @ DPTR 首字节是接收帧格式字
        JNB ACC.6, RDATA        ;RTR= 1 是远程请求帧无数据
        MOV DPTR, # CMR
        MOV A, # 04H            ;CMR.2= 1 释放接收缓冲区
        MOVX @ DPTR, A          ;只有接收了数据才能释放接收缓冲区
        LCALL TDATA             ;发送对方请求的数据
        LJMP RECOUT             ;退出接收
        NOP
    RDATA:
        MOV DPTR, # CANRXB      ;读取并保存接收缓冲区的数据
        MOV R1, # CPURBF        ;CPU 片内接收缓冲区首址
        MOVX A, @ DPTR          ;读取 CAN 缓冲区的 2 号字节
```

```
        MOV @ R1, A              ;保存
        ANL A, # 0FH             ;截取低 4 位是数据长度 0~8
        ADD A, # 4               ;加 4 个字节的标识符 ID
        MOV R6, A
RDATA: INC DPTR
        INC R1
        MOVX A, @ DPTR
        MOV @ R1, A
        DJNZ R6, RDATA0          ;循环读取与保存
        MOV DPTR, # CMR
        MOV A, # 04H             ;释放 CAN 接收缓冲区
        MOVX @ DPTR, A
RECOUT: MOV DPTR, # ALC   ;释放仲裁丢失捕捉寄存器和错误捕捉寄存器
        MOVX A, @ DPTR
        MOV DPTR, # ECC
        MOVX A, @ DPTR
        NOP
        RET
```

以上是 SJA1000 工作在 PeliCAN 模式下的三种最基本的操作子程序。

5.8　5G 网络

5.8.1　中国 5G 发展现状

1. 三大运营商抢先展开前期布局

国内三大运营商现阶段都在积极推进 5G 商用化进程，并已确定了详细的实施方案。中国移动未来 3 年内规划展开大规模网络测试，联合合作企业进行应用试验。中国联通宣布将加快 5G 关键技术的研究，布局 5G 网络演进战略规划，不断深化物联网方面的技术积累，以满足其 5G 网络 2020 年商用目标。中国电信则提出转型 3.0，计划未来 10 年内分三步进行 5G 部署，并全面开展 5G 相关研究和测试验证，争取 2025 年在 6GHz 以下首发 5G。

2. 我国主设备商已具备领先优势

华为此前发布了全球首个面向 5G 商用场景的 5G 核心网解决方案 SOC（Service Oriented Core）2.0。随后又发布了业界首款 5G 承载分片路由器，可提供最高 100GE 基站接入能力。同时基于其创新的 FlexibleEthernet 技术，来实现端口通道化物理隔离，为不同业务提供差异化的 SLA 保障。

中兴通讯发布了 5G 全系列高低频预商用基站产品，充分满足 5G 预商用部署的多样化的场景和需求，工作带宽大，单站数据吞吐量可达 10GB/s；同时与英特尔公司合作，发布了面向 5G 的下一代 IT 基带产品，是全球首个基于软件定义架构和网络功能虚拟化（SDN/NFV）的 5G 无线接入（RAN）解决方案。

3. 终端厂商加快技术研发步伐

在商用芯片领域，华为率先发布了符合 3GPP 标准的 5G 商用芯片和基于该芯片的首款 3GPP 标准 5G 商用终端。在智能手机领域，作为目前全球第三和中国手机市场第一的华为，预计在 2019 年推出麒麟芯片和智能手机。OPPO 高度重视 5G 标准的研究和制定，是国内 5G 标准的主要推动者之一。ViVo 则对外宣布将在 2019 年推出 5G 预商用终端，2020 年，实现了 5G 智慧手机正式商用。

5.8.2 5G 技术与标准

5G，即第五代移动电话行动通信标准，也称第五代移动通信技术。目前 5G 技术正在落地中，下载速度可达 1.25GB/s。5G 是在现有无线接入技术（包括 2G、3G、4G 和 WiFi）基础上的演进，可集成多种新增无线接入技术。5G 三大核心应用场景为 eMBB、uRLLC、mMTC。

5G 融合毫米波、大规模天线阵列、超密集组网等关键技术，低时延、高可靠性、高速率、频谱和能源高效利用等是 5G 技术的最大特点。5G 网络的峰值理论传输速度可达每秒数十 GB/s，比 4G 网络的传输速度快数百倍。5G 的峰值速率要求达到 20GB/s，是 4G 峰值速率 1GB/s 的 20 倍，5G 每平方公里的连接能力 100 万终端，是 4G 的 10 倍；延时从 10ms 降低至 1ms。与 4G 侧重人与人之间的通信不同，5G 侧重物联网通信，将人和人、人和物、物和物连成一体，构成全新的信息化基础设施。

网络切片技术是提升 5G 网络架构灵活性以支持多样场景需求的关键技术之一。针对不同类型的业务需求，其可以将定制的网络功能灵活地组合成不同的端到端相互隔离的独立网络。网络切片将一个物理网络切割成多个虚拟的端到端的网络，每个虚拟网络之间，包括网络内的设备、接入、传输和核心网，是逻辑独立的，任何一个虚拟网络发生故障都不会影响到其他虚拟网络。

国际电信标准分为 1G/2G/3G/4G，5G 标准 2019 年投入使用，4G 标准 2012 年发布，3G 标准 2002 年发布。5G 在中国商用是在 2020 年，世界范围 5G 标准在 2019 年发布。2019 年底发布 R16，R16 标准在 R15 的基础上，进一步增强网络支持移动宽带的能力和效率，重点提升对垂直行业应用的支持，特别是对低时延高可靠类业务以及物联网类业务的支持。5G 标准进程如图 5-103 所示。

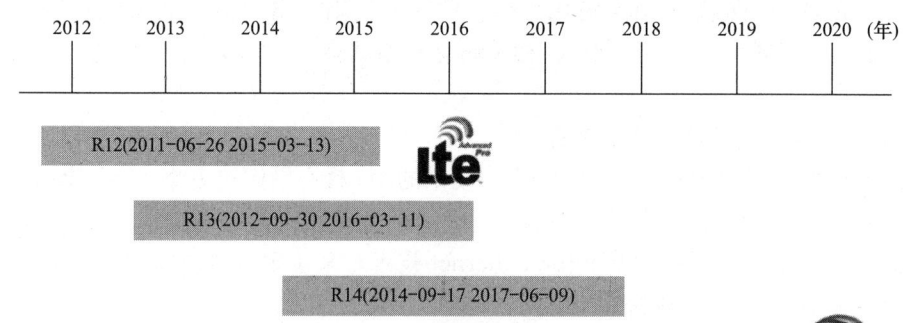

图 5-103　5G 标准进程

5G 标准频谱主要集中在中高频段，从（3.3～39）GHz 之间被划分成多个频段。相较于前几代移动通信技术，5G 所采用的中高频段传播损耗较大，网络覆盖所需要的成本较高。其在上下行解耦、大规模 MIMO、波束聚合、波束赋形等方面需要更多的关键技术支撑。根据 2018 年全球移动设备供应商协会（GSA）发布的报告，全球已经有 17 个国家计划或已经发布了 5G 商用牌照，我国工业和信息化部颁布的 5G 标准中，通信频段主要分布在（3.3～3.6）GHz 和（4.8～5.0）GHz 之间。3GPP 5G 标准主要集中在无线接入网和核心网部分，无线接入网方面主要解决新空口技术架构、站点存储条件、网络切片规划、业务需求、安全及计费等。核心网方面主要解决提升新空口技术竞争力、增强实时通信等关键技术。2017年，工信部已明确使用（3.3～3.6）GHz 和（4.8～5.0）GHz 作为 5G 中频段，并批复了（24.75～27.5）GHz 和（37～42.5）GHz 高频段用于 5G 技术研发试验，这样可确保未来每家运营商平均获得至少 100MHz 带宽的 5G 中频段，以及至少 2000MHz 带宽的 5G 高频段。

5.8.3 5G 智能建筑集成系统

如图 5-104 所示，基于"网络切片"技术可实现建筑场景的自动化编程，也可实现依据特殊需求的场景个性化定制，进而构建一种场景可编程、功能可定制的 5G 智能建筑集成系统，具有敏捷、灵活、个性化、节约资源等特点。

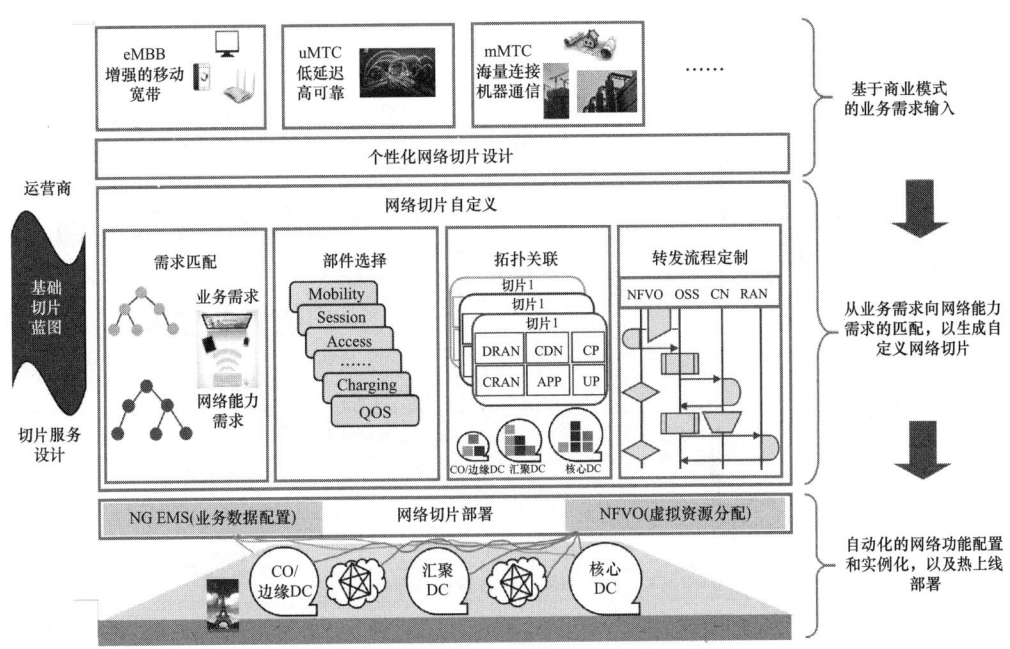

图 5-104 基于网络切片的 5G 智能建筑集成系统

网络功能虚拟化（NFV，Network Function Virtualization）是实现网络切片的先决条件。NFV 就是将网络中专用设备的软硬件功能（比如核心网中的 MME，S/P-GW 和 PCRF，无线接入网中的数字单元 DU 等）转移到虚拟主机（VMs，Virtual Machines）上。网络经过功能虚拟化后，无线接入网部分叫边缘云（Edge Cloud），而核心网部分叫核心云（Core Cloud）。边缘云中的 VMs 和核心云中的 VMs，通过 SDN（软件定义网络）互联互通。

基于 5G 技术可搭建包含核心云与边缘云的智能建筑集成化网络，实现智能建筑 5G 网络（图 5-105）。

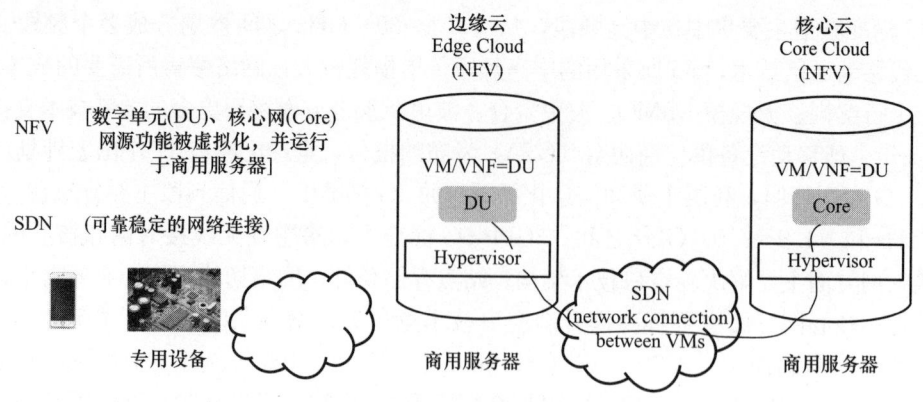

图 5-105　智能建筑 5G 网络架构

融合 5G 技术，特别是 5G 网络切片技术的场景化应用，构建 5G 智慧建筑工业互联网，体系架构如图 5-106 所示。

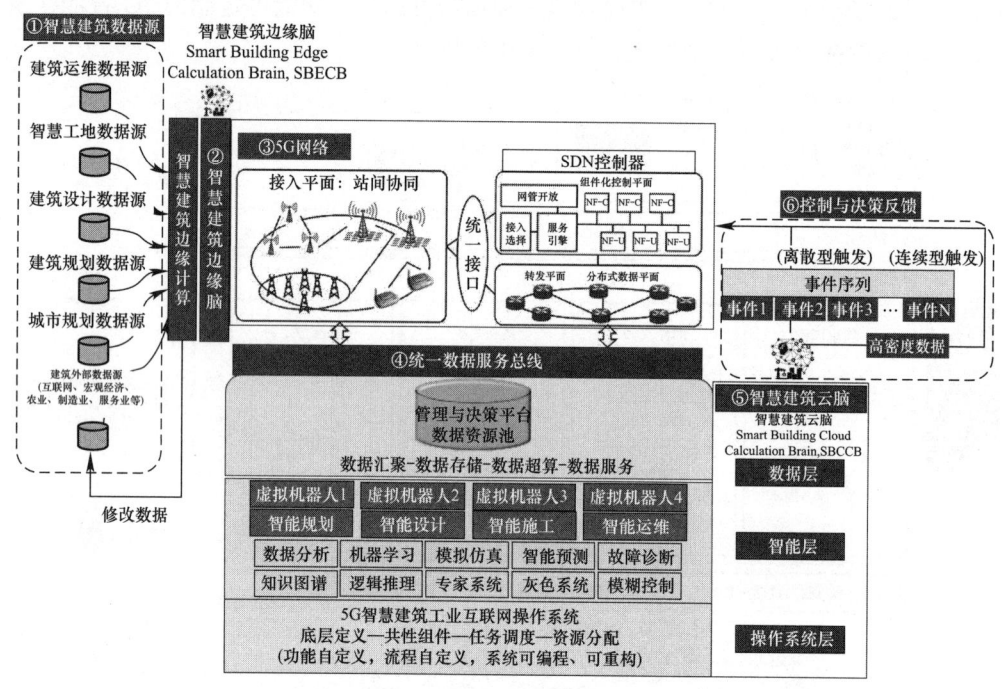

图 5-106　5G 智慧建筑工业互联网体系架构

5G 智慧建筑工业互联网体系架构在 5G 核心技术基础上，采用"数据闭环"思想，构建包含 6 大组成部分的建筑工业互联网，6 大组成部分为：智慧建筑数据源、智慧建筑边缘脑（Smart Building Edge Calculation Brain，SBECB）（位于边缘端）、智慧建筑云脑（Smart Building Cloud Calculation Brain，SBCCB）（位于云端）、5G 网络、统一数据服务总线、控制与决策反馈。智慧建筑云脑又包括数据层、智能层、操作系统层。控制与决策反馈部分分为离散型触发与连续型触发两类触发反馈的模式，离散型触发由事件序列触发，事件序列由一系列事件组成，单个事件又由若干数据项组成。连续型触发由高密度数据触发，对应实时性相对较高或紧急的那部分数据。

5G 智慧建筑工业互联网体系架构设计重点用到了 5G 的 SDN 和 NFV 技术。SDN，全称是 Software Defined Network，软件定义网络。NFV，全称是 Network Function Virtualization，网络功能虚拟化，云计算引入了虚拟化技术。SDN 是控制和转发解耦，NFV 是软件和硬件解耦。两者都是解耦，目的是灵活化。而灵活化的目的是服务于网络切片。网络架构采用 SA 组网，承载网采用 SDN，核心网采用 NFV，是 5G 成为"真 5G"的先决条件。

SDN 网络在网络之上建立了一个 SDN 控制器节点，统一管理和控制下层设备的数据转发。所有的下级节点管理功能被剥离（交给了 SDN 控制器），只剩下转发功能。SDN 的工作过程，是基于 Flow（流）的。SDN 控制器和下级节点之间的接口协议，就是 OpenFlow。支持 OpenFlow 的设备，才能被 SDN 控制器管理。SDN 控制的方式，就是下发 FlowTable（流表）。采用 SDN 之后，整个数据网络的灵活性和可扩展性大大增加。同时，SDN 简化网络配置、节约运维成本的特点，也深受运营商的欢迎。除了移动通信外，很多广域网、城域网、专线业务都在拥抱 SDN。在虚拟化平台的管理下，若干台物理服务器就变成了一个大的资源池。在资源池之上，可以划分出若干个虚拟服务器（虚拟机），安装操作系统和软件服务，实现各自功能。

在 5G 架构下，智能建筑集成化系统架构将朝着云、边、端一体化智能协同计算体系方向发展演进，人工智能算法将被嵌入到云端运营管理中心、边缘计算端节点及移动端节点，形成智慧建筑泛在智能物联网。相应的建筑边缘计算节点将进一步细分为三种类型：（1）边缘计算节点Ⅰ即建筑分脑边缘计算节点，与运营管理中心云直接互联，形成分布式协同计算体系，一般布设在社区、园区、商业集聚区。（2）边缘计算节点Ⅱ即控制网内用于就地控制、协议转换、路由等功能的边缘计算。（3）边缘计算节点Ⅲ即感知控制装置内嵌的计算，位于系统网络最底层。未来，移动边缘计算（MEC，Mobile Edge Computing）将成为 5G 建筑物联网的主流计算模式（图 5-107）。

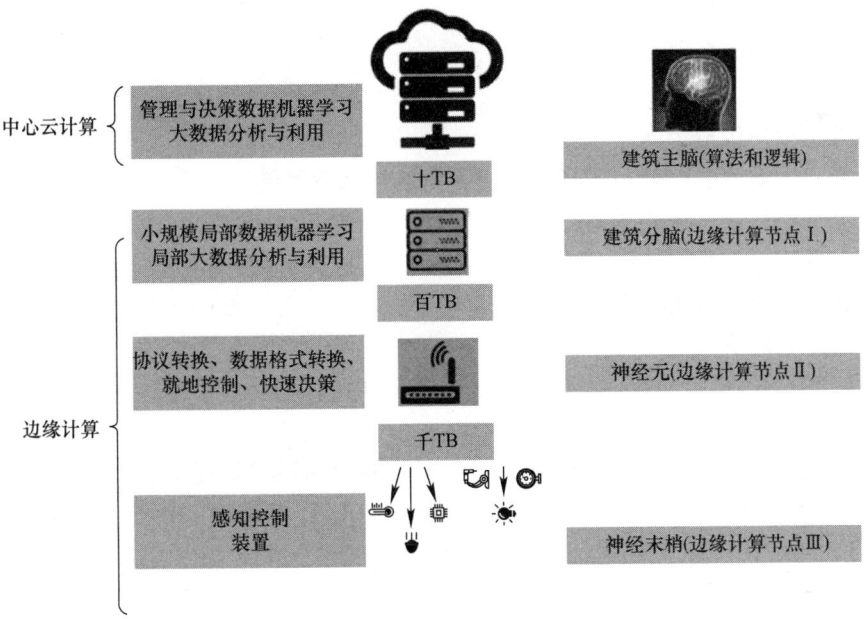

图 5-107 智慧建筑泛在智能物联网架构

5.9 物 联 网

按照国际电信联盟（ITU）的定义，物联网主要解决物品与物品（Thing to Thing，T2T）；人与物品（Human to Thing，H2T）；人与人（Human to Human，H2H）之间的互联。物联网应用中有三项关键技术：（1）传感器技术。绝大部分计算机处理的都是数字信号，需要传感器把模拟信号转换成数字信号计算机才能处理。（2）标识技术。典型的如 RFID 标签，是融合无线射频技术和嵌入式技术为一体的综合技术，RFID 在自动识别、物品追溯、物流管理等领域有着广阔的应用前景；（3）嵌入式系统技术。综合计算机软硬件、传感器技术、集成电路技术、电子应用技术为一体的复杂技术。

面向智能建筑、智慧城市应用的物联网平台架构一般如图 5-108 所示。

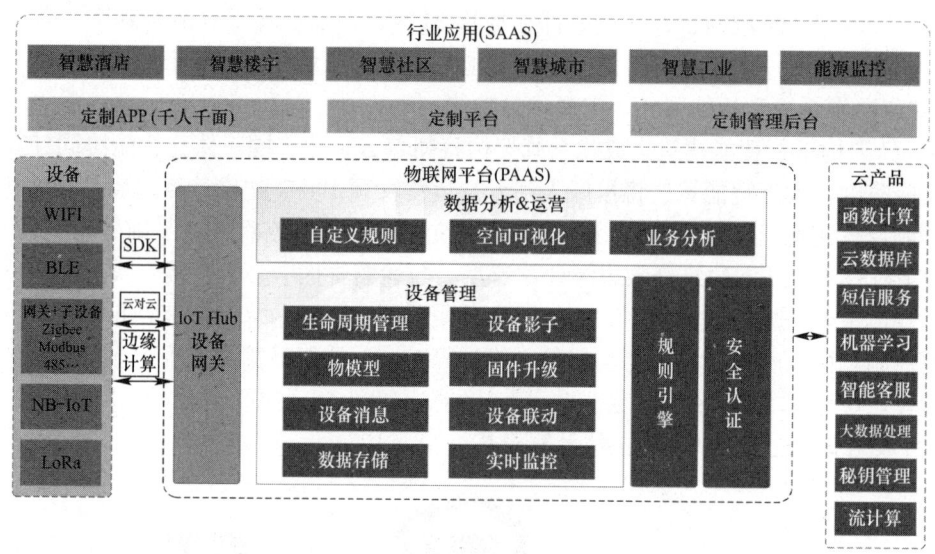

图 5-108　物联网平台架构

物联网通信协议分为两大类：

一类是接入协议：一般负责子网内设备间的组网及通信。

一类是通信协议：主要是运行在传统互联网 TCP/IP 协议之上的设备通信协议，负责设备通过互联网进行数据交换及通信。

1. 物理层和数据链路层协议

（1）远距离蜂窝通信

1）2G/3G/4G 通信协议，分别指第二、三、四代移动通信系统协议。

2）NB-IoT

窄带物联网（Narrow Band Internet of Things，NB-IoT）是万物互联网络的一个重要分支。NB-IoT 构建于蜂窝网络，只消耗大约 180kHz 的带宽，可直接部署于 GSM 网络、UMTS 网络或 LTE 网络，以降低部署成本、实现平滑升级。NB-IoT 聚焦于低功耗广覆盖（LPWA）物联网（IoT）市场，是一种可在全球范围内广泛应用的新兴技术。具有覆盖广、连接多、速率快、成本低、功耗低、架构优等特点。

应用场景：智能停车、智能消防、智能水务、智能路灯、共享单车、智能家电、智慧社区等。

3）5G

第五代移动通信技术，是最新一代蜂窝移动通信技术。5G 的性能目标是高数据速率、减少延迟、节省能源、降低成本、提高系统容量和大规模设备连接。应用场景：AR/VR、车联网、智能制造、智慧能源、无线医疗、无线家庭娱乐、联网无人机、超高清/全景直播、个人 AI 辅助、智慧城市。

（2）远距离非蜂窝通信

1）WiFi

由于前几年家用 WiFi 路由器以及智能手机的迅速普及，WiFi 协议在智能家居领域得到了广泛应用。WiFi 协议最大的优势是可以直接接入互联网。相对于 ZigBee，采用 WiFi 协议的智能家居方案省去了额外的网关，相对于蓝牙协议，省去了对手机等移动终端的依赖。商用 WiFi 在城市公共交通、商场等公共场所可实现覆盖。

2）ZigBee

ZigBee 是一种低速短距离传输的无线通信协议，是一种高可靠的无线数传网络，主要特色有低速、低耗电、低成本、支持大量网上节点、支持多种网上拓扑、低复杂度、快速、可靠、安全。ZigBee 技术主要是依靠无线网络进行传输，它能够近距离的进行无线连接，属于无线网络通信技术。ZigBee 技术的先天性优势，使得它在物联网行业逐渐成为一个主流技术，在工业、农业、智能家居等领域得到大规模的应用。

3）LoRa

LoRa™（LongRange，远距离）是一种调制技术，与同类技术相比，提供更远的通信距离。LoRa 在消防烟感、水监测、红外探测、定位、桥梁隧道监测等领域得到了广泛应用。作为一种窄带无线技术，LoRa 使用到达时间差来实现地理定位。LoRa 定位的应用场景：智慧城市和交通监控、计量和物流、农业定位监控。

（3）近距离通信

1）RFID

射频识别（RFID）是 Radio Frequency Identification 的缩写。其原理为阅读器与标签之间进行非接触式的数据通信，达到识别目标的目的。RFID 的应用非常广泛，典型应用有动物晶片、汽车晶片防盗器、门禁管制、停车场管制、生产线自动化、物料管理。完整的 RFID 系统由读写器（Reader）、电子标签（Tag）和数据管理系统三部分组成。

2）NFC

NFC 的中文全称为近场通信技术。NFC 是在非接触式射频识别（RFID）技术的基础上，结合无线互联技术研发而成，它为我们日常生活中越来越普及的各种电子产品提供了一种十分安全快捷的通信方式。NFC 中文名称中的"近场"是指临近电磁场的无线电波。应用场景：应用在门禁、考勤、访客、会议签到、巡更等领域。NFC 还具有人机交互、机器间交互等功能。

3）Bluetooth

蓝牙技术是一种无线数据和语音通信开放的全球规范，它是基于低成本的近距离无线连接，为固定和移动设备建立通信环境的一种特殊的近距离无线技术连接。

蓝牙能在包括移动电话、PDA、无线耳机、笔记本电脑、相关外设等众多设备之间进行无线信息交换。利用"蓝牙"技术，能够有效地简化移动通信终端设备之间的通信，也能够成功地简化设备与因特网 Internet 之间的通信，从而使数据传输变得更加迅速高效，为无线通信拓宽道路。

（4）有线通信

1）USB

USB，是英文 Universal Serial Bus（通用串行总线）的缩写，是一个外部总线标准，用于规范电脑与外部设备的连接和通信，是应用在 PC 领域的接口技术。

2）串口通信协议

串口通信协议是指规定了数据包的内容，内容包含起始位、主体数据、校验位及停止位，双方需要约定一致的数据包格式才能正常收发数据的有关规范。在串口通信中，常用的协议包括 RS-232、RS-422 和 RS-485。

串口通信是指外设和计算机间，通过数据线按位进行传输数据的一种通信方式。这种通信方式使用的数据线少，在远距离通信中可以节约通信成本，但其传输速度比并行传输低。大多数计算机（不包括笔记本）都包含两个 RS-232 串口。串口通信也是仪表仪器设备常用的通信协议。

3）以太网

以太网是一种计算机局域网技术。IEEE 组织的 IEEE 802.3 标准制定了以太网的技术标准，它规定了包括物理层的连线、电子信号和介质访问层协议的内容。

4）MBus

MBus 远程抄表系统（symphonic mbus），是欧洲标准的 2 线的二总线，主要用于消耗测量仪器诸如热表和水表系列。

2. 网络层和传输层协议

（1）IPv 4

互联网通信协议第四版，是网际协议开发过程中的第四个修订版本，也是此协议第一个被广泛部署的版本。IPv4 是互联网的核心，也是使用最广泛的网际协议版本

（2）IPv6

互联网通信协议第六版，由于 IPv4 最大的问题在于网络地址资源有限，严重制约了互联网的应用和发展。IPv6 的使用，不仅能解决网络地址资源数量的问题，而且也解决了多种接入设备连入互联网的障碍

（3）TCP

传输控制协议（TCP，Transmission Control Protocol）是一种面向连接的、可靠的、基于字节流的传输层通信协议。TCP 旨在适应支持多网络应用的分层协议层次结构。连接到不同但互联的计算机通信网络的主计算机中的成对进程之间依靠 TCP 提供可靠的通信服务。TCP 假设它可以从较低级别的协议获得简单的，可能不可靠的数据报服务。

（4）6LoWPAN

6LoWPAN 是一种基于 IPv6 的低速无线个域网标准，即 IPv6 over IEEE 802.15.4。

3. 应用层协议

（1）MQTT 协议

MQTT（Message Queue Telemetry Transport），翻译成中文就是，遥测传输协议，

其主要提供了订阅/发布两种消息模式，更为简约、轻量，易于使用，特别适合于受限环境（带宽低、网络延迟高、网络通信不稳定）的消息分发，属于物联网（Internet of Thing）的一个标准传输协议。

在很多情况下，包括受限的环境中，如：机器与机器（M2M）通信和物联网（IoT）。其在，通过卫星链路通信传感器、偶尔拨号的医疗设备、智能家居及一些小型化设备中已广泛使用。

（2）CoAP 协议

CoAP（Constrained Application Protocol）是一种在物联网世界的类 Web 协议，适用于需要通过标准互联网网络进行远程控制或监控的小型低功率传感器，开关，阀门和类似的组件，服务器对不支持的类型可以不响应。

（3）REST/HTTP 协议

RESTful 是一种基于资源的软件架构风格。所谓资源，就是网络上的一个实体，或者说是网络上的一个具体信息。一张图片、一首歌曲都是一个资源。RESTful API 是基于 HTTP 协议的一种实现（HTTP 是一个应用层的协议，特点是简捷快速）。

满足 Rest 规范的应用程序或设计就是 RESTful，根据 Rest 规范设计的 API，就叫作 RESTful API。

（4）DDS 协议

DDS（Data Distribution Service）分布式实时数据分发服务中间件协议，它是分布式实时网络里的"TCP/IP"，用来解决实时网络中的网络协议互联，其作用相当于"总线上的总线"。

（5）AMQP 协议

AMQP，即 Advanced Message Queuing Protocol，一个提供统一消息服务的应用层标准高级消息队列协议，是应用层协议的一个开放标准，为面向消息的中间件设计。基于此协议的客户端与消息中间件可传递消息，并不受客户端/中间件不同产品，不同的开发语言等条件的限制。Erlang 中的实现有 RabbitMQ 等。

（6）XMPP 协议

XMPP 是一种基于标准通用标记语言的子集 XML 的协议，它继承了在 XML 环境中灵活的发展性。因此，基于 XMPP 的应用具有超强的可扩展性。经过扩展以后的 XMPP 可以通过发送扩展的信息来处理用户的需求，以及在 XMPP 的顶端建立如内容发布系统和基于地址的服务等应用程序。

4．通信协议比较

（1）NB-IoT 协议和 LoRa 协议比较

第一，频段。LoRa 工作在 1GHz 以下的非授权频段，在应用时不需要额外付费，NB-IoT 和蜂窝通信使用 1GHz 以下的频段是 2113 授权的，是需要收费的。

第二，电池供电寿命。LoRa 模块在处理干扰、网络 5261 重送、可伸缩性等方面具有独特的特性，但不能提供像蜂窝协议一样的服务质量 4102。NB-IoT 出于对服务质量的考虑，不能提供类似 LoRa 一样的电池寿命。

第三，设备成本。对终端节点来说，LoRa 协议比 NB-IoT 更简单，更容易开发并且 1653 对于微处理器的适用和兼容性更好。同时低成本、技术相对成熟的 LoRa 模块已经可以在市场上找到了，并且还会有升级版本陆续出来。

第四，网络覆盖和部署时间表。NB-IoT标准在2016年公布，除网络部署之外，相应的商业化和产业链的建立还需要更长的时间和努力去探索。LoRa的整个产业链相对已经较为成熟，产品也处于"蓄势待发"的状态，同时全球很多国家正在进行或者已经完成了全国性的网络部署。

（2）蓝牙、WiFi、ZigBee协议比较

目前来说，WiFi的优势是应用广泛，已经普及到千家万户；ZigBee的优势是低功耗和自组网；UWB无载波无线通信技术的优势是传输速率；蓝牙的优势组网简单。然而，这3种技术，也都有各自的不足，没有一种技术能完全满足智能家居的全部要求。

蓝牙技术的出现使得短距离无线通信成为可能，但其协议较复杂、功耗高、成本高等特点不太适用于要求低成本、低功耗的工业控制和家庭网络。尤其蓝牙最大的障碍在于传输范围受限，一般有效的范围在10m左右，抗干扰能力不强、信息安全问题等也是制约其进一步发展和大规模应用的主要因素。

WiFi也是一种短距离无线传输技术，可以随时接入无线信号，移动性强，比较适合在办公室及家庭的环境下应用。当然WiFi也存在一个致命缺点。由于WiFi采用的是射频技术，通过空气发送和接收数据，使用无线电波传输数据信号，比较容易受到外界的干扰。

ZigBee则是国际通行的无线通信技术，它的每个网络端口可以最多接入6.5万多个端口，适合家居、工业、农业等多个领域使用，而蓝牙和WiFi网端只能接入10个端口，显然不能适应家庭需要。ZigBee还具有低功耗和低成本优势。

（3）MQTT协议和CoAP协议比较

MQTT是多对多通信协议用于在不同客户端之间通过中间代理传送消息，解耦生产者与消费者，通过使得客户端发布，让代理决定路由并且拷贝消息。虽然MQTT支持一些持久化，最好还是作为实时数据通信总线。

CoAP主要是一个点对点协议，用于在客户端与服务器之间传输状态信息。虽然支持观察资源，CoAP最好适合状态传输模型，不是完全基于事件。

MQTT客户端建立长连接TCP，这通常表示没有问题，CoAP客户端与服务器都发送与接收UDP数据包，在NAT环境中，隧道或者端口转发可以用于允许CoAP，或者像LWM2M，设备也许会先初始化前端连接。

MQTT不提供支持消息大类型标记或者其他元数据帮助客户端理解，MQTT消息可用于任何目的，但是所有的客户端必须知道向上的数据格式以允许通信，CoAP，相反地，提供内置支持内容协商与发现，允许设备相互探测以找到交换数据的方式。

习　题

5-1　名词解释：基带传输，频带传输，宽带传输。

5-2　画出比特流：1000110110按照NRZ码、曼彻斯特码、差分曼彻斯特码编码后的码形图。

5-3　在计算机通信与网络中，广泛采用的同步方法有哪些？分别解释每一种同步方法的原理。

5-4　模拟信号数字调制的三种基本形式是什么？分别如何实现？

5-5　模拟信号和数字信号用信号电压幅度分别如何表示？

5-6　串行数据通信的方向性结构有哪三种？分别有何特点？

5-7　RS-232C 标准规定三线制接法中，9 针和 9 针的串口连接器相连时，引脚怎样连接？这些引脚的信号含义分别是什么？画出连接示意图。

5-8　RS-323C 标准对逻辑电平的定义是什么？

5-9　EIA-RS-232C 与 TTL 电平的转换应用在系统的什么位置？怎样实现电平转换？画出示例图。

5-10　RS-485 标准对逻辑电平的定义是什么？

5-11　比较 RS-485 半双工和全双工两种通信方式的异同。

5-12　ISO 的 OSI 七层网络模型中各层的作用分别是什么？

5-13　三类 IP 地址的表示范围和适用场合分别是什么？

5-14　Modbus 协议信息包裹都由哪几个部分组成？每一部分的作用分别是什么？

5-15　已知 Modbus RTU 协议帧：〔18〕〔01〕〔00〕〔13〕〔00〕〔19〕〔CRC 低〕〔CRC 高〕，由计算机发送。则：（1）计算机欲寻址 RS485 总线上多少号设备？（2）请求读取的数据是开关量还是模拟量？（3）欲读取的数据的起始地址为多少？（4）请求的变量数目是多少个？

5-16　Modbus RTU 协议规定：写单个模拟量寄存器（保持寄存器）时，设备响应情况如何？

5-17　LonWorks 总线可采用的通信介质有哪些？

5-18　简述 LonTalk 提供的 3 种基本报文服务的特点。

5-19　何为 LonWorks 总线自由拓扑网络结构？

5-20　画出神经元芯片 Neuron 3150 的内部结构图并简要说明主要组成部分的作用。

5-21　画出 LonWork 电力线远程数据采集网络的整体结构图。

5-22　举例说明系统集成时 LonWork 网关的作用并画出系统集成示意图。

5-23　CAN 总线的数据链路层又分为哪两个子层？其作用分别是什么？

5-24　CAN 总线的通信速率和最大传输距离间的关系是怎样的？

5-25　CAN 总线上的电平有哪两种？其对应的逻辑值分别是什么？ISO 11898 对这两种逻辑值与物理信号之间的关系是如何定义的？

5-26　CAN 总线数据帧的数据场包含了数据的内容，最多可发送多少个字节的数据？当 DLC3＝d，DLC2＝d，DLC1＝r，DLC0＝d（d—"显性"，r—"隐性"）时，表示发送多少个字节？

5-27　举例说明 CAN 总线接口产品及其作用。

5-28　CAN 总线中能够表示帧优先级的场是哪一个场？分别说明标准格式和扩展格式下该场的组成结构。

5-29　CAN 总线数据帧中 ACK 场的应答间隙（ACK SLOT）被哪两个"隐性"位所包围？画出位序列示意图。

5-30　CAN 总线的仲裁原则和过程如何？图示之。

5-31　简述 5G 标准发展历程。

5-32　智慧建筑系统集成中常用的物联网协议有哪些？

第6章 系统集成的智能控制技术

6.1 PID 控制

在集成化的智能建筑管理系统中，牵涉到的子系统较多，但最基础的可以说是设备的监控与管理，其中建筑物中温度、湿度的自动调节又属最基本的功能，没有这一功能的建筑显然称不上"智能建筑"。所以，虽然建筑集成系统需要用到网络、通信、微电子、电气、管理等诸多方面的技术因素，但控制技术仍是最基本的技术之一，发挥着非常重要的作用。如果要全面深入的理解和掌握建筑智能化集成系统，则必须了解和从一定程度上掌握相关的控制理论与实践方面的知识。

在集成化系统的控制网里，运行着各式各样的检测、控制设备，无论是具有现场总线功能的智能化单元，如智能流量计、智能变送器、智能调节阀等，还是系统的核心控制单元直接数字控制器（DDC）或 PLC 等，为了达到自动控制的目的，这些设备中所运行的软件程序必包含了一个重要功能模块，即自动控制算法实现模块。PID 算法设计技术成熟，长期以来形成了典型的结构，参数整定方便，结构更改灵活，能满足一般的控制要求。PID 是最基本也是实际工程中迄今为止使用最多的算法。

6.1.1 PID 算法

1. 连续时间 PID 控制系统

连续时间 PID 控制系统如图 6-1 所示。图中，虚线框中 $D(s)$ 为控制器。在 PID 控制系统中，$D(s)$ 完成 PID 控制规律，称为 PID 控制器。PID 控制器是一种线性控制器。设输出量 $y(t)$ 和给定量 $r(t)$ 之间的误差的时间函数为：

$$e(t) = r(t) - y(t) \tag{6-1}$$

用 $e(t)$ 的比例、积分、微分的线性组合构成控制量 $u(t)$，称为比例（Proportional）积分（Integrating）微分（Differentiation）控制，简称 PID 控制。

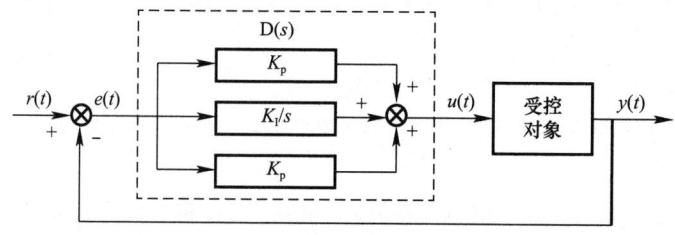

图 6-1 连续时间 PID 控制系统框图

实际应用中，可以根据受控对象的特性和控制的性能要求，灵活地采用不同的控制组合，构成：

(1) 比例（P）控制器

$$u(t) = K_{\text{p}}e(t) \tag{6-2}$$

(2) 比例"+"积分（PI）控制器

$$u(t) = K_{\text{p}}\left[e(t) + \frac{1}{T_{\text{I}}}\int_{0}^{t}e(\tau)\mathrm{d}\tau\right] \tag{6-3}$$

(3) 比例"+"积分"+"微分（PID）控制器

$$u(t) = K_{\text{p}}\left[e(t) + \frac{1}{T_{\text{I}}}\int_{0}^{t}e(\tau)\mathrm{d}\tau + T_{\text{D}}\frac{de(t)}{dt}\right] \tag{6-4}$$

式中　K_{p}——比例放大系数；

　　　T_{I}——积分时间；

　　　T_{D}——微分时间。

比例控制能迅速反应误差，从而减小稳态误差。但是，比例控制不能消除稳态误差。比例放大系数的加大，会引起系统的不稳定。积分控制的作用是：只要系统有误差存在，积分控制器就不断地积累，输出控制量，以消除误差。因而，只要有足够的时间，积分控制将能完全消除误差，使系统误差为零，从而消除稳态误差。积分作用太强会使系统超调加大，甚至使系统出现振荡。微分控制可以减小超调量，克服振荡，使系统的稳定性提高，同时加快系统的动态响应速度，减小调整时间，从而改善系统的动态性能。

应用 PID 控制，必须适当地调整比例放大系数 K_{p}，积分时间 T_{I} 和微分时间 T_{D}，使整个控制系统得到良好的性能。

2. 数字 PID 控制

智能建筑的控制设备全部可以看作是专用的微型计算机，以上时间连续 PID 算法是无法在计算机中直接实现的。在计算机直接数字控制系统中，PID 控制器是通过计算机 PID 控制算法程序实现的。计算机直接数字控制系统大多数是采样—数据控制系统。进入计算机的连续—时间信号，必须经过采样和整量化后，变成数字量，方能进入计算机的存贮器和寄存器，而在数字计算机中的计算和处理，不论是积分还是微分，只能用数值计算去逼近。

在数字计算机中，PID 控制规律的实现，也必须用数值逼近的方法。当采样周期相当短时，用求和代替积分，用差商代替微商，使 PID 算法离散化，将描述连续-时间 PID 算法的微分方程，变为描述离散—时间 PID 算法的差分方程。

(1) 位置式 PID 算法

位置式 PID 算法简化的系统框图如图 6-2 所示。

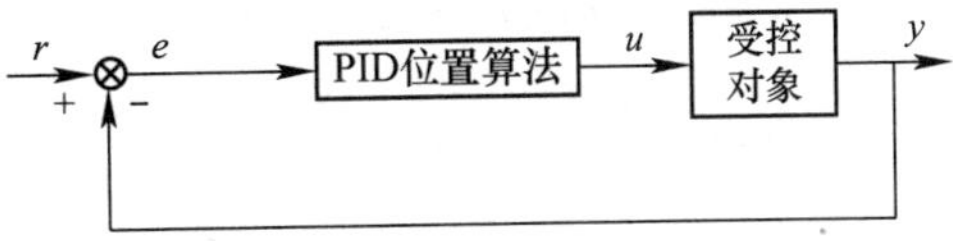

图 6-2　位置式 PID 算法系统框图

对式（6-4），用矩形积分时，有

$$\frac{1}{T_{\text{I}}}\int_{0}^{t}e(\tau)\mathrm{d}\tau = \frac{T_{\text{S}}}{T_{\text{I}}}\sum_{j=0}^{k}e(j) \tag{6-5}$$

用差分代替微分

$$T_{\text{d}}\frac{de(t)}{dt} = \frac{T_{\text{D}}}{T_{\text{S}}}[e(k) - e(k-1)] \tag{6-6}$$

将式（6-5）、式（6-6）代入式（6-4），PID算法变为

$$u(k) = K_p + \left\{ e(k) + \frac{T_S}{T_I}\sum_{j=1}^{k}e(j) + \frac{T_D}{T_S}[e(k) - e(k-1)] \right\} + u_0 \qquad (6\text{-}7)$$

或

$$u(k) = K_p e(k) + K_I\sum_{j=0}^{k}e(j) + K_D[e(k) - e(k-1)] + u_0$$

式中　u_0——控制量的基值，即 $k=0$ 时的控制；

　　　$u(k)$——第 k 个采样时刻的控制量；

　　　K_p——比例放大系数；

　　　K_I——积分放大系数；

　　　K_D——微分放大系数；

$$K_I = \frac{K_P T_S}{T_I}$$

$$K_D = \frac{K_P T_D}{T_S}$$

　　　T_S——采样周期。

式（6-7）是数字 PID 算法的非递推形式，称全量算法。算法中，为了求和，必须将系统偏差的全部过去值 $e(j)(j=1,2,3,\cdots\cdots,k)$ 都存储起来。这种算法得出控制量的全量输出 $u(k)$，是控制量的绝对数值。在控制系统中，这种控制量确定了执行机构的位置，例如在阀门控制中，这种算法的输出对应了阀门的位置（开度）。所以，将这种算法称为"位置算法"。

（2）增量式 PID 算法

当执行机构需要的不是控制量的绝对值，而是控制量的增量（例如去驱动步进电动机）时，需要用 PID 的"增量算法"。增量式 PID 算法的系统框图如图 6-3 所示。

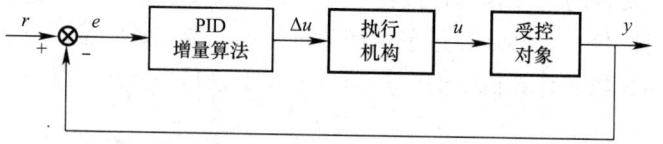

图 6-3　增量式 PID 算法系统框图

由位置算法求出

$$u(k) = K_p\left\{ e(k) + \frac{T_S}{T_I}\sum_{j=0}^{k}e(j) + \frac{T_D}{T_S}[e(k) - e(k-1)] \right\} + u_0$$

再求出

$$u(k-1) = K_p\left\{ e(k-1) + \frac{T_S}{T_I}\sum_{j=0}^{k-1}e(j) + \frac{T_D}{T_S}[e(k-1) - e(k-2)] \right\} + u_0$$

两式相减，得出控制量的增量算法

$$\Delta u(k) = u(k) - u(k-1) =$$

$$K_p\left\{ e(k) - e(k-1) + \frac{T_S}{T_I}e(k) + \frac{T_D}{T_S}[e(k) - 2e(k-1) + e(k-2)] \right\} \qquad (6\text{-}8)$$

式（6-8）称为增量式 PID 算法。

对增量式 PID 算法式（6-8）归并后，得

$$\Delta u(k) = q_0 e(k) + q_1 e(k-1) + q_2 e(k-2) \tag{6-9}$$

其中

$$q_0 = K_p \left[1 + \frac{T_S}{T_I} + \frac{T_D}{T_S} \right]$$

$$q_1 = -K_p \left[1 + 2 \frac{T_D}{T_S} \right]$$

$$q_2 = K_p \frac{T_D}{T_S}$$

式（6-9）已看不出是 PID 的表达式了，也看不出 P、I、D 作用的直接关系，只表示了各次误差量对控制作用的影响。从式（6-9）看出，数字增量式 PID 算法，只要贮存最近的三个误差采样值 $e(k)$、$e(k-1)$、$e(k-2)$ 就足够了。

（3）PID 算法的饱和及其抑制

实际的控制系统中，存在着饱和特性。当控制变量达到一定值后，系统的输出变量不再增长，系统进入饱和区。这就要求系统的控制变量必须限制在某个范围之内，即

$$u_{\min} \leqslant u \leqslant u_{\max}$$

有时候，对控制量的变化率也有限制

$$|\dot{u}| \leqslant |\dot{u}_{\max}|$$

若计算得知控制量超出了上述范围，系统实际执行的不是控制量的计算值，而是控制量的最值（$u_{\max}$ 或 $u_{\min}$），控制达不到预期的效果，甚至引起振荡。这种现象在开工、停工或大幅度改变给定值的情况下尤其容易发生，此时需要改进算法。

PID 位置算法中，"饱和"主要由积分项引起，称为"积分饱和"。要克服"积分饱和"，关键是限制积分作用，使积分积累不能过大。下面介绍常用的方法。

1）积分分离法

积分分离法是在误差量较大时，不进行积分，直至误差达到一定值之后，才在控制量的计算中加入积分累积。算法为

$$u(k) = K_p e(k) + K_I \sum_{j=0}^{k} K_1 e(j) + K_D [e(k) - e(k-1)] \tag{6-10}$$

其中

$$K_1 = \begin{cases} 1 & \text{当 } e(k) \leqslant \varepsilon \text{ 时} \\ 0 & \text{当 } e(k) > \varepsilon \text{ 时} \end{cases}$$

ε 为门限值，如图 6-4 所示。

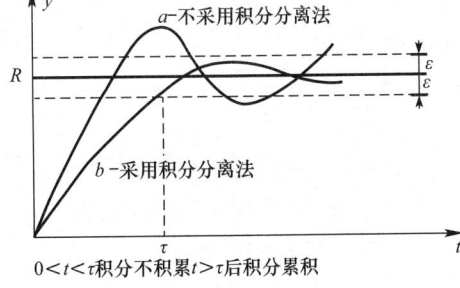

图 6-4　积分分离法抗饱和

2）遇限消弱积分法

基本思想是，当控制进入饱和区以后，便不再进行积分项的累加，而只执行削弱积分的运算。这种算法可以避免控制量长时间停留在饱和区。

3）有效偏差法

这种方法是将实际执行的控制量对应的误差值作为有效误差值，进行积分累加，而不用实际的误差值进行积分累加。

数字 PID 增量算法中没有累加和项，不会出现积分饱和，避免了大的超调和震荡。但在增量算法中，可能出现比例和微分饱和现象。为了抑制微分饱和，加速系统的动态过程，可采用积累补偿法。

积累补偿法的基本思想是，将那些因饱和而未能执行的控制增量信息累积起来，一旦有可能时再补充执行。

（4）PID 参数的整定

数字 PID 控制器控制参数的选择，可按连续—时间 PID 参数整定方法进行。

在选择数字 PID 参数之前，首先应该确定控制器结构。对允许有静差（或稳态误差）的系统，可以适当选择 P 或 PD 控制器，使稳态误差在允许的范围内。对必须消除稳态误差的系统，应选择包含积分控制的 PI 或 PID 控制器。一般来说，PI、PID 和 P 控制器应用较多。对于有滞后的对象，往往都加入微分控制。

控制器结构确定后，即可开始选择参数。参数的选择，要根据受控对象的具体特性和对控制系统的性能要求进行。工程上，一般要求整个闭环系统是稳定的，对给定量的变化能迅速响应并平滑跟踪，超调量小；在不同干扰作用下，能保证被控量在给定值；当环境参数发生变化时，整个系统能保持稳定等。这些要求，对控制系统自身性能来说，有些是矛盾的。我们必须满足主要的方面的要求，兼顾其他方面，适当地折中处理。

PID 控制器的参数整定，可以不依赖于受控对象的数学模型。工程上，PID 控制器的参数常常是通过试凑，或者通过实验经验公式来确定。

在整定 PID 参数前，需要事先确定好的一个参数是采样周期。采样周期的选择也需要一定的方法和技巧。

设采样周期为 T_s，采样速率为 $1/T_s$，采样角频率为

$$w_s = 2\pi/T_S$$

采样周期 T_S 是设计者要精心选择的重要参数，系统的性能与采样周期的选择有密切关系。

实际控制系统中，大量的受控对象都具有低通的性质。图 6-5 给出了选择采样周期的经验。

表 6-1 给出了常用被控量的经验采样周期。

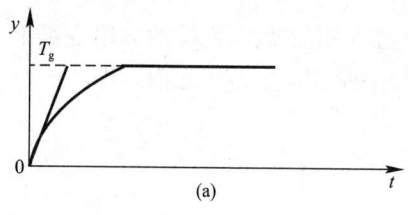
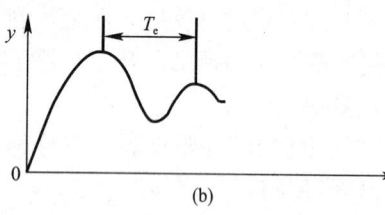
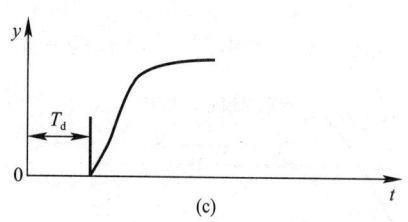

图 6-5　采样周期的经验选择

（a）单调过程 $T_s \leqslant 0.1T_g$；

（b）振荡过程 $T_s \leqslant 0.1T_e$；

（c）滞后过程 $T_s \leqslant 0.25T_d$

常用被控量的经验采样周期　　　　　　　　　　　　　　表 6-1

被控量	采样周期 T_S(s)
流量	1
压力	5
液位	10
温度	20

采样周期的选择，要根据所设计的系统的具体情况，用试凑的方法，多次试凑，选择性能较好的一个作为最后的采样周期。实际系统中采样周期的设定往往受到设备运行、处理速度、网络传输速度、软件执行速度等各方面的影响，需视实际情况试凑出最佳采样周期。

实验凑试法是通过闭环运行或模拟，观察系统的响应曲线，然后根据各参数对系统的影响，反复凑试参数，直至出现满意的响应，从而确定 PID 控制参数。

实验凑试法的整定步骤为"先比例，再积分，最后微分"。

1）整定比例控制

将比例控制作用由小变到大，观察各次响应，直至得到反应快、超调小的响应曲线。

2）整定积分环节

若在比例控制下稳态误差不能满足要求，需加入积分控制。

先将步骤 1）中选择的比例系数减小为原来的 $50\%\sim80\%$，再将积分时间置一个较大值，观测响应曲线。然后减小积分时间，加大积分作用，并相应调整比例系数，反复试凑至得到较满意的响应，确定比例和积分的参数。

3）整定微分环节

若经过步骤 2），PI 控制只能消除稳态误差，而动态过程不能令人满意，则应加入微分控制，构成 PID 控制。

先置微分时间 $T_D=0$，逐渐加大 T_D，同时相应地改变比例系数和积分时间，反复试凑至获得满意的控制效果和 PID 控制参数。

不同的比例、积分、微分的组合，可能达到相近的控制效果。实际应用中，只要受控过程或受控对象的主要指标达到设计要求，相应的控制器参数即可作为有效的控制参数。

PID 参数整定的其他方法还有很多种，应根据实际需要灵活选择。由于篇幅关系，不再赘述。请参阅相关专业书籍。

6.1.2　PID 算法的工程应用

1. 单回路 PID 控制系统

单回路 PID 控制系统中只有一个 PID 控制器，其结构简图如图 6-6 所示。

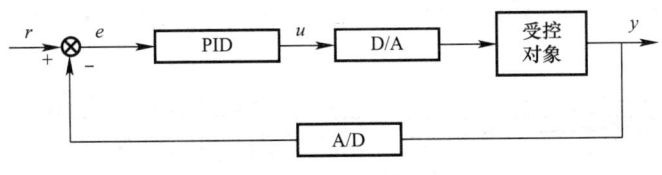

图 6-6　单回路控制系统

在建筑物空调温度、湿度、CO_2 浓度等模拟量的控制中，都用到了单回路控制系统。实际工程中，控制回路的实现一般需借助一定的软件环境，现在的做法大多是通过厂家提供的组态编程软件来实现。例如，在楼宇自控领域最常用的一款 DDC 控制器编程软件 CARE 就提供了这样的功能。用户在 CARE 软件的编程环境里，只需拖放不同的图标，按照控制原理进行恰当的组合，便可生成想要的控制回路。图 6-7 是在某空调机组原理图的基础上设计出的控制策略，该机组系统中包含了对一个水阀、两个风阀所做的控制回路设计。其中水阀的控制回路是一个单独回路，回路中包含了 PID 控制图标，即包含了 PID 算法。

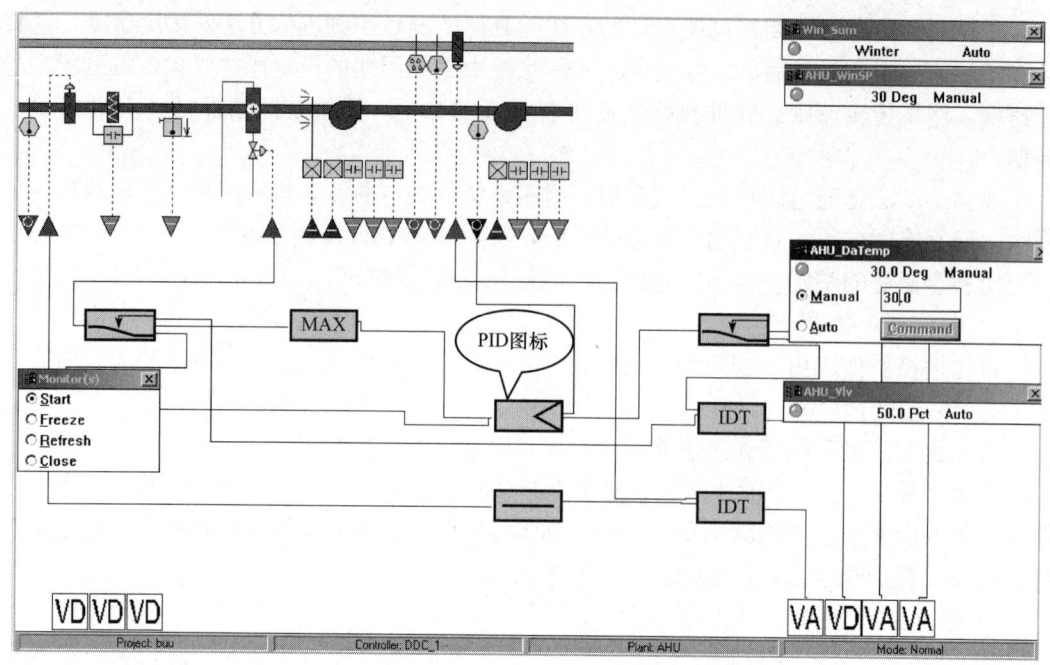

图 6-7　控制器组态软件中控制回路的设计

对于水阀开度的控制，图 6-7 对应着如图 6-8 所示的控制回路原理图。

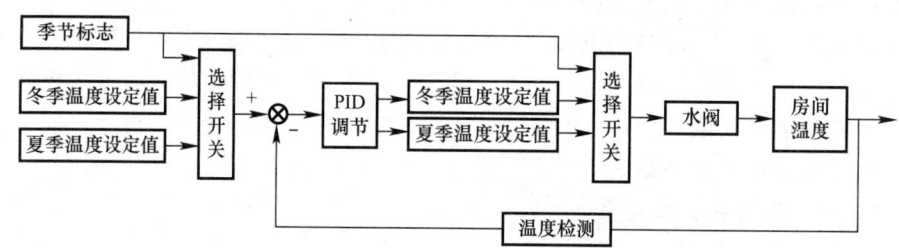

图 6-8　温度控制回路原理图

下面以该软件为例，对 PID 控制算法图标的使用方法作一个简单介绍，以明确理论与实际之间的关联。

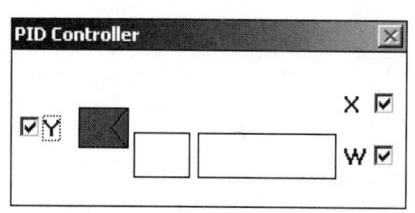

图 6-9　PID 图标 I/O 设置界面

PID 控制算法图标为：　　。

功能：提供 PID 算法。

在软件编程时，只需对图标的属性对话框进行相关的设置和连接，即可完成 PID 回路的构建。该图标的输入/输出属性对话框如图 6-9 所示。

其中，两个输入：X——测量值；W——设定值。一个输出：Y——控制量。在这里，Y 相当于前面所介绍的 PID 算法公式中的控制量 u。

工程中的典型应用是：X＝冬季温度测量值，W＝冬季温度设定值，则 Y＝冬季水阀开度。

2. 串级控制

计算机串级控制系统的典型结构如图 6-10 所示。

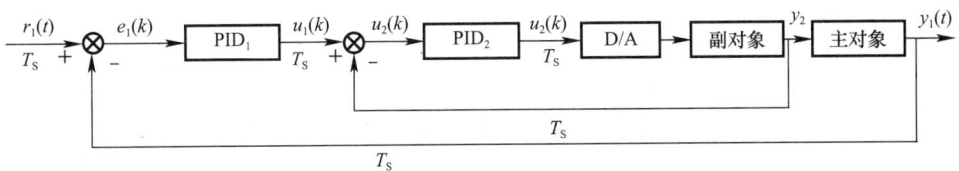

图 6-10　串级控制系统（同步采样）

系统中有两个 PID 控制器，其中一个控制器的输出，作为另一个控制器的给定。图 6-10 中，控制器 PID_2 称副控制器，内环称副回路；PID_1 称主控制器，包围 PID_2 的外环称主回路。主控器的输出控制作为副回路的给定量。串级控制系统的计算顺序是先主回路（PID_1）后副回路（PID_2）。控制方式有两种：异步采样控制和同步采样控制。

下面介绍实际工程中串级控制算法的使用方法。

CARE 软件中提供了封装好的串级控制算法，其图标为 ![icon]。

功能：提供串级控制，其中：主控制器用来改变从控制器的设定点。

该图标的输入/输出属性对话框如图 6-11 所示。

提供 3 个模拟量输入：X＝主控制器的被控量；XH＝从控制器的被控量；W＝主控制器的设定点。

可以将设定点的输入作为参数（工程单位索引号及数值）。

一个输出：模拟量 Y。反作用输出。

主、从控制器的 PID 参数设置对话框如图 6-12 所示。

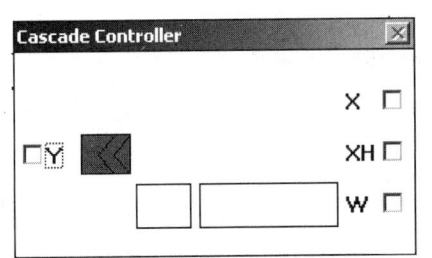

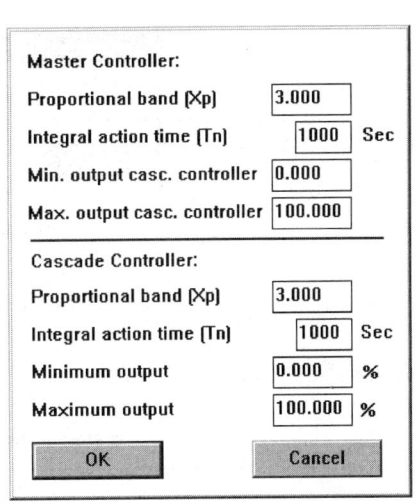

图 6-11　串级控制图标 I/O 设置界面　　　图 6-12　串级控制图标 PID 参数设置界面

下面用一个小例子来说明串级控制的实际使用方法。

需求：根据房间温度的变化改变送风温度的设定点，使送风温度动态地满足实际需要。控制系统的示意图如图 6-13 所示。

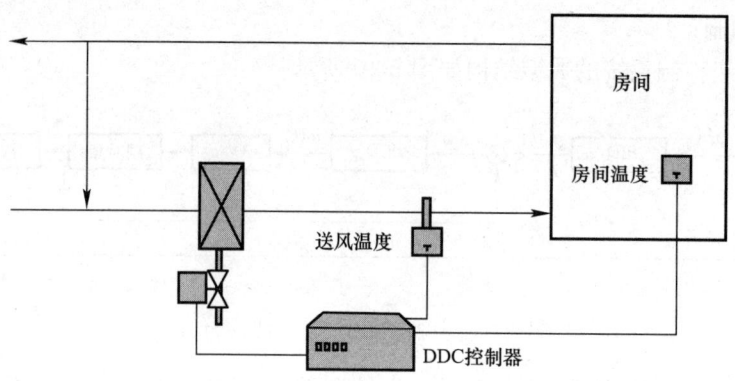

图 6-13　串级控制系统的示意图

分析：串级控制图标实际上相当于两个 PID 图标的串联，将主 PID 的输出 Y 作为从控制器的输入 W，解析后的图标 I/O 关系如图 6-14 所示。

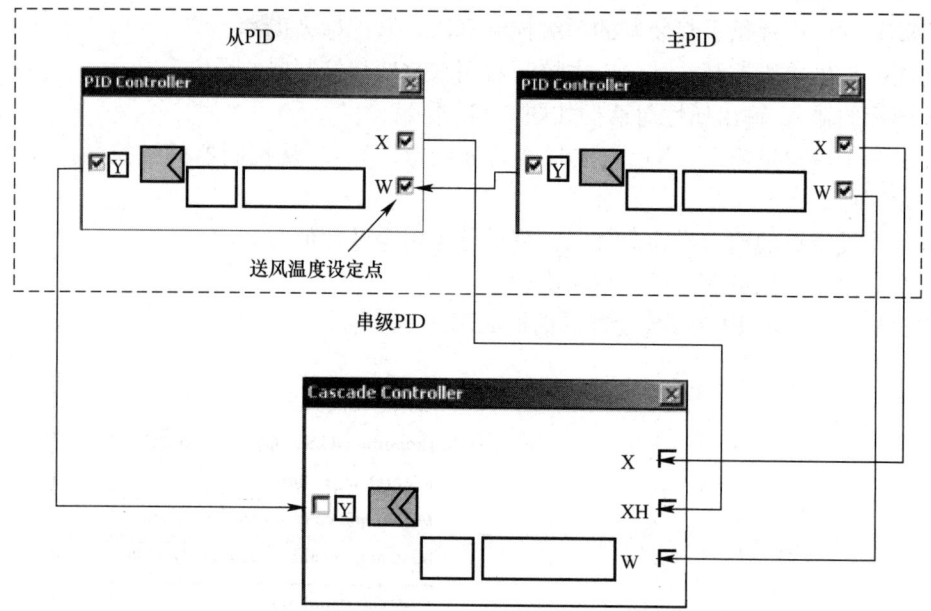

图 6-14　解析后的串级控制图标 I/O 关系

PID 的 I/O 关系如表 6-2 所示。

串级控制 PID 的 I/O 关系

表 6-2

串级 PID	主 PID	从 PID
X	X	
XH		X
W	W	
Y		Y

明确了内部关系后就容易编程了。将主控制器的输出连接到从控制器的设定点（送风温度的设定点），这样就能用主控制器的输出动态地改变送风温度的设定值了。

编程：

将串级控制图标的 I/O 口和变量作如图 6-15 所示连接。

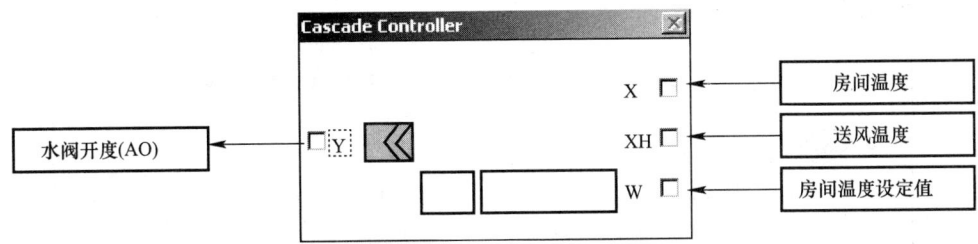

图 6-15　串级控制图标 I/O 连接

将图标内部 PID 及其他参数按如下方法设置：

```
Master Controller
    Proportional band:6
    Integral action time:0 Sec
    Min.output casc.controller:20
    Max.output casc.Controller:35
Cascade controller
    Proportional band:6
    Integral action time:0 Sec
    Min.output:0%
    Max.output:100%
```

至此为止，就相当于完成了运用串级控制算法的控制回路的设置，在工程中称作完成了串级温度控制回路的组态。

CARE 还提供了另外一个串级控制算法，图标为 CAS。其功能为：提供串级控制，其中：主控制器用来改变从控制器的设定点。

该图标的输入/输出属性对话框如图 6-16 所示。

输入：3 个模拟量输入，1 个开关量输入。其中：

　　　X＝主控制器的被控量；

　　　XH＝从控制器的被控量；

　　　W＝主控制器的设定点；

　　　XD＝开关量输入。当 XD＝0，无积分作用；当 XD＝1，有积分作用。

　　　可以将设定点的输入作为参数（工程单位索引号及数值）

输出：一个模拟量输出（Y）。

主、从控制器的 PID 参数设置对话框如图 6-17 所示：

与前面所介绍的串级控制算法的区别在于：增加了一个开关量输入。这样就可以使它在设备启动时，控制回路仅为比例控制。当启动一定时间后，积分控制再起作用。

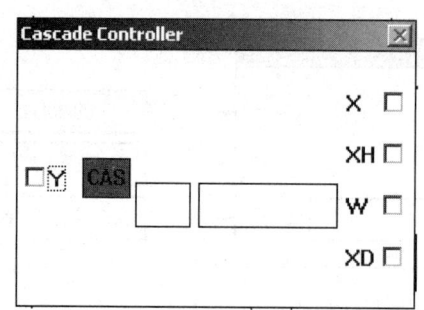

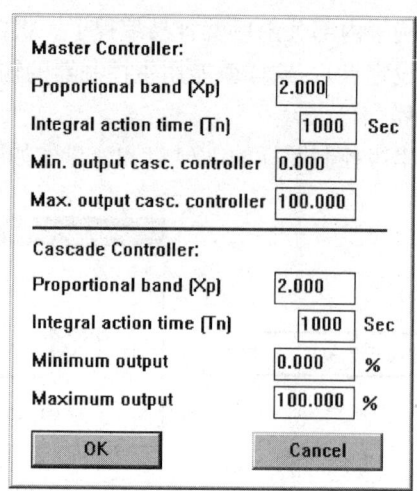

图 6-16　串级控制 CAS 图标 I/O 设置界面　　　图 6-17　PID 参数设置对话框

6.2　模糊智能控制

6.2.1　模糊控制基础知识

除传统的 PID 控制算法外，在建筑集成控制系统中也可采用模糊控制算法，不少国外的控制器编程软件中也都提供了模糊控制算法模块，供工程设计时使用。

模糊逻辑控制（Fuzzy Logic Control）简称模糊控制（Fuzzy Control），是以模糊集合论、模糊语言变量和模糊逻辑推理为基础的一种计算机数字控制技术。1965 年，美国的 L. A. Zadeh 创立了模糊集合论；1973 年他给出了模糊逻辑控制的定义和相关的定理。1974 年，英国的 E. H. Mamdani 首先用模糊控制语句组成模糊控制器，并把它应用于锅炉和蒸汽机的控制，在实验室获得成功。这一开拓性的工作标志着模糊控制论的诞生。

模糊控制实质上是一种非线性控制，从属于智能控制的范畴。模糊控制的一大特点是既具有系统化的理论，又有着大量实际应用背景。模糊控制的发展最初在西方遇到了较大的阻力；然而在东方尤其是在日本，却得到了迅速而广泛的推广应用。近 20 多年来，模糊控制不论从理论上还是技术上都有了长足的进步，成为自动控制领域中一个非常活跃而又硕果累累的分支。其典型应用的例子涉及生产和生活的许多方面，例如在家用电器设备中有模糊洗衣机、空调、微波炉、吸尘器、照相机和摄录机等；在工业控制领域中有水净化处理、发酵过程、化学反应釜、水泥窑炉等的模糊控制；在专用系统和其他方面有地铁靠站停车、汽车驾驶、电梯、自动扶梯、蒸汽引擎以及机器人的模糊控制等。

模糊控制的基本思想是利用计算机来实现人的控制经验，而这些经验多是用语言表达的具有相当模糊性的控制规则。模糊控制器（Fuzzy Controller，即 FC）获得巨大成功的主要原因在于它具有如下一些突出特点：

（1）模糊控制是一种基于规则的控制。它直接采用语言型控制规则，出发点是现场操作人员的控制经验或相关专家的知识，在设计中不需要建立被控对象的精确数学模型，因而使得控制机理和策略易于接受与理解，设计简单，便于应用。

（2）由工业过程的定性认识出发，比较容易建立语言控制规则，因而模糊控制对那些数学模型难以获取、动态特性不易掌握或变化非常显著的对象非常适用。

（3）基于模型的控制算法及系统设计方法，由于出发点和性能指标的不同，容易导致较大差异；但一个系统的语言控制规则却具有相对的独立性，利用这些控制规律间的模糊连接，容易找到折中的选择，使控制效果优于常规控制器。

（4）模糊控制算法是基于启发性的知识及语言决策规则设计的，这有利于模拟人工控制的过程和方法，增强控制系统的适应能力，使之具有一定的智能水平。

（5）模糊控制系统的鲁棒性强，干扰和参数变化对控制效果的影响被大大减弱，尤其适合于非线性、时变及纯滞后系统的控制。

模糊控制系统的基本结构如图 6-18 所示。

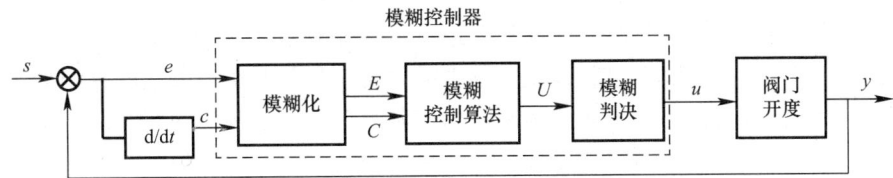

图 6-18　模糊控制系统框图

其中 s 为系统的设定值，y 为系统输出，e 和 c 分别是系统偏差和偏差的微分信号，也就是模糊控制器的输入，u 为控制器输出的控制信号，E、C、U 为相应的模糊量。由图 6-18 可知模糊控制器主要包含三个功能环节：用于输入信号处理的模糊量化和模糊化环节、模糊控制算法功能单元以及用于输出解模糊化的模糊判决环节。

模糊控制器设计的基本方法和主要步骤大致包括：

1）选定模糊控制器的输入输出变量，并进行量程转换。选取方法一般如图 6-18 所示，即分别取 e、c 和 u。

2）确定各变量的模糊语言取值及相应的隶属函数，即进行模糊化。模糊语言值通常选取 3、5、7 或 8 个，例如取为 {负，零，正}，{负大，负小，零，正小，正大}，或 {负大，负中，负小，零，正小，正中，正大} 等。然后对所选取的模糊集定义其隶属函数，可取三角形隶属函数（如图 6-19 所示）或梯形，并依据问题的不同取为均匀间隔或非均匀的；也可采用单点模糊集方法进行模糊化。

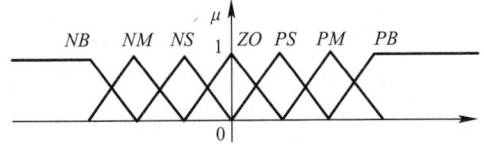

图 6-19　隶属函数取法示意

3）建立模糊控制规则或控制算法。这是指规则的归纳和规则库的建立，是从实际控制经验过渡到模糊控制器的中心环节。控制律通常由一组 if-then 结构的模糊条件语句构成，例如：if e＝N and c＝N, then u＝PB；或总结为模糊控制规则表，如表 6-3 中所示，可直接由 e 和 c 查询相应的控制量 u。

模糊控制规则表举例 表 6-3

u	c: N	c: Z	c: P
e: N	PB	PM	Z
e: Z	PS	Z	NS
e: P	Z	NM	NB

4）确定模糊推理和解模糊化方法。常见的模糊推理方法有最大最小推理和最大乘积推理两种，可视具体情况选择其一；解模糊化方法有最大隶属度法，中位数法，加权平均，重心法，求和法或估值法等，针对系统要求或运行情况的不同而选取相适应的方法，从而将模糊量转化为精确量，用以实施最后的控制策略。

模糊控制具有良好控制效果的关键是要有一个完善的控制规则。但由于模糊规则是人们对过程或对象模糊信息的归纳，对高阶、非线性、大时滞、时变参数以及随机干扰严重的复杂控制过程，人们的认识往往比较贫乏或难以总结完整的经验，这就使得单纯的模糊控制在某些情况下很粗糙，难以适应不同的运行状态，影响了控制效果。

常规模糊控制的两个主要问题在于：改进稳态控制精度和提高智能水平与适应能力。在实际应用中，往往是将模糊控制或模糊推理的思想，与其他相对成熟的控制理论或方法结合起来，发挥各自的长处，从而获得理想的控制效果。由于模糊规则和语言很容易被人们广泛接受，加上模糊化技术在微处理器和计算机中能很方便地实现，所以这种结合展现出强大的生命力和良好的效果。对模糊控制的改进方法可大致的分为模糊复合控制，自适应和自学习模糊控制，以及模糊控制与智能化方法的结合三个方面。

1）模糊复合控制

Fuzzy-PID 复合控制：即模糊 PID 控制，通常是当误差较大时采用模糊控制，而误差较小时采用 PID 控制，从而既保证动态响应效果，又能改善稳态控制精度；一种简便有效的做法是模糊控制器和 I 调节器共同合成控制作用。

模糊—线性复合控制：如模糊—前馈补偿控制等，实际利用了模糊控制是变增益 PI 控制器的特点，在实际系统的控制中取得了较好的效果。

史密斯—模糊控制器：针对系统的纯滞后特性设计，用模糊控制器替代 PID 可以解决常规史密斯—PID 控制器对参数变化适应能力较弱的缺陷；此外模糊推理和模糊规则的运用有利于在一定程度上适应时延的变化，在更复杂的情况下对对象的纯滞后进行有效的补偿。

三维模糊控制器：一种是利用误差 E，误差变化 E_c 和误差变化速率 E_{cc} 作为三维变量，可以解决传统二维模糊控制器的快速响应与稳定性要求之间的矛盾；另一种方法是利用 E，E_c 和误差的累积和 $\sum E$，这相当于变增益的 PID 控制器，提高了模糊控制的稳态精度。

多变量模糊控制：一般采用结构分解和分层分级结构，利用多个简单的模糊控制器进行组合，并兼顾多规则集之间的相互关系。

2）自适应和自学习模糊控制

自校正模糊控制器：修改控制规则的自校正模糊控制器，从响应性能指标的评价出发，利用模糊集合平移或隶属函数参数的改变，来实现控制规则的部分或全面修正，也可通过修正规则表或隶属函数本身来进行调整；基于模糊模型的自校正模糊控制器，包括利用模糊集理论辨识系统模型的语言化方法，基于参考模糊集的系统模糊关系模型辨识方法，以及由 I/O 数据建立模糊规则模型，并以此作为自校正控制器设计的基础等。

参数自调整模糊控制：自调整比例因子的模糊控制，引入性能测量和比例因子调整的功能，在线改变模糊控制器的参数，较大的增强了对环境变化的适应能力；基于模糊推理的 PID 自整定控制，如参数自整定模糊 PD 控制，以及类似的 PI 及 PID 控制等。

模型参考自适应模糊控制器：利用参考模型输出与控制作用下系统输出间的偏差来修正模糊控制器的输出，包括比例因子、解模糊策略、模糊控制规则等。

具有自学习功能的模糊控制：包括多种对外扰影响或重复任务的性能具有自学习功能的模糊控制方法，以及自寻优模糊控制器等，其关键在于学习和寻优算法的设计，尤其是提高其速度和效率。

自组织模糊控制器：将参考模型和自组织机制相结合的模糊模型参考学习控制，及自适应递阶模糊控制等更高级的自组织形式具有很大的发展潜力。

3）模糊控制与其他智能控制方法的结合

尽管模糊控制在概念和理论上仍然存在着不少争议，但进入 20 世纪 90 年代以来，由于国际上许多著名学者的参与，以及大量工程应用上取得的成功，尤其是对无法用经典与现代控制理论建立精确数学模型的复杂系统特别显得成绩非凡，因而导致了更为广泛深入的研究，事实上模糊控制已作为智能控制的一个重要分支确定了下来。

① 专家模糊控制

专家系统能够表达和利用控制复杂过程和对象所需的启发式知识，重视知识的多层次和分类的需要，弥补了模糊控制器结构过于简单、规则比较单一的缺陷，赋予了模糊控制更高的智能；二者的结合还能够拥有过程控制复杂的知识，并能够在更为复杂的情况下对这些知识加以有效利用。

② 基于神经网络的模糊控制

神经网络实现局部或全部的模糊逻辑控制功能，前者如利用神经网络实现模糊控制规则或模糊推理，后者通常要求网络层数多于三层；自适应神经网络模糊控制，利用神经网络的学习功能作为模型辨识或直接用作控制器；基于模糊神经网络的隶属函数及推理规则的获取方法，具有模糊连接强度的模糊神经网等，均在控制中有所应用；模糊系统与遗传算法相结合的控制器设计方法则提供了更为新颖的思路。

此外，模糊预测控制，模糊变结构方法，模糊系统建模及参数辨识，模糊模式识别等的研究，也都属于较为前沿的研究方向。

模糊控制仍然是一个充满争议的领域。由于它的发展历史还不长，理论上的系统性和完善性，技术上的成熟性和规范性都还是不够的，有待人们的进一步提高。

模糊系统理论还有一些重要的理论课题没有解决。其中两个重要的问题是：如何获得模糊规则及隶属函数，这在目前完全凭经验来进行；以及如何保证模糊系统的稳定性。

大体说来，在模糊控制理论和应用方面应加强研究的主要课题为：

适合于解决工程上普遍问题的稳定性分析方法，稳定性评价理论体系；控制器的鲁棒性分析，系统的可控性和可观测性判定方法等。

模糊控制规则设计方法的研究，包括模糊集合隶属函数的设定方法，量化水平，采样周期的最优选择，规则的系数，最小实现以及规则和隶属函数参数自动生成等问题；进一步则要求我们给出模糊控制器的系统化设计方法。

模糊控制器参数最优调整理论的确定，以及修正推理规则的学习方式和算法等。

模糊动态模型的辨识方法。

模糊预测系统的设计方法和提高计算速度的方法。

神经网络与模糊控制相结合，有望发展一套新的智能控制理论。

模糊控制算法改进的研究：由于模糊逻辑的范畴很广，包含大量的概念和原则；然而这些概念和原则能真正的在模糊逻辑系统中得到应用的却为数不多。这方面的尝试有待深入。

最优模糊控制器设计的研究：依据恰当提出的性能指标，规范控制规则的设计依据，并在某种意义上达到最优。

6.2.2　空调专家模糊 PID 控制器设计

下面结合空调专家模糊 PID 控制器的设计来说明模糊控制在智能建筑领域的应用。

1. 控制器结构

智能建筑中央空调控制系统是一个带有时滞、大扰动的非线性时变系统，采用传统的 PID 控制器参数整定比较困难，建立精确的数学模型更加困难。

专家系统通过在求解问题实践中获得的知识来增强技巧、捷径和启发，从而提高它们对问题域的理论理解。专家控制器通常由知识库、控制规则集、推理机构及信息获取与处理四个部分组成。知识库由事实集和经验数据库、经验公式等构成。设计中央空调专家模糊控制器的知识集需借助工程经验，这相当于该领域专家的知识积累成果。根据被控对象的实际特点及控制经验，可采用产生式规则、模糊关系及解析形式等多种方法来描述被控对象的特征，总结出若干条行之有效的控制规则。设计控制规则集时考虑实际系统控制时的经验，采用定量与定性相结合的方式，力求最大限度贴近实际。另外，模糊控制不要求被控对象有精确的数学模型也可以对复杂对象实施良好的控制，并且具有良好的鲁棒性，动态性能好，但主要缺点是稳态精度不高。综合两种控制算法，为解决中央空调控制系统问题，尝试采用模糊 PID 控制与专家控制相结合的方法，在专家控制思想的整体架构下，构成专家模糊控制器，使之既具有模糊控制灵活、适应性强的优点，又具有 PID 控制精度高的特点，同时可充分借鉴工程中的经验数据，使实用性大大增强。

定义以下符号表示方法：

室外温度：t_{pv}（℃）；

室外温度冬季设定点：t_{WSP}（℃）；

室外温度夏季设定点：t_{SSP}（℃）；

室内湿度冬季设定点：h_{WSP}（%）；

工况状态：冬季加热工况：0；

　　　　　冬季制冷工况：1；

　　　　　夏季工况：2；

　　　　　过渡季工况：3。

当系统启动时，DDC 控制器根据室外温度，做如下判断：

当 $t_{pv} < t_{WSP}$（可调整，如初始值：10℃）时，为工况 0；当 $t_{pv} \geq t_{WSP}$ 时，为工况 1。

当 $t_{pv} \geq tS_{SP}$（可调整，如初始值：23℃）时，为工况 2。

当 $t_{WSP} < t_{pv} < tS_{SP}$，为工况 3。

设计出的中央空调专家模糊控制器的整体结构框图如图 6-20 所示。

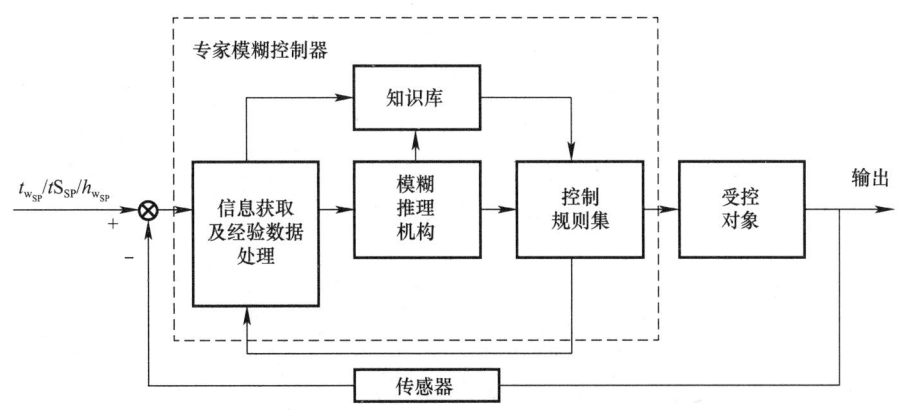

图 6-20 专家模糊控制器整体结构图

由实际工程应用感受到，在中央空调控制系统中采用 PD 控制效果反而好于 PID 控制。所以本设计模糊控制部分运用模糊 PD 算法。利用反馈系统中的误差信号 $e(t)$ 及其变化率 $de(t)/dt$ 来计算控制量的方法称为 PD 控制。模糊控制器的任务是对变化的条件调整 PD 参数。采用模糊 PD 控制器的空调温度控制系统结构原理图如图 6-21 所示。

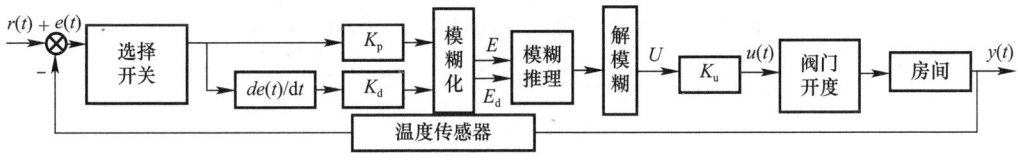

图 6-21 模糊 PD 控制结构原理图

根据工程专家经验，在进入模糊 PD 控制前设置一个选择开关，用于选择冬、夏及过渡季三种不同工况。在简单应用的情况下可能不需要过渡季，但如果考虑节能时应增加过渡季这一工况。不同工况下，根据实际经验数据或控制策略对原始采集到的数据进行模糊化，进行模糊推理，得出专家经验指导下的模糊控制规则集。

2. 专家 Fuzzy-PD 控制器设计

（1）输入变量和输出变量模糊化

从理论上讲，模糊控制器的维数越高，控制越精细。但维数越高控制规则就会变得越复杂，控制算法的实现相当困难。这里采用二维模糊控制器作为空调系统温度控制器。以冬季工况为例，冬季工况下要求保证热水阀最小开度为 30%。

输入变量有两个：

1）房间温度测量值 $y(t)$ 和设定温度 $r(t)$ 之间的温差 $e=r(t)-y(t)$，单位（℃）。模糊控制的温差范围为：$-2℃≤e≤2℃$。

2）温差变化率 $de(t)/dt$，单位（℃/s）。模糊控制的温差变化率范围为 $-0.5℃/s≤de(t)/dt≤0.5℃/s$。

输出变量有一个，即阀门开度 u，单位（%）。模糊控制的加热百分比范围为 $30\%≤u≤100\%$。

采用 8 段模糊子集描述输入变量和输出变量：{负大，负中，负小，负零，正零，正小，正中，正大}。8 段模糊子集和 7 段模糊子集相比，将 ZE（零）集合进一步细化为 NZ（负零）和 PZ（正零）两个子集，能更好地刻画在 0 附近误差及其变化率。

设温差 e、温差变化率 $de(t)/dt$、输出变量 u 的论域均为：{NB，NM，NS，NZ，PZ，PS，PM，PB}，其 8 段三角形隶属度函数见图 6-22。

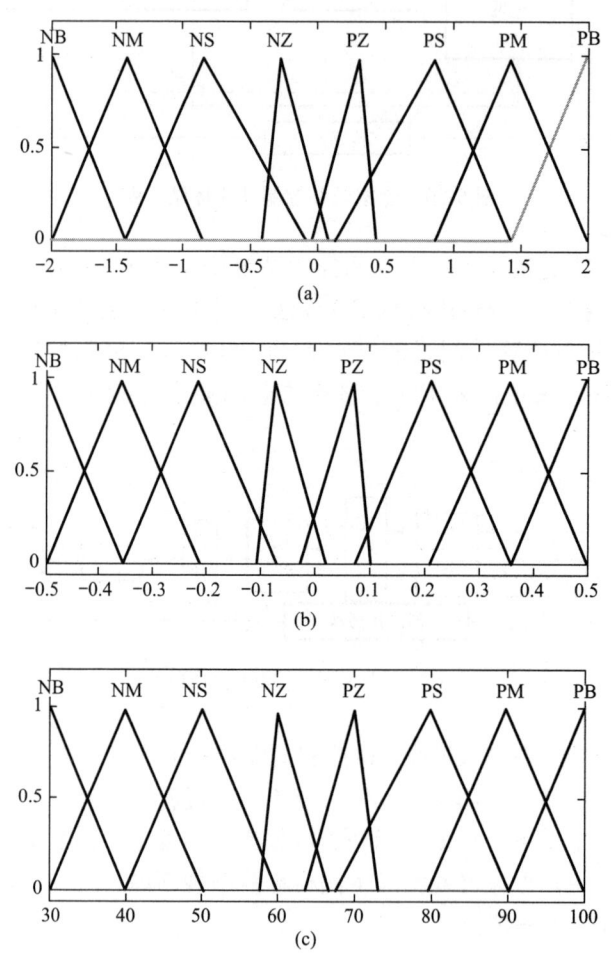

图 6-22　温差、温差变化率、阀门开度隶属度函数

（a）温差隶属度函数；（b）温差变化率隶属度函数；（c）阀门开度隶属度函数

（2）专家模糊控制规则集

按照冬季工况下的控制目标，控制器冬季加热工况采用的模糊推理逻辑见表 6-4。

冬季工况控制器模糊逻辑表　　　　　　　　　　　　表 6-4

温差	集合	$de(t)/dt$							
		NB	NM	NS	NZ	PZ	PS	PM	PB
$e(t)$	NB	NB	NB	NM	NM	NS	NS	NZ	NZ
	NM	NB	NB	NM	NM	NS	NS	NZ	NZ
	NS	NB	NB	NM	NS	NS	NZ	NZ	NZ
	NZ	NB	NM	NM	NZ	NS	NZ	PM	PM
	PZ	NM	NM	PZ	PS	PZ	PM	PM	PB
	PS	PZ	PZ	PZ	PS	PS	PM	PB	PB
	PM	PZ	PZ	PS	PS	PM	PM	PB	PB
	PB	PZ	PZ	PS	PS	PM	PM	PB	PB

模糊推理规则在 MATLAB 中所作的三维图形表示见图 6-23。

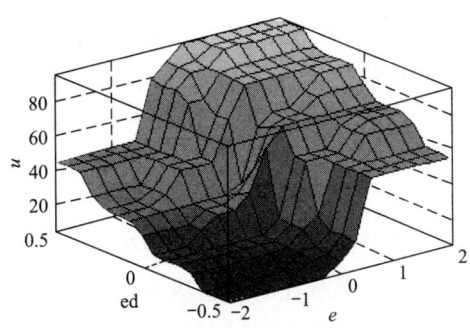

图 6-23　模糊推理规则三维图形显示

根据以上设计，共产生 64 条规则，用语言描述如下 $[de(t)/dt$ 用 ed 表示$]$：

If(e is NB)and(ed is NB)then(u is NB)

If(e is NB)and(ed is NM)then(u is NB)

If(e is NB)and(ed is NS)then(u is NM)

If(e is NB)and(ed is NZ)then(u is NM)

……

If(e is PB)and(ed is PZ)then(u is PM)

If(e is PB)and(ed is PS)then(u is PM)

If(e is PB)and(ed is PM)then(u is PB)

If(e is PB)and(ed is PB)then(u is PB)

最后两条规则的含义是：如果温差 $e(t)=r(t)-y(t)$ 为 PB，温差变化率 $de(t)/dt$ 为 PM 或 PB，说明温差大且温差仍有加大的趋势，所以应加大控制量 $u(t)$，即将 $u(t)$ 设置为 PB，加大热水阀的开度。其他规则含义可类推，不再赘述。冬季制冷工况下的模糊推理逻辑表和规则集同样可根据实际经验仿照上述方法制订出。

夏季工况下，根据专家经验控制机理，得出的控制器模糊逻辑推理表应该是冬季加热工况下推理表取反号。但不同的是阀门开度隶属度函数的范围为 0～100%。

过渡季工况下，根据实际工程经验，阀门开度变化范围比较小或固定在某个值附近（如35%），采用3段模糊子集描述输入变量和输出变量：{负，零，正}，温差e、温差变化率$de(t)/dt$、输出变量u的论域均为：{N，Z，P}。模糊推理逻辑见表6-5。

过渡季工况控制器模糊逻辑表　　　　表6-5

温差	集合	$de(t)/dt$		
		N	Z	P
$e(t)$	N	N	Z	P
	Z	Z	Z	Z
	P	P	Z	N

以上设计结果可在组态软件编程时加入，体现专家控制与模糊控制相结合的思想，实现不同工况下的复杂控制需求。

实际应用的经验使我们在设计时没有加入积分调节环节，这是因为虽然积分调节是无差调节，但加入积分作用后系统稳定性会变差，阀门出现严重震荡，如果采用积分调节则不可能得到稳定的系统。况且，对于空调温湿度的调节来讲，将误差控制在上述范围内已经可以满足实际用户的需求，空调自控系统并不是要求无差调节的系统。

智能建筑中央空调控制系统模糊控制策略设计的难点在于：①必须充分考虑实际工程的不同工况应用需求，这使得整个系统控制回路增多，总体控制策略变得复杂。②需要长时间的工程经验积累才能提出合理的专家型模糊控制算法，其中专家知识库的筛选与确定需依赖大量的工程数据，特别是模糊控制中隶属度小的元素的影响和作用还需经由大量的实践经验才能确定。

6.3　控制系统工程设计

6.3.1　设计步骤

一般智能建筑控制系统的设计步骤如图6-24所示。

（1）控制需求分析

通过前期商务交流及技术交流充分获取建设方的控制需求，详细了解控制对象、控制范畴，明确所要完成的设计任务。对工程工作量作出恰当的估计，得出工程造价概预算表。

（2）确定底层I/O设备

根据各子系统的控制需求选择合适的底层输入/输出（I/O）设备，输入设备包括控制按钮、开关、传感器、变送器等，输出设备包括继电器、电动阀、电磁阀等。并根据所选的输入/输出设备的类型和数量，确定DDC或PLC控制器的I/O点数。

（3）选择合适的DDC或PLC

确定DDC或PLC控制器的I/O点数后，就可以根据I/O点数，结合实际需求来选择DDC或PLC控制器的具体品牌、机型、输入/输出模块类型和数量、电源模块、通信模块等。

（4）点表设计

点表的设计是智能建筑控制工程中的一个关键步骤，它是前述步骤的具体落实，也是后续施工以及程序设计的依据。点表中需明确工程中每一个 I/O 点的物理含义、接线线型、所属控制器以及对应元件型号等信息，是控制系统综合信息的具体反映。

（5）控制器程序设计

根据不同控制对象及其控制需求对控制器进行编程。控制器编程工具是所选控制器配套的编程软件，一般由控制器生产厂家提供。控制器编程时需抓住的要点是控制回路数量的确定、控制算法的选择，最终分回路实现不同子系统的控制策略。

（6）仿真调试

仿真调试依不同的设计环境而有所区别。例如在有些厂家提供的 DDC 编程软件中即可模拟在线工作的情形，完全通过软件达到仿真效果；而有些控制器编程环境本身不能提供软件仿真功能，这时就需借助一些其他 I/O 器件来模拟现场 I/O 设备的工作情况，如用电压源、电流源或可调电阻来代替现场模拟量的输入，用按钮来代替现场数字量的输入等。

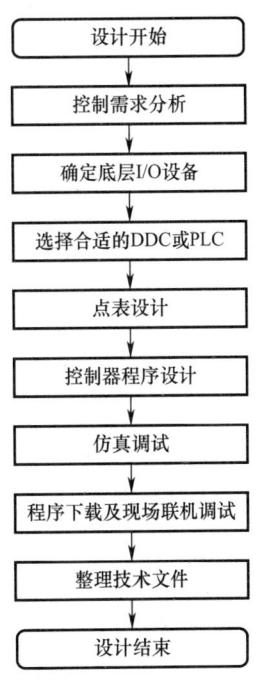

图 6-24　智能建筑控制系统设计步骤

（7）程序下载及现场联机调试

仿真调试没有问题后即可将程序从上位机下载进控制器中，进而进行现场联机调试。在现场联机调试中还会发现一些现场工况带来的具体问题，需根据这些问题进一步修改程序，重新下载修改好的程序，直至满足现场需要为止。

（8）整理技术文件

这一步主要是整理前述步骤中产生的与设计相关的技术文档，包括设计说明、I/O 接线原理图、程序清单、点表、使用说明等。

6.3.2　系统配置与点表设计

点表是智能建筑控制工程中特有的一种设计形式，它是工程中各具体点位的设计与落实，点表的优势越是在大型工程中就越突出，它有利于工程设计的规范化与条理化。

点表的设计实际上就是系统配置的过程，是一个由总体到局部再到细节的过程。在设计中，一般先要根据实际工程的设备施工布局情况画出控制系统的系统图，再列出设备清单及各设备项分配到控制器中的情况，最后得出详细的设计点表。下面以某军队办公楼的设计为例，具体说明设计过程和方法。

某工程的控制系统图见图 6-25。

总点数统计见表 6-6。

设备清单见表 6-7。

每一个 DDC 控制器包含的模块或连接的设备及其数量如表 6-8 所示。注意，表 6-8 与表 6-7 用每一行前的序号对应起来。

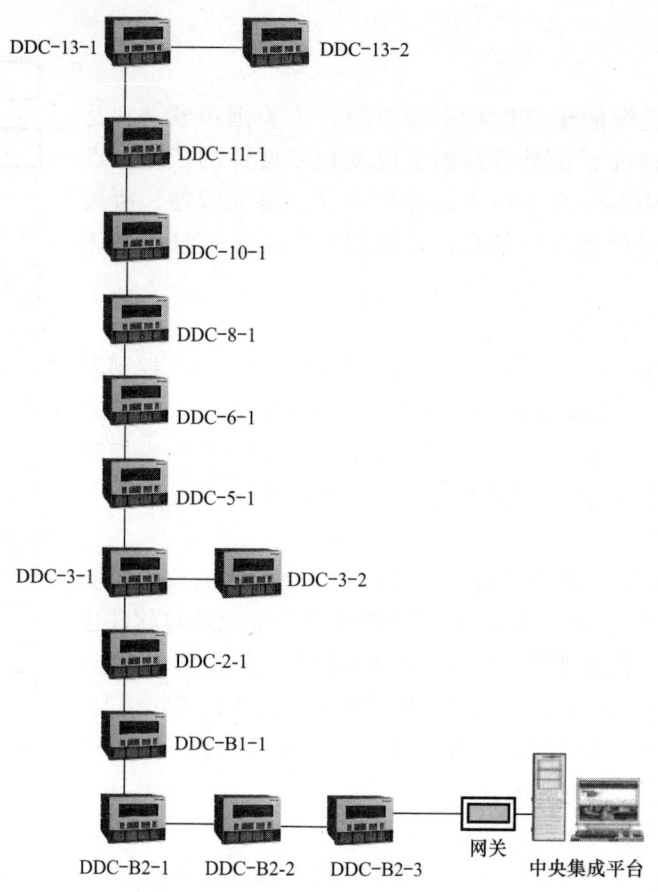

图 6-25　某工程系统图

某工程控制系统点数统计表　　　　　　　　　　　　　　　　　　表 6-6

	控制器	AI	DI	AO	DO	TOL
1	DDC-B2-1	26	57	3	20	2
2	DDC-B2-2	1	22	3	8	
3	DDC-B2-3	2	5	2	4	
4	DDC-B1-1	1	6	1	3	
5	DDC-2-1	2	10	2	5	
6	DDC-3-1	5	22	7	9	
7	DDC-3-2	1	8	1	4	
8	DDC-5-1	2	10	2	5	
9	DDC-7-1	2	10	2	5	
10	DDC-9-1	1	10	1	5	
11	DDC-10-1	2	10	2	5	
12	DDC-12-1	2	10	2	5	
13	DDC-13-1	1	6	1	3	
14	DDC-13-2	0	8	0	4	
分类计		48	194	29	85	2
总计		358				

控制系统部分设备清单　　　　　　　　　　　　表 6-7

序号	设备型号	说明
1	Dell PC	Dell Optilex
2	17″Dell Monitor	
3	Epson 1600K3	
4	SWEBI-DB0024-0005	EBI 软件，3000 点
5	Q7055A1007	BNA-1C
6	XC5010C	XL500 控制器 CPU 模块，16 位，可直接与 C-BUS 连接
7	XP502	电源模块
8	XF521	模拟量输入模块
9	XF522	模拟量输出模块
10	XF523	开关量输入模块
11	XF524	开关量输出模块
12	XH561	XL500 机箱
13	XH562H	XL500 机箱门（不带操作面板）
14	HS563	墙挂式安装插座
15	XW568	XL500 内部 BUS 线 90MM
16	XW569	XL500 内部 BUS 线 350MM
17	XL100C	XL100C 控制器，可直接与 C-BUS 连接
18	XL50-FP	XL50 自由编程配置，带 XD50FC＋XS50＋XL50ACC2
19	VF20T	水管型温度传感器
20	ST250PG	压力传感器
21	3-2517＋3-8550	流量传感器
22	FS4-3J	水流开关
23	V5211F1012	
24	H7015B1020	
25	FL20	风道型温度传感器，NTC20K
26	DPS400	压差开关
27	T6950A	防冻开关
28	ML7420A3006	调节型阀门执行器
29	ML7421B3003	调节型阀门执行器
30	N2024	开关型风阀执行器
31	N20010	调节型风阀执行器
32	H7508A1042	室外温湿度传感器
33	Tx-24V	24V 交流变压器
34	253-TVA	电压变送器
35	253-TAA	电流变送器
36	253-THZ	频率变送器
37	DTM-9	电度变送器
38	12VDC 继电器	12V 直流继电器
39	24VAC 继电器	24V 交流继电器
40	24VDC 电源	24VDC 电源

DDC 控制器所含/连接的设备/模块　　表 6-8

序号	DDC-B2-1	DDC-B2-2	DDC-B2-3	DDC-B1-1	DDC-2-1	DDC-3-1	DDC-3-2	DDC-5-1	DDC-6-1	DDC-8-1	DDC-10-1	DDC-11-1	DDC-13-1	DDC-13-2	数量
1															1
2															1
3															1
4															1
5															1
6	1	0	0	0	0	1	0	0	0	0	0	0	0	0	2
7	1	0	0	0	0	1	0	0	0	0	0	0	0	0	2
8	4	0	0	0	0	1	0	0	0	0	0	0	0	0	5
9	1	0	0	0	0	1	0	0	0	0	0	0	0	0	2
10	5	0	0	0	0	2	0	0	0	0	0	0	0	0	7
11	4	0	0	0	0	2	0	0	0	0	0	0	0	0	6
12	4	0	0	0	0	2	0	0	0	0	0	0	0	0	6
13	4	0	0	0	0	2	0	0	0	0	0	0	0	0	6
14	4	0	0	0	0	2	0	0	0	0	0	0	0	0	6
15	2	0	0	0	0	1	0	0	0	0	0	0	0	0	3
16	1	0	0	0	0	0	0	0	0	0	0	0	0	0	1
17	0	1	0	0	0	0	0	0	0	0	0	0	0	0	1
18	0	0	1	1	1	0	1	1	1	1	1	1	1	1	11
19	4	0	0	0	0	0	0	0	0	0	0	0	0	0	4
20	3	0	0	0	0	0	0	0	0	0	0	0	0	0	3
21	1	0	0	0	0	0	0	0	0	0	0	0	0	0	1
22	12	0	0	0	0	0	0	0	0	0	0	0	0	0	12
23	0	0	0	0	0	0	0	0	0	0	0	0	0	0	0
24	0	0	1	0	0	0	0	0	0	0	0	0	0	0	1
25	1	1	0	1	2	3	1	2	2	1	2	2	0	1	19
26	1	1	0	1	2	3	1	2	2	1	2	2	0	1	19
27	1	1	0	1	2	3	1	2	2	1	2	2	0	1	19
28	1	1	0	1	2	3	1	2	2	1	2	2	0	1	19
29	1	0	0	0	0	0	0	0	0	0	0	0	0	0	1
30	1	0	0	1	2	2	1	2	2	1	2	2	0	1	17
31	0	4	3	0	0	6	0	0	0	0	0	0	0	0	13
32	0	0	0	0	0	1	0	0	0	0	0	0	0	0	1
33	4	5	4	2	4	12	2	4	4	2	4	4	0	2	53
34	6	0	0	0	0	0	0	0	0	0	0	0	0	0	6
35	6	0	0	0	0	0	0	0	0	0	0	0	0	0	6
36	2	0	0	0	0	0	0	0	0	0	0	0	0	0	2
37	2	0	0	0	0	0	0	0	0	0	0	0	0	0	2
38	0	6	0	0	0	0	0	0	0	0	0	0	0	0	6
39	0	0	3	0	5	0	4	5	5	5	5	5	4	3	44
40	4	0	0	0	0	0	0	0	0	0	0	0	0	0	4

　　为每个控制器设计点表，最终合成控制系统的点表。以控制器 DDC-B2-1 为例，DDC 型号为 XL500，安装位置在地下二层冷冻机房。DDC-B2-1 点表如表 6-9 所示。

控制器 DDC-B2-1 点表　　　　表 6-9

序号	点描述	元件名称/配电盘编号	元件型号	线型	信号类型	辅助电源	AI	DI	AO	DO	Tol
	冷水机组	设备位置：B2/F 冷冻机房									
1	冷水机组运行状态	冷水机组自带配电盘		BVS 1.0*2	常开触点			2			
2	冷水机组冷水出水水流状态	水流开关	FS4-3J	BVS 1.0*2	常开触点			2			
3	冷水机组冷却水出水水流状态	水流开关	FS4-3J	BVS 1.0*2	常开触点			2			
4	冷水机组冷水出水蝶阀控制	蝶阀		(BVS1.0*2)x2（220VAC）	继电器	230VAC				2	
5	冷水机组冷水出水蝶阀运行状态	蝶阀		BVS1.0*2	常开触点			2			
6	冷水机组冷却水出水蝶阀控制	蝶阀		(BVS1.0*2)x2（220VAC）	继电器	230VAC				2	
7	冷水机组冷却水出水蝶阀运行状态	蝶阀		BVS1.0*2	常开触点			2			
8	冷水机组故障报警	冷水机组自带配电盘		BVS1.0*2	常开触点			2			
9	冷水机组启停控制	冷水机组自带配电盘		BVS1.0*2（220VAC）	继电器					2	
	冷水泵	设备位置：B2/F 冷冻机房									
10	冷水泵运行状态	水流开关	FS4-3J	BVS1.0*2	常开触点			4			
11	冷水泵手自动状态	配电盘 RQ1		BVS1.0*2	常开触点			4			
12	冷水泵故障报警	配电盘 RQ1		BVS1.0*2	常开触点			4			
13	冷水泵启停控制	配电盘 RQ1		BVS1.0*2（220VAC）	继电器					4	
	冷却水泵	设备位置：B2/F 冷冻机房									
14	冷却水泵运行状态	水流开关	FS4-3J	BVS1.0*2	常开触点			4			
15	冷却水泵手自动状态	配电盘 RQ2		BVS1.0*2				4			
16	冷却水泵故障报警	配电盘 RQ2		BVS1.0*2	常开触点			4			
17	冷却水泵启停控制	配电盘 RQ2		BVS1.0*2（220VAC）	继电器					4	

序号	点描述	元件名称/配电盘编号	元件型号	线型	信号类型	辅助电源	AI	DI	AO	DO	Tol
	冷却塔										
18	冷却塔风扇运行状态	B2AP4		BVS1.0＊2	常开触点			2			
19	冷却塔风扇故障报警	B2AP4		BVS1.0＊2	常开触点			2			
20	冷却塔风扇启停控制	B2AP4		BVS1.0＊2（220VAC）	继电器					2	
	冷冻、冷却水管路 设备位置：B2/F冷冻机房										
21	冷水供水温度	水管型温度传感器	VF20T	BVS1.0＊2	NTC20K		1				
22	冷水供水流量	流量传感器	3-2517＋3-8550	(BVS1.0＊2)x2	4-20mA	24VDC	1				
23	冷水回水温度	水管型温度传感器	VF20T	BVS1.0＊2	NTC20K		1				
24	冷却水供水温度	水管型温度传感器	VF20T	BVS1.0＊2	NTC20K		1				
25	冷却水回水温度	水管型温度传感器	VF20T	BVS1.0＊2	NTC20K		1				
	冷水集、分水器压差控制 设备位置：B2/F冷冻机房										
26	冷水供水压力	压力传感器	ST250PG	(BVS1.0＊2)x2	1-5VDC	24VDC	1				
27	冷水回水压力	压力传感器	ST250PG	(BVS1.0＊2)x2	1-5VDC	24VDC	1				
28	旁通阀控制	调节型电动两通水阀	ML7421B3003	(BVS1.0＊2)x2	0-10VDC	24VAC			1		
	补水泵 设备位置：B2/F冷冻机房										
29	补水泵运行状态	B2AP4		BVS1.0＊2	常开触点			2			
30	补水泵运行故障	B2AP4		BVS1.0＊2	常开触点			2			
31	膨胀罐出口压力检测	压力传感器	ST250PG	(BVS1.0＊2)x2	1-5VDC	24VDC	1				
	新风机组 XF-2 设备位置：B2/F冷冻机房										
32	风机运行状态	B2AP5		BVS1.0＊2	常开触点			1			
33	风机运行故障	B2AP5		BVS1.0＊2	常开触点			1			
34	过滤器堵塞报警	压差开关	DPS400	BVS1.0＊2	常开触点			1			

序号	点描述	元件名称/配电盘编号	元件型号	线型	信号类型	辅助电源	点类型				
							AI	DI	AO	DO	Tol
35	盘管防冻报警	防冻开关	T6950A	BVS1.0 * 2	常闭触点			1			
36	送风温度	风道型温度传感器	FL20	BVS1.0 * 2	NTC20K		1				
37	风机启停控制	B2AP5		BVS1.0 * 2 (220VAC)	继电器					1	
38	新风阀控制	开关型风阀执行器	N2024	(BVS1.0 * 2) x2	继电器	24VAC				1	
39	冷热水阀控制	调节型电动两通水阀	ML7420 A3006	(BVS1.0 * 2) x2	0-10VDC	24VAC			1		
	地板供暖	设备位置：B2/F 冷冻机房									
40	地板供暖换热器出水温度			BVS1.0 * 2	4~20mA		1				
41	地板供暖循环水泵运行状态	地板供暖自带配电盘		BVS1.0 * 2	常开触点			2			
42	地板供暖循环水泵启停控制	地板供暖自带配电盘		BVS1.0 * 2 (220VAC)	继电器					2	
43	地板供暖进水阀门控制			(BVS1.0 * 2) x2	0-10VDC	24VAC			1		
	变配电系统	设备位置：B2/F 变配电机房									
44	变配电开关状态			BVS1.0 * 2				11			
45	变配电电流测量	电流变送器	253-TAA	BVS1.0 * 2			6				
46	变配电电压测量	电压变送器	253-TVA	BVS1.0 * 2			6				
47	变配电频率测量	频率变送器	253-THZ	BVS1.0 * 2			2				
48	变配电电度测量	电度变送器	DTM-9	BVS1.0 * 2							2
49	变压器温度检测			BVS1.0 * 2			2				
	小计						26	57	3	20	2
	合计								108		

上表中，常开触点由相应的冷水机、冷水泵、冷却塔风扇、补水泵、风机、泵电力盘提供，继电器信号由 DDC 控制盘提供。

其他控制器点表格式都与 DDC-B2-1 相同。由于篇幅所限，其他控制器点表此处从略。应注意的是，所有控制器的点表合在一起才能称为该系统的点表。

6.4 混 合 控 制

在实际的智慧建筑集成系统中，由于系统的高度复杂性、非线性，除少量简单系统能用数学方法建模外，大多数系统建模困难。因此，需将多种方法结合在一起，用于一个实际的智能控制系统或装置，从而建立起混合或集成的智能控制系统。以下几种控制系统方法可混合集成使用。

1. 分级递阶智能控制系统（Hierarchical Intelligent Control）

分级递阶智能控制是在自适应控制和自组织控制基础上，由美国普渡大学 Saridis 提出的智能控制理论。分级递阶智能控制主要由三个控制级组成，按智能控制的高低分为组织级、协调级、执行级，并且这三级遵循"伴随智能递降精度递增"原则。

组织级（Organization Level）：组织级通过人机接口和用户（操作员）进行交互，执行最高决策的控制功能，监视并指导协调级和执行级的所有行为，其智能程度最高。

协调级（Coordination Level）：协调级可进一步划分为两个分层：控制管理分层和控制监督分层。

执行级（Executive Level）：执行级的控制过程通常是执行一个确定的动作。

2. 专家控制系统（Expert System）

专家指的是那些对解决专门问题非常熟悉的人们，他们的这种专门技术通常源于丰富的经验，以及他们处理问题的详细专业知识。

专家系统主要指的是一个智能计算机程序系统，其内部含有大量的某个领域专家水平的知识与经验，能够利用人类专家的知识和解决问题的经验方法来处理该领域的高水平难题。它具有启发性、透明性、灵活性、采用符号操作，具有智能推理、不一确定性推理、融合推理等特点。应用专家系统的概念和技术，模拟人类专家的控制知识与经验而建造的控制系统，称为专家控制系统。

专家系统是利用专家知识对专门的或困难的问题进行描述，用专家系统所构成的专家控制，无论是专家控制系统还是专家控制器，其相对工程费用较高，而且还涉及自动地获取知识困难、无自学能力、知识面太窄等问题，尽管专家系统在解决复杂的高级推理中获得较为成功的应用，但是专家控制的实际应用相对还是比较少。

3. 人工神经网络控制系统

神经网络是指由大量与生物神经系统的神经细胞相类似的人工神经元互联而组成的网络；或由大量像生物神经元的处理单元并联互联而成，这种神经网络具有某些智能和仿人控制功能。

学习算法是神经网络的主要特征，也是当前研究的主要课题，学习的概念来自生物模型，它是机体在复杂多变的环境中进行有效的自我调节。神经网络具备类似人类的学习功能，一个神经网络若想改变其输出值，但又不能改变它的转换函数，只能改变其输入，而改变输入的唯一方法只能修改加在输入端的加权系数。

神经网络的学习过程是修改加权系数的过程，最终使其输出达到期望值，学习结束，常用的学习算法有：Hebb 学习算法，Widrow Hoff 学习算法，反向传播学习算法——BP学习算法，Hopfield 反馈神经网络学习算法等。

　　神经网络是利用大量的神经元按一定的拓扑结构和学习调整方法，它能表示出丰富的特性：并行计算、分布存储、可变结构、高度容错、非线性运算、自我组织、学习或自学习等。这些特性是人们长期追求和期望的系统特性，它在智能控制的参数、结构或环境的自适应、自组织、自学习等控制方面具有独特的能力。神经网络可以和模糊逻辑一样适用于任意复杂对象的控制，但它与模糊逻辑不同的是擅长单输入多输出系统和多输入多输出系统的多变量控制，在模糊逻辑表示的 SIMO 系统和 MIMO 系统中，其模糊推理、解模糊过程以及学习控制等功能常用神经网络来实现。模糊神经网络技术和神经模糊逻辑技术：模糊逻辑和神经网络作为智能控制的主要技术已被广泛应用，两者既有相同性又有不同性。其相同性为：两者都可作为万能逼近器解决非线性问题，并且两者都可以应用到控制器设计中。不同的是：模糊逻辑可以利用语言信息描述系统，而神经网络则不行；模糊逻辑应用到控制器设计中，其参数定义有明确的物理意义，因而可提出有效的初始参数选择方法；神经网络的初始参数（如权值等）只能随机选择。但在学习方式下，神经网络经过各种训练，其参数设置可以达到满足控制所需的行为，模糊逻辑和神经网络都是模仿人类大脑的运行机制，可以认为神经网络技术模仿人类大脑的硬件，模糊逻辑技术模仿人类大脑的软件，根据模糊逻辑和神经网络的各自特点，所结合的技术即为模糊神经网络技术和神经模糊逻辑技术，模糊逻辑、神经网络和它们混合技术适用于各种学习方式。智能控制的相关技术与控制方式结合或综合交叉结合，构成风格和功能各异的智能控制系统和智能控制器是智能控制技术方法的一个主要特点。

　　4. 模糊控制系统

　　所谓模糊控制，就是在被控制对象的模糊模型的基础上，运用模糊控制器近似推理手段，实现系统控制的一种方法。模糊模型是用模糊语言和规则描述的一个系统的动态特性及性能指标。模糊控制的基本思想是用机器去模拟人对系统的控制，它是受这样事实而启发的：对于用传统控制理论无法进行分析和控制的复杂的和无法建立数学模型的系统，有经验的操作者或专家却能取得比较好的控制效果，这是因为他们拥有日积月累的丰富经验，因此人们希望把这种经验指导下的行为过程总结成一些规则，并根据这些规则设计出控制器，然后运用模糊理论，模糊语言变量和模糊逻辑推理的知识，把这些模糊的语言上升为数值运算，从而能够利用计算机来完成对这些规则的具体实现，达到以机器代替人对某些对象进行自动控制的目的。

　　模糊逻辑用模糊语言描述系统，既可以描述应用系统的定量模型，也可以描述其定性模型。模糊逻辑可适用于任意复杂的对象控制，但在实际应用中模糊逻辑实现简单的应用控制比较容易，简单控制是指单输入单输出系统（SISO）或多输入单输出系统（MISO）的控制，因为随着输入输出变量的增加，模糊逻辑的推理将变得非常复杂。

　　5. 学习控制系统

　　学习是人类的主要智能之一，人类的各项活动也需要学习。在人类的进化过程中，学习功能起着十分重要的作用。学习控制正是模拟人类自身各种优良的控制调节机制的一种尝试。所谓学习是一种过程，它通过重复输入信号，并从外部校正该系统，从而使系统对特定输入具有特定响应。学习控制系统是一个能在其运行过程中逐步获得受控过程及环境的非预知信息，积累控制经验，并在一定的评价标准下进行估值，分类，决策和不断改善系统品质的自动控制系统。

（1）遗传算法学习控制。智能控制是通过计算机实现对系统的控制，因此控制技术离不开优化技术。快速、高效、全局化的优化算法是实现智能控制的重要手段。遗传算法是模拟自然选择和遗传机制的一种搜索和优化算法，它模拟生物界/生存竞争，优胜劣汰，适者生存的机制，利用复制、交叉、变异等遗传操作来完成寻优。遗传算法作为优化搜索算法，一方面希望在宽广的空间内进行搜索，从而提高求得最优解的概率；另一方面又希望向着解的方向尽快缩小搜索范围，从而提高搜索效率。如何同时提高搜索最优解的概率和效率，是遗传算法的一个主要研究方向。遗传算法作为一种非确定的拟自然随机优化工具，具有并行计算、快速寻找全局最优解等特点，它可以和其他技术混合使用，用于智能控制的参数、结构或环境的最优控制。

（2）迭代学习控制。迭代学习控制模仿人类学习的方法、即通过多次的训练，从经验中学会某种技能，来达到有效控制的目的。迭代学习控制能够通过一系列迭代过程实现对二阶非线性动力学系统的跟踪控制。整个控制结构由线性反馈控制器和前馈学习补偿控制器组成，其中线性反馈控制器保证了非线性系统的稳定运行、前馈补偿控制器保证了系统的跟踪控制精度。它在执行重复运动的非线性机器人系统的控制中是相当成功的。

习　　题

6-1　画出连续时间 PID 控制系统框图。其中：误差 $e(t)$ 是如何定义的？控制量在比例加积分（PI）控制器中的公式表示是什么？

6-2　何为增量式 PID 算法？控制量的增量算法公式是什么？

6-3　工程上，PID 控制器的参数常常是通过什么方法来确定？

6-4　试述 PID 参数实验凑试法的整定过程。

6-5　画出智能建筑空调温度控制回路原理图。

6-6　试用 7 段模糊子集描述智能建筑房间温差 e，并画出其 7 段三角形隶属度函数。

6-7　试述智能建筑控制系统的设计步骤。

6-8　智能建筑的点表一般包含哪些项目？

第7章 系统集成的数据交换与接口技术

7.1 OPC 接口及开发应用

7.1.1 OPC 规范

1. OPC 规范简介

OPC 全称是 OLE for Process Control（用于过程控制的 OLE），它的出现为基于 Windows 的应用程序和现场过程控制应用建立了桥梁。在过去，为了存取现场设备的数据信息，每一个应用软件开发商都需要编写专用的接口函数。由于现场设备的种类繁多，且产品的不断升级，往往给用户和软件开发商带来了巨大的工作负担。通常这样也不能满足工作的实际需要，系统集成商和开发商急切需要一种具有高效性、可靠性、开放性、可互操作性的即插即用的设备驱动程序。在这种情况下，OPC 标准应运而生。OPC 是一个工业标准，管理这个标准的国际组织是 OPC 基金会，OPC 基金会现有会员已超过 220 家。遍布全球，包括世界上所有主要的自动化控制系统、仪器仪表及过程控制系统的公司。OPC 技术基于微软的 OLE（现在的 Active X）、COM（组件对象模型）和 DCOM（分布式组件对象模型）技术。OPC 包括一整套接口、属性和方法的标准集，用于过程控制和制造业自动化系统，在智慧建筑系统集成中也应用的相当广泛。ActiveX/COM 技术定义各种不同的软件部件如何交互使用和分享数据。无论过程中采用什么软件或设备，OPC 为多种多样的过程控制设备之间进行通信提供了公用的接口。

由 OPC Task Force 制定的 OPC 规范于 1996 年 8 月正式诞生，随着 1997 年 2 月 Microsoft 公司推出 Windows95 支持的 DCOM 技术，1997 年 9 月新成立的 OPC 基金会对 OPC 规范进行修改，增加了数据访问等一些标准，OPC 规范得到了进一步的完善。OPC 基于 Microsoft 公司的 Distributed interNet Application（DNA）构架和 Component Object Model（COM）技术，根据易于扩展性而设计的。OPC 规范定义了一个工业标准接口，这个标准使得 COM 技术适用于过程控制和制造自动化等应用领域。OPC 现已成为工业界系统互联的缺省方案，为工业监控编程带来了便利，用户不用为通信协议的难题而苦恼。任何一家自动化软件解决方案的提供者，如果它不能全方位地支持 OPC，则必将被历史淘汰。

OPC 统一架构（OPC Unified Architecture）是 OPC 基金会（OPC Foundation）创建的新技术，更加安全、可靠、中性（与供应商无关），为制造现场到生产计划或企业资源计划（ERP）系统传输原始数据和预处理信息。使用 OPC UA 技术，所有需要的信息可随时随地到达每个授权应用和每个授权人员。OPC UA 独立于制造商，应用可以用它通信，开发者可以用不同编程语言对它开发，不同的操作系统上可以支持。OPC UA

弥补了已有 OPC 的不足，增加了诸如平台独立、可伸缩性、高可用性和因特网服务等重要特性。OPC UA 不再基于分布式组件对象模型（DCOM），而是以面向服务的架构（SOA）为基础。OPC UA 因此可以连接更多的设备。OPC UA 已经成为连接企业级计算机与嵌入式自动化组件的桥梁独立于微软、UNIX 或其他操作系统。

利用 OPC 技术，主要实现：

（1）在线数据监测。实现了应用程序和工业控制设备之间高效、灵活的数据读写。

（2）报警和事件处理。提供了 OPC 服务器发生异常时，以及 OPC 服务器设定事件到来时向 OPC 客户发送通知的一种机制。

（3）历史数据访问。实现了读取、操作、编辑历史数据库的方法。

（4）远程数据访问。借助 Microsoft 的 DCOM 技术，OPC 实现了高性能的远程数据访问能力。

为满足不同领域、不同特点实际应用系统的需求，OPC 标准又细划分为如下若干个类别：

（1）OPC Alarm & Event 规范

该规范的目的是开发和标准化处理报警和事件的接口。OPC 报警与事件规范接口提供了一种机制。通过这种机制，当 I/O 设备中有指定的事件或报警条件产生时，OPC 客户应用程序能得到通知。通过 OPC 报警与事件规范接口，OPC 客户应用程序可以设置 OPC 服务器支持的事件和条件，并获得其当前状态。

这里使用了过程控制中常用的报警和事件的概念，在不严格的场合，报警和事件在意义上差别不是非常明显，两者可以互换。

在 OPC 中，一个报警就是一个非正常情况（Condition），因此是一种特殊情况。一个情况是 OPC 事件服务器（Event Server）或其所包容的对象中命名了的一个状态，而这个状态对 OPC 客户应用程序来说是有用，例如：标签 FC101 可以有以下几种相关情况：上限报警、上上限报警、正常、下限报警、下下限报警。

另一方面，一个事件是某种可以检测到的变化，而这种变化对 OPC 服务器及其所表示的 I/O 设备或 OPC 客户来说是非常重要的。一个事件可能是和某种情况相关的，也可能和任何情况都无关，例如：系统从正常情况变化到上限报警或从上限报警变化到正常情况，这是和某种情况相关的事件。但是，操作人员的动作、系统配置的更改、系统故障就是与情况无关的事件。OPC 客户程序可以得到这类特殊事件发生的通知。

OPC 事件服务器接口类 IOPCEventServer 提供的方法可以使 OPC 客户程序完成如下功能：决定 OPC 服务器支持的事件类型；对某些特定事件进行登记，以便 OPC 客户能在这些事件发生时得到通知，也可以采用过滤器定义这些事件的一个子集；对 OPC 服务器实现的情况进行存取或处理。

报警和事件包括（但不局限于）过程报警，操作员手工请求而通过系统产生的消息（比如批任务完成），跟踪或审核消息（如一个设定值改变或操作员调整了一个参数）。

（2）OPC 数据存取规范（OPC Data Access，简称 OPC DA）

OPC 数据存取规范包含三个对象：服务器对象（Server Object）、组对象（Group Object）、项对象（Item Object）。OPC 服务器对象维护着服务器的信息，同时也是 OPC 组对象的包容器。OPC 组对象维护着它自己的信息并提供包容 OPC 项的机制，同时管理

OPC 项。

（3）OPC 历史数据访问规范

提供一套标准的接口使客户端能以统一的方式来存取历史文档。目标是能访问范围很广的数据，从简单的连续数据的日志系统到复杂的 SCADA 系统。这些访问所使用的接口应该以工业中最通用方式来表述和处理数据，比如趋势、自动更新、图表和统计数据。

历史数据引擎能够把那些必须分散存储的信息组合成一个额外的数据源，并把它们提供给对它们感兴趣的用户或 OPC 客户程序。当前大部分历史数据系统采用自己专用的接口分发数据，这种方式不能提供即插即用的功能，从而限制了其应用的范围和功能。

为了将历史数据和各种不同的应用系统进行集成，可以将历史信息认为是某种数据类型的数据。

目前，OPC 规范支持以下几种历史数据服务器：①简单趋势数据服务器。这种服务器只提供原始数据和简单的存储功能。数据一般是 OPC 数据存取服务器提供的数据类型，通常是［数值，品质］元组的形式。②复合数据压缩和分析服务器。这种服务器能够提供与原始数据存储一样的数据压缩功能，还能提供数据汇总和数据分析功能，如平均值、最大值、最小值等。支持数据刷新及历史记录的刷新，另外，保存历史数据的同时还可以记录对数据的注释信息。

（4）OPC Batch 规范

为批处理工业设计开发的产品不断增多，这些产品基于 ANSI/ISA-S88.01-1995 批控制标准的第一部分：模块与术语标准（也就是 S88.01）。与此相应，这些产品间的以及这些产品与其他系统间的数据交换的需求也不断增多，如与领域管理设备（比如测控站、控制站）、过程控制系统（如实验室系统、批控制系统、装载、卸载、分发、称重系统）和企业管理系统（如 ERP，MES）。

（5）OPC 数据交换规范

OPC 数据交换规范的目的是为 OPC 数据访问服务器间的数据交换提供一个工业标准。这一解决方案避免了在两个服务器中间插入一个私有客户端的做法。

（6）OPC 安全规范

说明了关于 OPC 接口有关的安全问题，包括数据访问和历史数据。如果可能的话，由用户参与进来制定需求。

（7）OPC XML-DA 规范

该规范为使用 XML 发布数据开发一套有弹性的、统一的规则和格式，平衡微软和其他公司在 .net，web services，SOAP 和其他 XML 应用程序框架上所做的工作。继续支持和鼓励应用程序间的通用性，在一个相当高的层次上简化数据共享和交换。允许客户端通过使用过滤来订阅它所需要的那些类型的消息。

众多业界领先的制造商已开发了多种 OPC 服务器和客户机应用。在实际工程中也历经了多方面的测试和考验。以瑞士的 TetraPak 为例，其基于 OPC 服务器技术的数据采集系统，保证了对超过 500 个数据点的更新时间为 200ms。在 Softing 公司的 OPC 服务器性能测试中，分别对基于本地的 OPC 应用和基于 DCOM 的分布式应用进行了测试。

为了保证测试的可信程度，特别选用了两台低挡配置的计算机，其配置如下：

硬件：

CPU：奔腾 90MHz 处理器

RAM：48 或 64M

软件：

Windows NT 4.0

在本地测试中，OPC 客户机测试应用程序和 OPC 服务器安装在同一台 PC 上。在基于 DCOM 的分布式 OPC 应用测试中，OPC 客户机测试应用程序在第二台远程 PC 上运行。

测试结果：无论是在本地还是两台计算机之间，5000 个过程变量的变化值能在 1s 内在 OPC 服务器和客户机之间传送。对于只有 500 个过程变量的情况，只需 100ms 时间。因而，OPC 被认为是非常适合于在很短的更新速率内采集大量的动态过程变量的应用场合。

2. OPC 的对象与接口

OPC 是以 OLE/COM 机制作为应用程序的通信标准。OLE/COM 是一种客户/服务器模式，具有语言无关性、代码重用性、易于集成性等优点。OPC 规范了接口函数，不管现场设备以何种形式存在，客户都以统一的方式去访问，从而保证软件对客户的透明性，使得用户完全从低层的开发中脱离出来。

OPC 技术规范定义的是 OPC 服务器程序和客户机程序进行通信的接口或通信的方法。OPC 服务器和 OPC 客户端之间的访问关系如图 7-1 所示。

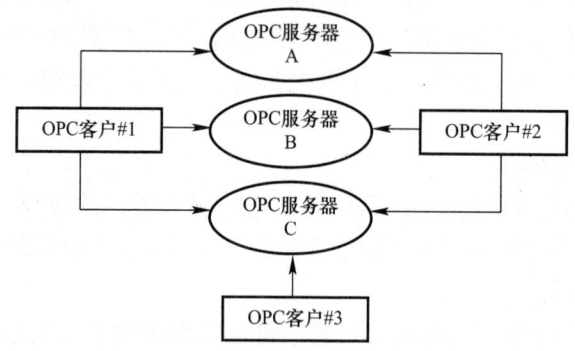

图 7-1　OPC 服务器和 OPC 客户端之间的访问关系

下面以 OPC 数据存取标准（OPC DA 2.0X 规范）为例说明 OPC 的对象与接口。

OPC 服务器由三类对象组成：服务器对象（Server Object）、组对象（Group Object）、项对象（Item Object）。各类对象分别介绍如下。

（1）服务器对象

OPC 服务器对象维护着服务器的信息，同时也是 OPC 组对象的包容器。OPC 组对象维护着它自己的信息并提供包容 OPC 项的机制，同时管理 OPC 项。

所有 COM 组件对象都是通过接口来访问的，OPC 客户端与 OPC 服务器的通信也不例外，他们互相访问的唯一途径是通过 OPC 接口。对客户端来讲，它看到的仅是接口。OPCServer 包含了以下接口：

IOPCServer；

IOPCServerPublicGroups（可选）；

IOPCBrowseServerAddressSpace（可选）；

IOPCItemProperties（2.0 版以后）；

IConnectionPointContainer（2.0 版以后）；

IOPCCommon（2.0 版以后）；

IPersistFile（可选）。

（2）组对象

OPC 组提供客户应用程序组织数据的机制，例如：一个组可以包含一个显示面板所有数据的项，并可对数据进行读写。在一些特殊情况下，还可以在组里建立客户应用程序与项的连接，并可以根据需要禁止或允许这种连接。OPC 客户应用程序还可以修改 OPC 服务器向 OPC 客户应用程序提交数据变化的刷新频率。

OPC 组有两种类型：公共组（Public）和局部组（Local or Private）。公共组可以为多个客户程序共享，而局部组只为某一个客户程序所有。在每个组里，客户程序可以定义多个 OPC 项，如图 7-2 所示。

OPCGroup 包含的接口如下：

IOPCGroupStateMgt；

IOPCPublicGroupStateMgt（可选）；

IOPCASyncIO2（新 2.0 版）；

IOPCAsyncIO；

IOPCItemMgt；

IConnectionPointContainer（新 2.0 版）；

IOPCSyncIO；

IDataObject。

（3）项对象

OPC 项代表了与服务器里数据源的连接。从定制接口

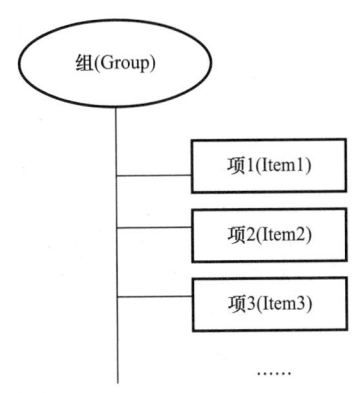

图 7-2　组与项之间的关系

（Custom Interface）角度来看，一个 OPC 项不能被 OPC 客户程序作为一个对象来进行操作，因此，在 OPC 项中没有定义外部接口。所有对 OPC 项的操作都是利用 OPC 项的包容器（OPC 组）或 OPC 项的定义来进行的。

每个 OPC 项包含值（Value）、品质（Quality）和时间标签（Time Stamp）。值的类型是 VARIANT，品质的类型是 SHORT。

应当注意的是项不是数据源，而只是与数据源的连接，例如：在 DCS 系统中定义的可以让 OPC 客户程序访问的标签。OPC 项应该被看成是数据地址的标示，而不是数据的物理源。

应用程序与 OPC 服务器之间必须有 OPC 接口，OPC 服务器通常支持两种类型的访问接口，它们分别为不同的编程语言环境提供访问机制。这两种接口是：自动化接口（Automation interface）、自定义接口（Custom interface）。自动化接口通常是为基于脚本编程语言而定义的标准接口，可以使用 Visual Basic、Delphi、PowerBuilder 等编程语言开发 OPC 服务器的客户应用，而自定义接口是专门为 C++等高级编程语言而制定的标准接口。OPC 服务器的访问接口在系统中的位置如图 7-3 所示。

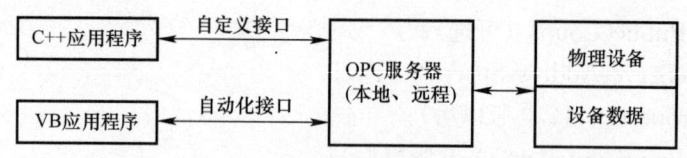

图 7-3　OPC 服务器的访问接口

OLE 自动化标准接口采用 OLE 自动化技术进行调用，其技术为 OLE 自动化技术。OLE 自动化标准接口定义了以下三层接口，依次呈包含关系。

OPC Server：OPC 启动服务器，获得其他对象和服务的起始类，并用于返回 OPC Group 类对象。

OPC Group：存储由若干 OPC Item 组成的 Group 信息，并用于返回 OPC Item 类对象。

OPC Item：存储具体 Item 的定义、数据值、状态值等信息。

OPC 服务器对象提供了对数据源进行存取（读/写）或通信的方法，而数据源可以是现场的 I/O 设备，也可以是其他的应用程序。通过接口，OPC 客户应用程序可以同时连到由一个或多个厂商提供的 OPC 服务器上。OPC 服务器封装了与 I/O 控制设备进行通信和访问数据的类型与名字及进行设备操作的代码。

应用程序作为 OPC 中的客户端方，硬件驱动程序作为 OPC 接口中的服务器。每一个 OPC 客户端应用程序都可以接若干个 OPC 服务器，即每一个硬件驱动程序可以为若干个应用程序提供数据，例如：组态软件 iFix 驱动中的 7.x 系列驱动其实都是 OPC 服务器。

由于 OPC 规范基于 OLE/COM 技术，同时 OLE/COM 的扩展远程 OLE 自动化与 DCOM 技术支持 TCP/IP 等多种网络协议，因此可以将 OPC 客户、服务器在物理上分开，分布于网络不同节点上。

OPC 规范可以应用在许多应用程序中，如它们可以应用于从 SCADA 或者 DCS 系统的物理设备中获取原始数据的最底层，它们同样可以应用于从 SCADA 或者 DCS 系统中获取数据到应用程序中。如图 7-4 所示。实际上，OPC 设计的目的就是从网络上某节点获取数据。

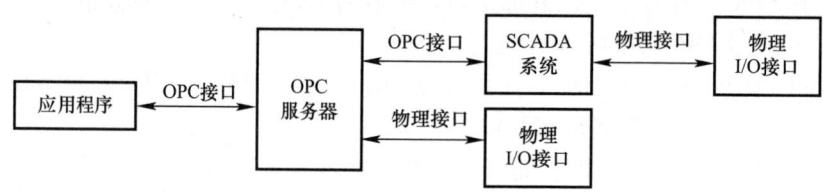

图 7-4　OPC 应用在系统中的位置

用 OPC 规范设计系统的好处是：

（1）OPC 规范以 OLE/DCOM 为技术基础，而 OLE/DCOM 支持 TCP/IP 等网络协议，因此可以将各个子系统从物理上分开，分布于网络的不同节点上。

（2）OPC 按照面向对象的原则，将一个应用程序（OPC 服务器）作为一个对象封装起来，只将接口方法暴露在外面，客户以统一的方式去调用这个方法，从而保证软件对客户的透明性，使得用户完全从低层的开发中脱离出来。

（3）OPC 实现了远程调用，使得应用程序的分布与系统硬件的分布无关，便于系统硬件配置以及使得系统的应用范围更广。

（4）采用 OPC 规范，便于系统的组态化，将系统复杂性大大简化，可以大大缩短软件开发周期，提高软件运行的可靠性和稳定性，便于系统的升级与维护。

（5）OPC 规范了接口函数，不管现场设备以何种形式存在，客户都以统一的方式去访问，从而实现系统的开放性，易于实现与其他系统的接口。

3. DCOM 基础及配置

COM 是 Component Object Model 的缩写，是所有 OLE 机制的基础。COM 是一种为了实现与编程语言无关的对象而制定的标准，该标准将 Windows 下的对象定义为独立单元，可不受程序限制地访问这些单元。这种标准可以使两个应用程序通过对象化接口通信，而不需要知道对方是如何创建的，例如，用户可以使用 C++语言创建一个 Windows 对象，它支持一个接口，通过该接口，用户可以访问该对象提供的各种功能，用户可以使用 Visual Basic，C，Pascal，Smalltalk 或其他语言编写对象访问程序。在 Windows NT4.0 操作系统下，COM 规范扩展到可访问本机以外的其他对象，一个应用程序所使用的对象可分布在网络上，COM 的这个扩展被称为 DCOM（Distributed COM）。

通过 DCOM 技术和 OPC 标准，完全可以创建一个开放的、可互操作的控制系统软件。OPC 采用客户/服务器模式，把开发访问接口的任务放在硬件生产厂家或第三方厂家，以 OPC 服务器的形式提供给用户，解决了软、硬件厂商的矛盾，完成了系统的集成，提高了系统的开放性和可互操作性。

在运行 OPC 服务器客户端程序前，需要对 OPC 所在的服务器和客户端进行 DCOM 配置，否则就算服务器端和客户端程序都没有问题，系统也无法进行通信。这是 OPC 系统集成工程调试中必经的环节。下面以 Windows NT 操作系统为例说明 Windows 操作系统中 DCOM 的配置方法。步骤如下。

（1）运行 DCOMCNFG 进入 DCOM 配置程序，见图 7-5。

（2）进入 DCOM 配置界面，见图 7-6。

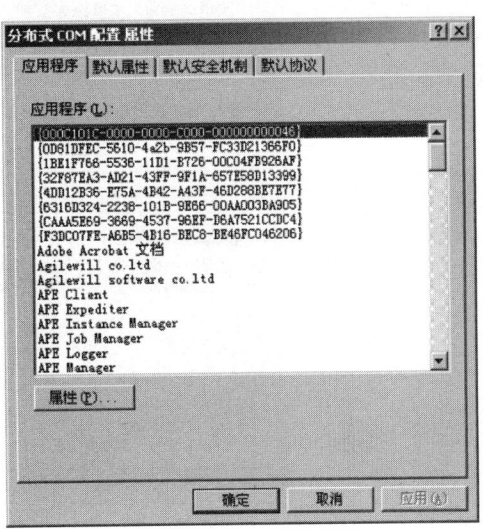

图 7-5　DCOM 配置图 1　　　　　　图 7-6　DCOM 配置图 2

（3）设置默认属性为以下设置，见图 7-7。

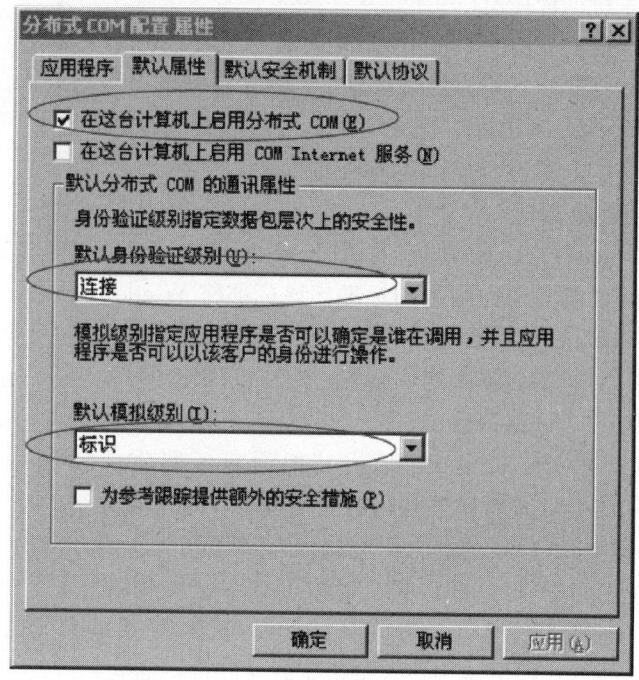

图 7-7　DCOM 配置图 3

（4）设置默认安全机制。

分别点击默认访问权限和默认启动权限的"编辑默认值……"按钮，进入编辑默认值界面，见图 7-8。

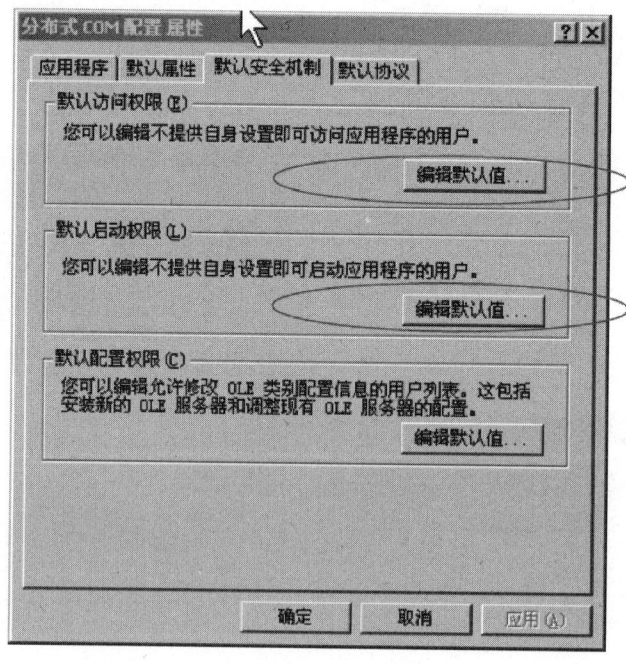

图 7-8　DCOM 配置图 4

（5）设置默认访问权限如下，即加入 Everyone 允许访问，见图 7-9。

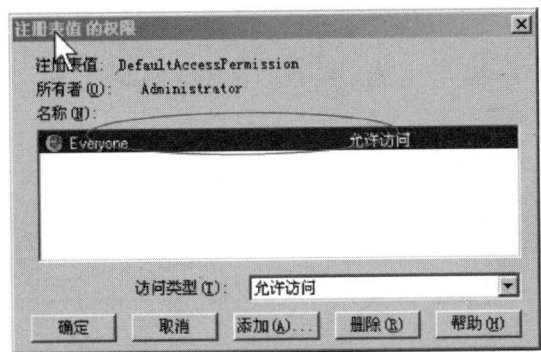

图 7-9　DCOM 配置图 5

（6）设置默认启动权限如下，即加入 Everyone，允许调用，见图 7-10。

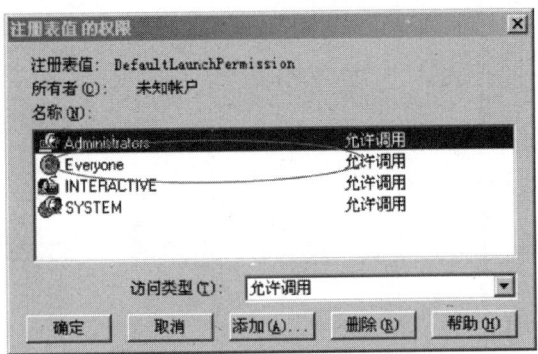

图 7-10　DCOM 配置图 6

（7）设置引用程序 OpcEnum 属性，见图 7-11。

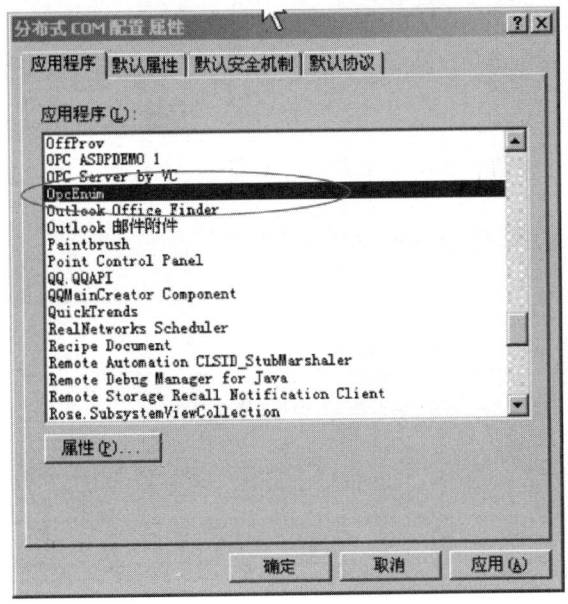

图 7-11　DCOM 配置图 7

（8）常规设置见图7-12。

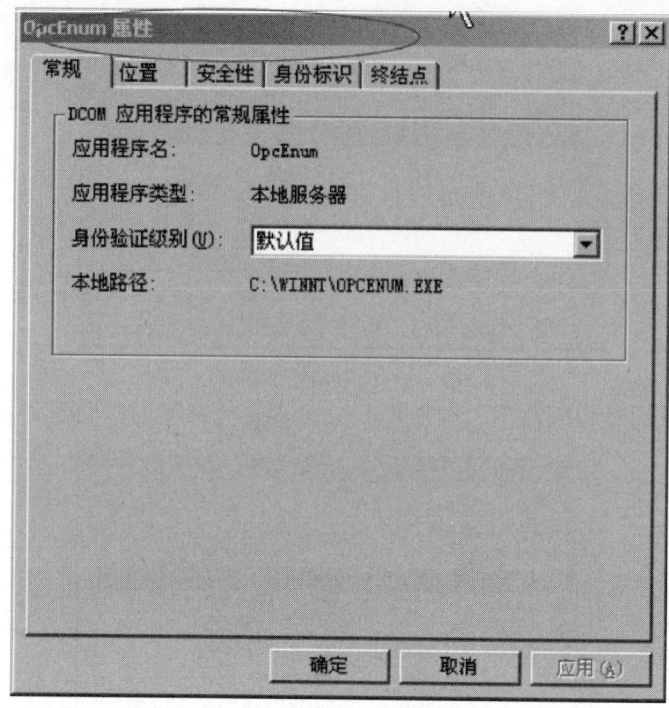

图 7-12　DCOM 配置图 8

（9）安全性设置见图 7-13。

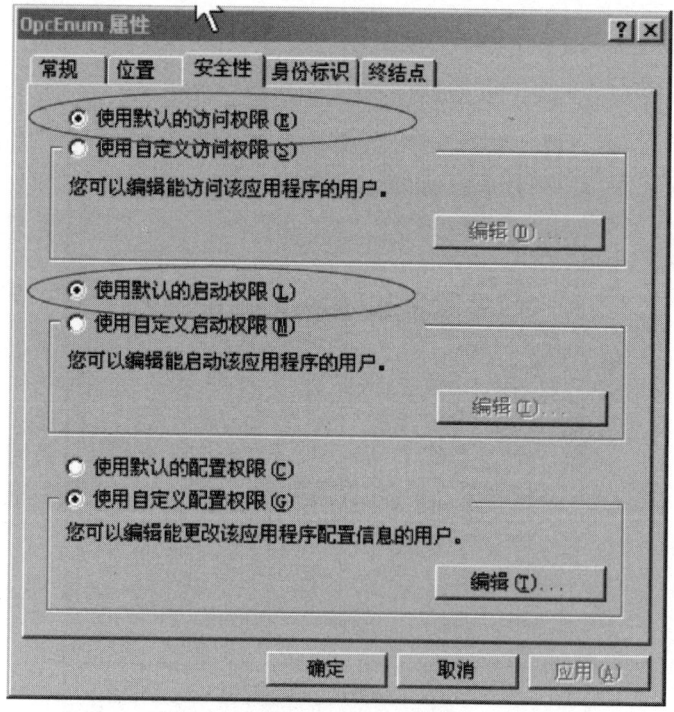

图 7-13　DCOM 配置图 9

（10）身份标识设置见图 7-14。

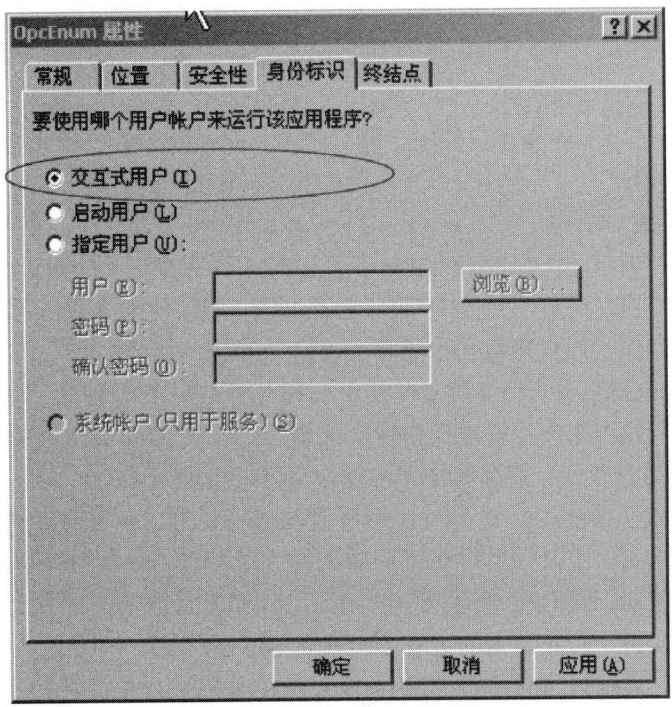

图 7-14 DCOM 配置图 10

（11）然后设置 OPC 服务器程序，实际应用过程中服务器的注册信息是不同的，本例的 OPC 服务器为 Boyi co. ltd（本机上已安装该服务器并运行，系统可自动找到并显示在此处），其设置与 OpcEnum 相同（图 7-15）。

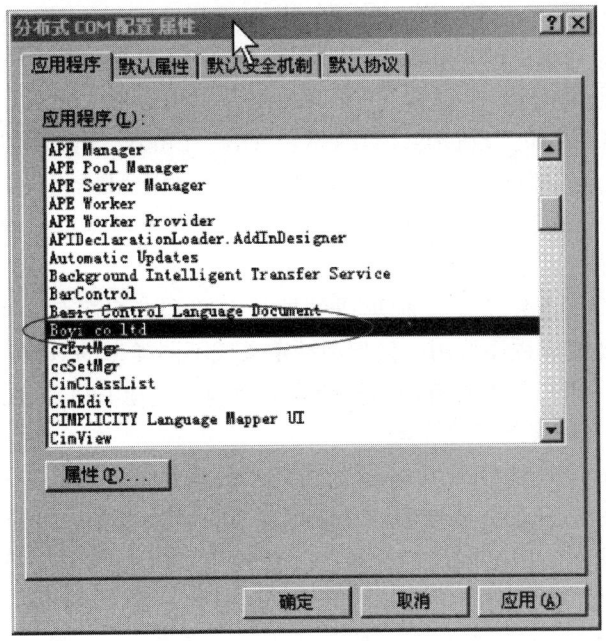

图 7-15 DCOM 配置图 11

（12）客户端设置默认安全设置，设置同服务器（4）、（5）、（6）步骤。

（13）客户端登录的用户必须是服务器中合法的用户，例如在服务其中包括 aaaa 用户，客户端可以以 aaaa 用户登录而且密码与服务器中 aaaa 用户的密码相同就可以访问服务器了。

（14）如果经过以上各步还有问题，那么让客户端和服务器以相同用户名和口令登录，就应该可以正确连接。

4. OPC UA 统一架构

通过因特网和通过防火墙的标准化通信。OPC UA 使用一种优化的基于 TCP 的二进制协议完成数据交换，另外支持 Web 服务和 HTTP。现在允许在防火墙中打开一个端口，集成的安保机制确保了通过因特网也能安全通信。

防止非授权的数据访问。OPC UA 技术使用一种成熟安保理念，防止非授权访问和过程数据损坏，以及由于不小心地操作带来的错误。OPC UA 安保理念基于 World Wide Web 标准，通过用户鉴权、签名和加密传输等项目来实现。

数据安全性和可靠性。OPC UA 使用可靠的通信机制、可配置的超时、自动错误检查和自动恢复等机制，定义一种可靠坚固的架构。对 OPC UA 客户机与服务器之间的物理连接可以进行监视，随时发现通信中的问题。OPC UA 具有冗余特性，可以在服务器和客户机应用中实施，防止数据的丢失，实现高可用性系统。

在简化接口方面进行了很多改进。OPC UA 在所有平台上的通信更快速、更安全和更灵活。

平台独立和可伸缩性。由于使用了基于面向服务的技术，OPC UA 具有平台独立的属性，可以实施全新的、节省成本的自动化理念。嵌入式现场设备、过程控制系统（DCS）、可编程逻辑控制器（PLC）、网关或者操作员面板（HMI）可以依靠 OPC UA 服务器，直接连到操作系统，诸如嵌入的 Windows、Linux、VxWorks、QNX、RTOS 或者其他系统。使用一台独立的 Windows PC 用作 OPC 服务器，提供对非 Windows 设备数据访问的模式今天已经淘汰。当然，OPC UA 组件也可以在 Unix 操作系统的信息技术（IT）系统中使用，诸如：Solaris、HPUX、AIX、Linux 等，可以是企业资源计划（ERP）系统，可以是生产计划（MES）和监控软件（SCADA），还可以是电子商务应用。OPC UA 的组件功能是可以是伸缩的：小到一个嵌入式设备的瘦应用，大到公司级别大型计算机的数据管理系统。

简单一致。OPC UA 定义了一种集成的地址空间和信息模型，可以显示过程数据、报警、历史数据以及完成程序调用。信息项被定义成不同类型的对象，彼此之间可以建立关系。在此基础上，OPC UA 支持使用复杂数据结构。这使 OPC UA 可以完整地描述复杂过程和系统。

对传统的三种不同类型 OPC 服务器的访问。数据访问（DA）、报警和事件（AE）、历史数据访问（HDA）比如，要获得一个温度传感器的当前值、一个高温度事件和温度的历史平均值，要依次使用不同的命令执行。而使用 OPC UA，仅用一个组件就非常容易地完成了。配置和工程的时间也因此可以大大缩短。

性能强劲。通过自身的不断发展，依靠基于 TCP UA 二进制协议，使用高效的数据编码，OPC UA 提供了非常高效的数据传输，满足了更高性能的要求。

更多的应用选项。OPC UA 技术的广泛适用性使全新的垂直集成理念能够完全实施。对 OPC UA 组件进行串级，从车间现场设备到制造执行系统（MES）或企业资源计划（ERP）系统，信息能够安全和可靠地传输。在现场设备级的嵌入式 UA 服务器，在自动化级的 UA 组件，在企业级 ERP 系统中集成的 UA 客户机，可以进行串级连接。各自的 UA 组件可以在地理上是分布的，而且容易使用防火墙让彼此分开。

为把这种信息模型作为一种推广的技术，OPC UA 与其他标准化组织合作，希望把 UA 服务提供给各行各业使用。目前，OPC 基金会已经与不同的标准化组织进行了合作，诸如：PLC 开放组织（PLCopen）、国际自动化协会（ISA）和电子设备描述语言（EDDL）合作团队（ECT）建立合作标准。

OPC UA 将在一个比较长的时期里替换传统的 OPC。在这个过渡期中，基于 DCOM 的 OPC 产品会与 UA 产品共存。OPC 基金会的迁移战略可以让传统的 OPC 和 OPC UA 产品很好结合。用这种方式，已经安装使用的几百万套、上千种传统的 OPC 产品可以与新的 OPC UA 产品共同使用。这为用户提供了优势，因为他们能够从不同的制造商—传统的 OPC 和 OPC UA 厂家，选用任何需要的产品。

7.1.2　OPC 集成网关开发

在使用 OPC 作为系统集成接口的工程中，如果客户端和服务器端都提供 OPC 标准协议，且具体规范可以兼容和互通，则无需再开发 OPC 客户端或服务器端的源程序，可以通过在软件中配置相关参数直接实现 OPC 数据交换。这是一种比较理想的做法，即不开发只配置调试，前提是通信双方的 OPC 标准必须兼容。另外一种也是相对比较复杂的应用情况是：OPC 通信双方的具体协议不兼容或某一方根本没有提供 OPC 接口。这就需要借助 OPC 提供的访问接口另外开发符合 OPC 规范的客户端或服务器端例程。下面结合实例重点介绍 OPC 网关的设计与开发。

1. 集成任务

本例利用 OPC 进行系统集成的任务是：将配备有 OPC 服务器的西门子安防子系统集成到 EBI 中央管理平台。但由于西门子安防子系统采用的是 OPC A&E 协议，EBI 并不支持该协议，所以系统无法通过配置而连通，只能另外再开发网关程序。

在该集成化系统中，安防子系统采集不同楼层不同区域的点共计 136 点。实际上，安防系统的控制箱内共安装 10 个 NT190 模块，输出点一共 160 个，现在只用到 136 点，这 136 点当中 48 点为预留，即无动作。表 7-1 设计出各点的分布信息。

安防子系统点位设计表　　　　　　　　　　　　　　　　表 7-1

序号	区域	定动点	摄像机编号	类型	具体位置	门禁	防盗	输出点编号
安防监控系统点位表								
NO. 001	一层H区	定点	1HCCD1	彩色	比赛接待厅入口 1	RD2.6；RD2.5		1
NO. 002			1HCCD2	彩色	比赛接待厅出口	RS1.2		2
NO. 003			1HCCD3	彩色	比赛接待厅入口 2	RD2.4；RD2.3		3
NO. 004			1HCCD4	彩色	电梯厅入口、楼梯间、UPS	RD2.1；RD2.2		4
NO. 005			1HCCD5	彩色	电梯厅			5
NO. 006			1HCCD6	彩色	外通道门	RD3.1；RD3.2		6
NO. 007			1HCCD7	彩色	内通道入口	RD3.3	IR1/1/8	7

<table>
<tr><td colspan="10" align="center">安防监控系统点位表</td></tr>
<tr><td>序号</td><td>区域</td><td>定动点</td><td>摄像机编号</td><td>类型</td><td>具体位置</td><td>门禁</td><td>防盗</td><td colspan="2">输出点编号</td></tr>
<tr><td>NO. 008</td><td rowspan="3">一层
H 区</td><td rowspan="3">定点</td><td>1HCCD8</td><td>彩色</td><td>记者接待厅外入口</td><td>RS1. 4</td><td>IR1/1/9</td><td colspan="2">8</td></tr>
<tr><td>NO. 009</td><td>1HCCD9</td><td>彩色</td><td>外通道进入记者接待厅</td><td>RD3. 6</td><td></td><td colspan="2">9</td></tr>
<tr><td>NO. 010</td><td>1HCCD10</td><td>彩色</td><td>内通道</td><td></td><td>IR1/1/6</td><td colspan="2">10</td></tr>
<tr><td>NO. 011</td><td rowspan="2">一层
C 区</td><td rowspan="2">定点</td><td>1CCCD1</td><td>黑白</td><td>弱电中控室入口</td><td>RD3.7；RS1. 6</td><td></td><td colspan="2">11</td></tr>
<tr><td>NO. 012</td><td>1CCCD2</td><td>黑白</td><td>内通道</td><td></td><td>IR1/1/14</td><td colspan="2">12</td></tr>
<tr><td colspan="10" align="center">⋮</td></tr>
<tr><td>NO. 136</td><td></td><td>定点</td><td>CCD6</td><td>电梯黑白</td><td>电梯轿厢</td><td></td><td></td><td colspan="2">136</td></tr>
</table>

安防子系统采集的信号共有两大类：一类是门禁系统报警和事件信息；一类是防盗系统报警和事件信息。由西门子 Advantage 安防系统 OPC 服务器统一采集这些信息，然后通过开发的网关程序将信息写入 EBI 实时数据库。

对于各种子系统，根据其向公共数据库传送资料的积极性可以分为主动子系统、被动子系统和休眠子系统。主动子系统需要将设备的实时监测数据连续不断地送往公共数据库，它的积极性最高，如电梯监控系统。被动子系统是指当受到某种外部事件激励时，才向公共数据库更新数据，它的积极性最低，如门窗控制系统。休眠子系统在平时不更新公共数据库中的数据，只有在某种特殊情况下接替或取代其他子系统的工作时，即休眠子系统被激活以后，才主动或被动地更新公共数据库，转变成主动或被动子系统。休眠子系统通常作为某一子系统的备份系统或应急子系统使用，如备用发电系统、紧急照明系统等。本工程中的西门子安防子系统属于被动子系统。

2. 网关设计

西门子安防系统的管理平台 Advantage 能够从现场设备中实时地获取报警和事件信息，是一个支持 OPC Alarm and Event2. 0 （OPC A&E 2. 0）标准的 OPC 服务器。EBI 支持的是 OPC Data Access 2. 0 （OPC DA 2. 0）标准。实验证明虽然两者同为 OPC 标准，但却无法直接通过相关配置实现通信。采取何种措施才能实现从 OPC A&E Server （Advantage）到 OPC DA Client （EBI）的通信？其间的转化工作是比较困难的事情。仔细分析会发现，其实不必非要利用 EBI 的 OPC DA Client 接口功能，因为最终目的是要将安防系统 OPC A&E 服务器的数据写入 EBI 实时数据库。基于此，想到开发下述网关 GatewayES，中间的转换过程由该网关来完成，网关的设计如图 7-16 所示。

在上述网关的设计中，比较值得注意的是内存映射文件的使用。内存映射文件是单个计算机上的多个进程互相进行通信的最有效的方法，它可以使多个进程能够相互之间共享数据。

使用内存映射文件必须执行下列操作步骤：

（1）创建或打开一个文件内核对象，该对象用于标识磁盘上想用作内存映射文件的文件。调用 CreateFile 函数来完成这项任务，可将文件映射的物理存储器的位置告诉操作系统。

（2）创建一个文件映射内核对象，告诉系统该文件的大小和用户如何访问该文件。调用 CreateFileMapping 函数来实现。

（3）让系统将文件映射对象的全部或一部分映射到你的进程地址空间中。调用 MapViewOf-File 函数来实现。

（4）从进程的地址空间中撤销文件数据的映像。这是在完成内存映射文件的使用后进行的操作。通过调用下面的函数将其释放：BOOL Un-mapViewOfFile（PVOID pvBaseAddress）。

（5）关闭文件映射内核对象，关闭文件内核对象。如果忘记关闭，进程继续运行时将会出现资源泄漏问题。调用两次 CloseHandle 函数来实现。

3. 网关开发与实现

一方面，需要开发 OPC A&E 客户端进程（进程1），根据 OPC 基金会公布的通用接口（用户接口），用 C++访问 OPC 服务器只要通过这个接口就可以。另外这个客户端进程还要将访问到的数据加入内存共享文件中队列的尾部，实现方法是：先通过 OpenFileMapping 函数打开内存映射文件，再通过 CAlarmQueue：：AddAlarm（lpAlarmInfo alarm）函数将从 OPC 服务器获取的报警和事件信息拷贝到报警结构体 alarm 中，然后将此结构体通过 memcpy 函数添加进缓冲队

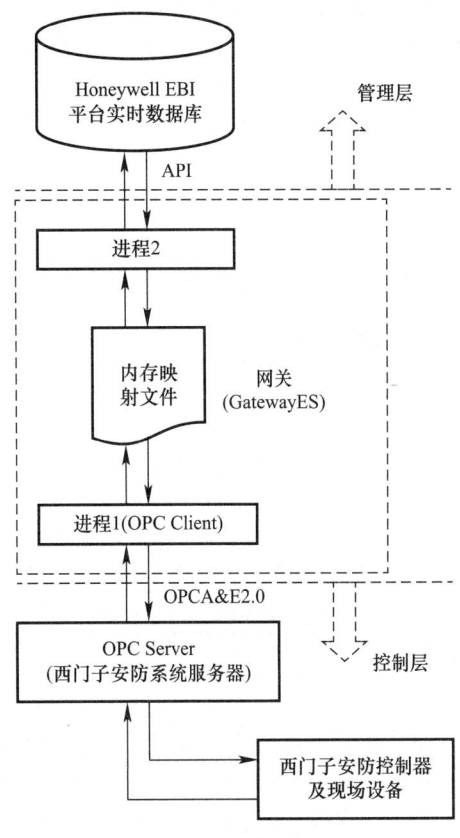

图 7-16　OPC 网关解决方案图

列尾部。另一方面，进程 2 通过 CreateFileMapping 函数创建一个内存映射文件，创建时规定了文件视图的保护模式、文件映射对象的大小及名称。进程 2 还需要通过 GetAlarm（lpAlarmInfo alarm）函数从队列的头部不断地取走报警结构体信息并通过 API 函数将其写入 EBI 数据库中。为了使并行的各进程内的线程的执行协调一致，定义了跨进程的线程同步对象——互斥量 hMutex。

（1）进程的流程图

进程 1 的流程图如图 7-17 所示，进程 2 的流程图如图 7-18 所示。

需要特别强调指出的地方有两个：一是线程同步问题，二是进程间数据共享问题。

1）线程同步

进程 1 和进程 2 共享同一资源——内存映射文件，而彼此又具有相对独立性，按照各自独立的不可预知的速度并行向前运行，由随机的报警和事件信息激活。为了使两个任务中的线程协同工作，有目的地执行并完成整体功能，需要解决线程同步问题。这里选用了可以跨进程使用的互斥量作为同步对象。如果互斥量正在被某个线程使用则为无信号状态，被释放后则为有信号状态。线程调用 WaitForSingleObject（hMutex，INFINITE）函数来获取互斥量的使用权。该函数被调用后，就一直在等待互斥量对象变为有信号状态，一旦等待成功即返回值为 WAIT_OBJECT_0 时，互斥量就被置为无信号状态，这样其他线程就不能获得对该互斥量的使用权而需继续等

待。该网关中，为了防止两个线程共同操作共享文件资源时发生冲突就使用了互斥量对象，由于互斥量对象的控制作用，线程 1 向队尾追加结构体信息时线程 2 暂时被挂起直到此次追加完成；类似地，线程 2 从队头截取信息时线程 1 暂时被挂起直到此次截取完成。

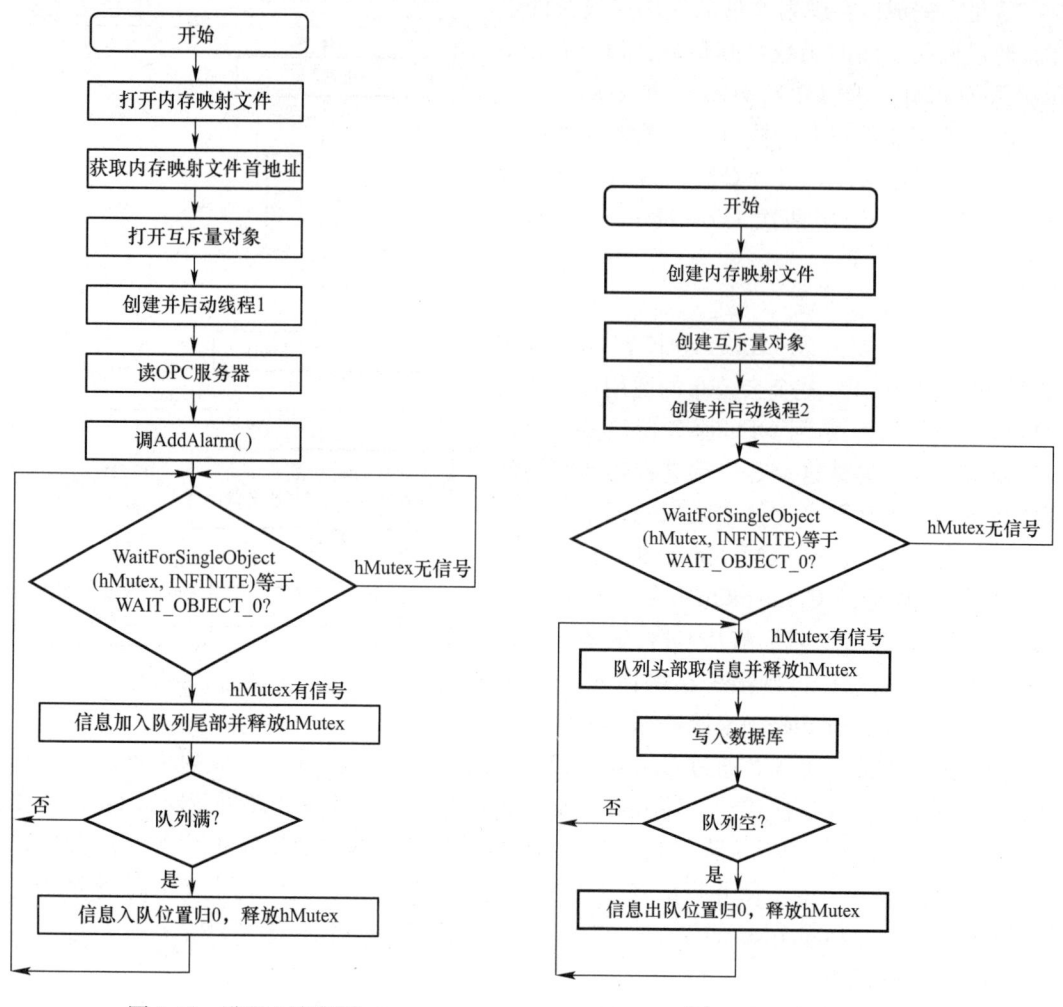

图 7-17　进程 1 流程图　　　　　　　　图 7-18　进程 2 流程图

2）进程间数据共享

该网关中使用的文件映射（File Mapping）法是 Win32 系统提供的进程间共享内存的方法之一。内存映射文件的主要工作原理是：先保留一段虚拟内存地址空间，将磁盘文件内容提交给这段空间，然后只需要一个指向该区域的指针即可访问文件内容。

在进程 2 中用 CreateFileMapping 函数来创建内存映射文件：

```
hFileMap= CreateFileMapping (
(HANDLE) 0xFFFFFFFF, NULL, PAGE_READWRITE, 0,
wInfoNumber* wInfoSize+ sizeof (CAlarmControl), chMQName);
```

该函数返回文件句柄 hFileMap，作为 MapViewOfFile 函数的第一个参数。

MapViewOfFile 函数用来将文件视图映射到进程的地址空间：

pControl＝（CAlarmControl*）MapViewOfFile（hFileMap，FILE_MAP_ALL_AC-CESS，0，0，0）；

该函数返回视图的起始地址。pControl 的声明如下：CAlarmControl* pControl；而 CAlarmControl 是这样一个用来控制队列的类：

```
    class CAlarmControl {
public:
        WORD wPos;
        WORD wMaxNumber; //队列最大报警消息数目
        WORD wCurrentNumber; //当前队列中存在的报警消息数
        WORD wInfoSize; //消息长度
        WORD wNextSlot; //下次要入队的位置
        WORD wNextUse; //下次要出队的位置
};
```

通过 pControl 调用这个类的诸元素就能实现对内存映射文件中队列的控制。

进程 1 使用内存映射文件的方法与进程 2 类似，只是需用 OpenFileMapping 函数来替代 CreateFileMapping 函数而已，故不再赘述。

（2）数据获取及处理过程

进程 2 用线程函数 CommThread 来完成报警和事件数据的获取，并将其写入 EBI 数据库。该函数的实现源码如下：

```
UINT CSOpcAEReceiveDlg:: CommThread (LPVOID pParam)
{
  BOOL                bResult= TRUE;
  int                 iRetFlag= 0;
  AlarmInfo           aPoiInfo;
  CAlarmQueue         *pAlarmQue;
  CSOpcAEReceiveDlg   *recdlg=（CSOpcAEReceiveDlg*）pParam;
  recdlg-> m_bThreadAlive= TRUE;
  pAlarmQue= recdlg-> pAlarmQue;
  if (c_gbload()== -1)
    {
        return-1;
    }
for (;;)      //无限循环，当该线程为 alive 时该循环一直进行。
{
  bResult= pAlarmQue-> GetAlarm (&aPoiInfo);
  sleep (1000); //使线程暂时挂起 1 秒。
  if (bResult)
```

```
        {
            int i;
            PNTNUM point;
            PRMNUM param;
            PARvalue value;
            uint2 type;
            int nLength= 0;
            CString szSourcenew;
            szSourcenew= CString (aPoiInfo. szSource);
            //原始点名的三种类型：
            //B31. 09. 16. 48 IR2/2/16; RD 16. 5 OUT JLM D/F; 16. 13. 0 RS. 1. 22 D/F
            int index= szSourcenew. Replace (" /"," -"); //替换" /" 成" -"
            int index1= szSourcenew. Replace (" "," -"); //替换" " 成" -"
            int index2= szSourcenew. Replace (" ."," -"); //替换" ." 成" -"
            if (szSourcenew. Left (1) == 'B')          //B31. 09. 16. 48 IR2/
2/16类型
            {
                int nLength= szSourcenew. GetLength ();
                szSourcenew= szSourcenew. Right (nLength-13);
            }            //转成 IR2-2-16（QuickBuilder 中定义）
            nLength= szSourcenew. GetLength ();
            char* tmp= szSourcenew. GetBuffer (nLength);
            point= hsc_point_number (tmp); //点名也应从接收到的结构体
            中来。
                szSourcenew. ReleaseBuffer ();
                char ParamName [3] [16] = { {" bAlarm"}, {" szMessage"},
{" timestamp"}};
                char ParamValue [3] [128];
                //为 bAlarm 赋值, 写入库
                param= hsc_param_number (point, ParamName [0]);
                value. int2= (WORD) aPoiInfo. bAlarm;
                type= DT_INT2;
                //返回-1, 写入失败; 否则成功。
                if (hsc_param_value_put (point, param, 0, &value,
&type) == 0)
                    c_logmsg (" SAOPC"," param_value_put call",
                        " Point. PV was written and controlled success-
                fully");
                else
```

```
            c_logmsg (" SAOPC"," param_value_put call",
                    " Unable to write and/or control Point.PV, er-
        rno= %x", errno);
            //为 PV 赋值
            param= hsc_param_number (point," PV");
            value.int2= (WORD) aPoiInfo.bAlarm;
            type= DT_INT2;
            if (hsc_param_value_put (point, param, 0, &value,
        &type) == 0)
                c_logmsg (" SAOPC"," param_value_put call",
                    " Point.PV was written and controlled success-
        fully");
            else
                c_logmsg (" SAOPC"," param_value_put call"," Unable
                to write and/or control Point.PV, errno = % x", er-
                rno);
            //为其他参数赋值，写入库
            strcpy (ParamValue [1], aPoiInfo.szMessage);
            CTime timestamp= CTime:: CTime (aPoiInfo.timestamp);
    strcpy (ParamValue [2], timestamp.Format ("% Y-% m-% d   % H:% M:% S \
0"));
        for (i= 1; i< 3; i+ + )
    {
            param= hsc_param_number (point, ParamName [i]);
            strcpy (value.text, ParamValue [i]);
            type= DT_CHAR;
            if (hsc_param_value_put (point, param, 0, &value, &type) == 0)
            c_logmsg (" SAOPC"," param_value_put call",
            " SA.PV was written and controlled successfully");
            else
            c_logmsg (" SAOPC"," param_value_put call",
            " Unable to write and/or controlSA.PV, errno= % x", errno);
        }
        }
        else
        {
        ReleaseMutex (pAlarmQue-> hMutex);
        }
    } //end of for
```

```
}
S
```

（3）进程的启动

首先运行的是进程 2，在其 CSOpcAEReceiveDlg 类的 OnInitDialog（）函数中又调用 OnOK 函数，并在调用前使用 Windows 定时器函数 SetTimer 来定时 1 秒钟，这样可使 OnOK 的执行有足够时间。具体代码为：

```
BOOL CSOpcAEReceiveDlg:: OnInitDialog ()
{
    …
    SetTimer (1, 1000, NULL);
    OnOK ();
    …
}
```

OnOK 函数中实现了对进程 1 的启动，这样就通过启动进程 2 相继启动了两个进程。具体实现如下：

```
void CSOpcAEReceiveDlg:: OnOK ()
{
    STARTUPINFO                    si;
    PROCESS_INFORMATION            pi;
    ZeroMemory (&si, sizeof (si));
    ZeroMemory (&pi, sizeof (pi));
    si.cb= sizeof (si);
    si.dwFlags= STARTF_USESHOWWINDOW;
    si.wShowWindow= 1;
    CString strProcName= _T (" AlarmTrans.EXE");
    //定义字符串，将 CString 类型的字符串转换为 C 风格的字符串。
    LPTSTR strFileName= new TCHAR [strProcName.GetLength () + 1];
    _tcscpy (strFileName, strProcName);
    //打开名为 strFileName 的进程（应用程序），即进程 1 AlarmTrans.EXE。
    if (! CreateProcess (NULL, strFileName, NULL, NULL, FALSE,
    NORMAL_PRIORITY_CLASS | CREATE_NEW_CONSOLE, NULL, NULL, &si,
&pi))
    {
    delete strFileName;
//  return;
    }
    else
    {
    WaitForSingleObject (pi.hProcess, 1000);
```

```
    }
    StartMonitoring ();
}
```

运行结果如下：

在服务器上运行开发完成的两个进程，便可完成西门子安防系统信号的采集与集成工作。实时显示的报警和事件信息是通过上述网关 GatewayES 连接西门子 OPC A&E 服务器得到的。安防系统的监视分为两部分：闭路电视监视和门禁系统监视。

图 7-19 和图 7-20 是运行中的安防系统人机界面（HMI）图，用 Honeywell EBI 平台中的 Display Builder 软件开发，然后再嵌入到 EBI 平台中。可以看到：利用 EBI API 函数的灵活性不仅能得到点的状态值，还能得到字符串类型的报警发生时间、报警序号、报警描述等详细信息，这就更有利于全面分析监控结果。

图 7-19 是闭路电视监视界面图，图 7-20 是门禁系统监视界面图。

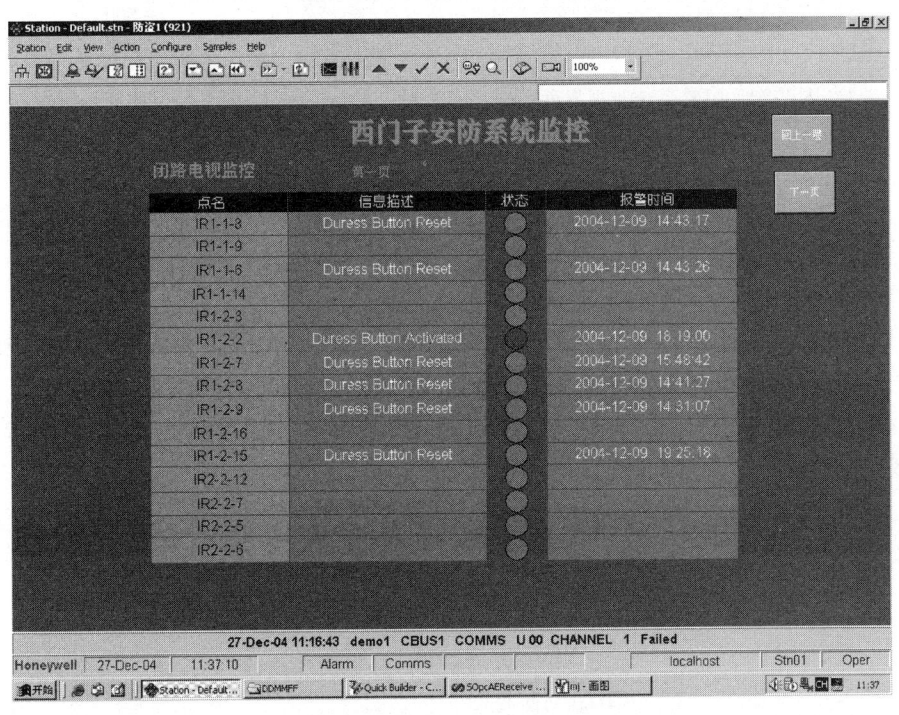

图 7-19　闭路电视监视界面图

为了观察监控系统的实时性，在 OPC 客户端进程的运行界面上加一个统计栏，这个统计栏显示的是当前队列中的消息个数与队列定义的最大消息个数之比。可以看到，当定义队列最大消息个数为 500 时，采样时刻队列中的消息个数大多情况下都是 1，最大时也不过是 4，这说明队列两端加减结点的速度几乎一致，实时性是很好的。另外，通过 1/500、2/500、3/500、4/500 等比例信息也可以看到队列确实起到了缓冲的作用，它使两个进程的处理速度稍不匹配时仍不丢失任何报警和事件信息。测试结果如图 7-21 所示。

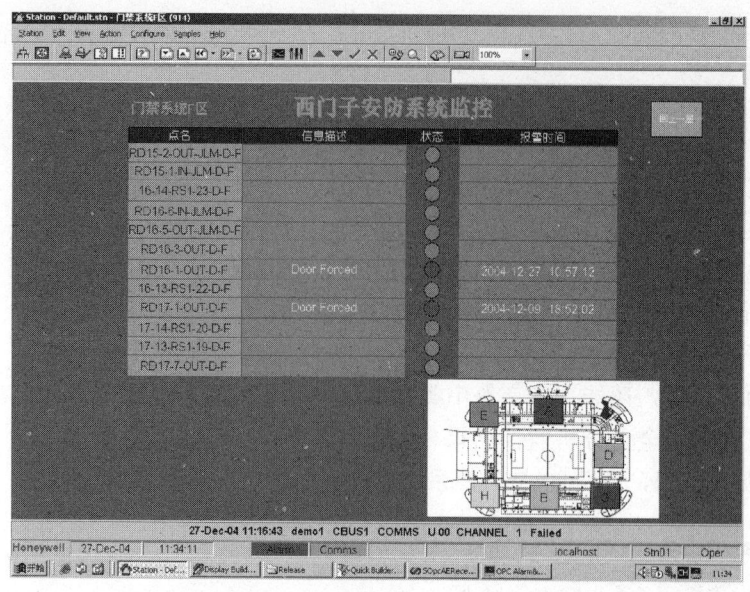

图 7-20　门禁系统监视界面图

Queue:current/max
1/500
1/500
1/500
2/500
3/500
4/500
1/500
1/500
1/500
1/500
2/500
3/500
4/500
1/500
1/500
1/500
1/500
2/500
3/500
4/500
1/500

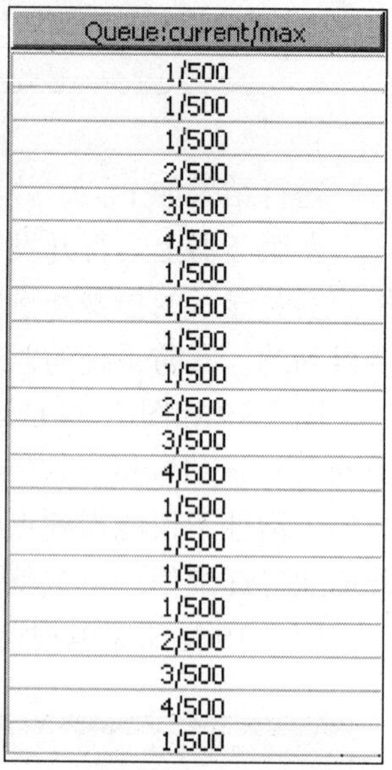

图 7-21　实时性测试图

7.2　API 网关的设计开发

7.2.1　设计思路

本节以某工程中西门子消防系统与 EBI 集成为例，说明基于 API 方法的集成网关设计与开发方法，这实际上也是开发了对消防子系统的设备驱动程序。

该工程消防系统采用西门子 CS11，CS11 的网络可根据实际情况组建为不同的形式，工程所构建的网络如图 7-22 所示。

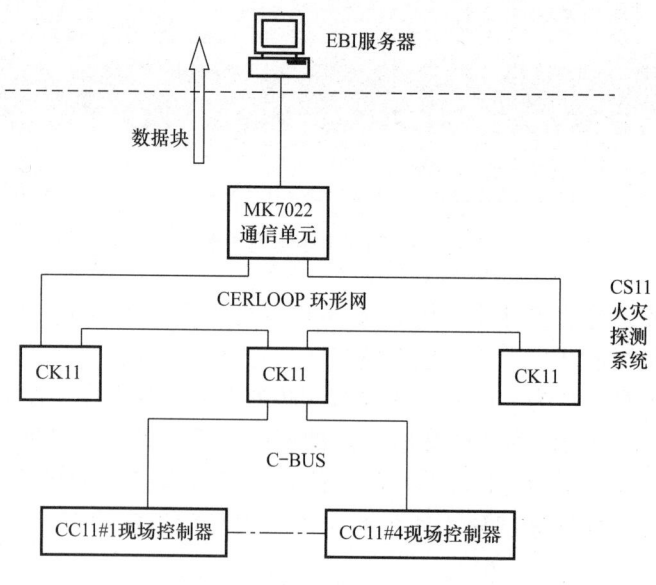

图 7-22　西门子消防系统结构图

CS11 与中央监控平台 EBI 之间的接口为 MK7022 通信单元，MK7022 通信单元是一个 CERBERUS DMS7000 网络和第三方远程系统之间的接口。在点对点的连接中，状态变化数据报（change-of-state telegrams）被传送到远程系统，命令数据报（command telegrams）被远程系统传送到 DMS7000 控制器单元。为了符合相互认可的约束条件，某些数据报是不能被传送的。传输协议遵循 ISO1745 标准，而 EBI 不支持该协议，如果要将西伯乐斯环型网 CERLOOP 与 EBI 连接起来，需要再开发一个软件网关，运行在 MK7022 和 EBI 之间。该网关主要实现：

（1）ISO1745 协议的转化。使火灾探测系统内发生的火警信息可传送到 BMS，进入 EBI 数据库；

（2）CS11 现场控制器中配置数据的读入，使 BMS 接收到的事件信息与它在控制器中的位置建立明确的对应关系。

要求：火灾探测系统和 BMS 之间是一种单向传输通信，即火灾探测系统向 BMS 发送有关事件的信息，但在 BMS 上禁止对火灾探测系统进行操作，如启动某个设备，关闭某个探测器等，这些操作在 DMS7000 上实现，即 EBI 对火灾探测子系统只监不控。

在分析 ISO1745 协议的基础上，有两种方法可以开发实现消防子系统网关：一种是利用人工智能 Agent 理论的思想开发一个运行在 EBI 和 MK7022 之间的 Agent，该 Agent 就作为消防子系统的网关使用，以"并行集成模式"将消防子系统集成进整个 BMS 中。另一种方法是开发一个消防子系统驱动 COM 组件，用 OPC Server 组件调用该组件来实现第二种模式下的系统集成。无论哪种模式实现的网关，其功能和目的都是一样的。

7.2.2　通信协议

OSI（开放系统互联）模型将开放系统的通信功能划分为 7 层：物理层、数据链路层、网络层、传输层、会话层、表示层、应用层。如果按照 7 层 OSI 参考模型，由于层间操作和转换复杂，网络的成本和软件的开销都很大。现场总线模型既要遵循开放系统集成的原则，又要考虑到满足实时性要求和工业控制网络的低成本，现场总线采用的通信模型大多在 OSI 参考模型的基础上进行了不同程度的简化，典型的现场总线通信协议模型采用 OSI 模型中的三个典型层：物理层、数据链路层、应用层，西门子消防系统现场总线的通信协议也是采用了这三个层。与系统实现紧密相关的是物理层和数据链路层协议，下面重点分析。

1. 物理层

物理层基本符合基于 CCITT V. 24.28 标准的 EIA RS232C 标准。

根据 V. 24 标准，用到的引脚信号只有：TD，RD，GND。

信号的范围符合 V. 28 标准：

逻辑 0：+3V——+15V；

逻辑 1：−3V——−15V；

数据传输速率：1200 或 2400Baud。

传输方式：异步串行、半双工。

数据格式：1 个启始位、7 个数据位、1 个校验位（偶校验）、2 个停止位。

2. 数据链路层

数据链路层协议是为了保证信息无差错地在 MK7022 和远程系统间传输而制定，遵循 ISO 1745 标准。该协议与接口软件的编写关系最大，故从以下几个方面重点分析。

（1）通信控制字

通信控制字的采用符合 ISO 646 标准。ISO 1745 协议所涉及的通信控制字见表 7-2。

ISO 1745 协议通信控制字 　　　　　　　　　　　表 7-2

名称	十六进制表示	功能
EOT	04	数据链路的重建；数据报传输的终止
ACK	06	确认
NAK	15	否认
ENQ	05	询问
SOH	01	序始
STX	02	文始
ETX	03	文终

（2）帧结构及数据块

该系统传输的数据帧共有两种：一种是线监测信息 UBL（line monitoring），另一种是数据块信息 UBT（data telegram）。帧结构分别见图 7-23 和图 7-24。

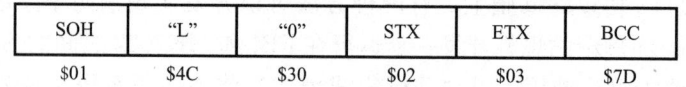

SOH	"L"	"0"	STX	ETX	BCC
$01	$4C	$30	$02	$03	$7D

图 7-23　UBL 结构示意图

SOH	"T"	"1"	STX	数据块	ETX	BCC
$01	$54	$31	$02	13个ASCII字符	$03	〈bcc〉

图 7-24　UBT 结构示意图

数据块是被传送的正文内容，由多个字符组成。数据块后面是组终字符 ETB 或文终字符 ETX，其中 ETB 用在正文很长，需要分成若干个分数据块，分别在不同帧中发送的场合，这时在每个分数据块后面用文终字符 ETX。此协议中 UBT 的每个数据块为 13 个 ACSII 字符，长度固定，正文部分在一帧中就可以发送完毕，所以数据块后使用的是 ETX 而非 ETB。

西门子消防系统中有 3 种类型的数据块：①消息数据块（Message telegram）；②命令数据块（Command telegram）；③时间数据块（Time Telegram）。当控制器中点的状态改变时 DMS7000 网络的 MK7022 通信接口单元便会发出消息数据块；当监控中心 EBI 想改变现场控制器的状态时便向 MK7022 发送命令数据块；当监控中心 EBI 想使控制器的日期与时间与自己同步时需向 MK7022 发送时间数据块。数据块的发送方向图示如图 7-25 所示。

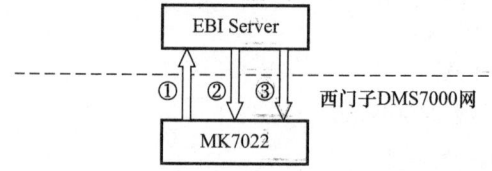

图 7-25　DMS7000 网与 EBI 信息交互示意图

数据块①和②的结构相同，与程序编写密切相关，故具体描述见表 7-3。

具体描述　　　　　　　　　　　　　　　　　　　　　　　　表 7-3

域 Sector	DMS 网络地址 DMS Addr			地址域 1 ADF1		地址域 2 ADF2		区分字符 Sep	数据块 A Data A		数据块 B Data B	
	i1	i2	i3	i4	i5	i6	i7	s	a1	a2	b1	b2
1 字节	3 字节			2 字节		2 字节		1 字节	2 字节		2 字节	

从控制器发出的点的所有信息都包含在一个数据块的 13 个字符中：域（Sector）段是用一个特定的字符来表示消防系统的一个域；DMS 网络地址（DMS Addr）是指统一编制的消防控制器硬件单元模块的地址，用 3 个字符来共同表示，不同的域可以有相同的DMS Addr；地址域 1 和地址域 2 共同组成 ADF1/2，用 4 个字节表示点在控制器模块中的唯一地址；区分字符 Sep 用 1 个字符区分数据块的类型，如"M"代表消息数据块，"R"代表命令数据块；数据块 A 表示点的类型，数据块 B 表示点的状态值，合并起来可用来判定一个点的当前值，即 PV。在程序中要对 13 个字符组成的数据块按照以上含义进行拆分，才能截取到所需的有意义信息，然后进行数据类型转换。

为解决通信"瓶颈"问题，MK7022 单元包含有数据缓冲区，其大小为：MK7022 发送数据块给远程系统时：100 个数据块大小；远程系统发送数据块给 MK7022 时：30 个数据块大小。

（3）块校验

块校验标准的制定符合 ISO1155。在此协议中，块校验的方法是：从序始字符 SOH后面一个字符开始到文终字符 ETX 结束，纵向计算所有字符的异或值，将这个值存入块的最后一个字符 BCC（the Bllock Check Character）中。例如消防系统发送一个数据块W111A109M8501，其 BCC 的计算如表 7-4 所示。

BCC 校验值计算表　　　　　　　　　　　　　　　　　　表 7-4

字符	十六进制	二进制	计算
SOH	01	0000 0001	—
"T"	54	0101 0100	—
"1"	31	0011 0001	XOR
STX	02	0000 0010	XOR
"W"	57	0101 0111	XOR
"1"	31	0011 0001	XOR
"1"	31	0011 0001	XOR
"1"	31	0011 0001	XOR
"A"	41	0100 0001	XOR
"1"	31	0011 0001	XOR
"0"	30	0011 0000	XOR
"9"	39	0011 1001	XOR
"M"	4D	0100 1101	XOR
"8"	38	0011 1000	XOR
"5"	35	0011 0101	XOR
"0"	30	0011 0000	XOR
"1"	31	0011 0001	XOR
ETX	03	0000 0011	XOR
<BCC>	3A	0011 1010	结果

（4）传输过程

该系统中，完成主、从系统间的通信不像 Modbus 等协议那样只是简单的问答，而是需要在严格的定时器、计数器的控制下分节拍地完成。通信过程如下：首先在 PHW 拍建立通信，然后进入 PHX 拍的线监测过程，通信双方互发线监测帧 UBL 直到 PH2 拍 EBI 平台发送数据块请求控制字 ENQ 才跳出这种循环，进入数据块收发过程 PH3 拍，进行实时数据的传输，传输完一帧 UBT 后又进入 PHX 线监测拍直到 MK7022 发送 ENQ 通知 EBI 要发送数据块……如此循环往复。值得注意的是其中的 PHX 拍线监测过程。在这个过程中，双方并无实际数据信息交换，只是交互一个固定的 UBL 帧，只是用来监测网络连接是否正常。这种做法不像一般系统那样在不发送实时数据时就进入等待、无通信状态。相关的概念与参数如表 7-5～表 7-7 所示。

通信节拍：

通信节拍表 表 7-5

节拍	意义	请求控制字	应答控制字
PHW	通信建立	EOT	ACK
PHX	线监测	UBL	UBL
PH2	请求数据块	ENQ	ACK，NAK
PH3	数据块传输	UBT	ACK，NAK
PH4	数据块传输结束	EOT	ACK，NAK，ENQ

通信定时：

通信定时器表 表 7-6

定时器	功能	定时长度（s）
TA1，TB1	响应监测（超时时间）	15
TA2，TB2	PHX 传输延时	0.25
TA3，TB3	PH2、PH3、PH4 传输延时	0
TW4	PHW 传输延时	1

通信计数器：

通信计数器表 表 7-7

计数器	功能	计数时间（s）
W3	PHW 以外的允许重复次数	3
W4	PHW 以内的允许重复次数	∞

在该系统中 MK7022 作为主（Master），EBI 平台作为从（Slave）。通信过程见图 7-26。

7.2.3 网关的开发与实现

1. BMS 多 Agent 系统

一直以来，控制系统不懈努力的目标是使系统具有更好的柔性和更高的自主性。柔性与传感技术的发展息息相关，高性能的传感器可以使控制对象适应环境变化的柔性得到很大提高，但事实情况是传感技术的局限性制约了控制系统柔性的改进。自主性提高的关键依赖于控制程序的自适应能力，怎样对控制程序加以改进就成为提高自主性的关键任务。

从本质上讲，柔性和自主性的概念是从不同的途径来要求系统趋向同一个目标的，殊途同归。研究了人工智能中的"分布式人工智能与 Agent"理论后发现，这是一种可以使以上两种努力目标得到合二为一、综合实现的解决方案。

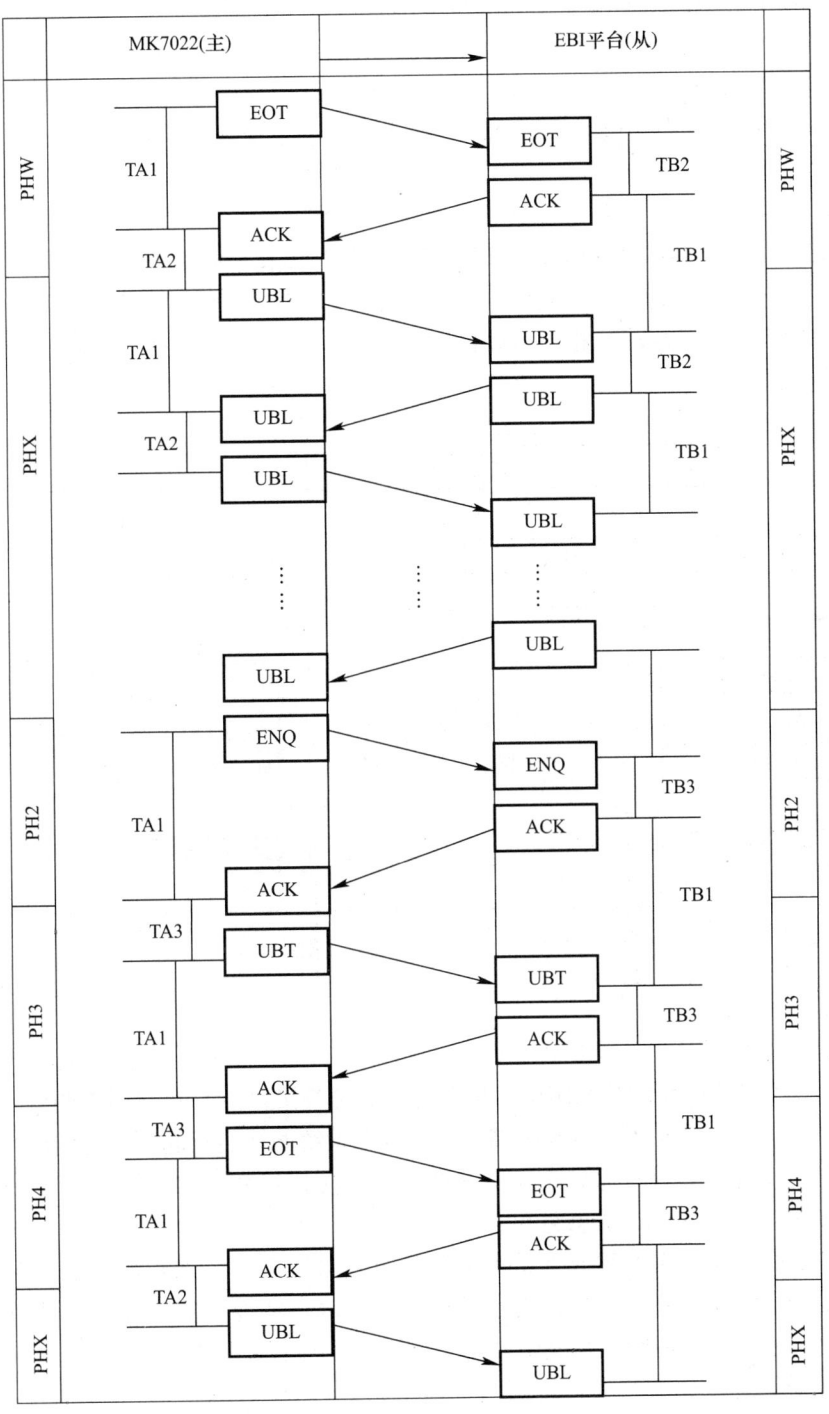

图 7-26　ISO 1745 协议通信节拍图

分布式人工智能（Distributed AI，简称 DAI）是分布式计算与人工智能结合的结果。DAI 系统以鲁棒性作为控制系统质量的标准，并且具有互操作性，即不同的异构系统在快速变化的环境中具有交换信息和协同工作的能力。DAI 中的智能并非独立的概念，只能在团体协作中实现，因而其主要研究问题是各 Agent 之间的合作与对话，包括分布式问题求解和多 Agent 系统（Multiagent System，简称 MAS）两个领域。

1997 年，MIT 人工智能实验室的 Brooks 教授曾在他的"智能居所工程（The Intelligent Room Project）"中提出了采用 Agent 技术的控制系统体系结构设计思想。整个软件按三层体系结构设计，最底层为实时交互层；中间层为基于多 Agent 的统一接口，这些 Agent 负责获取底层的输入并进行整理，然后再向上层输出整理结果；最上层为应用层。基于这种思想并综合 DAI 的观点，本课题认为建筑智能化控制系统是一个多 Agent 系统，控制级中的每一个子系统、协调级中的每一个接口以及中央管理平台等都可分别视作 Agent，它们构成了分级运转又相互关联的智能化系统。从 DAI 的角度求解出的建筑智能化控制系统见图 7-27。

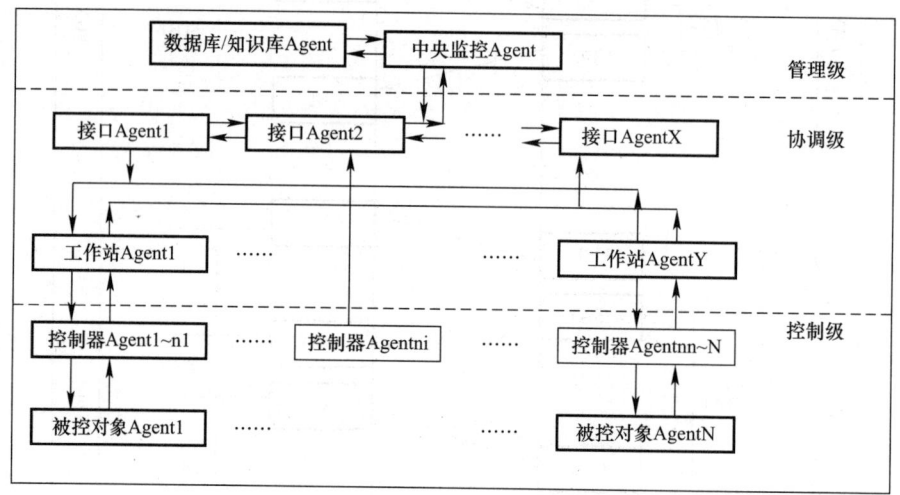

图 7-27　多 Agent 构成的 BMS 系统

2. 消防网关的设计

多 Agent 系统的研究目标是各 Agent 之间智能行为的协调，包括规划、知识、技术和动作的协调。在 MASBMS 系统中，位于协调级的各接口 Agent 起到协调纵向上、下两级的作用，同时又在横向上需相互协调，对于整个系统的智能化起到关键作用，同时也是在技术上有很大研究空间的部分所在。本课题以消防接口软件 Agent 的开发为例，探讨了开发一种接口软件 Agent 的思路和方法。

软件 Agent 经常用多线程或者是类 UNIX 过程来实现，区别软件 Agent 和普通程序的关键就是看它们和所处环境进行交互的能力。所以，在设计消防接口软件 Agent 时充分考虑了它所处的运行环境、系统位置及交互职责等因素。本课题中的系统要求消防接口软件 Agent 最终实现如下结果：将西门子消防系统（对于数据处理的实时性要求较高）纳入 Honeywell 的智能大厦监控平台。西门子消防系统通过一个通信接口单元 MK7022 与消防接口软件 Agent 进行信息交互，而 Agent 又与监控平台的实时数据库进行信息交换。另外，Agent 还必须完成与其他子系统的联动控制，例如当 Agent 监测到消防报警信号时应立即通知照明系统开启某些通道的灯光。Agent 必须很好地与相关模块（可从广义上也看作 Agent）进行协作才能充分体现其智能性。协作应当按照相应的策略和协议进行，通常有两种方式：黑板系统和消息对话系统。本书选择后者作为 Agent 的协调策略，各 Agent 使用标准的协议或特定信号互相交换信息。

Agent 主要包括以下功能模块：

（1）故障自动监测、诊断、恢复

在没有状态变化信息传送过来时一直保持巡回监测状态，通过判断硬件发送过来的特定信息判断各种故障类型并及时给出处理措施。

（2）位置匹配

自动搜索数据库中已经存储的系统配置信息，如点的名称、编号、地址等，和当前所处理点的信息进行比较后找到该点在库中对应的位置，为进一步处理做准备。

（3）协议解释

为了适应系统集成的需要，常常需要将第三方系统数据链路层所采用的协议进行破译和处理。协议解释模块就是为了解决这个问题而设计的，它为"数据格式转换"和"信息读/写"模块做准备。

（4）数据格式转换

将接收到的下层子系统的数据信息从数据报中还原出来并转换成上层数据库/知识库能够接受的格式。

（5）缓冲控制

为了使下层发送/接收数据的速度和上层接收/发送数据的速度达到有效匹配而设计的一种缓冲机制。

（6）信息读/写（与数据库交互功能）

将监测数据写入实时数据库，将控制信息读出数据库或知识库。

（7）数据过滤

将硬件发送的而集成不需要的数据通过软件过滤掉。

（8）与其他 Agent 通信

预留与系统中或系统外其他 Agent 通信的功能，以实现协同工作和控制。

Agent 协调性的实现规划见图 7-28。

图 7-28　消防接口软件 Agent 协调性的实现

3. 消防网关的实现

按照以上的设计构思及实际系统中央监控软件提供的可扩展函数类型，笔者选择面向对象编程语言 VC++及多线程技术来完成 Agent 的开发。根据实际情况，为软件 Agent 设计了两个工作者线程：线程 1 CommThread 从 MK7022 的串口读取信息，并完成从信息中判断故障、过滤掉多余信息、转换数据格式、写入实时数据库等一系列功能；线程2CommThread2 完成与其他子系统的交互、联动工作。两个线程都在主程序启动的同时相继启动，涉及对数据库的访问时，两者通过信号量进行同步。另外，应用程序（Agent）本身又作为主线程，与工作者线程之间通话。

配置文件是用户和应用程序之间的一个交互接口，通过配置文件，用户将自己个性化的要求配置进文件中，程序读取配置文件后将根据个性化需求进行相应的处理但不需要改变源程序。同样使用的是西门子 CS11 消防系统，不同的工程项目可能设置了不同的设备点地址；对于 EBI Quick Builder 组态工程来讲，点名称的定义更是因人因时而异。为了适应这种变化，使源程序在不需改动的情况下普遍适用，设计了如下的配置文件。该文件是一个 Excel 表格，十分容易使用，只要在规定的字段下填写具体的字段值即可完成文件配置。这个表格中的"DevAddrName"字段代表消防系统设备点地址，由消防系统工程师统一配置、设定；表格中的"EBIPointID"字段代表 EBI Quick Builder 组态工程中定义的点名称。这两个字段的值按表格行呈一一对应关系，它们之间的这种约束关系靠关系型表格来实现。

程序中使用智能指针访问数据库的方法来访问 Excel 文件，从而导入以上表格。打开存于硬盘上的 Excel 表格并读取其中"DevAddrName"和"EBIPointID"字段的值，分别存入事先定义好的缓冲区数组 SFIRPOIADDR ［ ］和 SFIRPOINAME ［ ］中，为下一步的处理做好准备。

在消息响应函数 OnCommunication 中集中体现了对 ISO1745 协议的处理，用 switch 语句对协议所规定的节拍进行分情况处理，经过反复的实验及现场测试，将程序修改到最适于现场运行的程度。

开发完成的软件 Agent 具有自诊断、自适应、自协调的特点，作为服务程序嵌入智能大厦的中央监控平台，服务设置为"自动启动"方式，这就可以使 Agent 程序在服务器一启动时就开始自动运行，不需人为的干涉。

现实表明，传统的控制方法已经越来越无法满足人们对智能化的更高需求，Agent 技术的引入已成为必然。国内，这方面的工作还刚刚开始，基本上处在讨论、预研阶段。在国外，一些科研机构已经在这方面开展了一些研究工作，如英国艾塞克斯大学的 Victor Callaghan 等人提出了面向智能建筑的 Agent 体系结构，并提出了自己的特殊 Agent 语言 DIBAL。

7.2.4 设备驱动组件的开发

西门子 CS11 消防系统接口组件 SiemensFireSystem.dll 的实现关键在于组件接口函数的实现。按照 OPC 服务器组件的接口定义及消防系统本身的特点，在 SiemensFireSystem.dll 组件中设计 CFireMonitor 类和 CSerialPort 类，完成系统所需的一部分组件接口函数即可，不用全部实现。

关键是实现 Open() 函数，该函数中包含了初始化串口、协议处理等功能，具体实现与消防接口软件 Agent 一样，故不再重述。

运行 OPC 服务器组件，该组件将首先为消防系统设备创建一个实例：hr＝CoCreateInstance（clsid，NULL，CLSCTX_SERVER，IID_IDev，reinterpret_cast＜void ＊ ＊＞（&_g_DevAttrList ［i］.pDev））；然后执行 hr＝g_DevAttrList ［i］.pDev-＞Open()；即

调用组件接口函数 Open()，这样就转入 SiemensFireSystem.dll 组件，调用该组件的
Open() 函数，从而完成设备读写等一系列功能。

7.2.5　运行效果

消防接口 Agent 应用程序的运行界面见图 7-29。

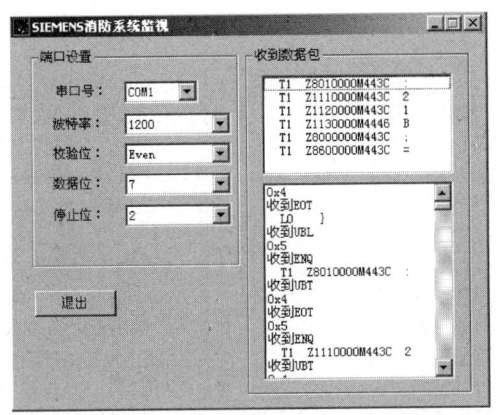

图 7-29　消防接口程序运行界面图

根据硬件设备的类型将消防系统监视信号分作防火阀空调、电源切换、电梯迫降、气
体灭火、消火栓等类别，分别进行监视。消防系统主监视画面如图 7-30 所示。

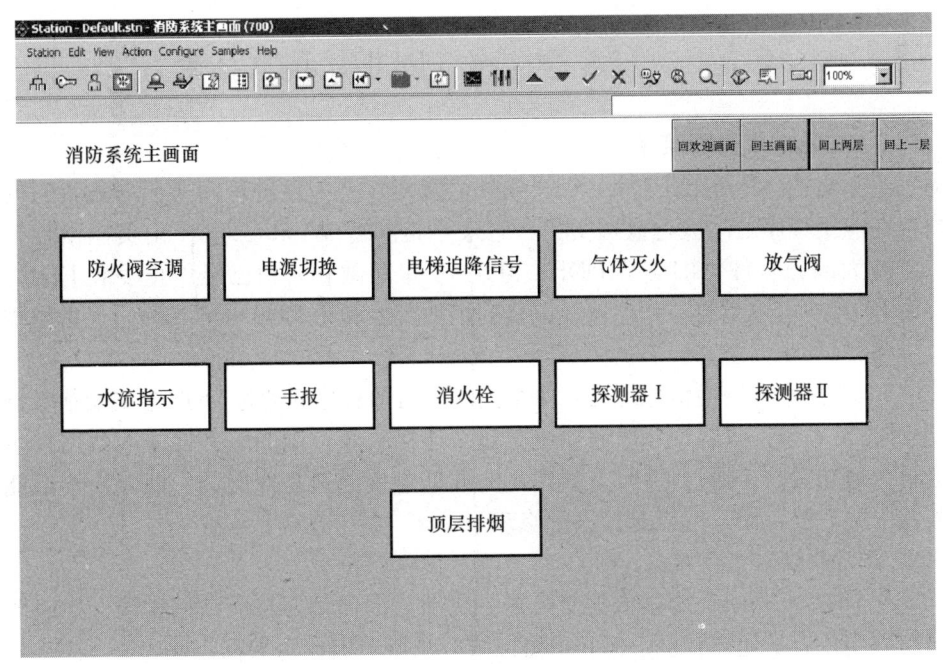

图 7-30　消防系统监视主画面图

点击不同的类别按钮再进入不同的监视画面，例如烟感探测器的监视，如图 7-31 所示。

经实际运行证明，消防系统的监视做到了准确、实时、稳定、高效，为场馆的管理带
来了人力物力上的极大节省。

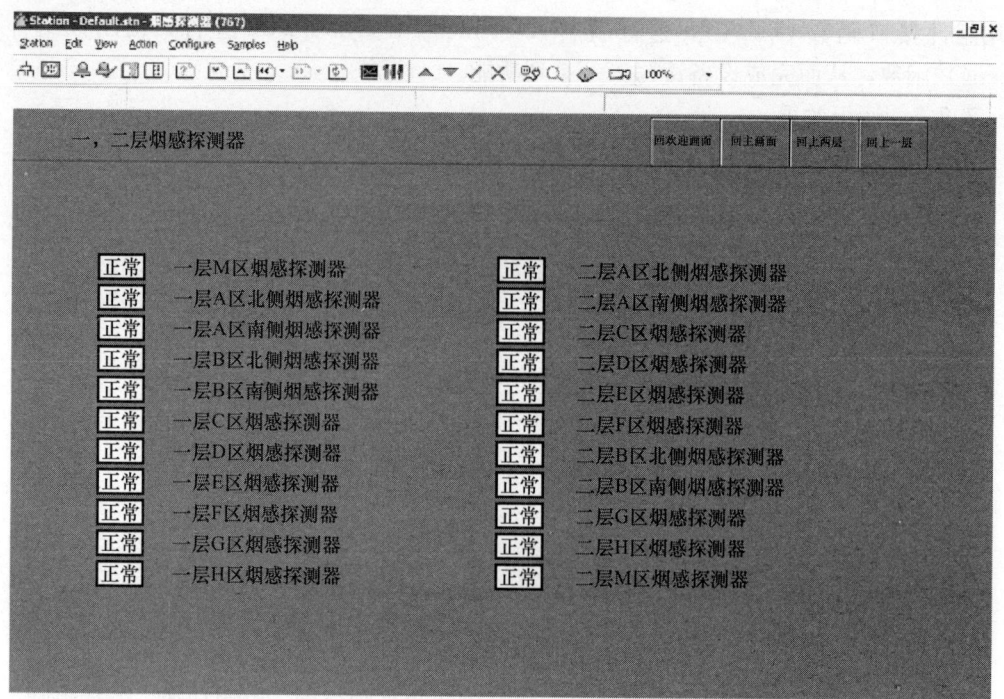

图 7-31　烟感探测器监视界面图

7.3　动态数据交换（DDE）接口技术

7.3.1　DDE 技术通信原理

动态数据交换（Dynamic Data Exchange，DDE）是一种进程间通信形式，它使用共享的内存在应用程序之间进行数据交换。它最早是随着 Windows 3.1 由美国微软公司提出的。当前大部分软件仍旧支持 DDE，但近 10 年间微软公司已经停止发展 DDE 技术，只保持对 DDE 技术给予兼容和支持。但我们仍然可以利用 DDE 技术编写自己的数据交换程序。

使用 DDE 技术进行通信原理是：两个同时运行的程序间通过 DDE 方式交换数据时是客户/服务器关系，一旦客户和服务器建立起来连接关系，则当服务器中的数据发生变化后就会马上通知客户。通过 DDE 方式建立的数据连接通道是双向的，即客户不但能够读取服务器中的数据，而且可以对其进行修改。

DDE 有三种数据交换方式，即：

（1）冷连接（Cool Link）：数据交换是一次性数据传输，与剪贴板相同，当服务器中的数据发生变化后不通知客户，但客户可以随时从服务器读写数据；

（2）温连接（Warm Link）：当服务器中的数据发生变化后马上通知客户，客户得到通知后将数据取回；

（3）热连接（Hot Link）：当服务器中的数据发生变化后马上通知客户，同时将变化的数据直接送给客户。

DDE 交换可以发生在单机或网络中不同计算机的应用程序之间。开发者还可以定义定制的 DDE 数据格式，进行应用程序之间特别目的 IPC，它们有更紧密耦合的通信要求。大多数基于 Windows 的应用程序都支持 DDE。但 DDE 有个明显的缺点就是，通信效率低下，当通信量较大时数据刷新速度慢，在数据较少时 DDE 较实用。

开放型智慧建筑系统集成平台软件一般都支持 Microsoft 的 DDE，提供以下功能：

（1）把建筑智能化集成系统的信息传送给其他应用程序，例如 MRP（物料需求计划）或 ERP（企业资源管理）程序。

（2）为了实现报警和预测趋势功能，在过程数据库中插入其他应用程序的数据。

DDE 区别于数据传送时所用的剪贴板的方法，它的典型之处在于能够及时更新数据。在两个应用程序之间信息是自动更新的，无须用户参与。

共享数据时，接收信息的应用程序作为客户，提供信息的应用程序作为服务器。一个应用程序可以是 DDE 客户或是 DDE 服务器，也可以两者都是。

用于查阅信息的语法称为 DDE 地址。每一个能用 DDE 作传输数据方式的程序通过具体的 DDE 地址引用它的数据。

一般系统集成平台软件在 DDE 通信中可以作为客户端，也可以作为服务器端使用。

（1）集成平台作为 DDE 客户

集成平台作为客户端时，可以在其后台实时数据库中使用其他应用程序中的数据，允许从 DDE 地址读数据，也可以写数据到 DDE 地址。图 7-32 表示了怎样从一个 DDE 服务器应用（如 Excel）中将数据传送到集成平台数据库中。

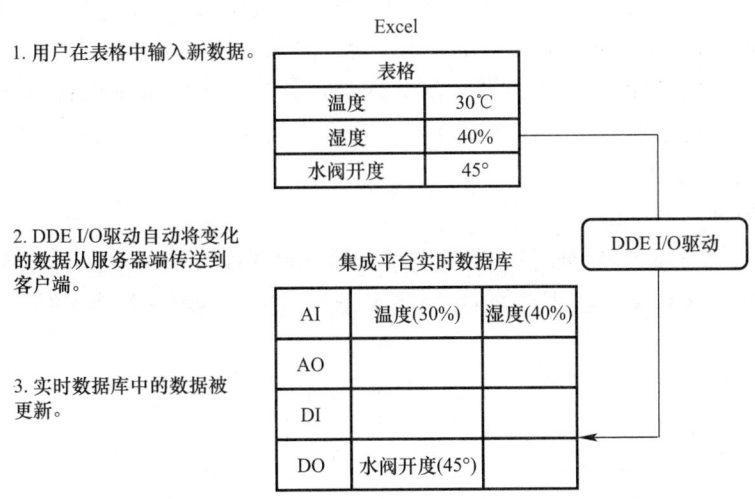

图 7-32　集成平台作为 DDE 客户端

（2）集成平台作为 DDE 服务器

集成平台作为 DDE 服务器时，可将数据从集成平台数据库传送到其他 DDE 客户应用程序。图 7-33 演示了集成平台数据库是怎样将实时数据传送到实时报表（如 Excel）的。

7.3.2　通过 DDE 访问数据

DDE 客户端是利用一个 DDE 地址向 DDE 服务器请求数据的。不同的服务器可能是本地或远程的，因此用于 DDE 地址的语法也是不同的。本地服务器是一个 DDE 应用程序，它与客户端应用程序被设置在同一个计算机里。远程服务器也是一个 DDE 应用程序，它与客户端应用程序被设置在不同的计算机里。

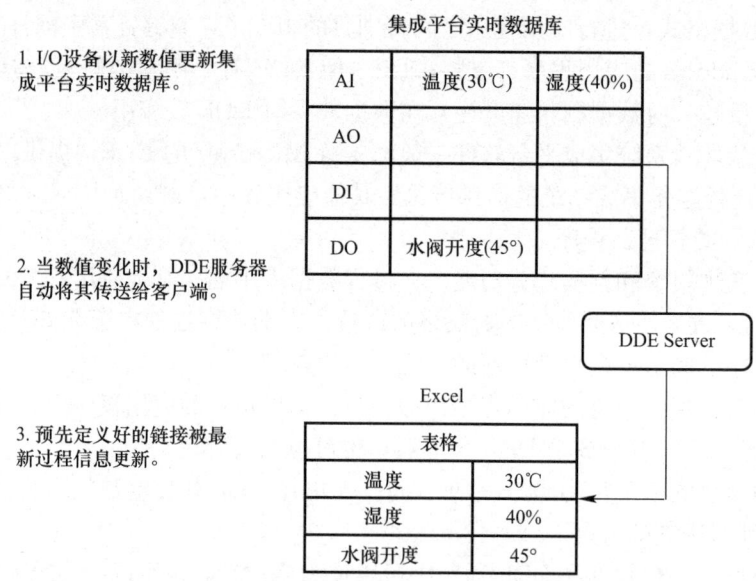

图 7-33　集成平台作为 DDE 服务器

DDE 客户程序向 DDE 服务器程序请求数据时，它必须首先知道服务器的名称（即 DDE Service 名）、DDE 主题名称（Topics 名），还要知道请求哪一个数据项的项目名称（Items 名）。DDE Service 名应该具有唯一性，否则容易产生混乱。Topics 名和 Items 名也是由 DDE Service 在其内部设定好的，所有服务程序的 Service 名、Topics 名都是注册在系统中，当一个客户向一个服务器请求数据时，客户必须向系统报告服务器的 Service 名和 Topics 名。只有当 Service 名、Topics 名与服务器内部设定的名称一致时，系统才将客户的请求传达给服务器。

以下是 DDE 地址的通用说明。

服务器：存储数据的 DDE 服务器的名字。软件程序通常使用自己的名字作为应用名。

主题：DDE 服务器上数据组的名字。主题可能是数据的文件名或工作表名（如 Excel 中）。

项目：传输的单个数据。项目名取决于在服务器应用上的存储方式。如果项目名包含有连字符（-），应使用单引号括起来。

例如：

从 Excel 表中获取数据，使用以下公式：

＝EXCEL｜［FILE. XLS］SHEET1！R1C1

由于 Excel 的一个工作簿可以包含多个工作表。此例中，DDE 地址取回的是 FILE. XLS 中 SHEET1 中第一行第一列的值。

如果是从一个远程 DDE 服务器中获取信息，则 DDE 地址的编址方式要包括以下四部分：

＝\\ 计算机名 \ NDDE $ ｜DDEShare. DDE！项目

计算机名：是服务器节点的计算机或工作站的名字。计算机或工作站的名字被定义在网络设置中的"计算机名"一栏中，可通过选择控制面板中的网络图标访问。

NDDE＄：是一个保留名，它确定 NetDDE 用于数据传输。

DDEShare：DDEShare 名，它将配置通信联系的每一个应用程序和主题。DDEShare 名是定义的一个别名。当指定地址时确定将该共享名增加到 DDE 后。

项目：传输的单个数据。项目名取决于在服务器应用上的存储方式。

为了在集成平台数据库中使用 DDE 数据，必须购买和配置 DDE I/O 驱动器。DDE I/O 驱动器可以在软件安装时作为一个 I/O 驱动器进行安装。

7.3.3　DDE 程序的开发

早期的 DDE 基于消息机制，应用程序间的消息传递需程序员调度。由于 DDE 消息通信牵涉的操作细节颇多，实现完全的 DDE 协议不是非常容易的事情，而且不同的开发者对协议的解释也略有不同。为了使用方便起见，微软提供 DDE 管理库（The DDE Management Library，简称 DDEML）。DDEML 专门协调 DDE 通信，给 DDE 应用程序提供句柄字符串和数据交换的服务，消除了早期由于 DDE 协议不一致所引起的问题。

使用 DDEML 开发的应用程序（客户/服务器）无论在运行一致性方面，还是在程序相互通信方面，性能均优于没有使用 DDEML 的应用程序。而且 DDEML 的应用使得开发支持 DDE 的应用程序容易了许多，因为 DDEML（这是个 DLL）担起了内务府总管的工作。使用 DDEML 后，实际上客户和服务器之间的多数会话并不是直达对方的，而是经由 DDEML 中转，即用 Callback 函数处理 DDE 交易（Transaction），而早期的消息通信是直接的。

在调用其他 DDEML 函数前，客户/服务器必须调用 DdeInitialize（）函数，以获取实例标识符，注册 DDE Callback 函数，并为 Callback 函数指定事务过滤。对于服务器，在使用 DdeInitialize（）初始化后，调用 DdeCreateStringHandle（）建立 Service 名、Topics 名和 Items 名等标识的句柄，再通过 DdeNameService（）在操作系统中注册服务器的名字。根据这些句柄，客户就可以使用它提供的 DDE 服务了。

为了执行某个 DDE 任务，许多 DDEML 函数需要获得字符串的访问权。例如：一个客户在调用 DdeConnect（）函数来请求同服务器建立会话时，必须指定 Service 名和 Topics 名。可以通过调用 DdeCreateStringHandle（）函数来获取特定字符串句柄。例如：

```
HSZ hszServName = DdeCreateStringHandle (idInst," MyServer", CP_
WINANSI);
HSZ hszSysTopic = DdeCreateStringHandle (idInst, SZDDESYS_TOPIC,
CP_WINANSI);
```

一个应用程序的 DDE 回调函数在大多 DDE 事务中接收多个字符串句柄。比如：在 XTYP_REQUEST 事务处理期间，一个 DDE 服务器接收两个字符串句柄：一个标识 Topics 名字符串，另一个标识 Items 名字符串。可以通过调用 DdeQueryString（）函数来获取相应于字符串句柄的字符串长度，并且复制字符串到应用程序定义的 buffer 中。例如：

```
DWORD idInst;
DWORD cb;
HSZ hszServ;
PSTR pszServName;
```

```
cb= DdeQueryString (idInst, hszServ, (LPSTR) NULL, 0, CP_WINANSI) + 1;
pszServName= (PSTR)LocalAlloc (LPTR, (UINT) cb);
DdeQueryString (idInst, hszServ, pszServName, cb, CP_WINANSI);
```

根据微软 MSDN，现有的基于消息 DDE 协议的应用程序与 DDEML 应用程序是相容的，也就是说，基于消息通信的 DDE 应用程序可以与 DDEML 应用程序对话和交易。在使用 DDEML 时，必须在源程序文件中包括 ddeml.h 头文件，连接 user32.lib 文件，并保证 ddeml.dll 文件正确的系统路径。

7.4 ODBC 接口技术

7.4.1 ODBC 基础知识

ODBC（Open Database Connectivity，开放式数据库互联）是微软推出的一种工业标准，一种开放的独立于厂商的 API 应用程序接口，可以跨平台访问各种个人计算机、小型机以及主机系统。ODBC 作为一个工业标准，绝大多数数据库厂商、大多数应用软件和工具软件厂商都为自己的产品提供了 ODBC 接口或提供了 ODBC 支持，其中就包括常用的 SQL SERVER、ORACAL、INFORMIX 等，当然也包括 Access。

数据库驱动程序使用 Data Source Name（DSN）定位和标识特定的 ODBC 兼容数据库，将信息从 Web 应用程序传递给数据库。典型情况下，DSN 包含数据库配置、用户安全性和定位信息，且可以获取 Windows NT 注册表项中或文本文件的表格。通过 ODBC，我们可以选择希望创建的 DSN 的类型：用户、系统或文件。

开放式数据库连接（ODBC）技术为访问不同种类的 SQL 数据库提供了通用接口。ODBC 是基于结构查询语言（SQL）的，以此作为访问数据的标准。此接口提供了最大的互操作性：一个应用程序可以通过一组公用代码访问不同的 SQL 数据库管理系统（DBMS）。这使得开发人员能够在不以特定的 DBMS 为目标的情况下构建和分发一个客户端/服务器应用程序。然后，会添加数据库驱动程序以将应用程序链接到用户选择的 DBMS。

结构化查询语言（SQL）是关系型数据库使用的标准语言，用来检索、更新和管理数据。尽管它为应用提供了公共的语法，但不提供公共应用程序接口（API）。开放式数据库互联（ODBC）是 Microsoft 的标准 API，用来访问、显示和修改多种关系型数据库数据。

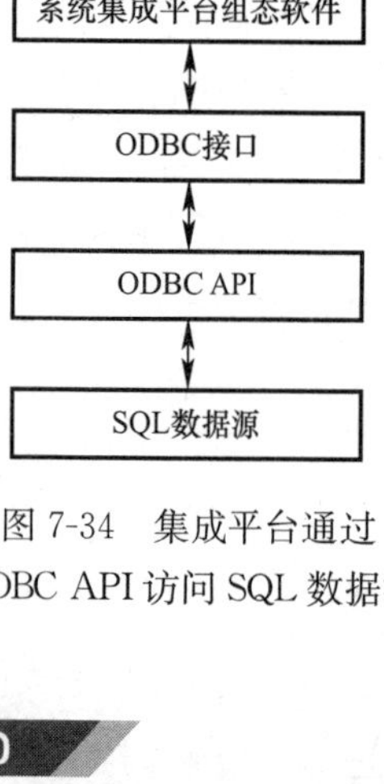

图 7-34 集成平台通过 ODBC API 访问 SQL 数据源

系统集成平台组态软件通过 ODBC API 访问第三方 SQL 数据源的结构简图见图 7-34。

通过 ODBC 进行系统集成后，集成平台可以实现如下功能：

（1）采集并写实时过程数据到一个或更多的关系型数据库。

（2）读关系型数据库内储存的数据并将数据写回到集成平台的实时数据库内。

（3）删除关系型数据库表内的数据。

（4）如果服务器故障或网络故障时备份数据和 SQL 命令。

（5）当与服务器的连接重新建立后自动执行备份 SQL 命令。

下面是系统集成中常涉及的一些 ODBC 术语的定义：

客户端支持：数据库客户端支持层通常包含一个或更多动态连接库（DLL）文件和与之相关的配置文件。数据库客户端支持由数据库供应商提供。ODBC 驱动器层与客户端支持层通信。许多数据库供应商都随其产品一起提供 TCP/IP 网络支持。要求使用 TCP/IP 网络协议进行通信的特定文件通常属于客户端支持层。

数据源：数据源包括数据和需要访问数据的信息，例如数据库管理系统（DBMS）、操作系统和网络平台。

数据库层：数据库层由数据库引擎和文件或由实际存储数据的文件所组成。

监听过程：监听过程连接网络协议到数据库引擎。这是数据库服务器的真正服务器部分。

网络层：网络层和 ODBC 层是完全分开的且是专对操作系统的，它通常是随操作系统一起由网络供应商提供。客户端计算机和数据库服务器计算机都包含网络层。

ODBC 驱动程序：ODBC 驱动程序是对一个特殊数据库的特殊调用。在这种模式中，应用将动态连接到一个特定的数据库。ODBC 驱动程序可以从多种来源获得。某些公司专业从事数据库驱动程序的编写。它们提供了一个包含许多针对不同数据库的 ODBC 驱动程序。数据库供应商通常也提供 ODBC 驱动程序。

ODBC 驱动程序管理器：由 Microsoft 提供的位于应用和任何 ODBC 驱动程序之间的层，当有应用请求连接时由它装载驱动程序。

基本上 ODBC 有两种结构：包括多层 ODBC 驱动程序和单层 ODBC 驱动。多层驱动程序更普遍，通常用于远程数据库服务器，例如 Oracle 和 SQL Server。多层驱动处理由应用引起的 ODBC 呼叫，传递实际 SQL 命令到数据库系统。单层驱动程序（如 Microsoft Access 驱动程序）常常直接在数据库文件上运行。单层 ODBC 驱动可处理 ODBC 调用和实际 SQL 命令。多数情况下，使用一个单层驱动的一个配置只能存在于一台计算机上。

图 7-35 说明了关系型数据库服务器和 ODBC 驱动程序的典型结构。

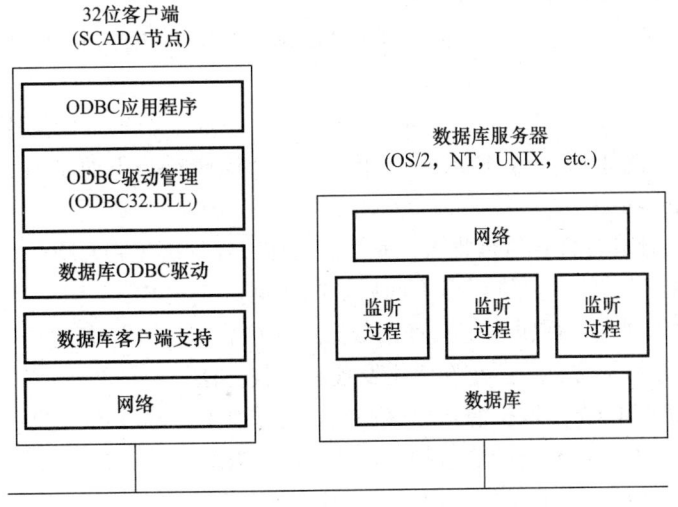

图 7-35 关系型数据库服务器和 ODBC 驱动程序的典型结构

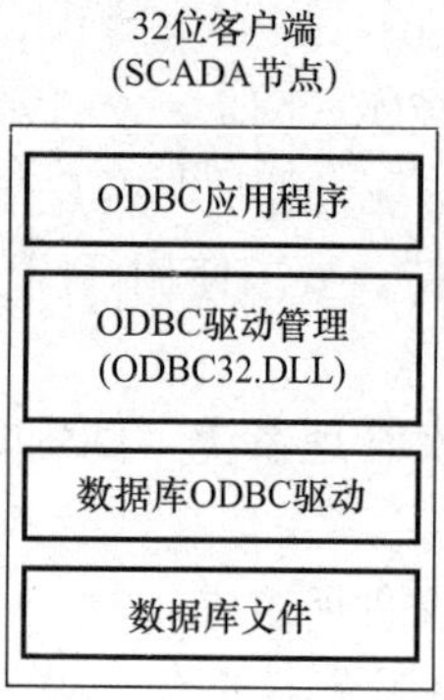

32位客户端
(SCADA节点)

ODBC应用程序

ODBC驱动管理
(ODBC32.DLL)

数据库ODBC驱动

数据库文件

图 7-36 单层 ODBC 结构

Microsoft Access 的 ODBC 结构比典型的服务器结构简单。图 7-36 说明了 Access 的 ODBC 结构和其他单层 ODBC 驱动程序。

该结构没有图 7-36 中的数据库服务器计算机、客户端支持层和网络。Access ODBC 驱动程序直接在数据库文件上工作。在这个简单配置中，数据库文件和应用在同一台计算机上。利用 Microsoft，Novell 和其他网络，数据库文件可以像任何其他共享文件一样位于另外计算机上。用这种方法，一个 Access 数据库可以被几个计算机和应用共享。

7.4.2　通过 ODBC 访问 SQL 数据源

应用程序可以通过 ODBC API 访问任何关系型数据库的 SQL 数据源。应用程序编写时常用的访问数据源的两种技术是：数据访问对象（DAO）和远程数据对象（RDO）。这两种技术都提供基于面向对象的接口访问关系型数据库。尽管两种技术都可以使用，但作出选择时应考虑到其各自的特点和功能。

在 DAO 或 RDO 使用 ODBC 前，必须配置 ODBC 数据源。通过 Windows 控制面板进行数据源的配置。

用 DAO 来配置数据源，使用 RegisterDatabase 方法及下列语法：

DBEngine. RegisterDatabase "dbname"，"driver"，silent，_attributes

用 RDO 来配置数据源，使用 rdoRegisterDataSource 方法及下列语法：

RdoRegisterDataSource，"dsName"，"driver"，silent，attributes

一旦配置了数据源，就可以访问 ODBC 数据库了。每个 DAO 和 RDO 都有唯一的对象、方法和属性。无论用哪种方法，由于集成平台组态软件本身提供的脚本功能，都可以只用几行简单的脚本代码来访问 ODBC 数据源。

1. 数据访问对象（DAO）

数据访问对象（DAO）是基于对象的数据访问接口，通过用户应用程序访问 SQL 数据源。使用 DAO，可以在数据库内检索、修改或删除数据；创建一个新的数据库或改变已有数据库的设计；实现保护数据的安全。

DAO 支持两种 SQL 数据源访问技术：Microsoft Joint Engine Technology（Jet）和 ODBCDirect。

联合引擎技术（Jet）起初是为访问本地 Jet/Access（MDB）数据库和选择的 ISAM 数据库而设计的，例如 dBase，Paradox，FoxPro 和 Btrieve。下面是 Jet 独有的、非 ODBCDirect 能提供的功能：

（1）为绑定窗体和控件连接远程表：允许把窗体或控件绑定到 ODBC 数据源的数据中。

（2）多机种数据访问：允许联合不同后端的数据。

（3）可编程的 DDL：提供表定义和用数据定义语言（DDL）来建立或修改表。

（4）支持发现和寻找方法：允许使用发现和寻找方法。

尽管 Jet 能访问 ODBC 数据源，但这一功能是有限的，与 ODBCDirect 相比，它有两个明显的缺点。首先，当要访问的数据库并不是 Jet 数据库时，Jet 也需要装载 Jet 数据库引擎。其次，访问 ODBC API 前，调用必须通过 Jet 数据库引擎，因此，Jet 比 ODBCDirect 要慢。

ODBCDirect 提供了绕开 Jet 引擎而更直接地访问 ODBC 数据源的方法。ODBCDirect 是基于 RDO 接口上的瘦 DAO 包装，类似于 RDO 的功能，并提供的 DAO 对象、方法和属性。下面列出了 ODBCDirect 具有的优点，而 Jet 则不具有这些优点。

（1）直接数据访问：允许直接访问 ODBC 数据源。

（2）减少资源要求：排除了 Jet 装载 Jet 数据库引擎的资源要求。

（3）异步查询：通过允许完成操作的同时而选择多项功能，实现性能最优化。

（4）当地批次过程处理：本地缓存记录组变化时，以单一的批次方法将变化传给服务器。

图 7-37 举例说明 DAO 是如何运用 Jet 和 ODBCDirect 访问 SQL 数据源。

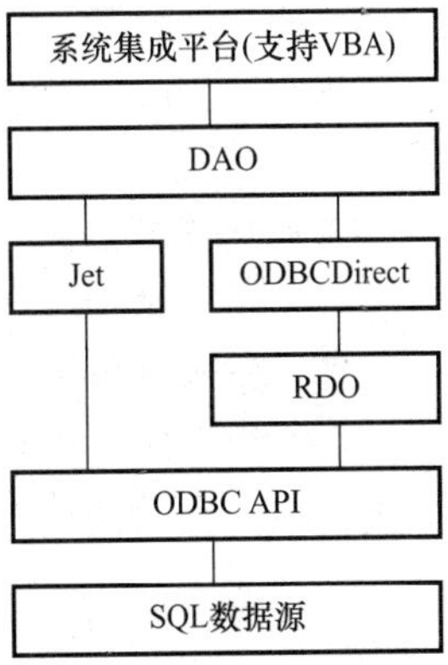

下面以 iFIX 组态软件为例（使用 VBA 代码），介绍用 DAO 访问 ODBC 数据源的方法。

用 DAO 访问 ODBC 数据源，必须建立工作台对象，打开数据库并建立一个记录集。

利用 CreateWorkspace 方法建立工作台对象，如下所示：

Set workspace = CreateWorkspace（"name"，"user"，"password"，_type）

利用 OpenDatabase 方法打开数据库，如下所示：

Set database = workspace.OpenDatabase（"dbname"，options，_read-only，connect）

系统集成平台(支持VBA)
DAO
Jet　　ODBCDirect
RDO
ODBC API
SQL 数据源

图 7-37　DAO 支持的两种 SQL 数据源访问技术

使用 ODBCDirect 时，也可以用 OpenConnection 的方法去连接一个数据源。OpenConnection 方法允许执行异步操作及使用 QueryDef 对象。利用 OpenConnection 方法连接数据源时，采用如下的编码：

Set connection = workspace.OpenConnection（"name"，options，_read-only，connect）

利用 OpenRecordset 方法创建记录集，如下所示：

Set recordset = object.OpenRecordset（type，options，lockedits）

2. 远程数据对象（RDO）

远程数据对象（RDO）是 ODBC API 的瘦对象层接口，优化了速度和灵活性。RDO 的作用有：

（1）异步的与 SQL 数据源建立连接。

（2）发送查询。

（3）执行同步或异步操作。

（4）生成结果集和光标。

（5）处理查询结果。

图 7-38 说明了 RDO 是如何访问 SQL 数据源。

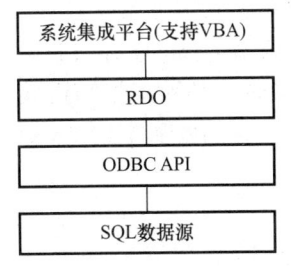

图 7-38　通过 RDO 访问 SQL 数据源

RDO 继承了多数 ODBCDirect 高层次的功能，如支持异步操作。同时还提供其他更多功能，如连接和查询时事触发件，支持存储过程、多重选择查询、增强错误捕捉等高级功能。由于 RDO 直接调用 ODBC API，它的速度几乎等于直接调用 ODBC API，从而降低资源的使用。

下面仍以 iFIX 组态软件为例（使用 VBA 代码），介绍 DAO 访问 ODBC 数据源的方法。

用 RDO 访问 ODBC 数据源，必须设置环境，做一个连接并创建结果集。利用 rdoEn-vironments 集合设置环境，如下所示：

Set en= rdoEngine. redoEnvironments (n)

可以采用多种方法连接数据库，包括：

（1）说明一个 rdoConnection 对象，并使用 rdoEnvironment 对象的 OpenConnection 方法。

（2）用 *Dim x As New* 语句，创建一个独立的 rdoConnection 对象，设置相应属性，并使用 EstablishConnection 方法。

（3）创建了一个独立的 rdoConnection 对象，或者在已存在的 rdoConnection 对象上使用 Close 方法后，使用 EstablishConnection 方法。

也可以用 EstablishConnection 方法中的 rdAsyncEnable 选项创建一个异步 RDO 连接。

可以用多种方法来创建 rdoResultset 对象，包括：

（1）在 rdoConnection 对象上使用 OpenResultset 方法。

（2）在 rdoQuery 对象上使用 OpenResultset 方法。

（3）创建独立的 rdoQuery 对象，设置它的属性，并设置与 ActiveConnection 属性相关的连接。然后使用 OpenResultset 方法创建 rdoResultset 对象。

习　　题

7-1　OPC 数据存取标准（OPC DA 2.0X 规范）中，OPC 服务器由哪三类对象组成？需通过什么才能访问组件对象？

7-2　OPC 服务器支持的访问接口类型通常有哪两种？在开发方面分别有何特点？

7-3　画出 OPC 服务器和 OPC 客户端之间的访问关系示意图并解释之。

7-4　画出 OPC DA 异步读取过程示意图。

7-5　画出 OPC DA 异步写入过程示意图。

7-6　结合数据读写流程，试述运用 API 函数开发系统集成软件网关的关键步骤和方法。

7-7　系统集成平台软件在 DDE 通信中可以作为客户端，也可以作为服务器端使用。分别描述集成平台作为 DDE 客户端和作为 DDE 服务器两种情况下数据交换的工作过程。

7-8　DDE 客户程序向本地或远程的 DDE 服务器程序请求数据时，必须首先知道数据的 DDE 地址。DDE 地址由哪几部分组成？每部分的含义是什么？假如要从本地 Excel 表中获取数据，则 DDE 地址的公式是什么？

7-9　名词解释：OPC，OPC UA，DDE，ODBC。

7-10　试述 DAO 是如何运用 Jet 和 ODBCDirect 访问 SQL 数据源的？

第8章　典型系统产品及工程案例

8.1　典型系统与产品

在业界，国内外著名的楼宇自动化管理系统品牌有：美国霍尼韦尔（Honeywell）公司的 EBI、BPS-BUILDING PERFORMANCE SUITE，德国西门子（Siemens）公司的 APOGEE 系统，美国江森（Johnson）公司的 METASYS 系统，法国施耐德（Schneider）公司旗下的 Andover Continuum™ 系统，中国清华同方公司的 ezIBS 智能建筑信息集成系统，美国 KMC，加拿大 Delta，美国奥莱斯，新加坡 QA 等。这些系统和产品在网络层次、系统结构、底层编程语言、通信方式等各方面具有自己的特色，但在底层技术的运用上又具有诸多的共性，为了对比和体会这些异同，建立全面的认识，下面选择几个典型系统进行简介。

8.1.1　霍尼韦尔智慧建筑系统

Honeywell 公司的 Enterprise Building Integrator（EBI）系统是企业楼宇设备集成管理系统，为企业提供全面的建筑设备监控，同时使企业的内部各部门运作完美地结合在一起。EBI 是一个规模可伸缩的系统，把核心的楼宇系统与其他子系统（从工业制造、过程自动化到财务与个人信息记录、环境控制与数据仓库）的信息集成在一起。EBI 子模块如表 8-1 所示。

EBI 子模块表　　　　　　　　　　　　　表 8-1

EBI	楼宇控制管理系统	Building Automatic Control System
	生命保障（火灾报警）管理系统	Life & Safety Management System
	安保管理系统	Security Management System
	能源管理系统	Energy Management
	资产定位器	Asset Locator
	数字视频管理	Digital Video Manager

EBI 的模块化设计方案对不论大型楼宇系统还是小型用户都能提供对其系统的统一控制和管理。EBI 的开放性使其具有提供对各种现有系统及过程的强大组合集成能力。其中的任何一个组件都能使用户更好地深化管理楼宇建筑中的每一个方面，而它们的强力组合提供了企业楼宇自控管理的"全景图"。EBI 系统遵循现有工业标准，系统开放能力处于业界领先地位。提供的数据接口方式有 ODBC、NETAPI、标准的 SQL 接口，并且支持 BACNet、OPC、LonWorks、Advanced DDE、MODIBUS 等工业标准协议。EBI 可集成各种网络设备中的数据，包括：Excel 5000 系列的控制器，Honeywell 工控器，多种其他第三方厂商（如：Allen-Bradley、Modicon、西门子）提供的 PLC 等。EBI 的系统结构示意图如图 8-1 所示。

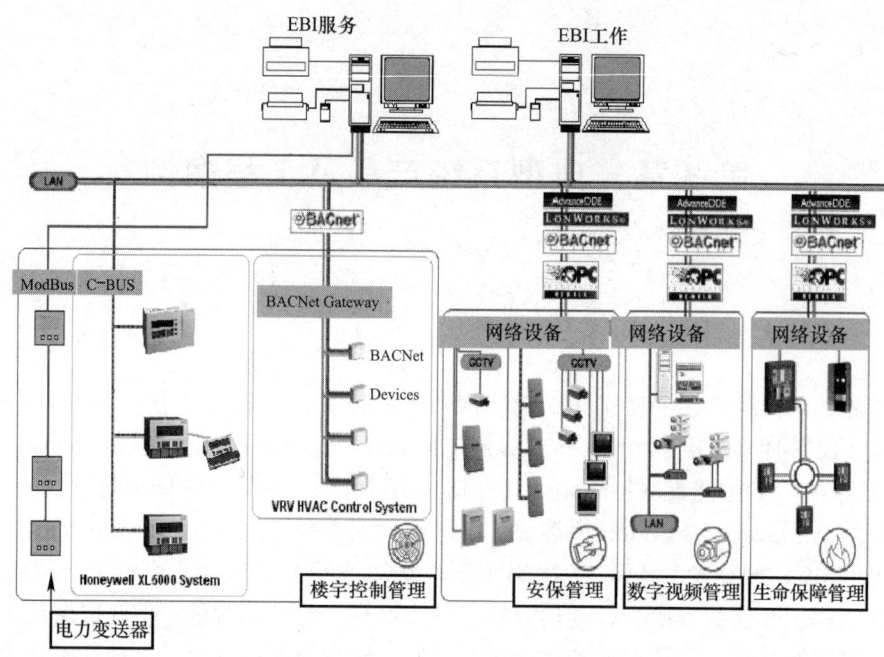

图 8-1　EBI 结构示意图

霍尼韦尔智慧楼宇运营管理平台 BPS-BUILDING PERFORMANCE SUITE 注重数据价值，是一个革新楼宇运营一个开放、创新的楼宇物联网平台，能够汇集海量的楼宇运营数据，完成与各类弱电机电子系统的接入互通，执行针对各类场景应用的分析算法，如图 8-2、图 8-3 所示。

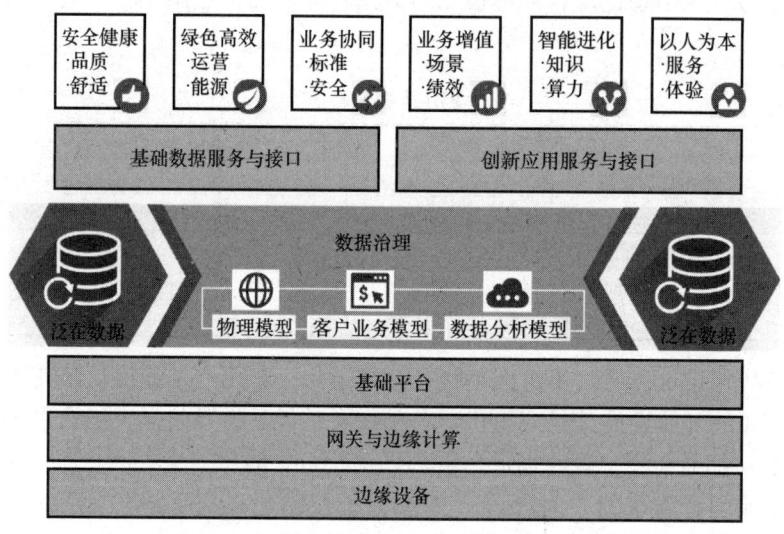

图 8-2　霍尼韦尔智慧楼宇运营管理平台

8.1.2　西门子楼宇自控系统

1978 年，西门子楼宇科技就推出了 System 600 楼宇自控系统。1985 年，开发了基于 Windows 操作平台的监控软件 Insight，而 APOGEE 系统则是在原 System 600 的基础上，对控制器进行了全面的升级，并将 Insight 监控软件移植到 Windows NT 平台。

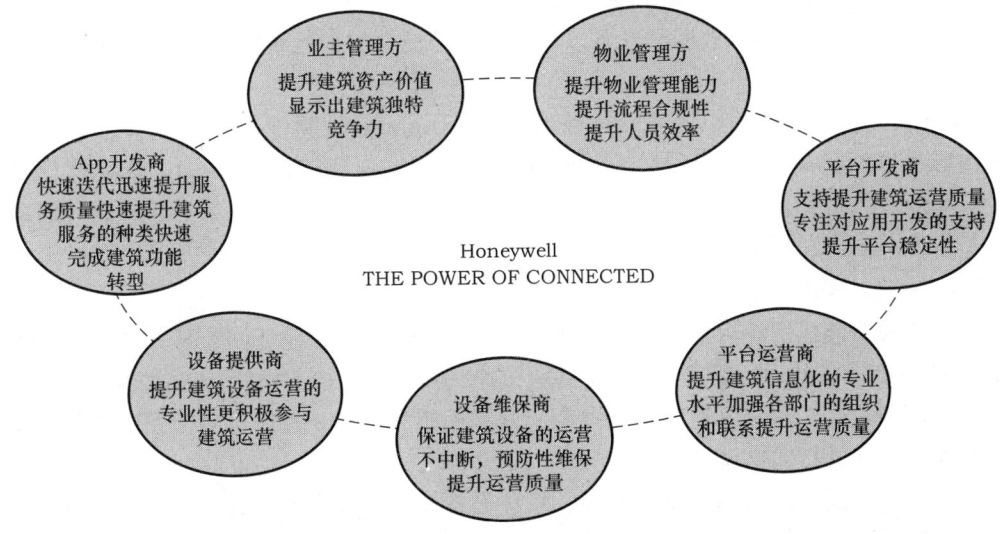

图 8-3　Honeywell 智能建筑生态系统

　　APOGEE 系统自推出以来，仍在不断发展，如用模块化设备控制器（MEC）取代以前的单元控制器（UC），推出了对 BACnet 和 Lonworks 的支持，增加了 OPC 的数据开放接口，将软件平台从 Windows NT 升级到 Windows 2000，增加了对历史数据分析和能源管理的软件模块，同时增加了对 WEB 服务的支持，允许用户利用浏览器通过 Internet/Intranet 访问 APOGEE 系统等功能。

　　APOGEE 系统以 Windows 2000/NT 计算机工作站为监控平台，可连接多达 4 条楼宇级网络（BLN），每条楼宇级网络可连接最多 100 个 DDC 控制器，而每个 DDC 又可通过楼层级网络（FLN）连接多达 96 个扩展点模块或终端设备控制器。楼宇级网络和楼层级网络都符合 RS485 标准，最大通信距离可达 1200m，从而使 APOGEE 系统可以合理地分布于各监控现场，实现对机电设备集中监控和管理。

　　APOGEE 系统是基于现代控制论中分布式控制理论而设计的集散型系统，是一个具有集中操作、管理和分散控制功能的综合监控系统。系统的目标是致力于实现建筑物内的暖通空调、变配电、给水排水、冷暖源、照明、电梯扶梯及其他各类系统机电设备管理自动化、智能化、安全化、节能化，同时为大楼内的工作人员和其他租户提供最为舒适、便利和高效率的环境。

　　APOGEE 系统的特点如下：

　　（1）遵循分布式控制，集中式管理的原则。

　　（2）充分发挥 Windows 2000/NT 平台的实时多任务特性和多用户管理功能。

　　（3）支持 Web Server 服务，让用户通过 Internet/Intranet，使用标准的浏览器就能监控系统运行状况。

　　（4）支持远程通告，能将系统报警和系统事件信息发布给例如寻呼机、电子邮件或电话等各种不同的通告设备。

　　（5）遵循开放性原则，支持 ANSI 135-1995 标准—BACnet，现场总线 LonMark 标

准和 OPC 技术，便于与其他第三方系统实现数据共享。

（6）系统的可靠性高，扩展和维护方便。

（7）利用微软的 SQL 数据库，可以对系统的历史数据进行统一管理，并提供以 Excel 格式的报表。

APOGEE 系统采用的中央管理软件平台为 Insight 监控软件。Insight 监控软件是以动态图形为界面，向用户提供楼宇管理和监控的集成管理软件。Insight 监控软件基于 windows2000/NT 操作平台，采用 Client/Server 架构，最多可支持 25 个客户端（Client）同时运行 Insight 监控软件。

Insight 监控软件提供了用户对 APOGEE 系统的三大功能：

（1）监视功能：用户可通过动态图形（新增动画功能）、趋势图等应用程序对 APO-GEE 系统控制设备的运行状态、被控制对象的控制效果进行实时和历史的监视。

（2）控制功能：用户可通过控制命令、程序控制和日程表控制等应用程序控制楼宇自控设备的启停或进行输出调节。

（3）管理功能：包括用户账户管理、系统设备管理、程序上下载管理，用户还能通过系统活动记录、报表等应用程序了解 APOGEE 系统自身的状态。

APOGEE 系统的结构示意图如图 8-4 所示。

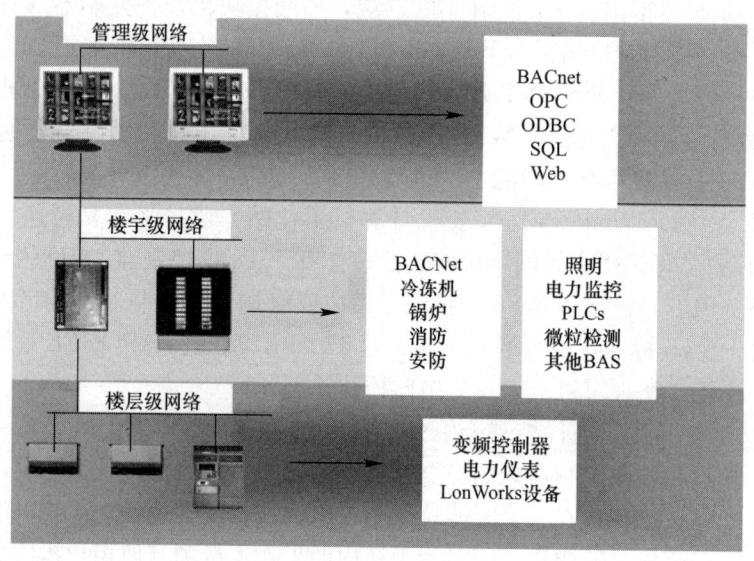

图 8-4　Apogee 系统结构图

8.1.3　某国产 IBMS 智能化集成平台

IBMS 管理系统集成平台应能够实现对各子系统机电设备的"监测""报警""控制""记录"功能。IBMS 管理系统集成平台应能够实现跨子系统的集成控制和联动功能。包括，但不限于以下功能：

（1）支持消防报警与视频监控系统的联动，即在当出现消防报警时，监控大屏上会以电子地图的方式显示消防报警点的位置，轮巡消防报警点的视频，同时在操作台左侧报警管理屏自动弹出消防报警处理窗口。

（2）支持视频系统突发事件联动，即当运营人员通过监控大屏两侧的视频监视器窗口发现了商场的突发事件后，通过点击 IBMS 管理系统右侧的视频管理屏幕的对应的视频位置按钮，系统则进入突发事件联动预案。此时，监控大屏应轮巡事件发生位置周边的视频图像，同时，在电子平面图闪烁指示事件发生地点，辅助运行人员迅速确定事件发生位置。

（3）支持重大活动管理预案及全程跟踪与提供安全保障功能。即在重大活动过程中，监控大屏幕上可显示活动的倒计时信息、活动举办地点周围的综合环境信息、活动保障人员信息和活动场地周围的重要视频信息。

（4）支持开、闭店自检功能。即通过点击开店自检按钮查看开闭店时刻各个子系统的运行模式、系统通信连接状态、系统消息，以及通过监控大屏轮巡的方式检查商场重要通道及出入口的视频信息，保障商场的运行安全。

（5）支持开、闭店时间设置功能。即用户可灵活设置系统开、闭店时间，通过修改开、闭店时间实现一键式调整各子系统自动运行时间表。

IBMS 智能化管理系统集中控制功能通过用户服务器、远程访问服务器和数据库服务器上的一系列软件实现。各软件间的关联和软件整体结构如图 8-5 所示。

图 8-5　软件整体结构

整个软件结构共分 5 层。从下至上，依次是：数据适配层、数据中间件层、数据逻辑层、业务逻辑层和展现层。其中下三层（红框中）的内容由数据库服务器实现，上两层由用户服务器和远程访问服务器实现。

（1）数据适配层

数据适配层接收来自各个子系统的信息，并保存发送到各个子系统的信息。作为"IBMS 智能化管理系统"集中控制系统与各个子系统交互的数据缓存。

对应超 5 星酒店弱电子系统的构成，如图 8-6 所示。数据适配层包含 16 个对应各个子系统数据适配缓存，分别是：消防报警、视频监控、防盗报警、门禁管理、电子巡更、暖通空调、给水排水、变配电、公共照明、夜景照明、电梯运行、客流统计、停车管理、信息发布、背景音乐、能耗计量。

数据适配层，应采用 MySQL 或 SQLServer 等常用数据库技术。

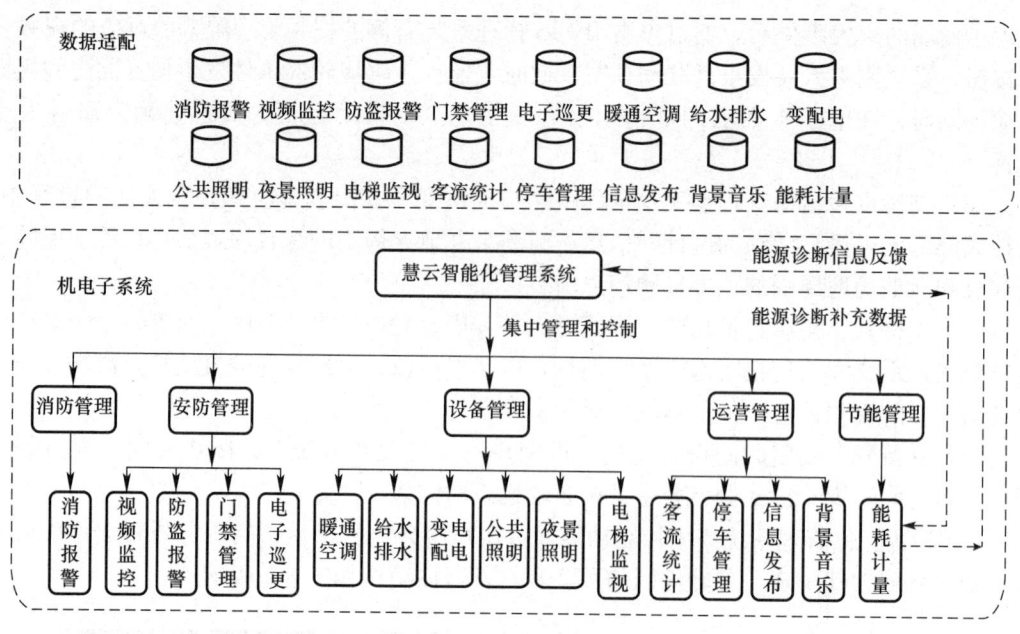

图 8-6　数据适配层结构

（2）数据中间件层

中间件层完成数据逻辑层和数据适配层之间的数据转换。将从各个机电设备系统收取到的数据打散，并重新归类、组合；按照"数据逻辑层"的定义形成新的数据库。另一方面，中间件也将需要发送给各个机电子系统的设定，从"数据逻辑层"中提取出来，放到数据适配层的数据库中。数据中间件可以采用通用中间件软件，也可以采用任何能实现上述功能的中间件程序。

（3）数据逻辑层

数据逻辑层是一系列按照"IBMS 智能化管理系统"集中控制功能编排的数据库，与数据适配层的数据结构完全不同。包括：机电系统运行数据库、历史记录及报表、运行能耗数据库、用户管理、安防管理、设备财产管理、财务管理等。

在上述任何一个数据库中，都可能包含来自/发送到任何一个机电子系统的数据。它包含了与所有机电设备系统相关的数据，同时又从节能、优化、管理角度重新定义了数据结构。数据逻辑层为业务逻辑层的 IBMS 智能化管理系统集中管理提供素材。在数据逻辑层基础上，可以在业务逻辑层定义多种集成优化、远程控制、设备管理等功能，而不需要修改数据逻辑层的架构。因此，数据逻辑层为 IBMS 智能化管理系统集中控制提供了一个开放、可扩展的数据平台。

（4）业务逻辑层和展现层

在数据逻辑层基础上，业务逻辑层和展现层是一系列应用程序，包括：楼控、安防、消防等各个机电子系统的"IBMS 智能化管理系统"模式转换策略，各种"IBMS 智能化管理系统"模式的编辑软件，能够根据历史运行数据分析节能优化潜力的 IBMS 系统软件，设备管理维护和能源管理软件，远程控制访问管理软件等。业务逻辑层为实现上述功能的程序和软件，展现层解决人机交互的问题。

8.2　中国石油大厦系统集成工程

本项目的特点如下：

（1）可在任何地方对其进行访问及操作

任何人可在任何地方通过标准的互联网浏览器与控制网络进行交互操作。

（2）为各应用程序提供了一个公共平台，并提供集成网络管理服务

便于实施不同厂家产品以及不同协议间的解决方案。

（3）"完全匹配"的解决方案

中间设备构架为客户提供了充分选择余地和灵活性。与各种通信协议兼容。

（4）便于访问

互联网提供了便捷的操作环境，用户普遍熟悉互联网并了解如何应用。用户可从任何地方访问他们的系统。

（5）成本更低

比传统的客户/服务器型应用程序具有优势。当客户数量增加时，优势更为明显。

（6）真正的平台集成

可与不同硬件设备兼容；连接 LON 设备和 BACnet 设备轻而易举；Modbus，DDE 及 SNMP 驱动程序提升集成方案能力；WorkPlacePro 提供迅速开发集成方案的工具；标库的设立便于方案重复使用，减少编辑时间。

（7）灵活性

软件为集成数据而设计；可与多个协议，多种设备连接；可实现控制系统数据与企业应用程序间集成；应用程序开发可适应任何实际要求；企业层信息共享采用行业统一标准。

中国石油大厦项目中中央集成系统监控的设备和系统包括 34 个子系统。核心系统如下。

（1）建筑设备自动化系统 BAS

包括：供热、空调与通风系统、中水系统、直饮水系统、油水分离系统、排烟系统、移动采光顶系统、照明控制系统、电梯监控管理系统、VIP 汽车液压梯系统、VRV 空调系统、冷源系统、热源系统、智能百叶系统、燃气发电机组系统、中央吸尘、碎纸系统、办公垃圾处理系统、厨余垃圾处理系统、机房系统、变配电系统、水景系统、水电计量系统。

（2）火灾自动报警及消防联动系统 FAS

包括：背景音乐及消防广播系统、消防报警系统。

（3）安全防范自动化系统 SAS

包括：闭路电视监控系统、防盗报警控制系统、门禁控制及一卡通管理系统、停车场管理系统、智能视频侦测周界防范系统。

（4）通信自动化系统 CAS

包括：广域网接入系统、网络交换系统、VOIP 数字电话系统、网络 VOD 视频点播系统。

（5）办公自动化系统 OAS

包括：物业管理系统、办公自动化信息管理系统。

中国石油大厦项目集成系统平台采用的主要协议如下：Modbus ASCII/RTU/TCP、LONWORKS、SNMP、OPC、私有协议（SDK）。

工程实现界面如下。

中国石油大厦中央集成管理系统如图 8-7 所示。

图 8-7　中国石油大厦中央集成管理系统

供热、空调与通风系统监控界面如图 8-8 所示。

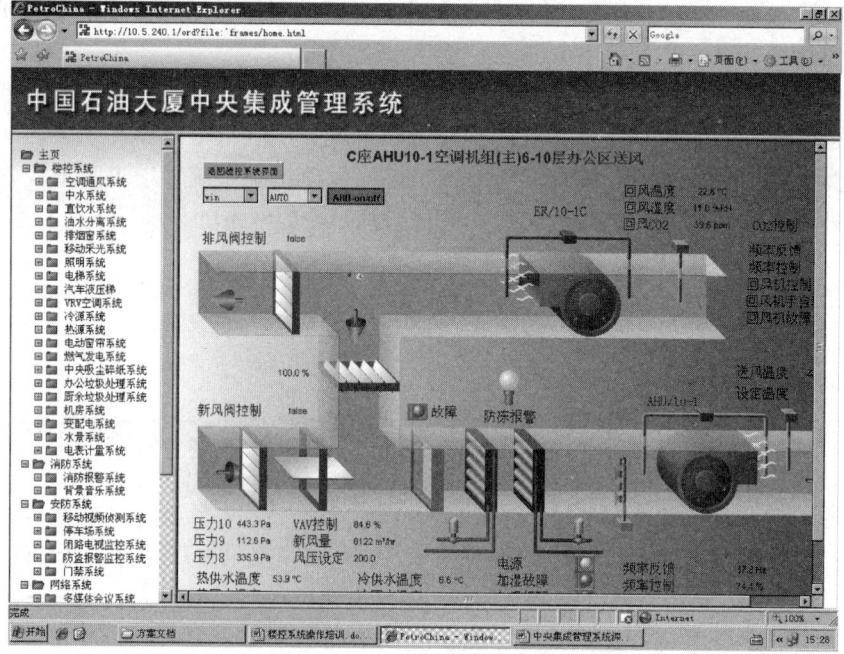

图 8-8　供热、空调与通风系统监控界面

中水系统监控界面如图 8-9 所示。

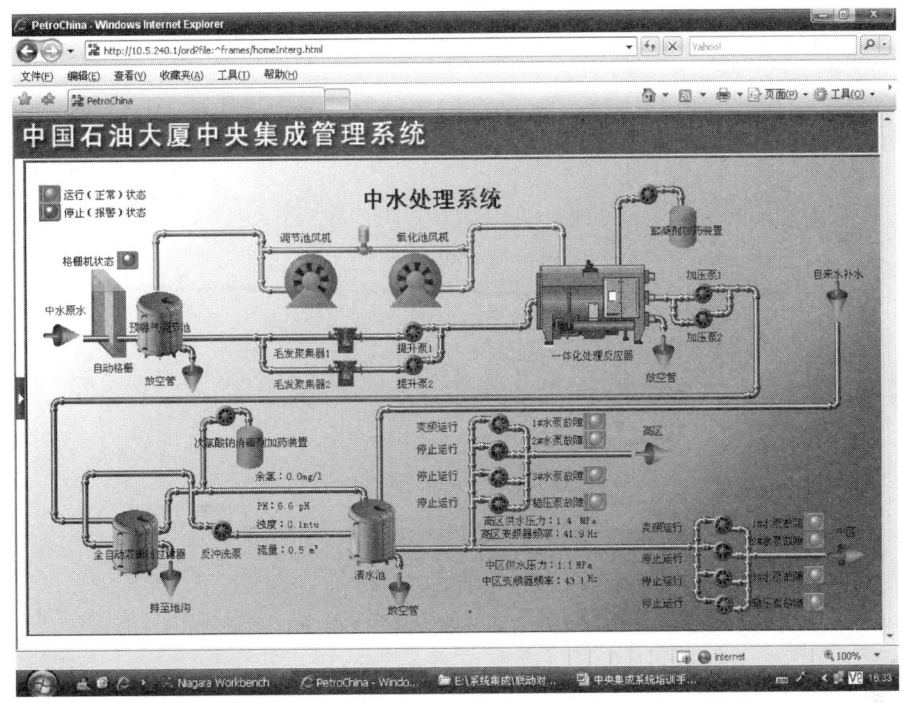

图 8-9　中水系统监控界面

直饮水系统监控界面如图 8-10 所示。

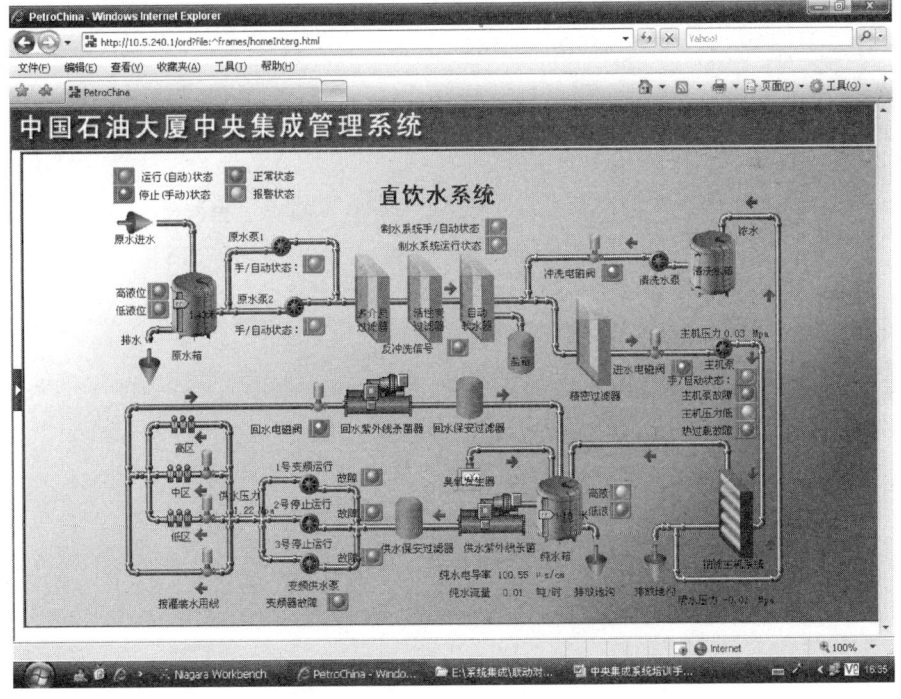

图 8-10　直饮水系统监控界面

移动采光顶系统监控界面如图 8-11 所示。

图 8-11　移动采光顶系统监控界面

智能照明系统监控界面如图 8-12 所示。

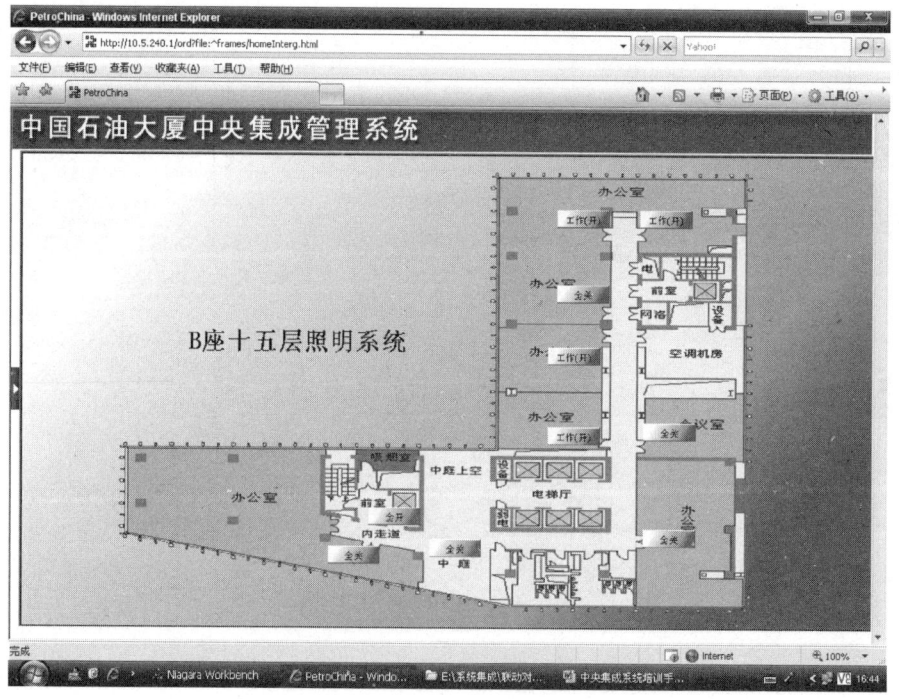

图 8-12　智能照明系统监控界面

电梯状态监控界面如图 8-13 所示。

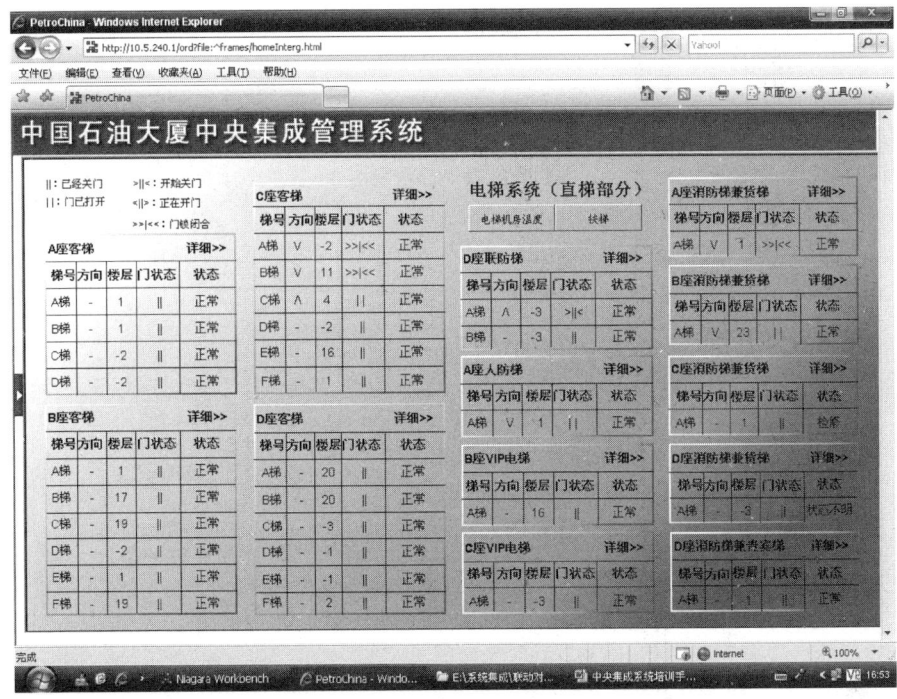

图 8-13　电梯状态监控界面

汽车液压梯系统监控界面如图 8-14 所示。

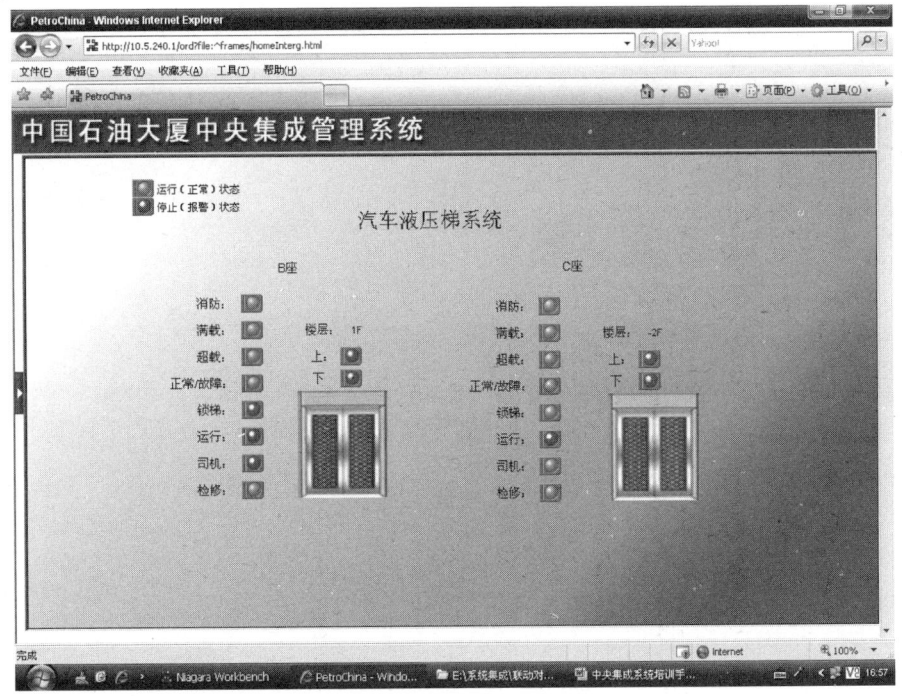

图 8-14　汽车液压梯状态监控界面

办公垃圾处理系统监控界面如图 8-15 所示。

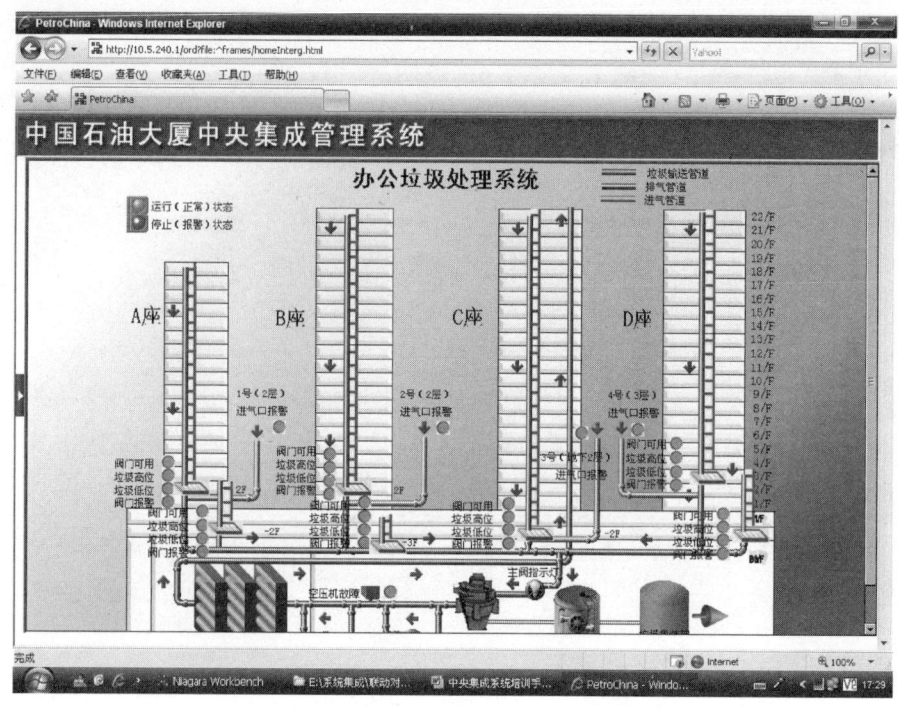

图 8-15　办公垃圾处理系统监控界面

厨余垃圾处理系统监控界面如图 8-16 所示。

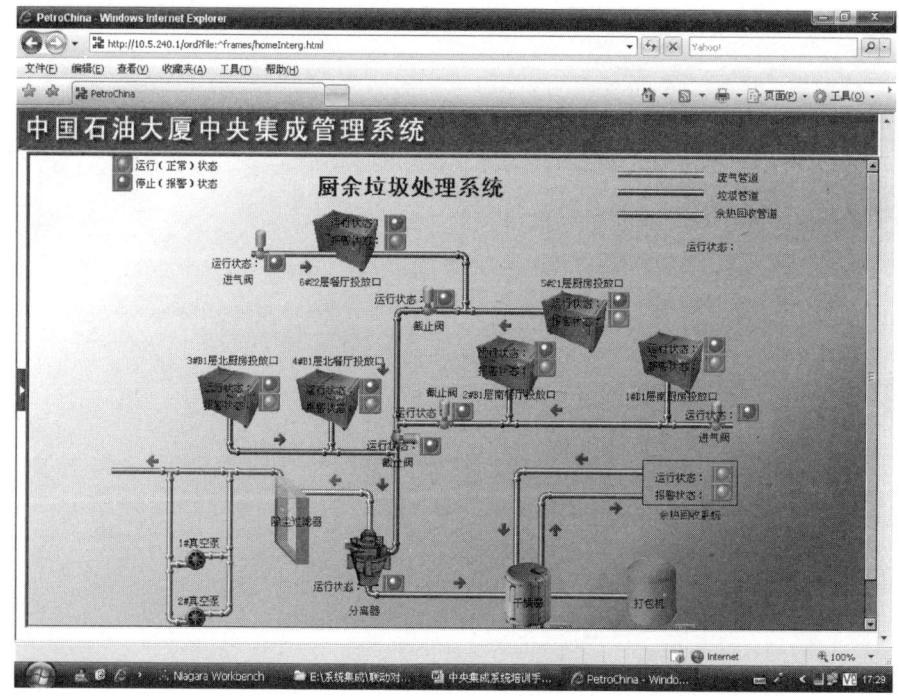

图 8-16　厨余垃圾处理系统监控界面

报警系统监控界面如图 8-17 所示。

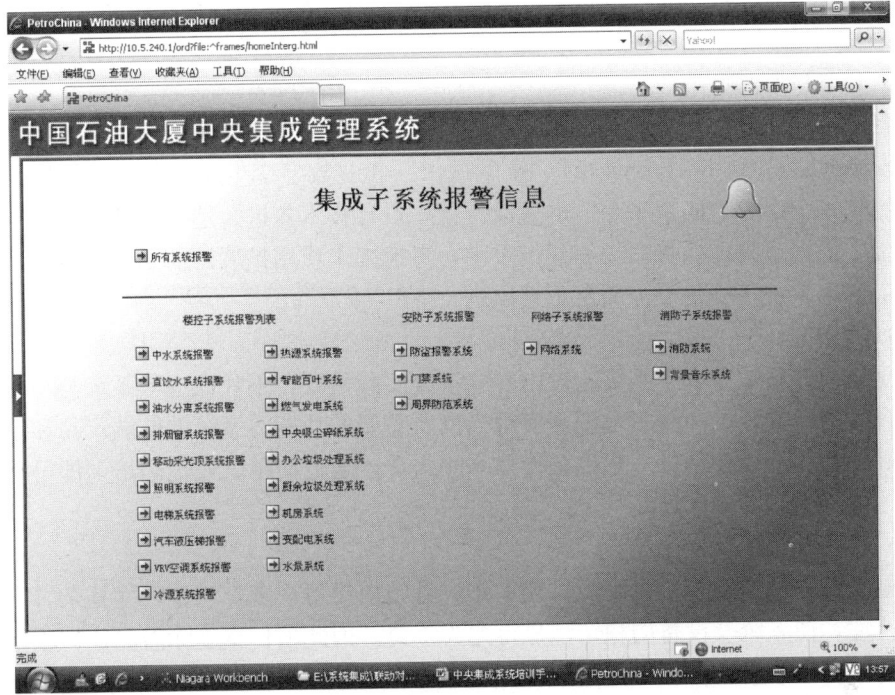

图 8-17 报警系统监控界面

报警源监控界面如图 8-18 所示。

图 8-18 报警源监控界面

8.3 雄安新区混凝土搅拌站数字孪生系统

8.3.1 设计原则

混凝土搅拌站数字孪生系统是雄安新区智慧建筑系统集成的代表性大型工程，需要结合将雄安新区打造成为"数字城市""智慧城市"和"数字孪生城市"的总体规划建设目标，按照"一个中心、四个平台"的建设方针，设计技术先进、造价合理的智慧混凝土搅拌站系统。根据现阶段搅拌站规划建设要求，考虑未来应用扩展的需要，现阶段混凝土搅拌站数字孪生系统工程建设需满足下列原则：

（1）实用性

混凝土搅拌站数字孪生系统建设内容应符合实际需要，不片面追求系统与功能的超前性，在合适的技术范围和投资范围内实现当前所需要的功能。系统的前端产品和系统软件均有良好的操作性，使具备一定电脑操作水平人员，通过简单、规范的培训即可掌握操作要领。

（2）稳定性

混凝土搅拌站数字孪生系统需长期工作，且站内设备众多，工作环境复杂，不便随时维护等特性，使系统及设备的稳定性显得尤为重要。因此项目实施除需保证物联网系统的稳定性外，还需针对性地选择有多年市场成功应用经验、有完整客户群和客户服务体系公司的产品进行对接改进，确保搅拌站智能化管控应用的整体稳定性及使用寿命。

（3）安全性

搅拌站项目需充分考虑对人员及设备安全可能造成的影响。项目建设中所选用的设备及配件，应充分考虑设备及配件性能安全可靠，同时需考虑充分利用 ITEK 物联网智能硬件能力服务管理平台的强大性能，辅助实时监控和联动功能，充分保证使用环境的安全。

（4）可扩展性

随着智慧混凝土搅拌站建设的深入，站点内业务需求的不断变化，站内智能化管控系统的设计与实施应考虑到将来可扩展的实际需要，可灵活增减或更新各个子系统，以满足不同时期的需要，同时保持领先地位，作为搅拌站智能化管控应用和建设的典范。因此系统建设时，除满足当前需要外，还需预留数据接口和升级渠道，可依据需求的变化进行相应的升级和完善，进一步提高搅拌站管理的智慧化程度。

（5）易维护性

系统运行过程中的维护应简单易行。系统的运转做到开电即可工作运行的程度，在日常维护过程中无需使用过多专用的维护工具。云平台、计算机以及前端设备，都充分考虑系统可靠性，并采用有相应认证的产品，使系统故障率最低。

8.3.2 整体架构

混凝土搅拌站数字孪生系统总体架构如图 8-19 所示。

应用层：智慧用电、环境监测、园区安全、CIM 管控中心。

平台层：实时数据、历史数据、GIS 图库、BIM 模型数据库。

网络层：NB-IoT、5G、蓝牙、WiFi、现场总线。

感知层：传感器、摄像头、地图数据、RFID。

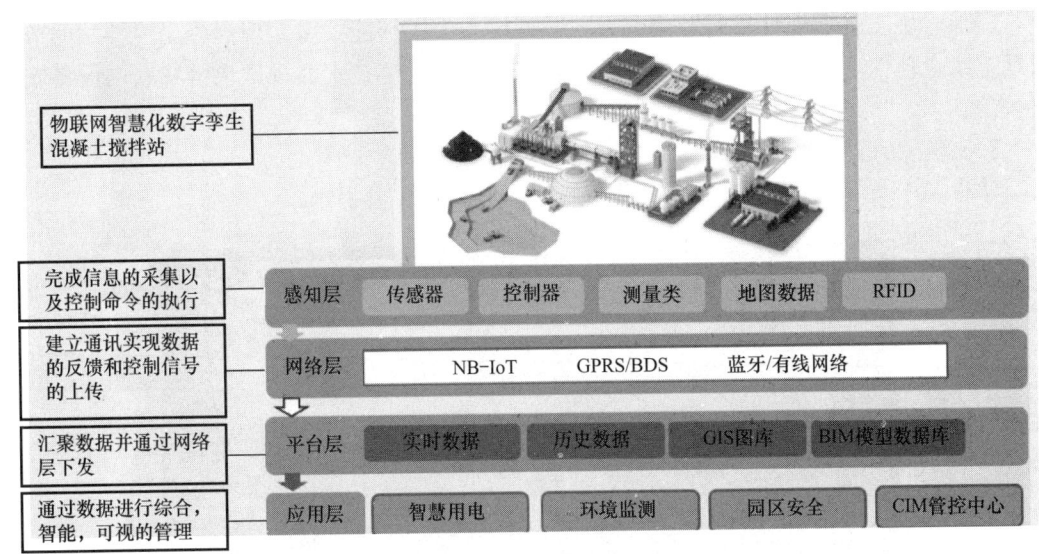

图 8-19 混凝土搅拌站数字孪生系统总体架构

感知层：感知层包括现阶段的各种硬件设备，主要完成信息的采集以及控制命令的执行。概括而言，包括三类设备：一类是感知设备如温湿度传感器、照度感应器、气体监测器、压力变送器等；第二类是控制器，包括可实现远程控制通断电的智能空气开关、带有 NB 通信能力及远近程调控能力的物联网主控模块等；第三类是测量类，如带能耗采集的智能插座、强弱电控制模块等。

网络层：网络层用于实现数据的反馈和控制信号的上传，主要通过前面所述通信技术来实现，实际应用中将结合现场需求，灵活选用相关通信技术，采用有线和无线通信的方式，构建搅拌站内物联网设备智能网络通信环境。

平台层：平台层用来对感知层设备所汇聚起来的数据进行管理，同时通过网络层下发控制信号实现对感知层设备的管理，如根据反馈上来的 PM2.5 及粉尘数据调节环境控制设备的运行等，主要的数据管理工作也在平台层进行。

应用层：应用层则通过平台层所汇聚起来的数据，对站内情况进行综合化，智能化，可视化的管理，智慧能耗管理，安全生产管理，环境监测，CIM 模型化展示管理等。

8.3.3 预期效果

针对混凝土搅拌站实际需求，应用区块链、数字孪生、区块链、工业物联网及 AI 智能算法等新技术，在混凝土搅拌站智能化管控系统中实现节能降耗，绿色环保，安全生产，精准可控的建设目标。

8.3.4 实施目标

本系统根据混凝土搅拌站的建设，运营分为三阶段实施。

第一阶段：规划设计阶段；

第二阶段：建设阶段；

第三阶段：运营阶段。

部署 BIM 系统，通过 BIM 技术对混凝土搅拌站的建设进行规划设计。依据 BIM 系统模型设计及其实施规划进度要求进行工程建设。通过物联网智慧工地系统，对工地安全，环保，施工各项规范进行监测。基于物联网与人工智能技术实现混凝土搅拌站的节能降耗，绿色环保，安全生产与精确可控目标。基于区块链技术实现区块链物联网设备安全平台。

8.3.5 核心技术

建设基于真实混凝土搅拌站的 BIM 三维模型系统（图 8-20）。

图 8-20　BIM 三维模型系统

以三维数字技术为基础，以三维模型所形成的数据库为核心，集成工程图形模型、工程数据模型以及和管理有关的行为模型。具有可视化、协调性、模拟性、优化性和可出图性 5 大特点。美国斯坦福大学整合设施工程中心（CIFE）根据 32 个项目总结了使用 BIM 技术的如下效果：（1）消除 40％预算外变更；（2）造价估算耗费时间缩短 80％；（3）通过发现和解决冲突，投资降低 10％；（4）项目工期缩短 7％，及早实现投资回报。

通过智能硬件平台实时获取设备数据，操作管控现场设施，实现设施交互（图 8-21）。

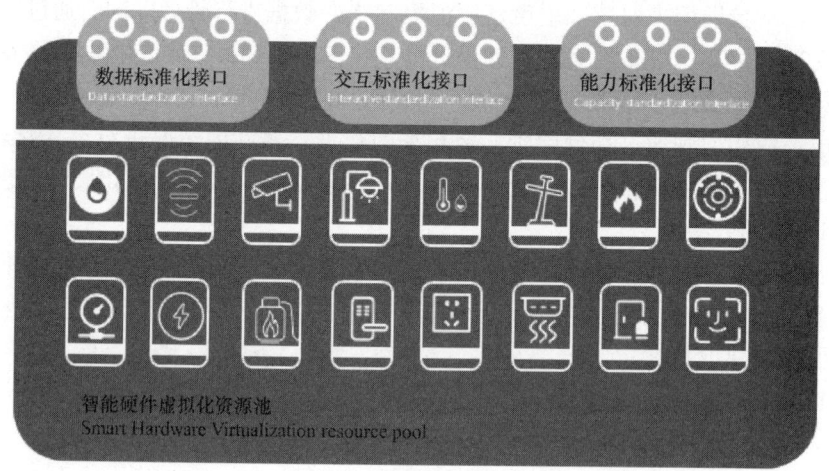

图 8-21　智能硬件平台

基于物联网设备大数据管理平台实现智能管理与决策（图 8-22）。

采用专业网关服务架构设计，实现对亿级的海量智能设备的并发管理。

区块链的基本功能是维护网络中所有事务的适当分散的可信分类记账。区块链的去中心化和自主功能使其成为物联网安全解决方案中的理想组件，使用区块链可有助于物联网的安全与可靠。

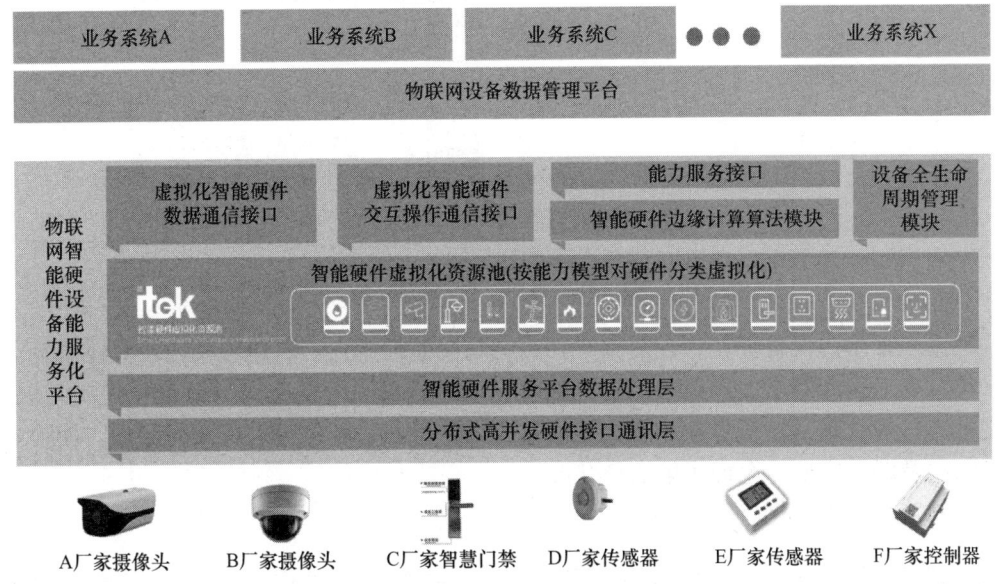

图 8-22 物联网设备大数据管理与服务平台

8.3.6 平台建设

1. 数据中心

（1）自定义报表设计（图 8-23）

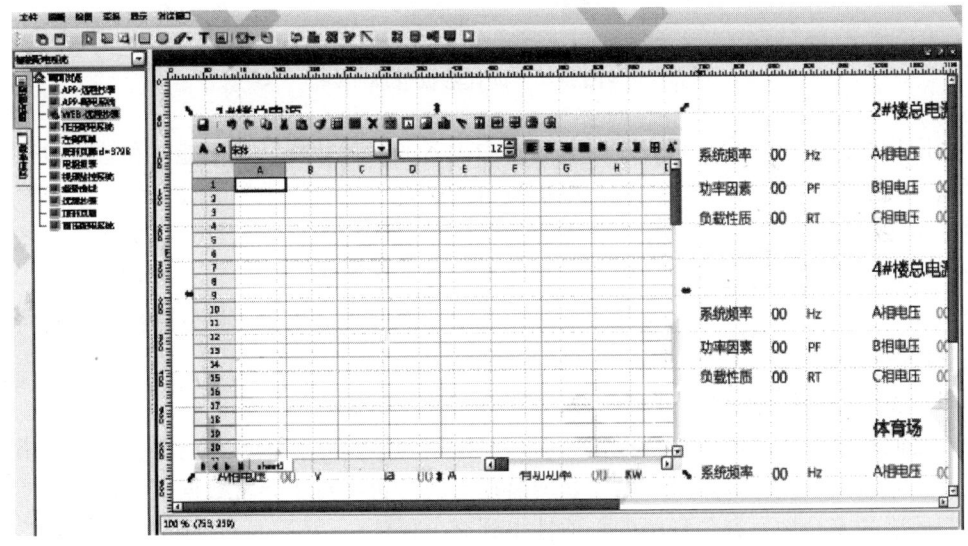

图 8-23 自定义报表设计

物联网监控平台提供报表设计器，学校可依据需求灵活抽取平台保存的数据，以报表的形式进行展现，结合历史数据进行环比及同比，为搅拌站管理改进与升级提供数据依据。

（2）设备资产数据管理（图 8-24）

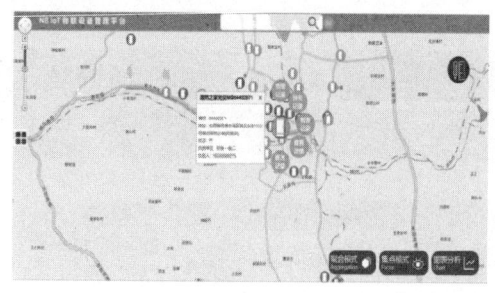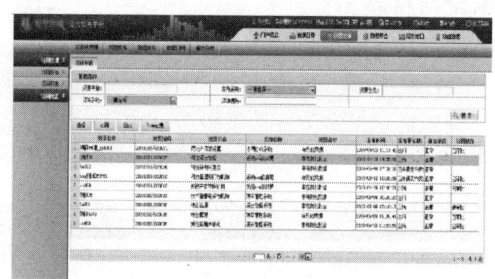

图 8-24　设备资产数据管理

根据搅拌站内设备资产管理需求，利用物联网监控平台，可以对站内各类设备资产进行采集，并对资产新增、调拨、闲置、报废、维修、盘点等操作进行数据化控制与展示，实现资产日常管理活动信息化和智能化，对实物信息与系统信息进行实时同步，使得资产管理部门及时、准确、全面了解资产状况。

（3）能耗数据管理（图 8-25）

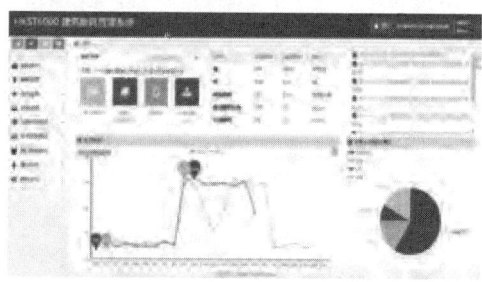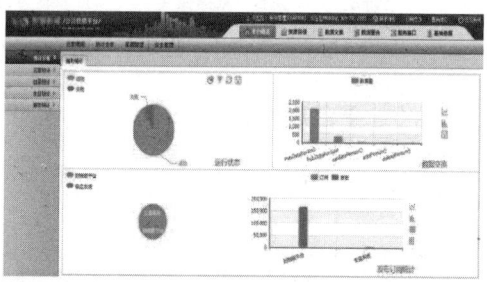

图 8-25　能耗数据管理

利用物联网监控平台，可以实时采集站内设备的能耗数据，用于能耗和管理改进。平台可以采集、整理单一设备，例如某电机设备的能耗，也可以采集办公区域、生产区域甚至整个站点的能耗，按时间、设备类型、用电区域、人均等多维度进行精准能耗的统计和分析，帮助管理中心在数据对比中，发现能耗管理的控制点。同时可根据具体情况，设置同比和环比能耗数据对比，用实际数据变化展示节能管理效果，协助管理部门进行持续的能耗管理改进。

（4）生产动环数据管理（图 8-26）

通过遍布搅拌站内的各种环境传感器，对生产园区及办公区域与内的各类环境指标数据进行实时监测，并将数据上传至物联网监控平台分析，对于异常数据实时报警，使得站内生产环境的安全性，办公环境的舒适性得到充分保证。

（5）大数据管理

物联网监控平台支持 MySQL、Oracle、SQL Server 等多种主流关系型数据库存储历史数据，同时以 HIVE 和 Hbase 数据库格式接入 Hadoop 大数据平台，不需要再通过专用软件转化数据，为搅拌站内大数据信息发掘提供便利和支持。

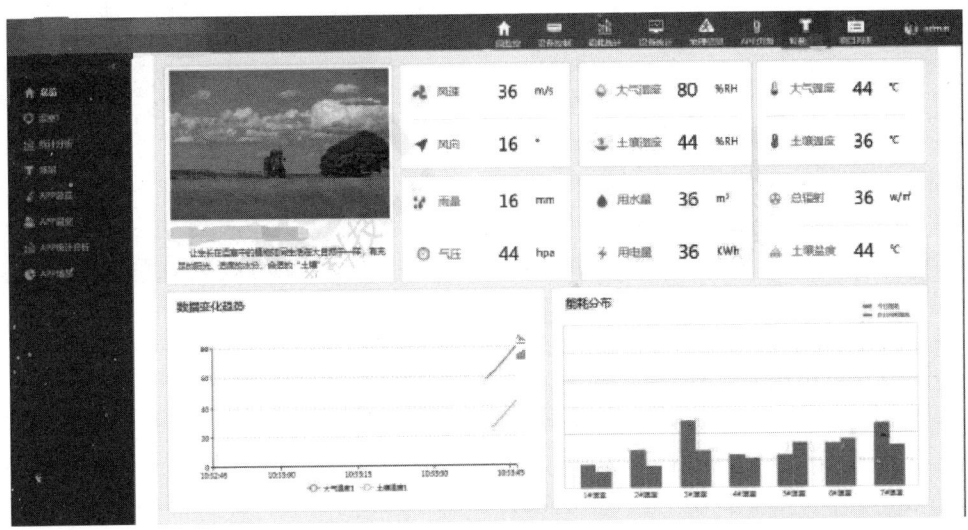

图 8-26　生产动环数据管理

2. 物联网平台

（1）物联网监控平台

依托物联网监控平台，可以开展搅拌站内业务平台建设，在一套物联网系统上建设不同分应用平台，如：能耗管理平台、动环管理平台、园区人员（车辆）定位管理平台等，精准对接相关管理需求，同时其开放式的数据接口设计也可以与其搅拌站内其他的应用系统进行对接，实现跨应用跨平台融合，在一套平台上集成搅拌站内各类管理业务。同时建设子业务平台，精准对接搅拌站内外不同管理部门，运营单位的需求（图 8-27）。

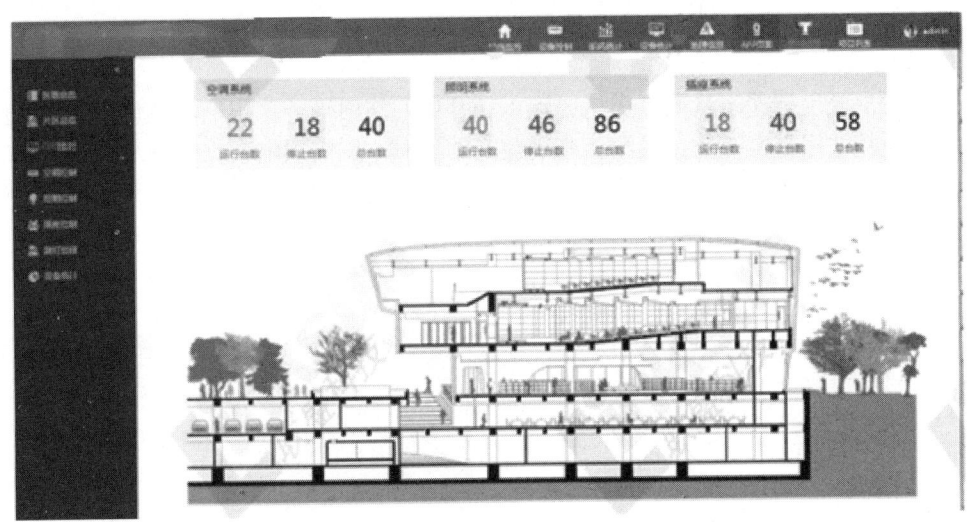

图 8-27　混凝土搅拌站智慧物联网监控平台系统集成管理功能

（2）可视化管理

依托物联网监控平台，对接搅拌站内视频监控系统及 BIM 数据模型，协同建设站内无死角监控体系，结合我们的物联网人员和车辆定位系统，我们可以进行站内人员和车辆的可视化管理体系建设，并利用 GIS 图实时反馈站内情况，及时排查异常（图 8-28）。

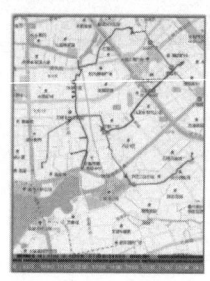
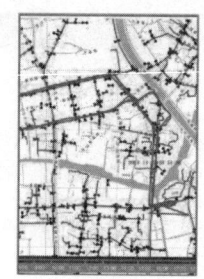
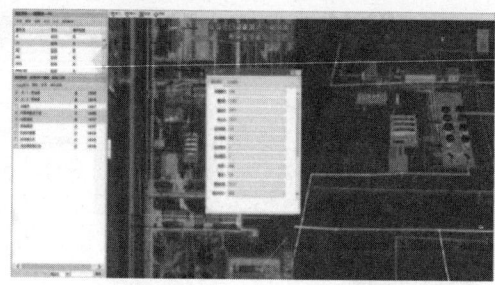

图 8-28　GIS 地图可视化监控管理界面

（3）BIM 数据模型平台

采用 BIM 技术，对搅拌站内进行数据孪生建模，通过 BIM 模型和物联网管控技术，实现在 BIM 模型展示功能基础上，加上实时运行数据映射功能，以此对站内的生产环节、安保境况、环境状况进行实时监控，动态展示（图 8-29）。

图 8-29　搅拌站管控 BIM 展示效果

8.3.7　功能模块设计

1. 节能降耗

通过对混凝土搅拌站从配电房供电输入端开始，站内每一个用电环节进行精确实时监测，获得搅拌站用电实时数据模型。基于翔实的实时，历史用电数据，依靠智能算法找出高能耗用电源头与用电惯性行为系统给出优化节能用电策略与方案（图 8-30）。

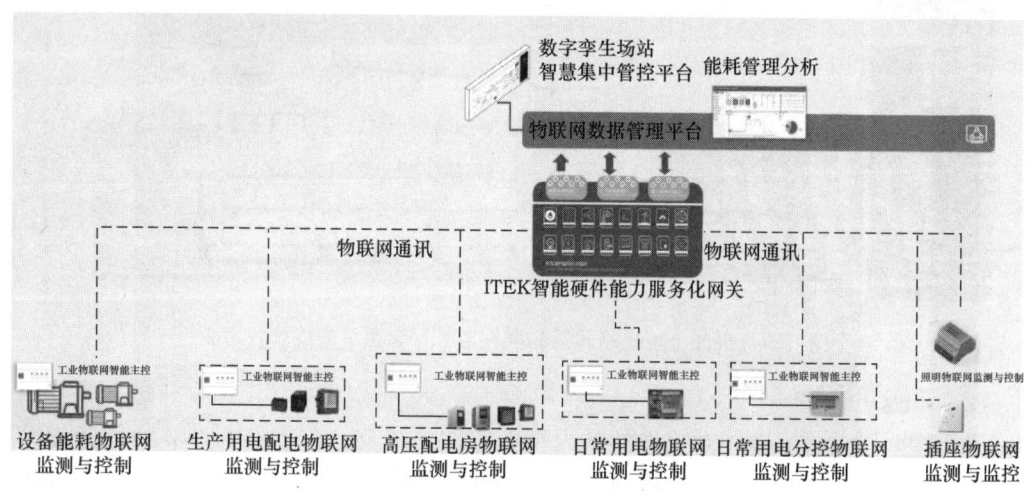

图 8-30　节能降耗模块

2. 绿色环保

对混凝土搅拌站粉尘、废水、噪声进行实时监控，对固体废弃物的转运进行追踪，实现环保指标超标预警与报警，通过数据对生产进行环保策略指导（图8-31）。

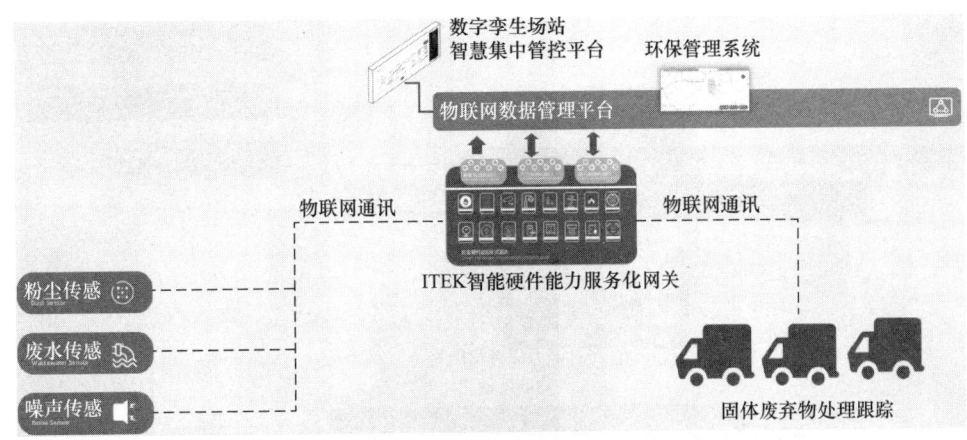

图 8-31　绿色环保模块

3. 安全生产

通过对工作人员的安全实时定位、对车辆的安全实时定位、对生产过程状态的实时安全监控，保障生产安全（图8-32）。

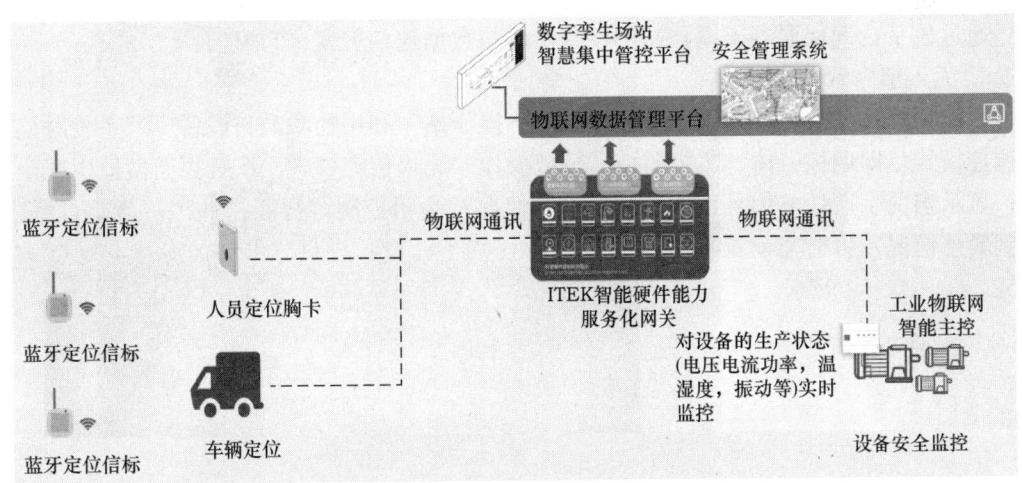

图 8-32　安全生产模块

4. 数字孪生控制

基于建筑工业物联网，通过数字孪生控制技术在数字空间实现搅拌站的实时监视、控制及管理，对搅拌站的生产过程、现场安全、环保等环节实现精准控制（图8-33）。

5. 区块链＋物联网平台

通过物联网设备平台（区块链＋物联网）对物联网设生成大量数据，必须进行区块链化的可信存储和处理。对 IoT 数据的每个 CRUD（创建，读取，更新或删除）操作都可以在区块链块中注册为事务记录。因此，可以检测对存储的 IoT 数据的未授权操作。

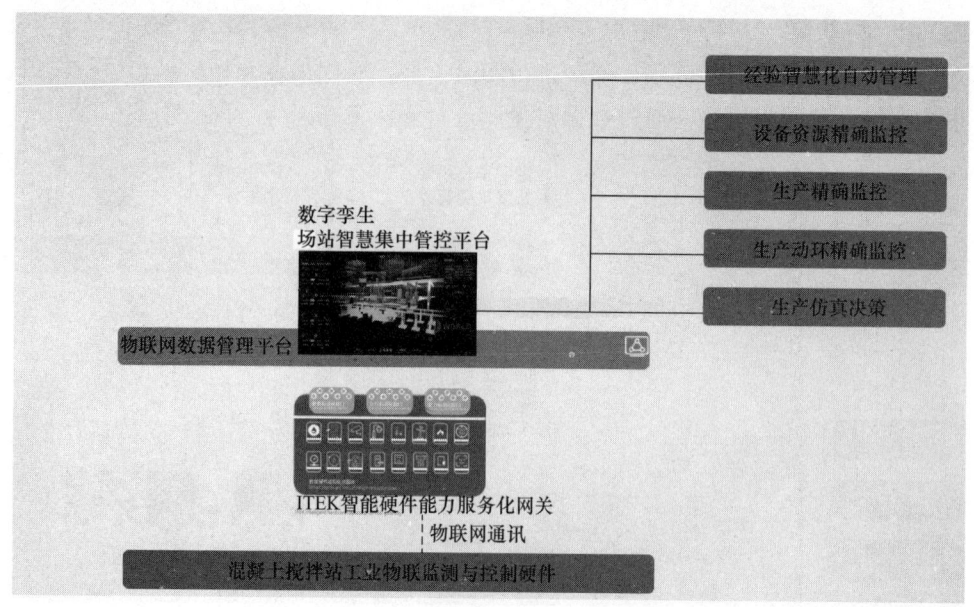

图 8-33　数字孪生控制模块

　　区块链在物联网设备之间启用安全消息传递。物联网设备之间的消息交换可以被视为类似于比特币网络中的金融交易。物联网设备之间的消息交换可以通过智能合约启用，这可以实现双方之间的协议。

　　通过该平台确保混凝土搅拌站的设备操作与数据通信的安全与可信。

　　6. 无人值守管理模式

　　智能化搅拌站管理模式采用"监控中心＋操作站"利用物联网与设备厂家系统对接远程调控模式，即调控一体、集中监控、分散操作、无人值守模式。系统页面模拟生产全过程；显示当前生产任务信号、方量、运输等情况；精粗控制，智能扣补秤；落差自适应；遇到紧急情况，可对当前正在生产的任务远程禁止计量、投料、出料；支持点对点手动纠错。

参 考 文 献

[1] 国务院. 国务院关于印发新一代人工智能发展规划的通知. 国发〔2017〕35 号. 中华人民共和国中央人民政府网，2017.

[2] 史忠植. 高级人工智能（第二版）[M]. 北京：科学出版社，2006.

[3] George E Luger 著. 人工智能-复杂问题求解的结构和策略（第五版）[M]. 史忠植，张银奎，赵志崑等译. 北京：机械工业出版社，2005.

[4] ［荷］施赖伯著. 知识工程和知识管理（Guus Schreiber：Knowledge Engineering and Management）[M]. 史忠植，梁永全，吴斌等译. 北京：机械工业出版社，2003.

[5] 专家系统［EB/OL］. http://www.intsci.ac.cn/ai/es.html.

[6] 柏隽. 对数字化工厂与工业互联网的理解［J］. 软件和集成电路，2018 年 04 期.

[7] 杜明芳. 智能建筑系统集成［M］. 北京：中国建筑工业出版社，2009.

[8] 中华人民共和国住房和城乡建设部. GB 50314—2015 智能建筑设计标准［S］. 北京：中国计划出版社，2006.

[9] 德国政府. 德国 2020 高技术战略，2010-7.

[10] 李克强主持召开国务院常务会议（2016 年 9 月 14 日），中华人民共和国中央人民政府网，2016.

[11] 国务院办公厅. 国务院办公厅关于大力发展装配式建筑的指导意见. 国办发〔2016〕71 号. 中华人民共和国中央人民政府网，2016.

[12] 中华人民共和国国民经济和社会发展第十三个五年规划纲要（2016-2020 年），新华社北京 3 月 17 日电，2016.

[13] 陈肇雄. 中国工业互联网平台与国际巨头有三大差距. 21 世纪经济报道，2017-12.

[14] 中华人民共和国住房和城乡建设部. GB/T 51212—2016 建筑信息模型应用统一标准［S］，北京：中国建筑工业出版社，2017.

[15] 习近平. 决胜全面建成小康社会 夺取新时代中国特色社会主义伟大胜利——在中国共产党第十九次全国代表大会上的报告，北京：人民出版社，2017.

[16] 国家新型城镇化规划（2014-2020 年）. 新华社北京 3 月 16 日电，2014.

[17] 杜明芳. 新型智慧城市应用系统 AI 建模与实践［J］. 中国建设信息化，2017（18）.

[18] 杜明芳. AI＋智慧建筑研究［J］. 土木建筑工程信息技术，2018（03）.

[19] 王理，孙连营等. 互联网＋智慧建筑的发展［J］. 建筑科学，2016（11）.

[20] 杜明芳. 智慧建筑 2.0 和建筑工业互联网［J］. 中国建设信息化，2018（06）.

[21] 杜明芳. 建筑能源互联网及其 AI 应用研究［J］. 智能建筑，2018（03）.

[22] 杜明芳. AI＋智慧建筑研究［J］. 土木建筑工程信息技术，2018，10（3）.

[23] 刘光远，温万惠，陈通，赖祥伟，涂序彦. 人体的生理信号的情感计算方法［M］. 北京：科学出版社，2014.

[24] 欧阳昊. 5G 混合网络的关键技术研究［D］. 成都：电子科技大学，2018.

[25] 刘泽源. 面向 5G 的大规模机器通信技术研究［D］. 成都：电子科技大学，2018.

[26] 中华人民共和国国家质量监督检验检疫总局 中国国家标准化管理委员会. GB/T 20299.1—2006 建筑及居住区数字化技术应用 第 1 部分：系统通用要求［S］. 北京：中国标准出版社，2006.

［27］　中华人民共和国国家质量监督检验检疫总局　中国国家标准化管理委员会。GB/T 20299.4—2006 建筑及居住区数字化技术应用　第 4 部分：控制网络通信协议应用要求［S］. 北京：中国标准出版社，2006.

［28］　中华人民共和国住房和城乡建设部. GB/T 50198—2011 民用闭路监视电视系统工程技术规范. 北京：中国计划出版社，2012.

［29］　娄岩. 物联网技术在智能建筑中的应用研究［D］. 成都：电子科技大学，2014.

［30］　周恩毅，代昕. 大数据时代下智慧城市建设模式探析［J］. 西安：西安建筑科技大学学报（社会科学版），2018，37（1）：25-30. doi:10.15986/j. 1008-7192.2018.01.005.

［31］　李德仁，邵振峰，杨小敏. 从数字城市到智慧城市的理论与实践［J］. 地理空间信息，2011，（6）：1-5. doi:10.3969/j. issn. 1672-4623.2011.06.002.

［32］　杜明芳. 未来智慧城市新形态——可信人工智能城市. 雄安数字城市［M］. 第 1 期，2018-09.

［33］　杜明芳. 人工智能城市、多智能体城市及其评价研究［J］. 中国建设信息化，2019 年 03 期.

［34］　杜明芳. 人工智能赋能智慧城市［J］. 智能建筑，2018-12.

［35］　杜明芳. 基于信息物理系统建设数字孪生城市［J］. 中国建设报，2020-9-11.

［36］　杜明芳. 智慧建筑：智能＋时代建设业转型发展之道［M］. 北京：中国建筑工业出版社，2020.